U0909206

周恩来传

（二）

中共中央文献研究室　编
主编　金冲及

中央文献出版社

二十二、在武汉

武汉，这个号称“九省通衢”的华中最重要的城市，当时已成为国民党统治区的政治中心。一九三七年十二月十三日南京失陷后，国民政府的军政机关大部分迁到这里。全国性的救亡团体和著名爱国民主人士大多也集中在这里。《全民周刊》、《抗战》（以上两个刊物不久合并为《全民抗战》）、《抗战文艺》、《战地》、《自由中国》等进步刊物纷纷在武汉出版，使这里的政治空气十分活跃。中国共产党在这年九月间已派董必武以中共中央代表的身份来到武汉。十月，成立八路军驻武汉办事处。十二月初，叶剑英和八路军驻南京办事处部分成员从南京撤退到武汉。不久，八路军办事处迁到汉口旧日租界中街八十九号大石洋行，由钱之光任处长。中国共产党在国民党统治区的机关刊物《群众》周刊，十二月十一日已在汉口公开出版；机关报《新华日报》也紧接着在一九三八年一月十一日于汉口公开出版。

周恩来同王明、博古、邓颖超等是一九三七年十二月十八日到武汉的。二十一日晚，王明、周恩来、博古同蒋介石会谈，蒋介石提出要留王明“在汉相助”。① 他们随即向中共中央汇报了

① 王明、周恩来、博古、叶剑英致洛甫、毛泽东并中共中央政治局的电报，1937年12月21日。

会谈情况。二十三日，中共代表团同长江局召开第一次联席会议。会上决定：第一，鉴于代表团同长江局成员大致相同，为工作集中和便利起见，合为一个组织，对外叫中共中央代表团，对内为长江局。第二，中央代表团和长江局由项英、博古、周恩来、叶剑英、王明、董必武、林伯渠组成。第三，暂以王明为书记，周恩来为副书记。以上三项需呈报中央政治局批准。第四，长江局下设五个机构：参谋处，叶剑英为参谋长；秘书处，李克农为秘书长；民运部，董必武兼部长；组织部，博古兼部长；党报委员会，王明任主席。①

长江局的工作由王明主持。周恩来作为长江局副书记和中共中央代表团负责人，主要是负责统一战线方面的工作。

在抗日民族统一战线中，正如毛泽东这年十月间所说："国共合作是这个团结的基础。"② 由于日本侵略者的大举进攻和全国民族义愤的高涨，这时国民党政府政策的重点还放在反对日本侵略者方面。他们对日作战是比较努力的，对待中国共产党和其他抗日党派的态度比过去也有一些改变，但没有进行其他根本性的改革。

从国共关系来看，两党合作已经建立起来，并在一段时间内有了较融洽的合作气氛，但没有共同的政治纲领和合作的组织形式。这两个问题，便成了中共代表团同国民党谈判中的主要内容。

当王明、周恩来、博古十二月二十一日晚同蒋介石第一次会谈时，周恩来对成立两党关系委员会、决定共同纲领、扩大国防参议会为民意机关等问题提出具体建议。"蒋当面答复：所谈极

① 《中共中央代表团与中共长江中央局第一次联席会议》记录，1937年12月23日。

② 《毛泽东选集》第2卷，人民出版社1991年6月第2版，第375页。

好，照此做去，前途定见好转，彼所想的亦不过如此”，并且表示：“外敌不足虑，他欲前进困难愈多，（我国）军事虽失利并不足虑，只要内部团结，胜利定有把握。”[①] 双方还就成立两党关系委员会问题达成了协议，中共方面由王明、周恩来、博古、叶剑英参加，国民党方面由陈立夫、康泽、刘健群、张冲参加。蒋介石说：今后两党关系，由陈立夫等与中共代表团共商一切。

第一步似乎开始得很好，前景仿佛很乐观。但事实上，对共同的政治纲领和合作的组织形式这些主要问题，国民党领导人并无意解决。他们对改善国共关系，只准备采取有限的、局部的措施，那就是邀请共产党人参加个别部门和个别机构。

一九三八年初，国民政府改组军事委员会，下设军令、军政、军训、政治四个部。蒋介石任命陈诚为政治部部长，并要周恩来担任政治部副部长。为此，陈诚亲自登门相请。同时，行政院院长孔祥熙也表示要周恩来到行政院任职，并由行政院副院长张群出面相邀。[②] 对这两项邀请，周恩来和中共代表团最初都婉言推辞了。一月中旬，蒋介石坚持要周恩来就任军事委员会政治部副部长。二十一日，中共代表团电告中共中央说：“蒋、陈提及政治部副部长仍要周做”，周再三推辞，说做副部长可能引起两党磨擦，恐不妥。蒋仍要周做，并表示：不要怕磨擦，可以避免磨擦；政治工作方针是加强部队，发动民众；副部长职权可明确规定，能负其责；编制人事还未定，都可商量；康泽可以共事，不致捣乱；[③] 新政治部二月一日开始工作。中共代表团致中

① 王明、周恩来、博古、叶剑英致洛甫、毛泽东并中共中央政治局的电报，1937年12月21日。

② 王明、周恩来、博古、董必武、叶剑英致中共中央书记处的电报，1938年1月11日。

③ 王明、周恩来、博古、彭德怀、叶剑英、董必武致中共中央书记处的电报，1938年1月21日。

共中央的电报说：我们认为，孔祥熙为主和者，行政院方面应谢绝；政治部属军事范围，为推动政治工作、改造部队、坚持抗战、扩大我党影响，可以去担任职务。如果屡推不干，会使蒋、陈认为共产党无意相助，使反对合作者的意见得到加强。经过中共中央同意，周恩来出任国民政府军事委员会政治部副部长。① 这是整个抗战期间共产党人在国民党军政部门担任的唯一要职。

蒋介石做出的另一姿态，是邀请共产党人参加国民参政会。一月上旬，周恩来向国民党提出扩大国防参议会为民意机关的具体建议。他说：为了动员和组织全民参加抗战，采纳各种抗日的好建议，要有一个民意机关，既要有国共两党、救国会、国社党等以及无党派人士参加，也要吸收其他坚决抗日和真正代表民意的分子参加。各集团军亦可派代表参加，以增加坚持抗战分子在政府和军队中的力量。蒋介石表面上采纳了这个建议。七月一日，国民参政会成立。中共方面的参政员共有七人：毛泽东、王明、博古、吴玉章、林伯渠、董必武、邓颖超。除毛泽东请假外，其他六人都参加了国民参政会的第一次会议。

对改善两党关系的一些根本性问题，蒋介石仍采取拖延态度，或者不明确表示态度，或者答应了又改口变卦，使两党关系难以取得实质性的进展。

那个同蒋介石当面商定的两党关系委员会，第一次会议开得仿佛很顺利，并且决定由周恩来、刘健群来起草两党共同纲领。但到第二次会议时，情况就起了变化。周恩来把他起草的共同纲领草案拿了出来，国民党方面的代表却要把它移到下次再谈。以后，双方代表虽继续磋商，国民党中央却始终没有表示正式意见，共同纲领问题事实上被搁置起来，两党关系委员会形同虚设。

---

① 中共中央政治局会议记录，1938 年 2 月底至 3 月初。

至于两党合作的组织形式，中国共产党曾考虑可以有三种形式："a. 恢复十三年（即一九二四年国民党一大时）的形式，使国民党改为民族革命联盟，其他党也加入；b. 建立共同委员会，在中央、各级共同讨论；c. 现在这种形式，遇事协商。"① 其中的第三种形式只是"临时办法"。但蒋介石拒绝了前两种形式，剩下的办法只有一个："临时协商"。

在这种情况下，国共两党的关系仍在原地踏步：采取遇事协商、随时约见的办法，主要在周恩来和蒋介石之间进行。由于蒋介石这时表面上还采取维护国共合作的姿态，周恩来利用这种形式，在反对一党专政、扩大民主成果方面还是取得了一点小的进展。

新的风波很快就起来了。领头掀起这场风波的是国民党的CC系、复兴社。他们在一九三八年初突然发动一场鼓吹"一个领袖、一个主义、一个党"的宣传运动，鼓吹"今天国民党外的一切党派，都没有独立存在的理由"。② 他们控制的《扫荡报》、《武汉时报》和《血路》、《抗战与文化》等报刊，在一、二月间连篇累牍地发表反共文字。二月十日的《扫荡报》发表社论，公然声言中国有三种妨碍并破坏统一的因素，把陕甘宁边区说成是西北的新的封建割据区域，指责红军虽改易旗帜却不服从中央，并说在国民党外存在其他党派影响了中国的政治统一，要求取消这三种势力。"一个领袖、一个主义、一个党"的问题，在武汉三镇弄得满城风雨，一时成为街谈巷议的话题。

二月六日，中共代表团与长江局联席会议，针对《扫荡报》等掀起的这场风波，决议："起草向国民党建议书，指出取消各党派、限制信仰的错误，提议建立民族革命联盟，以更加巩固统

① 周恩来在中共六届六中全会上的发言记录，1938年9月30日。

② 叶青：《关于政治党派》，转引自《血路》第2期，1938年1月22日。

一战线，并先电中央及国际请示。”① 十日，周恩来会见蒋介石，说明《扫荡报》等这种宣传运动的严重后果。蒋介石表示：对主义的信仰并不准备加以限制，孙中山已经说了共产主义与三民主义并不矛盾，我们任何人都不能修改或反对；对各党派也无意取消或不容许它们的存在，只愿溶成一体。周恩来重申：国共两党都不能取消，“只有从联合中找出路”。蒋介石回答：可以研究。并说：《扫荡报》的言论不能代表国民党和他个人的意见。陈立夫补充说：蒋总裁已批评了《扫荡报》，要各报以后不再刊登这类文章。②

这是一场试探性的攻势。鉴于时机还不成熟，以后一段时间内，国民党报刊上这类宣传内容确实减少了，但他们的一党专政的思想并没有什么改变。三月十二日，周恩来在纪念孙中山逝世十三周年时，在《新华日报》上发表一篇题为《怎样纪念孙先生的伟大》的文章，通过回顾历史教训，阐述了国共两党合作的重要意义。他说：孙中山先生的一个伟大特点，就是善于联合各种革命力量。“他根据每一个时期革命的需要，能将当时各种革命力量革命组织，特别看重的是群众组织联合一起，共同努力!”“这种伟大的革命精神正是目前中国抗日民族统一战线所极端需要的。”③

三月二十九日至四月一日，国民党在武汉召开临时全国代表大会，通过了大会宣言和《抗战建国纲领》。四月二十七日，中共中央致电长江局，认为这个纲领同中国共产党提出的十大纲领基本上是一致的，应该“坚决赞助其实现”，“今天的中心策略，

---

① 《中共中央代表团与中共长江中央局第九次联席会议》记录，1938 年 2 月 6 日。

② 王明、周恩来、博古、董必武、叶剑英致毛泽东、洛甫并中共中央书记处并转朱德、彭德怀、任弼时的电报，1938 年 2 月 10 日。

③ 《新华日报》，1938 年 3 月 12 日。

不是要国民党定出一个更完善的纲领，而是站在主动的积极地位，帮助国民党实施这个纲领，在实施中发展与提高它”。①《新华日报》还为此发表社论。可是，国民党以后并没有真正实施这个纲领。

国民党这次代表大会还宣布成立三民主义青年团。当周恩来二月十日会见蒋介石时，陈立夫曾提出能否在两党以外组织一个由双方共同参加的三民主义青年团，作为合作的一种办法。由于对国民党的实际意图还不了解，周恩来没有立刻表示态度。四月二十七日，中共中央致电中共代表团说：“我们党对国民党一切口头上要做的好东西，如扩大国民党、成立三民主义青年团，都应该采取积极赞助的态度。”“如果国民党不管我们的赞助，而仍然不能把自己所说的话实现起来，或把原来企图进步的东西变坏，如青年团变为特务机关，那人家决不会责备共产党的赞助不好，而只会骂国民党的顽固派混蛋。”② 六月九日，周恩来见蒋介石时，根据中共中央的意见，提出应使三民主义青年团成为统一战线的组织，来统一全国的青年运动。蒋介石表示国共两党可以共同训练，但坚持各党派不能在三民主义青年团内活动。六月十六日，蒋介石发表告全国青年书，公布三民主义青年团的团章，规定凡加入者不得参加任何党派行动。根据这个情况，中共代表团认为对三民主义青年团只能暂时采取静观的态度。

周恩来还同蒋介石就承认并扩大陕甘宁边区、补充并扩编八路军和新四军这两个问题，进行了长时间的谈判，同样都没有结果。关于边区问题，周恩来等提出过多种方案。一九三八年二月十日，他们致电中共中央说：“今日见蒋，对边区借口各县是国

---

① 《中央关于国民党临全大会后的策略问题致长江局电》，《六大以来》（上），人民出版社 1980 年版，第 943 页。

② 《中央关于国民党临全大会后的策略问题致长江局电》，《六大以来》（上），人民出版社 1980 年版，第 943 页。

共两党县长并存制，有拖延意。”① 以后，这个问题就被搁置起来。关于八路军和新四军的扩编问题，这两支部队事实上在敌后已很快扩大，进行着英勇的抗日斗争，蒋介石却一直不肯给予承认。周恩来在一九三八年一月五日电告中共中央说：“前晚见蒋，要他发枪。他答：连坏枪也发出了。宋美龄氏答：（来了）新枪可发。”② 一月中旬，彭德怀到武汉参加华北军事会议。二十日，周恩来、彭德怀电告中共中央书记处说：“蒋对人、枪、钱都抓得紧，不愿我军扩大，不肯发枪加钱，加发了临时犒赏费五万元。”③ 第二天，他们又电告书记处：“补充师名义，（蒋）不肯，且不允增经费。”④ 以后，经周恩来等反复交涉，蒋介石勉强答应增加五万元米贴，补充少量衣服，允发善后费和少量轻机枪，但扩编问题仍未解决。

由于边区和八路军、新四军扩编问题长期拖延不决，六月十九日，周恩来经中共中央书记处同意后，写出十条书面意见，送交蒋介石。这十条意见，除坚持持久抗战、扩大民主权利等外，对边区和八路军、新四军问题提出了以下要求：一、请明令划定延安等二十三县为陕甘宁边区，组织边区政府，直属行政院，并请委任林祖涵（伯渠）为边区政府主席；二、请扩编第十八集团军为三军九师，所属游击部队按各战区所属游击部队同等待遇；三、请增编新四军为七个支队；四、请依同等待遇，按时补充第十八集团军、新四军以枪械、弹药、被服、粮秣及卫生、通讯、交通等器材。但对这样合情合理的要求，蒋介石的态度仍是敷衍搪塞。七月二十六日，周恩来致电毛泽东、朱德、彭德怀说：

---

① 周恩来等致中共中央的电报，1938 年 2 月 10 日。

② 周恩来致朱德、彭德怀、任弼时并毛泽东的电报，1938 年 1 月 5 日。

③ 王明、周恩来、博古、彭德怀致毛泽东、洛甫的电报，1938 年 1 月 20 日。

④ 王明、周恩来、博古、彭德怀、叶剑英、董必武致中共中央书记处的电报，1938 年 1 月 21 日。

“日前与林（伯渠）同见蒋后又见何（应钦）”，“对扩大八路军事，他们借口二百师已满额，只允给其他名义，不愿给师的番号”。[①] 这样，问题实际上仍没有解决。

周恩来在武汉时期同蒋介石的这段谈判，进行得异常艰苦。因为日本侵略军队正继续向中国内地扩大进攻，蒋介石对中国共产党在表面上一直做出愿意合作的姿态，实际上却对党权、政权、军权始终紧抓不放。尽管周恩来抱着很大的诚意，做出重大的努力，两党关系在表面上还能维持和好相处的局面，但没有取得实质性的突破，而新的危机却在悄悄地潜伏并滋长。

周恩来出任军事委员会政治部副部长，是抗战初期国共合作中的一件大事。这年三月下旬以后，周恩来在武汉时期的很大一部分力量是用来做这方面的工作，白天他在政治部办公，晚上才回八路军办事处去。

这件事在开始时也经历了一段曲折。

军事委员会政治部下面设四个厅，第三厅是管宣传的。蒋介石想请刚从日本归来的郭沫若当厅长。蒋介石为什么要这样做？第三厅主任秘书阳翰笙回忆说：“蒋介石他们的如意算盘想得很美：有周恩来、郭沫若这样众望所归的人物，又通过郭老延揽大批文化、学术、文学艺术各界著名人士，同时将三厅掌握在自己控制之下，让周恩来做空头副部长，郭沫若做空头厅长，既装潢了门面，又羁縻了人才，这便是蒋介石心目中的‘改组政府机构’。”[②] 而中国共产党却是要把政治部第三厅建设成共产党领导下的统一战线机构，用来推动起轰轰烈烈的抗日救亡文化宣传运动，唤起全民族的抗战意识，以利于发动全国人民进行全面抗

① 周恩来致毛泽东、朱德、彭德怀的电报，1938 年 7 月 26 日。

② 阳翰笙：《风雨五十年》，人民文学出版社 1986 年 10 月版，第 167 页。

战，突破国民党的片面抗战。

郭沫若和文化界许多进步人士，最初不愿到这样一个机构去工作，认为在国民党控制下，第三厅办不成什么事情。郭沫若还表示："在国民党支配下做宣传工作，只能是替反动派卖膏药，帮助欺骗。""让我处在自由的地位说话，比加入了不能自主的政府机构应该更有效力一点。我相信，我一做了官，青年们是不会原谅我的。"①

周恩来耐心地做了许多说服工作，对他们说：要知道第三厅是个政权组织，政权组织的作用是很大的，我们不能小看它。全国各民主党派、人民团体要求政府改组，政权公开。国民党就是寸权不让，死不公开。为什么？他说是要一党专政嘛！我们如果有一个政府机构，哪怕是很小的机构，也可以利用它为全面抗战做许多事情。目前是要突破国民党顽固派的封锁，到前线去，到后方去，去宣传群众，发动群众，组织群众，使大家团结起来，共同抗击日本侵略者。现在许多人想到前线去工作，去拍新闻片，国民党就是不允许。如果没有他们司令长官的同意，他们就可以说你是汉奸，把你枪毙或活埋了。我们拿着三厅这个招牌，就可以用政府的名义，组织团体到前线去，也可以到后方大大小小的城市乡村去，公开地、合法地、名正言顺地进行宣传，既可以宣传民众，也可以宣传士兵。政权机构的重要性就在这里，我们的工作意义就在这里。大家应该热情地又很清醒、很有警惕地去参加第三厅的工作。

他又对郭沫若说："考虑是可以的，不妨多多听听朋友们的意见。在必要时我们也还须得争取些有利的条件。但我们可不要把宣传工作太看菲薄了。宣传应该把重点放在教育方面去看，我倒宁肯做第三厅厅长，让你做副部长啦。不过他们是不肯答应

① 郭沫若：《洪波曲》，人民文学出版社 1979 年 3 月版，第 19 页。

的。老实说，有你做第三厅厅长，我才可考虑接受他们的副部长，不然那是毫无意义的。”①

郭沫若是一九二七年南昌起义后，在起义军南下途中由周恩来、李一氓介绍参加中国共产党的。但他的党员身份并没有公开。起义失败后，他经周恩来同意，流亡日本。在日本十年期间，对历史学、文学、古文字学等都做出了优异的成绩，而同党的组织中断了联系。抗战爆发前夕，蒋介石为了想借重他的声望和影响，请他回国，取消对他的通缉令。回国后，郭沫若恢复了党的关系。经过周恩来的说服，他同意担任政治部第三厅厅长，但希望能以共产党员的身份公开地、痛痛快快地工作。周恩来又劝勉他服从党的需要，还是以非党人士身份，忍受住内心的“寂寞”为好。郭沫若服从了党的决定，仍以进步文化人士的身份来领导第三厅的工作。

蒋介石原来的打算是让周恩来和郭沫若当“空头副部长”和“空头厅长”，因此又安排刘健群来当第三厅的副厅长，想由他来掌握第三厅的实权。这件事关系重大，郭沫若采取断然拒绝的态度。他对陈诚说：“刘健群是一位干才，就让他做厅长好了，何必要把我的名字加上去呢?”陈诚竟回答：“你的大名是连借用一下都不允许的吗?”② 不仅如此，陈诚还想先造成既成事实来逼迫郭沫若承认。一九三八年二月六日，陈诚请郭沫若吃午饭。政治部拟议中的高级人员，除周恩来以外都到了，其中也包括刘健群。饭后，陈诚说是要开第一次部务会议。郭沫若毫不客气地说：“我自己实在太冒昧。我事前并不知道，今天这会是部务会议，而我竟冒昧地参加了。我自信，我自己还没有充当第三厅厅

① 郭沫若：《洪波曲》，人民文学出版社1979年3月版，第19、20页。

② 郭沫若：《洪波曲》，人民文学出版社1979年3月版，第21、23页。

长的资格的。”[①] 他得到周恩来同意，索性离开武汉，跑到长沙去了。二月十七日，周恩来写信给已到长沙的郭沫若，告诉他：自己原则上决定干，“惟须将政治工作纲领起草好呈蒋批定后，始能就职，否则统一思想、言论、行动诸多解释，殊为不便”，[②] 并请郭也采取这个立场。政治部正式举行的第一次部务会议是在二月十九日，周恩来和郭沫若都没有出席。陈诚在会上报告说：在第三厅尚未组织成立以前，所有宣传事宜暂由秘书处代为办理。以后的十二次部务会议，周恩来和郭沫若也没有出席。这样一来，蒋介石和陈诚都感到不好办了。恰好刘健群因桃色事件离开武汉，副厅长人选问题就出现了转机。二十四日，周恩来写信给郭沫若已说到：“前日去会辞修（即陈诚——编者注），适你的来信正到，他看完后给我看”，“关于副厅长，他说可即要范扬先生担任，厅长仍唯一希望于你。”周恩来向郭沫若明确表示：“我根据他谈话情形，认为你可以干。”他还叮嘱：“速将宣传纲领起草好，以便依此作第三厅工作方针”。[③] 三月一日，郭沫若回到武汉，并向陈诚提出三项条件：一、工作计划由我们提出，在抗战第一的原则下，应该不受限制；二、人事问题应有相对的自由；三、事业费要确定，预算由我们提出。这次，陈诚的回答很干脆：件件依从。

由于问题得到了基本解决，周恩来和郭沫若在三月二十八日才第一次出席政治部部务会议。郭沫若在会上报告说：第三厅正在加紧筹备，决定四月一日开始办公；[④] 关于第三厅主管业务，现正草拟整个方案及计划。四月一日，第三厅在武昌的昙华林成立。它的组织设三个处：第五处，掌管动员工作，由胡愈之任处

① 郭沫若：《洪波曲》，人民文学出版社 1979 年 3 月版，第 21、23 页。

② 《周恩来书信选集》，中央文献出版社 1988 年 1 月版，第 140 页。

③ 《周恩来书信选集》，中央文献出版社 1988 年 1 月版，第 142 页。

④ 国民政府军事委员会政治部第 14 次部务会报记录，1938 年 3 月 28 日。

政治部第十四次部務會報紀錄

時間 三月二十八日上午十時

地點 本部會議室

[illegible]

1938 年 3 月 28 日，国民政府军事委员会政治部第 14 次部务会报记录长；第六处，掌管艺术宣传，由田汉任处长；第七处，掌管对敌宣传，由范寿康任处长；阳翰笙担任三厅的主任秘书。科长和科员中还有：张志让、洪深、杜国庠、冯乃超、史东山、应云卫、马彦祥、冼星海、张曙等。其中，有共产党员，也有非党的文化界进步人士。这个阵容，可说是极一时之盛。周恩来对参加第三厅工作的共产党员说："我们到第三厅去，不是去做官，而是去工作，去斗争，去坚决斗争，而且是一种非常尖锐复杂的斗争。我们要有高度的警惕性，要有很高的策略思想，不要那么天真，不要那么盲目乐观，工作是不会一帆风顺的，但也不要悲观。你们三厅的人要团结起来，要放手工作。"至于对国民党那个鼓吹"一个领袖、一个主义、一个党"的政治部宣传大纲，周恩来说："我们宣传我们的十大纲领，各人宣传各人的。对他们那一套，我们是不管、不理、不睬，怕它什么？"①

第三厅成立后的第一件大事，是举行抗战扩大宣传周。四月四日上午，周恩来代行主持的政治部第十六次会议上，郭沫若报告道：本部主办武汉各界第二期抗战扩大宣传周，自本月七日起开始。工作部门分文字、宣讲、歌咏、美术、戏剧、电影、游行等。张志让、田汉、范寿康又分别作了一些具体说明，工作安排得有条不紊，而这只是第三厅成立的第四天。七日，继续由周恩来主持的政治部第十七次会议上，范寿康又代表第三厅报告：定于本日下午七时召集武汉各界举行火炬大游行。于是，声势浩大的抗战扩大宣传周开始了！

这是抗日战争爆发后，中国共产党在国民党统治区所领导的第一次大规模的抗日宣传活动。怎样搞好这次宣传？周恩来早就同第三厅一起进行了多次的研究。他说：这次扩大宣传，一要扩大宣传的对象，二要扩大宣传的范围。要深入到劳动阶层中去，

---

① 阳翰笙：《风雨五十年》，人民文学出版社 1986 年 10 月版，第 178、179 页。

要到工厂农村里去，到前线，到战壕里去，去提高广大工农的抗战意识和鼓舞激励战士们的杀敌情绪。文字宣传要力求具体通俗和生动；口头宣讲要力求普遍、通俗和扼要；艺术宣传要更加普遍、深刻和激越感人。周恩来要求大家注意各阶层民众觉醒和了解程度的不同和情绪的差异，针对不同对象提出易于触动他们的口号。街头标语要多用易于使人记忆的语句。无论漫画、电影、演剧都要使人看了听了印象深刻，难以忘怀。要使看戏的、听唱的感动得当场落泪，兴奋得矢志报仇。宣讲队都要做到本地人与外省人渗入组合，宣讲要注意对象，说出他们能懂的话，提出他们可以接受和可做到的办法。应该印发小型的宣传刊物及画报迅速输送前方；必须派宣传队分赴前线慰劳；必须募集药品和经费支援前线和伤兵；要做好救济儿童和救济难民的工作；而且还要使这次抗战宣传扩大到敌占区和敌人的队伍中去。① 周恩来的这些意见，不仅对这次抗战扩大宣传周，而且对整个政治部三厅的工作，起了指导的作用。

扩大宣传周在四月七日至十二日举行。周恩来在开幕式上发表演说，号召抗战宣传第一要深入，第二要扩大。要把武汉的扩大宣传周扩大到全国去，武汉要做全国宣传工作的模范。同天，他为《新华日报》写了题为《怎样进行二期抗战宣传周工作》的专论。

宣传周的六天中，每天有一个主要节目，如歌咏日、美术日、戏剧日、电影日、漫画日等。它的第一天，恰好传来鲁南台儿庄大捷的消息，武汉三镇举行了十万人的火炬游行。几十个演剧队和几百个口头宣传队深入武汉三镇大街小巷、工厂、码头、郊区农村进行抗日宣传。上万人的歌咏游行使雄壮嘹亮的抗日救亡歌声响彻了整个武汉上空。抗日画灯火炬游行和夜晚几百条船

---

① 阳翰笙：《风雨五十年》，人民文学出版社 1986 年 10 月版，第 183、184 页。

相连数里的水上火炬歌咏游行，蔚为壮观。剧院、电影院全部上演抗战话剧、抗战戏曲、抗战电影，免收门票，特别招待伤兵和难民。还把抗战电影用卡车送到从来没有见过电影的农村中去，配合讲演。尽管最后一天准备举行的六十万人大游行，被国民党当局用发出假空袭警报的卑劣手段驱散，但经过几天的扩大宣传活动，武汉三镇的人民确实沸腾起来了。在刀光血影下几乎窒息了整整十年的江城，又重新焕发出大革命时期那种热气腾腾的革命气息。

对这次宣传周中的火炬游行，郭沫若在《洪波曲》中曾有过一段生动的描写：

> “参加火炬游行的，通合武汉三镇，怕有四五十万人。特别是在武昌的黄鹤楼下，被人众拥挤得水泄不通，轮渡的乘客无法下船，火炬照红了长江两岸。唱歌声、爆竹声、高呼口号声，仿佛要把整个空间炸破。武汉三镇的确是复活了！谁能说人民是死了呢？谁能说铁血的镇压可以使人民永远窒息呢？那是有绝对弹性的气球，只要压力一松，它不仅立即恢复了原状，而且超过了原状。”①

但抗战的局势还在继续恶化。五月十九日徐州失守，六月十二日安庆陷落，武汉情势日见紧张。六月下旬，周恩来领导第三厅制定了大规模进行“七七”周年纪念活动的计划。通过纪念活动，更深入广泛地发动群众。用周恩来的话说，就是要唤起每一个老百姓的抗战意识，进一步推动全民抗战。纪念活动除组织宣传队、歌咏队、演剧队、放映队、化装表演车在街头里弄、码头工厂、伤兵医院和武汉近郊宣传，举行抗战画展和木刻画展外，

---

① 郭沫若：《洪波曲》，人民文学出版社1979年3月版，第56页。

有两件很重要的活动：一件是组织慰劳团到各战区慰劳将士，一件是广泛发动“七七”献金。

“七七”献金的目的，首先不是为了募钱，而是通过宣传募捐来激发老百姓的爱国热忱和抗战决心。在三厅成立前，政治部也搞过三天募捐，结果才募得四千元。这一次却不同了。通过广泛的宣传发动，武汉人民对献金的反应十分热烈。周恩来和中共代表团、八路军办事处全体成员组成“中共献金团”，到汉口江汉关献金台前参加献金。周恩来将他当月政治部副部长的薪金二百四十元全部献出。毛泽东从延安打来电报，献出他的国民参政员的月薪。远在华北前线的八路军将士把他们在“七七”那天节食素餐省下的一千元菜金，交中共代表团献出。短短五天内，参加献金的达五十万人以上，献金总额超过一百万元。阳翰笙描述当时这种盛况：

“七号这天早上，献金台周围已人山人海，挤得水泄不通。人们争先恐后地前来献金。献金中有纸币，有银元，有铜板，有银元宝；还有耳环、手镯、戒指、珠宝等金银首饰，后来发展到献银盾、银盘、奖杯，还有药品、衣服、食品等等。”“我们在武汉三镇共设了六座献金台，每台八个工作人员，后来增加到二三十个工作人员还应付不了”，后来“又增设了十几个流动献金台。来献金的人中，有工厂的工人，有郊区的农民，有船员，还有人力车夫、店员、小贩、甚至还有乞丐”。“乞丐教养所全体乞丐绝食一日，把节约下来的钱捐献。这些感人的事例真是成千上万！劳苦大众捐献的这一点一滴的血汗钱，这不是钱，是他们对敌人的仇恨，是对胜利的希望！”“当时有人说：‘这次献金是中国兴亡的重大测验！测验的结果，中国不会亡！中国一定复兴！’献金运动的伟大成果又给了人们极大的鼓舞和信心。”①

第三厅成立后，还建立了十个抗敌演剧队和四个抗敌宣传队，准备分赴各个战区的前线。它的成员主要是从上海地下党组织的十二个救亡演剧队和被国民党强迫解散的“民族解放先锋队”、“青年救国团”等很有影响的救亡团体中选拔组成的。在抗敌演剧队的成立大会上，周恩来鼓励全体队员：“宣传方法和形式要合民众的口味。你们要入乡随俗，老百姓才能喜闻乐见，才能收到宣传的预期效果。你们是演剧队、工作队，也是战斗队，除了演戏，还要做许多工作。”

除演剧队和宣传队外，第三厅的直属文艺团体还有一个儿童剧团。这是上海一些儿童在一九三七年九月组织起来的，经过长途跋涉，沿路宣传，来到汉口。它共有二十二人，最小的才八岁，大多是十一二岁，年龄最大的团长也只有十六七岁。周恩来知道后，两次要邓颖超去看望他们，在经济上给以接济。周恩来自己也找他们聚谈。他满怀深情地对孩子们说：儿童是社会力量的一部分，是抗日战争中的一支小生力军。眼前的事实，你们的行动，都证明了这一点。周恩来勉励孩子们要有“救国、革命、创造”三种精神。“要一手打倒日本强盗，一手创造新中国。”②第三厅成立后，经郭沫若出面力争，把孩子剧团也接受为第三厅的直属剧团。

演剧队、宣传队成立后，同孩子剧团一起，在昙华林进行集训。内容有政治学习、业务准备和军事训练。集训结束时，周恩来向他们讲话。他说：现在许多老百姓还是从敌人的炮火和飞机炸弹下，才知道日本帝国主义已经打来了的消息。边远地区的民

① 阳翰笙：《风雨五十年》，人民文学出版社 1986 年 10 月版，第 192、193、195 页。

② 《新华日报》，1938 年 2 月 10 日。

众还不懂得为什么抗战。只有全国老百姓都动员起来，才能陷敌于灭顶之灾的汪洋大海。他再次勉励他们要深入民众，做好抗战的政治动员工作。孩子剧团因为年龄小，留在后方活动。演剧队、宣传队分赴各战区前，周恩来又叮嘱各队负责人：要利用合法身份，争取自立条件，独立开展工作。

这些其实只是周恩来在武汉工作中的一部分。在这样紧张繁杂的工作中，周恩来始终是那样精力充沛，举重若轻。他的工作总是那样有条不紊，有着极高的效率。郭沫若在《洪波曲》中曾用强烈的词句表达他对周恩来的钦佩和赞叹。他写道："我对于周公向来是心悦诚服的。他思考事物的周密有如水银泻地，处理问题的敏捷有如电火行空，而他一切都以献身的精神应付，就好像永不疲劳。他可以几天几夜不眠不休，你看他似乎疲劳了，然而一和工作接触，他的全部心身便和上了发条的一样，有条有理地又发挥着规律性的紧张，发出和谐而有力的律吕。"① 恐怕可以说，能使郭沫若如此折服和倾倒的人是不多的。

除了同国民党谈判和担任军事委员会政治部的工作以外，周恩来还在武汉同社会各界人士进行广泛的接触，取得重大的成功。

这是中国共产党经过十年内战的长期隔绝状态后，重新同外界进行公开的接触。那时，许多人都对中国共产党怀着很大的兴趣，想看一看它是不是真如过去反动宣传所说的那样"十恶不赦"，也很想知道它的真实情况和具体主张。于是，在武汉的中共代表团和八路军办事处，便成为外部世界了解中国共产党的一个窗口。

周恩来由于历史原因，在国民党上层和爱国民主人士中本来就有很多朋友。这次，他作为中共中央的代表到武汉来，同各方

① 郭沫若：《洪波曲》，人民文学出版社 1979 年 3 月版，第 206、207 页。

面从容周旋，重叙旧情，广结新交，开诚合作，向他们诚恳地说明中国共产党的主张。他接触的面是那样广，包括各类政治态度很不相同的人；结交的朋友是那么多，并且赢得他们的信任和尊重。这就使许多人缩短了同中国共产党的距离，或者同中国共产党进一步接近起来，从而为抗日民族统一战线的巩固和发展开拓出一个崭新的局面。

对国民党上层人士的工作，周恩来十分重视。作为军事委员会政治部的副部长，他同陈诚、邵力子、张治中等接触较多，对他们当时的政治倾向有着影响。

冯玉祥是军事委员会的副委员长。他是原西北军的领袖，是国民党内的主战派。一九三〇年的中原大战后，他同蒋介石的矛盾加深，曾写信给刘湘说：我同共产党交朋友，没有吃过亏；同蒋介石拜把兄弟，可弄得我好惨，请以我为鉴。在他身边，也有几个共产党员在工作。抗战爆发后，蒋介石虽先后委任他担任过第三战区和第六战区的司令长官，但没有给他指挥实权。一九三七年十一月底他迁居武汉后，到处发表演说鼓吹抗战，还请人办了《抗到底》、《抗战画刊》两种刊物和一个出版抗战图书的“三户印刷所”。一九三八年二月七日，周恩来通过鹿钟麟向冯玉祥表示：拟请一见。冯玉祥最初还有些顾忌，托鹿钟麟代为表示：“因外间耳目众多，不便相见，惟努力作不见面之默契可耳。”①但他很快就改变了自己的想法。十四日，周恩来到他的寓所拜访，交谈对时局和抗战前途的看法。他们谈得很畅快，特别是对前一阶段华北和上海作战指挥的得失进行详细的探讨。冯玉祥在当天日记里谈了对周恩来的印象：“极精明细密，殊可敬可佩也。”② 周恩来离开后，冯玉祥对他周围的人感慨地说：“我知道

① 冯玉祥日记（根据冯玉祥的秘书当年整理的记录），1938 年 2 月 11 日。

② 冯玉祥日记（根据冯玉祥的秘书当年整理的记录），1938 年 2 月 14 日。

的东西太少了。”第二天，他在会客室写下了八个大字：“吃饭太多，读书太少。”① 十九日，他又到汉口同周恩来等见面。周恩来向他谈到正在日见发展的国共磨擦的情况。冯玉祥感叹地说：“自己不努力，反要阻止他人活动，在这种时代不求进步，是一种自杀办法。为大众谋利益，为大众而信仰，哪有这种办法?”“应当多送学生去陕北学习，以应时代的推动，不要被时代的齿轮压炸了。”② 以后，他常派他的专车将周恩来接到寓所晤面，同共产党员的关系也更加密切了。

白崇禧也是国民党高级将领中的主战派。他是桂系的领袖之一。军事委员会改组后，出任副参谋总长兼军训部部长，同周恩来常常见面。一九三八年二月中，广西学生军开赴前线，路过武汉，他邀周恩来向学生军作讲演。三月上旬，日本侵略军在津浦铁路北段大举增兵，企图直下徐州，打通南北战场。白崇禧奉派去徐州协助第五战区司令长官李宗仁指挥作战。他在行前把周恩来和叶剑英请到他的寓所，请教对敌作战方针。周恩来建议：在津浦铁路南段，由李品仙、廖磊两个集团军在新四军第四支队的配合下，采取以运动战为主、游击战为辅的联合行动，运动于辽阔的淮河流域，使津浦铁路南段的日军时时受到威胁，不敢贸然北上支援南下日军；而在徐州以北，以主力采取阵地战与运动战相结合的方针，守点打援，以达到各个击破的目的。白崇禧对周恩来的这个建议深为赞赏。他到徐州协助李宗仁指挥时，基本上采纳了周恩来这个建议。③ 白崇禧走后不久，周恩来、叶剑英又要张爱萍以八路军代表的名义去见李宗仁，劝他在济南以南、徐州以北抵抗日军，同日军打一仗。周恩来告诉张爱萍：“曾同白

① 访问于志恭谈话记录，1983 年 10 月 19 日。

② 冯玉祥日记（根据冯玉祥的秘书当年整理的记录），1938 年 2 月 19 日。

③ 程思远：《政坛回忆》，广西人民出版社 1983 年 8 月版，第 116 页。

崇禧谈过此事，现派你再直接向李宗仁做工作。”张爱萍向李宗仁讲了几条：一是日本侵略军占领济南后南下，几乎是长驱直入，非常嚣张，骄兵必败，而且还是孤军深入；二是济南以南、徐州以北的地形很好，台儿庄、张庄一带都是山区，地形对我有利；三是广西军队是有战斗力的，北边有八路军在战略上的配合，应该在这样有利的地形和敌情下，集中兵力，打一个大仗，既可给日军一次沉重的打击，又可以提高广西军队在整个民众中、特别是在国民党中的威信。张爱萍开始讲的时候，李宗仁一直在沉思。谈到最后他高兴起来了，表示这个意见很好，并要张爱萍转告周恩来。① 这些建议，促成了台儿庄战役的大捷。平型关战役和台儿庄战役是抗日战争初期中国军队取得的两次重大胜利，周恩来对这两次战役的胜利都做出了重要贡献。毛泽东的《论持久战》在五月发表后，周恩来向白崇禧作了介绍。白崇禧也称赞这是克敌制胜的最高战略方针。七月上旬，李宗仁从前线到武汉。周恩来在寓所设便宴招待他，一起谈了加强团结抗战的问题。十月，在第五战区成立文化工作委员会，由共产党员钱俊瑞以进步文化人士的身份任主任。② 周恩来、叶剑英还派张友渔到第一战区司令长官程潜的政治部主任李世璋那里做设计委员，加强同程潜的联络工作。

川军将领、第二十二集团军总司令邓锡侯一九三八年三月从河南前线到武汉。周恩来在八路军办事处会见他，希望川军能同八路军、新四军协同作战。邓锡侯回河南前线后，曾派人给河南确山县竹沟镇的新四军八团队留守处送去一批弹药。以后，他的部队移驻鄂北，又经常在枪枝、弹药和物资上支援新四军。

对滇军将领，周恩来也做了许多工作。他在武汉会见滇军第

---

① 访问张爱萍谈话记录，1987 年 6 月。

② 访问胡绳谈话记录，1988 年 4 月。

一八四师师长张冲（与国民党谈判代表张冲同名——编者注），并答应张冲的要求，派共产党员薛子正去担任他的秘书（后任参谋长）。张冲以后秘密地参加了中国共产党。①

这些工作，对全国解放战争后期川、滇将领的起义起着重要的作用。

第七十七军副军长何基沣，七七事变发生时是第二十九军旅长。在卢沟桥打响第一枪的，就是他所属吉星文团。一九三八年初，何基沣到武汉。周恩来把他请到八路军办事处，称赞说："南京中山陵出了个剖腹明志的续范亭将军，卢沟桥上出了个坚决抗日的何基沣将军。"并代表中共中央欢迎他到延安去看看。经过周恩来的安排，何基沣在二月间秘密前往延安，受到毛泽东等的接见。离开延安前，他递交了一份入党申请书。一九三九年一月，被批准为中共秘密党员。② 一九四八年淮海战役开始时，他和另一个秘密党员张克侠正共同担任第三绥靖区副司令长官，率领所属第五十九军、七十七军的大部起义，使华东野战军通过他们的防区，直插徐州城下，切断黄百韬兵团同徐州的联系，对淮海战役第一阶段的胜利起了重要作用。

对其他各党派人士，周恩来都保持着密切的交往。有一段时间，他几乎每周都到汉口中央银行楼上同救国会的沈钧儒、史良、邹韬奋、李公朴，国社党的张君劢，青年党的左舜生等聚商国是，向他们介绍国共谈判的情况，分析政治形势，也听取他们对时局的意见。通过这种经常的开诚交谈，使他们逐渐增进对中国共产党的认识，为他们中很多人以后同中国共产党长期合作打下了基础。

---

① 金城：《张冲同志入党前后》，《延安交际处回忆录》，中国青年出版社 1986 年 10 月版，第 262—265 页。

② 张执一、王西萍、杨斯德：《从爱国军人到共产主义战士——回忆优秀共产党员何基沣同志》，《人民日报》，1983 年 1 月 8 日。

邹韬奋是著名的救国会“七君子”之一。他所主办的《生活》周刊和生活书店，在全国、特别是青年中有着极大的影响。周恩来在武汉第一次同他见面就好像是遇到老朋友一样。他对邹韬奋说：“我们还没见面的时候已经是朋友、好朋友了。救国会的抗日主张和我们是一致的，爱国七君子的风节我是很佩服的。”谈话中，周恩来关切地询问他出狱后的身体和家庭情况，向他分析抗战的形势和任务，指出：“现在我们一起奋斗，以彻底打败日本帝国主义。将来，我们还要共同努力，以建设繁荣富强的新中国。”临别时，周恩来紧紧地握住他的手说：“请你们记住，爱国知识分子是国家的宝贵财富，无论什么时候都需要。有什么要求，请随时提出来，我们共产党一定会尽可能地帮助解决。”周恩来的热情强烈地感染了邹韬奋。他后来不止一次地对别人说：“周恩来先生的确是我的良师益友”，“是最可敬佩的朋友”。①

对邹韬奋主办的生活书店，钱俊瑞、徐雪寒等主办的新知书店，李公朴、黄洛峰等主办的读书出版社，周恩来十分关心。生活书店在抗战爆发前，总店在上海，分店只有广州和汉口两处；抗战爆发后，不到一年，全国分店已达五十余处，总店先后移往汉口和重庆。新知书店和读书出版社也都移往后方。这三家书店中有不少共产党员在那里工作，党组织经常给以具体的指导和帮助。他们出版的许多进步书籍，如艾思奇的《大众哲学》、胡绳的《辩证唯物论入门》，对引导青年进步和走向革命产生了重大作用。

当时从各地来到武汉的文化界人士很多，有着各种不同的政治倾向。军事委员会政治部第三厅不可能把他们都容纳进去。周恩来在筹组政治部第三厅的同时，积极推动成立中华全国文艺界

① 张仲实：《言犹在耳，记忆仍新——对周恩来同志的回忆片断》，《人民日报》，1985年1月8日。

抗敌协会，以便把云集武汉的众多的文化界人士团结起来。为了这件事，周恩来特地拜访冯玉祥，请正在他那里帮助工作的著名作家老舍出来主持文协。老舍是一九三七年十一月别妻离子从济南只身流亡到武汉的。他曾说过："我不是国民党，也不是共产党。谁真正的抗战，我就跟着谁走。我就是一个抗战派。"① 在不同政治倾向的文化界人士中间，老舍都享有很高的威望。冯玉祥答应了周恩来的要求，并对文协给予慷慨的资助。

中华全国文艺界抗敌协会在一九三八年三月二十七日成立。周恩来、郭沫若、冯玉祥等都出席了成立大会。大会以国民党中央宣传部部长邵力子为总主席，周恩来、蔡元培、罗曼·罗兰、史沫特莱等十三人被推为名誉主席团成员。周恩来在会上发表热烈的讲演。他说："今天到会场后最大的感动，是看见了全国的文艺作家们，在全民族面前，空前地团结起来。这种伟大的团结，不仅仅是在最近，即在中国历史上，在全世界上，如此团结，也是少有的。"他还说：这种"不分思想，不分信仰的空前团结，象征我们伟大的中华民族，一定可以凝固地团结起来，打倒日本帝国主义"。② 会上推举老舍、郭沫若、茅盾、丁玲、邵力子、冯玉祥、田汉等四十五人为文协理事，周恩来和蔡元培、宋庆龄、于右任、宋美龄、孙科、柳亚子、陈立夫、陈诚、何香凝等一起被选为名誉理事。文协没有设主席和副主席，由老舍担任总务部主任，负责一切。五月中旬，文协召开第二次理事会，周恩来应邀参加。老舍以后在会务报告中对这次会议有一段生动的描写：

"轮到周恩来先生说话了。他非常地高兴能与这么些文人坐在一处吃饭。不，不只是为吃饭而高兴，而是

① 楼适夷：《忆老舍》，《新文学史料》，1978年第1期。

② 《新华日报》，1938年3月28日。

为大家能够这么亲密，这么协力同心地在一块儿工作。他说，必须设法给文协弄些款子，使大家能多写些文章，使会务有更大发展。最后（他眼中含着泪）他说他要失陪了，因为老父亲今晚十时到汉口。（大家鼓掌）暴敌使我们受了损失，遭了不幸，暴敌也使我的老父亲被迫南来。生死离合，全出于暴敌的侵略。生死离合，都增强了我们的团结！告辞了！（掌声送他下楼）”①

中国共产党的机关报《新华日报》创刊时，周恩来在一月九日为它题词：“坚持长期抗战，争取最后胜利。”不久，他又约见《群众》周刊副主编许涤新等，对他们说：“《群众》的编辑方针，同《新华日报》毫无二致，差别是在于《群众》是党刊，是理论性的刊物，它要更多地从马克思列宁主义出发，要更多地从理论的角度出发，帮助广大读者理解抗日战争的正义性，理解抗日战争胜利的必然性。同时，还要从理论的角度出发，去批判当时一切不利于抗战以至破坏抗战的反动谬论。”② 当时，《新华日报》和《群众》周刊受中共中央长江局党报委员会领导，周恩来是党报委员会的成员之一，但党报党刊的日常工作并不由他负责指导，这同以后重庆时期还有所不同。

由于经常接见来访记者或举行记者招待会，周恩来同武汉的新闻界建立了广泛的联系。三月，《大公报》著名记者范长江在汉口发起成立中国青年新闻记者学会。周恩来同他们一直保持着密切的联系。四月，范长江同数十名记者到津浦铁路前线采访，经历了台儿庄大捷和徐州会战。五月下旬，回到武汉。《新华日报》举行盛会欢迎他们。周恩来临时因事没有出席。二十六日，

---

① 老舍：《会务报告》，《抗战文艺》1938 年第 6 期。

② 许涤新：《群众周刊大事记序言》，《群众周刊大事记》，红旗出版社 1987 年 10 月版，第 4、5 页。

他写信给范长江说："长江先生：听到你饱载着前线上英勇的战息，并带着光荣的伤痕归来，不仅使人兴奋，而且使人感念。闻前线上归来的记者们正在聚会，特驰函致慰问于你，并请代致敬意于风尘仆仆的诸位记者。"① 六月七日，他又致函范长江说："昨午已与陈辞修部长约好，本星期四（九号）正午约津浦战场归来诸记者会餐，地点在中街新生活宿舍。届时当可静聆诸先生对于二期抗战的经验与教训的高论，希预告怀着满脑意见的诸记者能分类准备为好。关于约请的名单，将由政治部函你代约，预计有二十人以上。"② 这次会餐后，周恩来根据记者们反映的情况，向陈诚提出了加强军队政治工作的具体建议，并由陈诚将记者们反映的情况到军事委员会作了报告。在周恩来的帮助下，范长江的思想不断进步。到重庆后，就由周恩来介绍参加了中国共产党。

那时郭沫若还办了一张《救亡日报》。这是他从日本归国后，以上海文化界救亡协会的名义于一九三七年八月在上海创办的。他自己任社长，夏衍任总编辑。沪战告急时，周恩来通知郭沫若：上海沦陷后把《救亡日报》迁到广州去出版，继续由夏衍负责。一九三八年四月下旬，夏衍到武汉向周恩来汇报《救亡日报》的工作。周恩来询问了报社情况、报纸销路以及各方面对报纸的反映后，对夏衍说："问题不单在销数，而在于读者敢不敢看你们的报和喜欢不喜欢看你们的报。这张报纸是以郭沫若为社长的上海文化界救亡协会的机关报，这一点规定了你们的办报方针。办成像国民党的报纸一样，当然不行。办成像《新华日报》一样，有些人就不敢看了。总的方针是宣传抗日、团结、进步，但要办出独特的风格来，办出一份左、中、右三方面的人都要

① 《周恩来书信选集》，中央文献出版社 1988 年 1 月版，第 150 页。

② 《周恩来书信选集》，中央文献出版社 1988 年 1 月版，第 152 页。

看、都喜欢看的报纸。”周恩来还说：“要好好学习邹韬奋办《生活》的作风，通俗易懂，精辟动人，讲人民大众想讲的话，讲国民党不肯讲的，讲《新华日报》不便讲的，这就是方针。”夏衍努力按照周恩来这个指示去办。《救亡日报》在华南，在香港，在海外，在广泛的社会阶层中，产生了很大的影响。

周恩来在武汉的时间还不到一年，但通过他范围广泛的活动，结交了那么多的朋友，使很多人了解了中国共产党的抗战、团结、进步的主张，从共产党人身上看到了中国的希望。这就为中国共产党在广大的国民党统治区的工作打下坚实的基础，不仅在当时对动员广大群众参加抗日战争起了有力的推动作用，而且对以后全国解放战争中第二条战线的开辟和一部分国民党将领的起义产生了深远的影响。

周恩来在武汉从事的统一战线工作，不仅在国内，而且在国际上也收到显著的效果。

在中共代表团到武汉以前，中国共产党同苏联以外的国际社会基本上处于隔绝状态。只有埃德加·斯诺等很少几位外国朋友到过陕北，向国外作了报道，帮助各国人民了解一些中国共产党的真实情况。中共代表团到武汉后，这里既有常驻的外国使节，有来自全球的各国记者，还常有一些外国团体和人士前来访问。这就大大扩展了中国共产党人的接触面。中共中央长江局设立由王炳南负责的国际宣传组，这项工作也归周恩来领导。周恩来指示他们：对在武汉的四十多名外国记者要保持经常的联系，凡中共代表团举行记者招待会时都邀请他们参加；向他们提供《新华日报》的新闻资料，这些资料由于及时和准确，往往比国民党通讯社的资料更受到外国记者的重视；同在武汉的外国机构建立联系；对国民党接待的外国友好人士和进步团体，也要尽可能参加接待。周恩来自己同在武汉的外国朋友也保持频繁的接触。他不仅同斯诺、史沫特莱、鹿地亘夫妇、爱泼斯坦等有着密切的联系，并且同英国驻华大使卡尔等也建立了良好的关系。他接待了一批又一批到武汉访问或参加援华工作的外国朋友，有些人后来对中国人民的抗日斗争给了重要的帮助。

一九三八年一月下旬，由白求恩大夫率领的加—美医疗队来到中国。一个深夜，周恩来在武汉的八路军办事处会见他。周恩来用熟练的英语向他表示欢迎，并介绍了抗日战争的形势和中国共产党的主张。因为白求恩急于到中国共产党领导的抗日根据地去，周恩来就嘱咐王炳南，为白求恩一行去延安作出安排。这样，便开始了这位伟大的国际主义战士在中国的不平凡经历。

四月，荷兰著名电影工作者伊文思到达武汉。他是受宋美龄邀请来华拍摄新闻纪录影片的，他又是个荷兰共产党党员。周恩来到旅馆去看望他。伊文思后来说：经过交谈，他发现周恩来“不仅是一个伟大的政治家，而且也精通军事和文艺，是一个兴趣极广的人”。① 伊文思在津浦战场拍摄纪录影片后，希望到延安去拍摄中国共产党和八路军的活动，国民党不允许，使他很生气。为了弥补这种缺陷，周恩来作出安排，使伊文思在武汉拍摄了中共代表团活动的镜头。伊文思这次拍成的影片，便是在国际上产生一定影响的《四万万人》。他回忆说：“这次访问认识了周恩来，并得到他许多的关照，也了解到中国的许多真情，同时也因此对周恩来的伟大、深谋远虑和文武全才有所体会。”②周恩来还派人将伊文思赠送的一部电影摄影机和三盒胶片送往延安，帮助开创解放区的电影事业。

六月，长期在华工作的新西兰友好人士路易·艾黎从上海到达汉口，同斯诺等人筹备中国工业合作运动（简称“工合”）。他

①② 访问伊文思谈话记录，1983 年 9 月 22 日。

们计划在全国组织三万个工业合作社，希望得到包括国民党政府在内的各方面的资助。周恩来和中共代表团积极支持他们的活动。八月，“工合”总会在汉口正式成立，艾黎以技术顾问的名义主持实际工作。在中国共产党和国内外进步人士的支持下，“工合”迅速发展成为有着一定国际影响的社会团体。

九月二十九日，印度援华医疗队到达汉口，他们中有爱德华、柯棣华、巴苏等大夫。十月七日，周恩来第一次会见他们。巴苏大夫在当天的日记中写道：“下午，我们去看望周恩来同志，他正在办公室里举行记者招待会，屋里挤满了新闻记者，大部分是外国人。我们在一个角落里坐下，倾听着他透彻地分析中国的军政局势，以及阐明怎样通过全面发动群众抗击敌人。他现在是政府军事委员会群众动员部门的负责人，所以他非常忙。他侃侃而谈，精力充沛，学识渊博，长着一对机灵、谨慎的眼睛，还有中国少见的浓眉。看来他好像连每天刮脸的时间都没有。电话和通讯员不断地打扰着招待会。”“见到我们，并得知我们要去八路军那儿，他显得非常高兴。他说八路军将会给我们最热烈的欢迎。”①

十月十日，周恩来再次会见他们。巴苏这天的日记中写道：“在爪哇支队举行的盛大宴会上，我们全体再次见到了叶剑英将军和周恩来同志。医生、护士、外科助手乃至军医署长和市红十字会的大夫，也普遍洋溢着欢快的气氛。我们这些印度人也从救护工作中解脱出来，沉浸在欢乐之中。”“在全体来宾中，周恩来同志是唯一庄重的人。我有机会从很近的地方观察他。最吸引我的，是他那机敏、聪慧和富于同情感的目光。安娜（即德国友人安娜利泽——编者注）同志说，二十年后，我们将会为曾经与他

① 《巴苏日记摘抄》，《纪念柯棣华》，人民出版社 1982 年 12 月版，第 183 页。

结识感到骄傲。我补充道：‘干吗这么晚呢？此刻我们就感到骄傲。’”① 这个医疗队后来在中国大地上布下的友谊种子是尽人皆知的。

周恩来和中共代表团在武汉进行的国际交往，无论对当时和后来都有着重大的影响，并为中国共产党的外事工作奠定了基础。

中共代表团，国民政府军事委员会政治部，这些都是公开的工作机构。在内部，还有着负责指导整个南方的党的工作的中共中央长江局。周恩来担任着长江局副书记。他白天在军事委员会政治部办公，晚上就回到八路军办事处，参加长江局的会议，并处理有关的工作。

长江局一成立，首先面对的任务，便是要恢复和加强南中国各省的共产党组织。在抗战前，由于十年内战期间国民党的残酷镇压和几次“左”倾冒险主义造成的恶果，长江流域和南方各省的共产党组织已遭到普遍的破坏。除了十四个游击根据地保存一些党的力量以外，在整个国民党统治区，只留下北方局所属组织和上海、西安等地保存下来的部分组织，其他都已被摧毁殆尽，有党的关系的党员为数极少。抗日战争爆发后，一批由中共中央自陕北派出的、参加过“一二·九”学生运动和爱国救亡运动的、还有这时经组织营救出狱的党员分散到各地，但人数仍很少。这同全国蓬勃发展的抗战形势显然是极不适应的。如果不首先把各省的党组织恢复或加强起来，就谈不上开展党的工作。

从一九三七年九月到一九三八年九月这一年间，在南中国先后建立共产党省委或省工委的，有河南、湖北、江苏（以上三省是在一九三七年十一月以前建立的）、四川、湖南、广西、贵州、安徽、广东、云南、浙江、江西、福建十三省。党员人数到一九

① 《巴苏日记摘抄》，《纪念柯棣华》，人民出版社 1982 年 12 月版，第 184 页。

三八年九月已发展到六万七千七百八十人（军队中的党员未计算在内）。后来的事实证明：这个时期在国民党统治区入党的党员大多数是好的和比较好的，除一部分到陕北和敌后抗日根据地外，其他的逐步成长为党在国民党统治区各方面工作的重要骨干力量。在长江局内部，这一项工作由博古主持。周恩来对南方各省的状况十分熟悉，在这方面也有不少贡献。一九三八年一月二十一日，周恩来为长江局起草致中央书记处电，提出对四川工作的意见。电文中说："四川已无疑地成为抗战最后根据地，成为连接西南和西北的枢纽，而且很快的会变成全国各党派、各实力派争夺的中心"，而"目前党的工作却极落后"，因此，应该"迅速加强四川党的工作"。[①] 具体办法是：请求中央迅速派得力的川籍干部赴川主持党的工作；请中央从抗大、党校、陕公中挑选一批川籍学生回川工作；在重庆设《新华日报》分社，筹办印刷厂；努力发展军事工作；不放弃运用上层联络，推动各方特别是川中实力派抗战等。这是一个富有远见的战略性建议，两天后就得到中共中央复电同意。它为武汉失陷后南方局在重庆的工作做了重要准备。

中国共产党在南方领导的武装斗争，最重要的是红军游击队的改编和新四军的组建并东进抗日。这项工作由中共中央东南分局领导。一九三八年一月，东南分局在南昌成立。它受中共中央和长江局双重领导，书记是中共中央政治局委员项英。一月十一日，周恩来、叶剑英致电毛泽东、朱德、彭德怀，建议鄂豫皖红军的一部分不参加新四军整编，仍在鄂豫皖边力求发展，以扩大和发展中原的游击战争。同月十四日和二十二日，长江局两次作出决议，决定把留在河南确山县竹沟镇的新四军四支队第八团队

① 王明、周恩来、博古、董必武、叶剑英致中共中央书记处的电报，1938 年 1 月 21 日，周恩来手稿。

由长江局参谋处直接指挥，归周恩来、叶剑英领导，留原地发展，以“保护后方根据地，保证进行党和群众工作，以及训练干部的工作”。[①] 在当时的新四军中，只有这一部分工作是由周恩来直接领导的。对这项工作，周恩来抓得很紧。二月十三日，周恩来等向中共中央书记处建议，调彭雪枫由晋来豫。十五日，周恩来主持召开中共代表团与长江局联席会议，决议：“黄河与长江间成立一军区，在其下分为四个军分区”；“雪枫同志加入河南省委及四支队军政合作委员会，并负责领导全军区军事工作”。[②] 三月，彭雪枫作为中共河南省委军事部长来到竹沟，兼任第八团队留守处主任。竹沟，成了中国共产党领导中原地区抗日游击战争的重要战略支点，在新四军发展的历史上有着十分重要的地位。留守处在豫南各县进行广泛的抗战动员，建立地方党组织，开办各种培养干部的训练班，开展统战工作，放手发展了武装力量，并且陆续派往敌后，在敌后独立自主地发展抗日力量，开展抗日游击战争。九月二日，周恩来、叶剑英又指示中共河南省委，要将工作重点移向豫东敌后，开创豫皖苏鲁抗日根据地。周恩来、叶剑英对这一部分新四军工作的指导是正确的。以后的新四军第四师和第五师，都是在这里打下最初的基础，然后开赴敌后，一步一步发展起来的。

一九三八年四月初，正担任陕甘宁边区政府代主席的张国焘，以参加祭黄帝陵为名，私自离开延安，经西安前往武汉。中共中央致电周恩来等，要他们寻找张国焘，促其觉悟，回党工作。周恩来立刻派人到汉口车站守候。十一日，张国焘乘车到达汉口。周恩来和长江局其他领导人对他反复进行了批评和规劝，

① 《中共中央代表团与中共长江中央局第七次联席会议》记录，1938 年 1 月 22 日。

② 《中共中央代表团与中共长江中央局第十次联席会议》记录，1938 年 2 月 15 日。

张国焘毫无悔改之意。为了做到仁至义尽，十七日，周恩来等正式向张国焘提出三点办法：一、改正错误，回党工作（这是我们最希望的）；二、向党请假，暂时休息一时期；三、自动声明脱离党，党宣布开除他的党籍。[1] 谈话后不到一个小时，张国焘就逃离八路军办事处，并留信说："已决定采取第三条办法。"[2] 第二天，中共中央作出《关于开除张国焘党籍的决定》。周恩来在长江局机关支部召开的全体党员大会上讲话，对党员进行革命气节教育。他指出张国焘不思改悔，同党同革命闹对立，搞分裂，直至公开叛党，告诫大家要以此事为鉴戒。

在武汉时期长江局的工作中，周恩来也有失误。这一点，他自己多次说过。一九四五年四月他在中共第七次全国代表大会发言时说："那个时候在武汉，我们自己也有错误。就是说，当时在武汉做领导工作的同志，我也在内，着重在相信国民党的力量可以打胜仗，而轻视发展我们自己的力量；在战争上强调运动战，轻视游击战。"[3] 在这段时间内，长江局曾以王明、周恩来、博古等的名义多次致电中共中央，并发表过《我们对于保卫武汉与第三期抗战问题底意见》，其中有些意见是错误的。尽管这些文电主要是王明的思想，但周恩来是长江局副书记，并且署了名，也有责任。十二月会议和三月政治局会议上，王明以传达共产国际指示的名义批评中共中央过于强调独立自主时，周恩来在发言中肯定了过去在各方面得到很大的成绩，提出了一些正确的看法，但也认为不能把全面抗战同片面抗战对立起来，说把独立自主发展到各方面会妨碍统一战线等。

为什么他会有这些失误？原因是多方面的。

在抗日战争爆发后，中国共产党确实面对着一个异常复杂的

---

①② 王明、周恩来、博古致中共中央书记处的电报，1938 年 4 月 18 日。

③ 《周恩来选集》上卷，人民出版社 1980 年 12 月版，第 197 页。

局势：随着日本军队的大举侵入，中华民族已到了生死存亡的紧要关头，必须实行全民族的抗战。民族矛盾高于阶级矛盾。武汉失陷前，国民党对日作战是比较努力的，国共关系还比较好，这同武汉失守后有很大不同。在这种情况下，为了坚持抗日民族统一战线，有时在某些问题上需要作出一些让步，有些事情也需要得到国民党的同意或承认。可是，针对国民党存在的两重性，怎样在抗日民族统一战线中正确地处理联合和斗争的关系？怎样在维护合作中又不把自己的手脚束缚起来？怎样恰如其分地处理好这一切？这确实是很不容易的，对当时的周恩来说来，也是一件还缺少足够经验的事情。

王明从莫斯科回来，在十二月政治局会议上宣传："今天的中心问题是一切为了抗日，一切经过抗日民族统一战线，一切服从抗日。"① 提出了他的一整套政治主张。王明说这一切都是共产国际的指示。他这时又担任着共产国际的执行委员会委员、主席团委员和政治书记处书记，是以"钦差大臣"的姿态回国的。王明的文章《救中国人民的关键》，同时刊登在《共产国际》、《布尔塞维克》等共产国际、联共（布）的机关刊物上，被广泛地宣传。这就使他的言论带有很大的迷惑力。周恩来和王明自然是不同的。只要客观地考察周恩来在武汉时期的全部活动，不难看到：他在同国民党谈判中，始终坚持独立自主的原则，在涉及人民根本利益的问题上从来没有作过无原则的妥协和屈从；他一直坚持抗日和民主是不可分离的，竭尽全力地推进国民党统治区的人民运动，保护人民的民主权利；他积极宣传持久抗战的主张，要求他和叶剑英负责指挥的河南竹沟那部分新四军要放手发展武装力量，开赴敌后，独立自主地发展抗日游击战争。从总体上看，他在这个时期的工作是正确的。但在有些问题上，他一度

① 王明在中共中央政治局会议上的发言记录，1938年12月9日。

受到过王明的影响也是事实。以后，周恩来在一生中不知多少次地谈到他的这些失误，把它引为终身不忘的教训。

八月二十九日，周恩来同王明、博古等离开武汉回延安，准备参加中共中央六届六中全会。

为了开好这次全会，中共中央政治局在九月十四日至二十六日先举行十多天会议。这时，任弼时已受中共中央委派去莫斯科，任中共驻共产国际代表团负责人，向国际和各国共产党介绍了中国抗日战争形势和中国共产党的工作。刚从莫斯科回来的王稼祥在政治局会议的第一天传达共产国际总书记季米特洛夫同他谈话时所说的："在领导机关中，要在毛泽东为首的领导下解决。领导机关中要有亲密团结的空气。"① 周恩来在二十六日的发言中说：我完全同意国际指示与毛泽东等同志的报告。关于抗战形势，他指出：抗战面临着由第一阶段向第二阶段转变。在第二阶段要发展游击战争，并使正规战与游击战适当的配合。新四军中的老干部要大胆放手去发展游击战争。关于统一战线问题，他说：我们拥蒋合作，拥护三民主义是巩固统一战线的政治基础，但我们必须在保持党的独立性的原则之下。他还强调：根据今天中国战争长期性与发展不平衡的特点，对于各种区域的不同情况，要采用不同的方式，不要机械的呆板的规定，要有具体性与灵活性。②

九月二十九日，中国共产党扩大的六届六中全会在延安召开。出席会议的有中央委员和各方面负责干部五十五人。这是六大以来人数到得最多的一次中央会议。

王稼祥在会上再一次传达共产国际的指示。毛泽东作了题为

① 王稼祥在中共中央政治局会议上的发言记录，1938 年 9 月 14 日。

② 周恩来在中共中央政治局会议上的发言记录，1938 年 9 月 26 日。

《论新阶段》的政治报告。周恩来在三十日下午，以中共中央代表团的名义作关于统一战线工作的报告。他详细叙述了六届五中全会以来抗日民族统一战线建立和发展的历史过程，接着又剖析抗战中国民党政策的矛盾性：第一，联苏实现了，但是还存在反共的思想，所以在各方面或明或暗地反对苏联影响的扩大；第二，联共政策实行了，可是同时又在国民党区域内发展限制中国共产党的政策；第三，要群众，因为抗战需要群众，军队补充需要群众，粮食的供给需要群众，同时又统制民众运动。他认为，中国共产党统一战线工作的原则应该包括：坚持抗战高于一切，一切服从抗战；坚持党的政治上的独立性，信仰共产主义；实现三民主义，从共产主义的观点来实现三民主义；认定国民党为主要合作对象，不是削弱国民党，而是推动国民党进步；坚持民众的动员；坚持国内民主；坚持国际和平阵线；坚持反对汉奸、托派；发展我们的力量，扩大和巩固统一战线等。①

这次中央全会的时间很长，开了一个多月，共有四十多人发言。毛泽东在十一月五日、六日作了题为《战争和战略问题》和《统一战线中的独立自主问题》的结论。六日，全会通过《中共中央扩大的六中全会政治决议案》，批准以毛泽东为首的中央政治局的路线。会议根据形势的变化，决定撤销长江局，设立中原局和南方局，中原局以刘少奇为书记，南方局以周恩来为书记、董必武为副书记。〔一九三九年一月五日，中共中央书记处会议决定：南方局管辖华南、西南各省，委员有周恩来、博古、凯丰、张文彬、徐特立、吴玉章、叶剑英、廖承志、吴克坚、邓颖超、刘晓、高文华、董必武，以周恩来为书记。十三日，中央书记处致电南方局批准以周、博、凯、吴（克坚）、叶、董六人为常委，江西、上海工作归南方局管。〕东南分局改为东南局，仍

① 周恩来在中共六届六中全会上的发言记录，1938年9月30日。

以项英为书记。

六届六中全会是中国共产党历史上的一次十分重要的会议。这次会议，阐明了党在抗日战争时期的基本政策，基本上克服了王明右倾投降主义的错误，初步统一全党的认识，增强团结，推动各项工作迅速地向前发展。

周恩来没有参加完这次会议。他在会议第二天发言以后就离开延安，在十月一日回到武汉。四日，周恩来会见蒋介石，转交毛泽东给蒋介石的信件，说明了中国共产党对抗战和统一战线的主张。① 八日，他将所谈内容写成书面意见交给蒋介石。十四日，再次会见蒋介石。蒋介石对中国共产党关于抗战的主张表示赞同，但对两党关系问题仍不表示明确态度。② 由于日军正以强大兵力开始向武汉进攻，局势日趋紧急，国民党的党政军机关陆续撤出武汉，周恩来同蒋介石关于两党关系的会谈不能不暂时中止。

十月七日至九日，周恩来在《新华日报》上发表《论目前抗战形势》的长篇文章。文章一开始就指出：中国抗战，经过十五个月的英勇奋斗，完全证实了一个真理，即是：只有坚持长期抗战，才能争取中华民族解放战争的最后胜利。他写道："中国抗战是长期的不是短期的，持久战的方针是确定的。日本强盗既不可能一下子把我们赶到中国的'堪察加'，迫上昆仑山，我们也不能很快的转弱为强，反守为攻，将日本强盗赶出中国。因此，中国战争的形势，正如毛泽东同志所说：须经过持久战的三个阶段，才能争取最后胜利。"他从抗战形势发展的全局来观察武汉战役所占的地位，指出："保卫武汉的战斗，从整个抗战的形势看来，它只是第一阶段能否即过渡到第二阶段的关键，而决不是

---

① 周恩来致中共中央书记处的电报，1938 年 10 月 4 日。

② 周恩来致中共中央书记处的电报，1938 年 10 月 21 日。

能否继续长期抗战的关键。”[1] 他详细分析了抗战发展中可能遇到的种种困难，同时又指出克服这些困难的种种有利条件。这时，由于武汉既濒危急，新的困难又已开始，一些悲观论者又怀疑这个前途，而一部分侥幸论者想从孤注一掷中挽救这个危机。周恩来冷静地说明相持局面到来的可能性，明确地告诉他们：“保卫武汉的战斗，固然愈久愈好，但决不能在长期保卫武汉的条件尚未具备的今天，想作孤注一掷的侥幸的尝试。这不仅对于保卫武汉并无大的帮助，而且对于继续长期抗战是有害的，是不利于转入相持局面之过渡阶段的。”“只有坚持长期抗战，加强国内团结，才是克服困难，争取胜利的转入相持局面的基本方针。”[2] 这篇文章发表后，还印成小册子大量发行，使许多人从惶惑中看清前途，坚定了抗战必胜的信念。

十月十九日，文协、政治部三厅和鲁迅纪念委员会三个单位联合发起，举行鲁迅逝世二周年纪念会。周恩来不仅为《新华日报》的纪念专刊题了词，还同博古、邓颖超出席纪念会，在会上发表讲演。他热烈地赞颂鲁迅从不动摇和妥协的战斗精神，用来激励大家。他说：“到今天，抗战已经一年有余，更走到一个艰苦困难的阶段，纪念鲁迅先生，更应该学习这种倔强奋斗至死不屈的鲁迅，不退让，不妥协，困难愈大，更愈加努力，以克服困难，坚持抗战，特别要紧的是要有最后胜利的信心，伟大前途的认识，为达此目的而努力。”[3]

这时，武汉已准备放弃，各机关、工厂陆续内迁，周恩来一直坚持到最后。临撤前，他镇静地对中共湖北省委的今后工作做了细致的安排。他指示当时留在武汉的省委成员钱瑛、王翰将省

---

① 《新华日报》，1938 年 10 月 7 日。

② 《新华日报》，1938 年 10 月 9 日。

③ 《新华日报》，1938 年 10 月 20 日。

委机关先向宜昌、沙市方向转移，以后根据游击战争的发展情况再考虑进入敌后。还说：省委今后主要抓游击战争的工作，陶铸随省委机关转移。待应城陷落后就去领导那里的游击战争。这个安排，对以后新四军第五师在鄂中平原和江汉湖区的发展起了重要作用。

二十四日晚上，局势已经十分紧迫了。周恩来来到汉口《新华日报》社，为《新华日报》汉口版口授最后一篇社论。社论郑重宣布：我们只是暂时离开武汉，我们一定要回来的，武汉终究要回到中国人民手中。这篇社论排出来后，周恩来又亲自看了一遍。二十五日凌晨一时，当报纸正在开印时，接到电话说：日军已经迫近市郊。周恩来命令报社其他人员撤退，由留下的工人将最后一天报纸坚持印出了一部分，张贴散发。① 周恩来自己在安排报社最后一批人员撤退并检查了政治部对敌宣传科的工作后，才同叶剑英撤离武汉。

就在这一天，汉口陷落了。

周恩来在武汉工作了十个月。怎样看待他和长江局的这一段工作呢？这时，正处在全国抗战开始不久的关键时刻。中国共产党从过去长期被封锁和隔绝的狭小范围里走出来，踏上领导全国人民抗日这个更加广阔的舞台。尽管在这个时期中，长江局的工作多少受到过王明右倾错误的影响，受到一些损失，但它在这个关键时刻对南中国各省党组织的恢复和发展，对宣传中国共产党的抗日主张，领导人民群众开展抗日救亡运动，对团结各阶层人士和国民党爱国将领，发展抗日民族统一战线，都起了重要的作用。新时期下国民党统治区的工作，许多都是在武汉开端的。它的历史功绩，是不容忽视的。

---

① 陆诒：《在周总理领导下做新闻工作》，《新华日报的回忆》，四川人民出版社1979年12月版，第26页。

二十三、东南行

武汉的失守，标志着中国的抗战形势进入一个以战略相持为特点的新的阶段。日本、国民党和共产党三者的力量和它们之间的相互关系，都发生重要的变化。

中国共产党领导的抗日武装力量，经过一年多来在敌后的坚决抗战，得到了巨大的发展。一九三八年底，八路军人数已扩充到十五六万人，比抗战初期增加了五倍。在河北平原也已有八路军在活动，初步开辟了平原抗日根据地。这时，中共中央作出重要战略决策：将原在山西山区的八路军的三大主力分别向河北和山东的平原地区挺进。这年十二月下旬，根据总部的命令，一二九师主力进入冀南，一二〇师主力进入冀中，一一五师师部率三四三旅进入冀鲁豫边区和山东。这个重要的战略性行动，大大加强了平原抗日根据地，使华北的敌后游击战争出现了新的局面。在绥远、察哈尔、热河，也有着八路军支队的活动。新四军的先遣支队在陈毅、粟裕等率领下，已向苏南敌后挺进。共产党领导的抗日根据地和游击区已发展到十多个，拥有人口五千万以上，使日军侵占的城市和重要交通线处于它们的包围之中。共产党领导下的各种武装力量逐渐发展成为抗击日军的主力。这是中国能由战略防御转向战略相持的一个重要基础。

日军在战争之初原来打算速战速决。一年多过去了，战争没有结束，它自己却深深陷入泥沼之中。日本人力、物力、财力不足的弱点突出地暴露出来，越来越多地企图用在中国占领地区的资源来补充它继续战争的需要，实行所谓“以战养战”。共产党领导下的遍及敌后的抗日游击战争，对它构成巨大威胁。这使日本的对华政策不能不有所调整。周恩来在一九三九年三月指出日本的这种变化：

> “敌人的政策明显地表示了三个特点：
>
> （一）认定扫荡敌后方是它的中心。不论军事政治文化经济各方面，特别是军事的行动，都把主要的力量放在敌后方，所以四个月来敌人没有进攻与深入内地的形势。
>
> （二）实行政治为主、军事配合的政策。敌人要拿这个政策来利用我沦陷区的人力物力财力资源。
>
> （三）无论如何还是继续战争的局面。不是以政治为主了，战争就可以停止。除非是中国胜利或者是中国屈服，战争决不会停止，敌人也不会因扫荡后方就停止进攻。”①

随着抗战形势的发展和日本对华政策的变化，国民党政府的内外政策也在发生变化，将重点逐渐由抗日转到反共，开始实行消极抗日、积极反共的政策。但这个变化并不是在一夜之间就完成的，而有一个过程。在这个变化的过程中，许多矛盾的现象纷然并陈，有时令人觉得扑朔迷离，仿佛难以捉摸。周恩来处在同国民党交涉的第一线，亲历了这个复杂的变化过程。他作为中共中央南方局书记，统一领导西南和华南各省党的工作以及同国民党谈判的事宜。由于有了武汉时期的经验，周恩来变得更加成熟了，在这种异常复杂的环境中，沉着而又灵活地采取了正确的对策。

---

① 《周恩来选集》上卷，人民出版社 1980 年 12 月版，第 101 页。

周恩来撤离武汉后，经过天门、沙市、公安、常德，在一九三八年十月二十七日抵达长沙。这时，国民政府军事委员会的各部、会都在这里 。三十一日，蒋介石发出《告全国国民书》，说明撤出武汉是为了保持继续抗战的力量，表示要坚持持久抗战、全面战争和争取主动。第二天，周恩来、叶剑英致电中共中央书记处说："蒋宣言今早发表，内容甚好，不妥处已改掉。""蒋日前来长沙并转南昌，现回衡（山），表示坚决主张宣战，冯（玉祥）、白（崇禧）、（唐）生智均赞助。"①

十一月一日至三日，军事委员会在长沙召开军事会议，检讨武汉作战经过。周恩来参加了这次会议，在发言中强调游击战的问题。八日，他又到衡山见蒋介石，商谈今后抗战的军事方案。蒋介石对他的意见表示原则同意，要他写出一个具体方案来，并答应速办游击干部训练班。②

十一月十日，日军由武汉南下，湖南北部的门户岳阳沦陷，长沙告急。聚集在长沙的各军政机关纷纷撤退。政治部第三厅连着两天交涉火车和公路车，都没有解决。周恩来知道他们遇到的困难后，立刻具体帮助他们制定撤退计划。十二日凌晨，三厅工作人员由田汉等率领，分两路启程。出发前，周恩来向他们讲话，嘱咐他们途中需要注意的问题。郭沫若在《洪波曲》中详细地描述了这个过程，接着说："周公的计划很周到，指示非常细密，我这里只能记得一个梗概。经他这一部署和指引，使纷乱如麻的局面立地生出了条理来，使浑混一团的大家的脑筋也立地生出了澄清的感觉。"③

这一天，国民党军政要员已先后离开长沙，湖南省政府也迁

① 周恩来、叶剑英致中共中央书记处的电报，1938年11月1日。

② 周恩来致中共中央书记处的电报，1938年11月8日。

③ 郭沫若：《洪波曲》，人民文学出版社1979年3月版，第206页。

到沅陵。周恩来、叶剑英在完成撤离的各项工作后，决定在长沙城内的第十八集团军办事处再住一夜，第二天早上动身去湘潭。他们紧张地活动了一天，晚上又工作到深夜，已经十分劳累。次日凌晨两点多，他和叶剑英刚睡下不久，突然城内到处火起，住所附近也被人点起了火，烈焰立刻把天空映得通红。随从人员急忙冲进二楼的卧室，把他们叫醒，拉了就走。这时火已迅速蔓延到院子里，大门也被烈焰封住，他们就转向屋侧，从火中冲出。走到街上回头一看，大火已把他原来所住的二楼吞没了。街上到处是火，他们只得沿湘江步行。走出城外，遇到郭沫若等乘坐的卡车。郭沫若回忆说："周公十分愤慨。他向来是开朗愉快的脸色，对于任何人，处到任何难局，都绰有余裕的恢宏的风度，在这一次，的确是表示着怒不可遏的神气。"① 但他还是那样沉着，对第三厅的撤退工作做了一些指示后，又拉着这辆卡车返回长沙，探看一下究竟。到离长沙不远的一段高地上，可以清楚地看到长沙全城笼罩在一片火光和浓烟里。周恩来立刻作出判断："看来，敌人是没有进长沙的。假如敌人是进了长沙，那一定要穷追的，不会全没有动静。"②后来才知道：这是地方军警负责人根据国民党最高当局所谓"焦土抗战"的部署，又误信了日军已迫近长沙的谣传，下令纵火焚烧的。十四日，周恩来等到达下摄司，费了整天时间，收容匆忙撤退的人员和整理行李。郭沫若说："这一天的工作也全靠着周公的指挥和调度，从再度的混乱中又整理出了一个眉目。"③

到达衡山的统帅部后，周恩来在十五日就长沙大火事件提出三点善后办法：一、拨款救灾；二、调集民工清理街道，安置灾民；三、惩办放火首犯。由于民怨沸腾，也由于周恩来据理力争，蒋介石采取了一些紧急的处置措施。对当时担任湖南省政府

---

①②③ 郭沫若：《洪波曲》，人民文学出版社 1979 年 3 月版第 213—216 页。

主席而对这次纵火事件却不知情的张治中，周恩来和叶剑英做了不少工作。张治中在回忆录中说："长沙发生大火，各方面尤其党内平日不满意在湖南倡导社会改革运动的顽固分子对我的攻击更甚，我总不置一词，而中共朋友反为我解释，给我以慰藉。""在各方纷纷落井下石使我感到四面楚歌的情形下，他们对我亲切的同情，也是我毕生难忘的一件事。"①

十一月二十五日至二十八日，蒋介石召集南岳军事会议，讨论抗战新阶段的战略方针。到会的有高级将领三百多人，周恩来和叶剑英也出席了。白崇禧在会上将毛泽东的《论持久战》介绍给蒋介石，并说要全国人民都看。会议还决定在南岳举办西南游击干部训练班，要中共派干部去教游击战。这件事得到了中共中央和毛泽东的同意。② 南岳训练班的主任由蒋介石兼任，汤恩伯任教育长，叶剑英任副教育长。周恩来也担任了这个训练班的国际问题讲师。他后来向中共中央政治局报告说："中央军最重要，但最难接近，最难工作。""南岳训练班较珞珈山更有成绩。这几乎是我们接近中央军官最好的机会，只可惜人去少了。因为人去多，不仅可以扩大我们影响，而且可以培养我们自己（的）知名干部。"③

蒋介石这时虽还表示愿继续抗战，但对他说来，抗战有如爬山，爬到这里，他开始停步，不想再往上爬了。共产党领导下的武装力量在敌后的迅猛发展，使他忧心忡忡。日本政府又向他伸出诱降之手。他越来越多地在考虑如何对付共产党了。

中国共产党很早在武汉就提出过各党派联盟的主张，那就是

---

① 张治中：《我与共产党》，文史资料出版社 1980 年 8 月版，第 11 页。

② 《叶剑英传略》，军事科学出版社 1987 年 1 月版，第 107 页。

③ 周恩来在中共中央政治局会议上的发言提纲，1939 年 8 月 4 日。

建立统一战线组织，制订共同纲领，改革政治机构。周恩来向蒋介石这样说："组织一个联合的同盟是可以的，你们是一份，我们也是一份，各有独立的组织。我们进到国民党里面去，要保持我们共产党的独立的组织，也可以像大革命时期第一次国共合作一样。"① 蒋介石们打的却是另一种算盘。他们提出一个领袖、一个主义、一个党的口号，想把共产党吸收到国民党里头去，加以溶化，把这叫做"溶共政策"。十二月三日，周恩来经衡阳到达桂林。八路军刚在这里建立了驻桂林办事处，由吴奚如、李克农先后担任处长。这是经过周恩来同白崇禧商谈后得到他同意而建立的。周恩来、叶剑英在这里对办事处的工作做了详细布置，还会见了从武汉撤退来的一些文化界进步人士。六日晚，蒋介石在桂林约见周恩来，正式提出想把共产党吸收到国民党内的主张。他对周恩来说：共产党跨党，大家不赞成。共产党既信三民主义，最好与国民党合并成一个组织，力量可以加倍发展。如果同意，在西安召开华北西北将领会议后，就约毛泽东面谈。如果共产党全体加入做不到，可否以一部分党员加入国民党，而不跨党？周恩来当即回答："共产党信三民主义，不仅因其为抗战的出路，且为达到社会主义的必由之路，国民党员则必不都如此想，故国共终究是两党。"跨党是为了取得信任，但我们也不强求。如认为时机未到，可以采用其他办法。要求全体共产党员加入国民党而退出共产党，这不可能也做不到。少数人退出共产党而加入国民党，不仅是失节、失信仰，于国民党也有害而无益。周恩来的答复使蒋介石大失所望。他怏怏地说：如果你考虑合并事不可能，就不必电约毛泽东到西安会谈了。②

但蒋介石这个念头并没有立刻打消。十二月十二日，他在重

① 《周恩来选集》上卷，人民出版社，1980年12月版，第197—198页。

② 周恩来致中共中央书记处的电报，1938年12月6日。

庆又约见代表中国共产党前来参加国民参政会的王明、博古、董必武、吴玉章、林伯渠等继续洽谈。他说：共产党员退出共产党加入国民党，或共产党取消名义，整个加入国民党，我都欢迎；或者共产党仍然保存自己的党，我也赞成；但是跨党办法绝对办不到。他甚至说："我的责任是将共产党合并国民党成一个组织，国民党名义可以取消，我过去打你们也是为保存共产党革命分子合于国民党，此事乃我的生死问题，此目的如达不到，我死了心也不安，抗战胜利了也没有什么意义，所以我的这个意见，至死也不变的。"① 这次会见共谈了五六个小时，发生了激烈的争辩。吴玉章在四年后回忆说：蒋"力劝我们到国民党去做强有力的骨干，为国家民族共同努力，不必要共产党"。并说"如不取消共产党，死也不瞑目"。大家辩论了很久，他且特别对我说："你是老同盟会，国民党的老前辈，还是回到国民党来吧！"② 这次会谈，没有什么结果。

周恩来在十二月中旬从桂林到达重庆。二十九日，逃亡到河内的国民党副总裁、国民参政会议长汪精卫发表"艳电"，公开投降日本。重庆《新华日报》随即发表《汪精卫叛国》的社论，并批判种种对抗战前途丧失信心的亡国论调。一九三九年一月二十日，也就是国民党五中全会的前一日，蒋介石又约周恩来继续商谈。第二天，周恩来将谈话情况电告中共中央书记处说："蒋昨晚约我问延安有无意见，并又提统一两党事，我告以不可能，彼仍要我电中央请示，希望在全会中得回电，我告以各地反共捉人事要他解决，他反说根本问题不解决，不仅故人造谣，即下级也常不安定，影响上级，意在这次会有人提此类事，他并说汪走

① 《中央关于拒绝所谓一个大党问题给周恩来的指示》，《中共中央文件选集》第12册，中共中央党校出版社1991年6月版，第6页。

② 吴玉章：《吴玉章传略》，《中共党史资料》第11辑，中共党史资料出版社1984年11月版，第61页。

更是两党团结的好机会，即暂不赞成统一也要有新办法，我问他有何具体办法，他说未想得。其意盖欲我党对国民党全会有一具体让步，以塞众口，以利防共。”① 根据这些情况，周恩来向中共中央提出两条建议：一、对国民党的全会，中央应有一表示。二、拍一密电，提出我党的具体意见，“指出我党愿与国民党进一步合作，但目前事实如杀人捕人封报攻击边区甚至武装冲突，磨擦日益加甚，此必须迅速解决，以增互信。救急办法，提议由两党中央组织共同视察团或委员会，前往各地就地解决纠纷，至少可弄清事实，向两中央报告，以便寻找进一步具体合作办法”。②

中共中央同意周恩来的建议，二十四日拍发了致国民党蒋总裁暨五中全会电。二十五日，周恩来将这个密电转送给蒋介石。电文写道：

> “两党为反对共同敌人与实现共同纲领而进行抗战建国之合作为一事，所谓两党合并，则纯为另一事。前者为现代中国之必然，后者则为根本原则所不许。共产党诚意的愿与国民党共同为实现民族独立、民权自由、民生幸福之三民主义新中华民国而奋斗，但共产党绝不能放弃马克思主义之信仰，绝不能将共产党的组织合并于其他任何政党。”③

中共中央的坚决态度，使蒋介石看到通过所谓两党合并来取消共产党的做法是行不通了。于是，他在一月二十一日到三十日的国民党五中全会上，重新解释“抗战到底”的“底”，不是要

①② 《中央关于拒绝所谓一个大党问题给周恩来的指示》，《中共中央文件选集》第12册，中共中央党校出版社1991年6月版，第6、7页。

③ 《中共中央为国共关系问题致蒋介石电》，《六大以来》（上），人民出版社1980年版，第1010—1011页。

打到鸭绿江边，而只是“要恢复七七事变以前的原状”。① 这次会上又原则通过要“限制异党活动”。四月十四日，国民党中央秘书处秘密颁布《防制异党活动办法》的训令。还专门设立从事反共工作的特别委员会，开始了有计划、有领导的反共活动。

国民党五中全会，是蒋介石政策发生重大变化的转折点。这种消极抗战、积极反共的政策，一直继续到抗战结束。

周恩来敏锐地察觉到这种变化。会议闭幕后不久，他在六月上旬写给中央的报告中指出：国民党五中全会后，开始走“向下发展的道路”，重心由对外转向对内，眼光由看前线和沦陷区转向看共产党的后方。他对这种正在发生着的变化及时地作出判断：

> “在前一个阶段，国民党当局及前线将领均在一心一意计划如何支持长期抗战，如何深入敌后与敌人展开全面战争，故当时的努力重在加强抗战的力量，谨严对外的立场，巩固团结，肃清汉奸。在后一阶段，亦即目前阶段，国民党的当局及后方军政机关，均重在如何对内，如何限制共党，防备共党，乃至反对共党，如何消灭同情共党的影响及其分子，如何消灭国共以外的中间分子，以冀造成国民党独霸的局面，于是思想复古，磨擦丛生，一切抗战的言论、出版、集会、结社、信仰之自由，极受限制。对共产党，对陕甘宁边区，对八路军、新四军，乃发生许多苛刻之要求，无理之限制，不平之待遇，以至杀人捕人武装冲突。”②

这时，国民党在各地的限共、反共活动层出不穷，愈演愈

① 蒋介石：《中国抗战与国际形势——说明抗战到底的意义》，《蒋总统集》第 1 册，（台）中华大典编印会 1960 年 10 月版，第 1191 页。

② 周恩来：《关于目前危机的报告》记录，1939 年 2 月 10 日。

烈。他们不许共产党在国民党统治区公开活动，到处破坏共产党的组织，逮捕共产党员。在福建、江西、湖南、陕西都发生暗杀共产党人的事件。他们不承认共产党领导下的抗日根据地，电令取消冀察晋边区，河北省政府明令取消冀中、冀南行政公署。他们不准八路军在地方筹款，不增拨八路军所需的经费。八路军月饷每人平均只有六角七分，是国民党军队月饷的九分之一。他们不许八路军、新四军到敌后活动。他们还制造了博野事件、土桥事件、束鹿事件等一系列磨擦事件。拿博野事件来说：正当冀中抗日军民同日军激战的时候，国民党军队一部突然向博野县的八路军分区司令部偷袭，并在安国活埋共产党员多名。在冀南的束鹿事件中，国民党军队更突然包围八路军一二九师一个连，杀害连指导员以下二十一人。

到处在流淌着共产党人的鲜血，到处都可以看到黑暗的逆流在增长，局势的发展不能不使人深深担忧。

周恩来在国民党五中全会期间转送中共中央来电时，曾致函蒋介石陈述各地反共活动的情况，并驳斥国民党制造磨擦的种种借口，指出："中共既成为党，当然需要发展"，但国难当头，"中共绝无排挤或推翻国民党之意图"。信中给国民党中央留了余地，这样说：各地磨擦加剧，"全因国民党中央对中共所取之态度迄未一致，迄未明示全党，致下级党部只能根据自身所见，各行其是"，"中共愈顾大局，少数不明大义之人竟愈加一意孤行"。他希望国民党中央"对国共两党关系与合作前途，有一基本认识"，"恢宏其量，于此基础上建立共信"，改善两党关系，"减少磨擦"，"合作到底"。①

日本侵华政策的变化和国内政治局势的逆转，使在江南地区的新四军的处境变得更加险恶了。担任中共中央东南局书记和新

① 《周恩来书信选集》，中央文献出版社1988年1月版，第166、167、169页。

四军副军长的项英，却对国民党的反共活动缺少警惕，而且抱有不切实际的幻想，对许多重大问题处理不当。周恩来不能不为此而异常焦虑。

新四军的前身，是主力红军长征后留在南方八省十三个地区内（琼崖未包括在内）坚持斗争的红军游击队。七七事变后中共中央一面命令八路军迅速向华北敌后挺进，一面又同国民党进行改编南方红军游击队、开赴华中敌后抗战的谈判。周恩来一九三七年八月离开南京回陕北前，在上海会见广州起义失败后在国外流亡十年、失去了党的关系的叶挺，希望他出面来做改编游击队的工作。国民党方面，因为叶挺是在国民革命军中有着巨大影响的北伐名将，又知道他当时已不是共产党员，也曾想拉拢他。九月二十八日，国民政府军事委员会任命叶挺为“国民革命军新编第四军军长”。①

叶挺的政治态度十分明朗。任命他为新四军军长的命令一发表，他就在十月下旬到延安，同毛泽东等中共中央负责人商议改编南方八省红军游击队为新四军的具体事宜。十一月十二日，由延安到汉口，着手筹组军部和改编部队。随着，中共中央在十二月政治局会议上决定成立东南分局和中央军委新四军分会，以项英为分局书记兼军分会书记，陈毅为军分会副书记。会议一结束，周恩来和项英分别在十二月十八日和二十三日到达汉口。新四军军部就是十二月间在汉口成立的。叶挺同周恩来在大革命时期就有很深的友谊，在筹组新四军军部期间交往也十分密切。他以后说：“周公总是那样的关心人，了解人，帮助人。”“人生得一知己，可以死而无憾！”②

---

① 国民政府军事委员会铨叙厅发布的忠收第二九六号通报，1937 年 9 月 28 日，复印件。

② 阳翰笙：《怀念叶挺同志》，《回忆叶挺》，人民出版社 1981 年 5 月版，第 33 页。

一九三八年一月，新四军军部移到江西南昌。二至四月间，江南的第一、第二、第三支队先后到达皖南岩寺地区集中，江北的第四支队到达皖中舒城地区集中，军部也从南昌进至岩寺。这时日军已占领大江南北的大中城市和交通要道，但对广大乡村还没有控制，沦陷区人民迫切要求武装抗日，而国民党军队败退时丢弃的枪枝弹药遍地皆是，这正是新四军迅速向敌后进军、开展游击战争的大好时机。新四军到达皖南后，本应在稍事整顿后就迅速出动，全力向江南敌后挺进。项英在极端艰苦的条件下坚持三年南方游击战争和把原来处于分散状态的各个山头的红军游击队在短期内组成新四军这两件事上，是有重大功绩的。但在新四军到达皖南后，却将部队滞留皖南，应付国民党第三战区的点验校阅，希望多得到一些装备补充；同时又过高估计了敌情，强调在平原水网地区行动困难，犹豫迟疑，因而坐失了挺进江南敌后的最有利时机，国民党却乘机在敌后搜罗和布置了一批反共顽固势力，使新四军挺进敌后时面对着异常复杂的三角斗争的局面。

经过中共中央一再督促，一九三八年四月下旬，项英才派粟裕率先遣支队（由第一、二、三支队各抽一个加强连组成），向苏南后方出动。六月十七日，先遣支队在镇江西南的韦岗首战告捷。陈毅、张鼎丞率领的第一、第二支队也在六七月间先后进入苏南敌后。他们在日军重兵防守的南京、上海之间，发动抗日游击战争，坚决而又灵活地打击日本侵略军，团结有抗日要求的各界人士，创立以茅山为中心的抗日游击根据地，初步打开了江南敌后的抗战局面。

新四军的战绩在全国是有影响的，但在抗战新阶段到来时，存在着两个亟需解决的问题：第一，同八路军在华北、山东开创的局面相比，新四军的状况存在着较大的差距。从部队的发展看，八路军已增长五倍，新四军只增长一倍。抗日游击根据地，八路军已开辟了十多个，新四军却只有茅山一处。而且，项英对挺进敌后仍在犹豫迟疑。第一、二支队出发后，他把第三支队留在皖南，企图等待日军进犯浙赣时，再在黄山、天目山发展游击战争。他对抗日民族统一战线中的独立自主原则认识不足，对国民党顽固派的反共阴谋缺乏警惕。如果不能改变这种状况，使新四军得到迅速的发展，显然难以应付即将到来的异常复杂的新局面。第二，在新四军军部内，作为中共中央代表、后来又担任中共中央东南局书记的项英对军长叶挺很不尊重，使叶挺感到难以工作，这个问题也必须得到妥善的解决。

为此，中共中央书记处委托周恩来在一九三九年春到新四军去一次，以便处理前面所说的这两个问题。他去东南的表面理由，是要回浙江绍兴故乡省亲。那时，黄绍竑正担任浙江省政府主席，政治态度比较开明。周恩来同他本是旧识，在山西抗战时又共过事。一次，在李济深家里的茶会上，他遇到来重庆的黄绍竑，对黄说："现在到处都发生磨擦，只有季宽先生（即黄绍竑——编者注）那里还没有发生磨擦"，"打算到浙江去看看"。[1]黄绍竑当即表示欢迎。

二月十六日，周恩来偕同这时已到重庆的叶挺飞抵桂林。十八日，正是农历除夕，他同叶挺、黄绍竑从桂林出发，共乘列车经长沙东行。黄绍竑直接去浙江。周恩来和叶挺当列车途经江西时，在樟树下车，转乘汽车到吉安，接着又到上饶，先后会见江西省政府主席熊式辉和第三战区司令长官顾祝同。然后，经赣东北前往皖南，在二十三日到达新四军军部的驻地安徽泾县云岭。陈毅、粟裕等得知周恩来要到军部来，也从苏南敌后回到云岭。

周恩来一到云岭，同他到其他地方一样，首先进行周密的调查研究。他不但听取新四军领导人的汇报，还找军部各部门座

① 黄绍竑：《我与蒋介石和桂系的关系》，《文史资料选辑》第 7 辑，中华书局 1960 年 7 月版，第 104 页。

谈，听取各支队负责人的意见，到附近的机关、医院、抗大分校和连队驻地了解部队的学习、军事训练、生活等情况。通过这种实地的观察和调查，使他对新四军情况的了解，比原来只是通过电文往来所了解的，要清楚和具体得多了。

当时，新四军虽有一部已挺进苏南，周恩来、叶剑英来电后，又派张云逸率一个特务营从皖南过江，但从整体来看，仍处于十分不利的态势。它的主力驻扎在皖南，而长江沿岸据点被日军占领，军部背后是第三战区司令部驻地，左右两侧也有国民党军队密集布防，可说是一面临敌、三面受围。它的活动区域被限制在东起芜湖、宣城，西至青阳、大通镇这个横宽约一百公里、纵深不过五十公里的狭长条带。在新的复杂局势面前，如有不测，几乎没有回旋的余地。周恩来这次前来，首先就是要帮助新四军解决发展方向问题。

周恩来在军党委会和干部大会上，分析了武汉失守后形势变化的特点，明确地指出："今天新阶段的中心问题是在敌人占领区，在中国的东部，在黄河以东、平汉路粤汉路以东的广大地区。"他强调这个地区在抗日战争中的极端重要性："不仅仅是因为中国东部被敌人占领了，而且更主要的是，这是中国人口最多的地区，是交通便利、土地肥沃、经济发达、文化程度高的财富地区。"在这个有着举足轻重意义的地区迅速开拓抗战的新局面，是新四军的重大责任。他说："我们要认识这个环境，这就是新四军的环境。新四军就处在敌人占领的中国东部。新四军今天所处的客观环境恰恰使得新四军的地位更加提高，落在新四军肩上的任务也就更加重要。"周恩来鼓励新四军的干部要克服各种困难，大胆地到敌人后方去："愈在困难的条件底下，愈能够显出我们的特长，愈能够锻炼我们。我们不求在安逸的地区发展。因为安逸的地区谁也要来，谁也能够存在。我们主要地要向困难的地区发展。因为困难危险，国民党的许多部队和工作人员克服不了，忍耐不了。而我们新四军能吃苦耐劳，不怕困难。”

他提出在敌后确定发展方向的三条原则：“（1）哪个地方空虚，我们就向那个地方发展。（2）哪个地方危险，我们就到那个地方去创造新的活动地区。（3）哪个地方只有敌人伪军，友党友军较不注意没有去活动，我们就向那里发展。这样可以减少磨擦，利于抗战。”他斩钉截铁地说：“根据过去三年游击战争的经验，我们认为，现在在跟民族敌人作斗争的时候，大江南北游击根据地的创造是完全可能的。”

至于作战方针，他肯定地指出：“游击战仍是我们新四军主要的作战方针。我们要适合所处地区的特点，对游击战术有新的发展，新的研究，新的发扬。我们的游击战术应不同于华北，也不能只运用过去三年游击战的经验，应该更加灵活，更加机动，更加出没无常，更加变化无穷。”他要求重视战斗动作的教育，特别是夜战、白刃战。要学习跳跃、游泳，这是打游击战特别要学会的。并且要以政治工作保证建军工作的完成，巩固党在新四军的领导，保持并发扬过去的优良传统。①

对新四军今后的活动方针，周恩来经过反复研究，明确地概括成三句话：“向北发展，向东作战，巩固现在阵地。”② 这是对新四军发展的一个重大而正确的战略决策。“向北发展”，指的是多抽部队过江，加强江北领导，把江北发展成为具有战略意义的根据地；“向东作战”，指的是出击沪宁地区，使江浙沿海敌人不得安宁，造成巨大的国际国内影响；“巩固现在阵地”，指的是巩固皖南的军部所在地和苏南的茅山根据地，提高警戒，防止意外事件。

这个方针，符合新四军的实际情况，得到新四军很多干部的

---

① 《周恩来选集》上卷，人民出版社 1980 年 12 月版，第 102—106 页。

② 周恩来在中共中央政治局会议上的发言提纲，1939 年 8 月 4 日。

赞同。陈毅、粟裕等积极执行这个方针：在四月间控制了丹阳以北的沿江地区和地处江中的扬中全岛，并成立苏北特委，为渡江北进创造了重要条件；五六月间，又以一部东进，夜袭上海近郊的虹桥机场，烧毁敌机四架，扩大了新四军的政治影响。第二年二月十九日，中共中央书记处在《对新四军发展方针的指示》中，又强调要新四军“向南巩固，向东作战，向北发展”。① 项英表面上没有反对这个方针，实际行动中却仍坚持自己的错误主张：将已进入江南敌后的第一、第三两团又调回皖南，把中央派来的和从前方抽去受训的许多干部也留在军部；强调所谓精兵主义，限制部队的发展；并对国民党的种种无理要求，一再无原则地迁就退让。这就种下了皖南事变中新四军军部和直属部队遭受严重损失的根子。

周恩来到新四军所要解决的另一个问题，是要改善项英和叶挺间的关系。

项叶的关系问题，早在新四军集中整编时就发生了。一九三八年四月，蒋介石命令新四军集中出南陵，依大茅山脉向芜湖、宣城一带行动。项英认为，这是蒋介石借刀杀人，不应执行。而叶挺认为可行。四月十八日，项英致电毛泽东、王明、周恩来，想撇开叶挺而由他自己同蒋介石打交道。他说：同蒋介石交涉，由叶办，不能解决问题。“蒋压迫叶，不能反抗。应由党负责直接交涉四军。因党不出面，以间接方式解决，使问题愈弄愈棘手。我又不能出面谈判。”② 毛泽东却同意叶挺的意见，批示：不妨出南陵。五月四日，毛泽东又致电项英，要他“始终保持与叶同志的良好关系”。③

---

① 中共中央书记处致项英并东南局的电报，1940 年 2 月 19 日。

② 项英致毛泽东、王明、周恩来的电报，1938 年 4 月 18 日。

③ 毛泽东致项英的电报，1938 年 5 月 4 日。

项英并没有听从中共中央的劝告，同叶挺的关系也没有多少改善。他对叶挺处处冷遇，连中共中央一些重要指示也不向叶挺传达，使叶挺无法工作下去。一九三八年八月，叶挺致电王明、周恩来、博古，表示准备辞去新四军军长的职务。八月二十八日，周恩来等离武汉回延安参加中央政治局会议的前一天，致电叶挺表示挽留，并说："项英同志已赴延安，我们不日也往延开会。关于新四军工作，请兄实际负责。""当前战役已到紧急关头，兄必须到前方督战，万万勿误。我们深知兄在工作中感觉有困难，请明告。我们正帮助你克服这一困难。延安会毕，我们拟来一人帮助整理四军工作。"①

叶挺虽然在新四军中又留了一些时间，但离军的念头仍难以打消。九月三十日，他电催项英速回新四军，并说："我拟于下月初赴顾（祝同）处一行，如能请准假，则返香港，观察各方情形。"② 项英回到新四军后不久，在十月二十三日急电中共中央军委转周恩来说："叶之辞职系（愈）坚，本问题无可挽回。目前四军问题应直接由周与蒋解决继任人。以后四军与八路军共同由党直接解决各种问题，才是根本之办法。"③ 随后，叶挺离军去香港。

叶挺为什么"辞职愈坚"而且看起来"无可挽回"？其实正是项英的态度所造成的。因此，周恩来不同意项英的意见。十一月二日，他和叶剑英从长沙电告项英说："希夷（即叶挺——编者注）尚未见，正从各方面探访中。我们拟向希夷说明两点：一、新四军应保持我党领导，不能改变现行制度，此事已向蒋说明过，希夷不应有异议；二、至于工作关系不良，可以改善，而

① 王明、周恩来、博古致叶挺并报毛泽东的电报，1938 年 8 月 28 日。

② 叶挺致项英的电报，1938 年 9 月 30 日。

③ 项英致中共中央军委的电报，1938 年 10 月 23 日。

且应当改善。”电报中还说：“我们估计希夷不回部，蒋亦不肯另委别人，为着统一战线的继续发展，希夷回部工作是有利的。”①

叶挺到香港后，得知他的家乡惠州一带已有中国共产党领导的抗日游击队——东江纵队，他向在香港的廖承志表示：自认为在粤作用当较在江浙为大，愿留粤从事游击战争；但可不再坚持辞去军长。随后，他率领在香港组织起来的作战和政工人员一百多人奔赴东江，并收编了溃散在广九铁路附近的五千粤军。

叶挺的辞职，在国民党方面也引起很大反响。一九三九年一月八日，周恩来致电中共中央书记处，说蒋介石屡称，连叶挺都不能与你们合作，将无人与你们合作。电文又说：蒋对新四军可能采取两种办法，一是另派更难相处的军长（不会派剑英去）；一是改新四军为游击队，减少军款二万，这样对我更不利。周恩来提议，叶挺仍回新四军，解决的原则是：“共产党的领导必须确定，工作关系必须改变，新四军委员会可以叶正项副，项实际为政委。”② 一月十日，中共中央复电同意周恩来提出的各项意见，并说：“应尊重叶之地位与职权。我们提议，项多注意四军总的领导及东南局工作，而将军事指挥与军事工作多交叶办。”③

叶挺对中国共产党是有很深的感情的，他的辞职是不得已的举动。经过周恩来等的工作，他在二月初到重庆，向蒋介石表示愿回新四军工作，并同周恩来、叶剑英进行了长谈。三日，周恩来电告毛泽东、王稼祥并转项英说：叶挺到重庆后已见过蒋介石和陈诚。蒋介石问叶愿回新四军否？叶挺准备回去，并表示新四军问题好解决。周恩来的电报中还说：叶挺向他表示，“他只因

① 周恩来、叶剑英致项英的电报，1938 年 11 月 2 日。
② 周恩来致中共中央书记处的电报，1939 年 1 月 8 日。
③ 中共中央书记处致周恩来并转新四军的电报，1939 年 1 月 10 日。

自己非党，工作困难，大家信任差。如加入党，则只有往八路军；因在四军，蒋会怀疑他。”周恩来的电报说：“我们力劝其回，并以确立制度必能解决工作困难与关系。我拟向蒋、陈说与叶同往新四军，顾祝同已来电欢迎。”①

周恩来陪同叶挺回到新四军军部后，向军部领导干部传达了中共中央关于叶挺工作的意见，并多次找项英谈话，要他搞好同叶挺的关系。周恩来严肃地批评项英说：叶挺是个好同志，很有军事才能，这样的将领如不去团结，还要团结谁呢？又说：叶挺是热爱党的事业的，热爱人民解放事业的，不能认为他现在不是党员就不欢迎他。他参加党，不如留在党外对党的工作有利得多。在周恩来帮助下，项英作了自我批评，表示要同叶挺搞好团结，但事实上仍没有消除对叶挺的成见，叶挺的处境也未见改善。一九四〇年周恩来从苏联回到重庆后，又当面叮嘱正在重庆的新四军政治部主任袁国平：如果项英再不团结叶挺，可在党内开展思想斗争，批评项英的错误。袁国平回新四军后又不敢传达，一直到皖南事变发生。②

周恩来在新四军紧张地工作了三个星期。三月十四日，离开新四军军部前往浙江。叶挺依依不舍地陪同周恩来乘竹筏逆着碧绿的青弋江水而行。在竹筏上，两人并肩伫立，留下了眺望远方的合影。

一九三九年三月十七日，周恩来应黄绍竑的邀请到达浙江金华。这里在杭州沦陷后已成为浙江的政治、经济、军事、文化中心。浙江的军政当局为周恩来举行了隆重的欢迎仪式。十九日，周恩来经淳安、桐庐前往浙西行署的所在地天目山，会见在那里

① 周恩来致毛泽东、王稼祥并告项英的电报，1939年2月3日。

② 《赤子之心——沈其震同志回忆叶挺将军》，《回忆叶挺》，第54页。

布置抗战防务的黄绍竑。周恩来同他除会商抗战有关问题外，还达成口头协议，由中共方面派代表同黄绍竑联系，以便遇事可及时商量解决。

接着，周恩来视察了钱塘江南岸的抗战防线，在二十八日傍晚乘船到达绍兴。到绍兴的时候，他身穿军装，随行的只有一个年轻的警卫员。当欢迎的人称他为“启蒙导师”时，周恩来笑笑说：“启蒙导师能有几个？能做个战士就满不错了。”

这年他刚四十一岁。绍兴是周恩来的原籍，这里有他祖先的坟地，还有不少亲属。在绍兴的短短几天里，他的活动安排得满满的。二十八日晚，出席专员公署召开的欢迎会。二十九日上午，到他祖先的坟地扫墓，下午瞻仰大禹陵，了解会稽山一带的农村粮荒情况。晚上，出席在越王台举行的欢迎他的火炬晚会。会上进行抗日队伍的检阅，参加的有抗日政工队、妇女营、青年营、少年营的队伍，大家唱着《大刀进行曲》，高呼抗日口号。周恩来在会上发表长篇讲演，阐述全面抗战、长期抗战、抗战必胜的道理。听众向他提出三四十个问题。周恩来把问题分成五六类，一一作了回答。三十日，也就是离开绍兴的前一天，他召集一个座谈会，还请当地工人参加。

在这些活动中，在同亲友和各界人士交往中，周恩来向故乡人民讲解国内外形势，勉励他们发扬大禹治水和越王勾践卧薪尝胆的气概，学习鲁迅和秋瑾的革命精神，同日本侵略者斗争到底。他在绍兴为亲友和各界人士留下不少题词，其中有“冲过钱塘江，收复杭嘉湖”、“勿忘鉴湖女侠之遗风，望为我越东女儿争光”、“埋头苦干，只要抗战胜利，定必苦尽甘来”、“前途光明”等等。

三十一日，周恩来告别故乡的父老乡亲，经枫桥、诸暨在四月一日回到金华。在金华期间，他听取中共浙江省委书记刘英等的汇报，向他们说：党的任务是坚持抗战，坚持持久战，坚持抗日民族统一战线。他说：浙江地位重要，在浙的国民党内的党、政、军之间的矛盾较多，黄绍竑较进步，要积极争取他，做好统一战线工作。他强调：共产党员不论在国民党政府机关或群众团体工作，都要埋头苦干，不暴露，不突出，不刺激，办事情要照顾全局，照顾多数，照顾将来；对友党友军和其他党外人士合作共事要不浮、不躁、不卑、不亢，以自己廉洁奉公的模范作用，争取更多的人同自己团结在一起工作。浙江省委把他的讲话整理成文件，在省党代表大会和浙南特区党代表大会上学习和贯彻。

周恩来东南之行还有一个任务，是代表陈诚参加第三战区的政治工作会议。四月上旬，周恩来到达第三战区司令部所在地江西上饶。他已从浙江省委那里知道，国民党封闭新四军驻温州通讯处时逮捕了八名干部，并把他们分别判处八年至十四年的徒刑。会议期间，他向第三战区司令长官顾祝同交涉释放。因为交涉无效，他又到福建浦城县特别监狱看望这批被关押的干部，告诉他们在他回重庆后还要继续同当局交涉释放，勉励他们在狱中认真学习。

四月十八日，周恩来到达衡山，看望在南岳训练班工作的人员，并向训练班作报告。下旬，在衡阳召集中共湖南省委负责人开会，对组织发展工作提出“质重于量，巩固重于发展”① 的方针。月底，到达桂林。桂林是武汉撤退后文化界进步人士很集中的地方。周恩来在桂林出席夏衍、田汉、欧阳予倩等一百余人举行的欢迎宴会；会见了胡愈之、杨东莼、张志让、千家驹等；在军事委员会政治部举办的一个训练班作《如何粉碎敌人的阴谋》的讲演；还去看望了新安旅行团的小战士。四月三十日，电告中共中央书记处：“我已抵桂，明早飞渝。”② 这样，周恩来结束了

① 《湖南党史大事年表》，湖南人民出版社 1986 年 10 月版，第 141 页。

② 周恩来致中共中央书记处的电报，1939 年 4 月 30 日。

他历时两个半月的东南之行。

周恩来去皖、浙后的一段时期内，国内的政治局势继续恶化，国民党顽固派制造的磨擦事件日益加剧。

在华中，因为日本军队继续保持着进攻的势头，南昌在一九三九年三月底陷落，长沙再度告急，蒋介石一时无力同新四军发生大的磨擦，至少不使这种磨擦太表面化了。为了牵制日军的进攻，他还同意新四军在华中成立指挥部。五月，新四军江北指挥部在安徽庐江成立，由张云逸兼任指挥，徐海东任副指挥，统一指挥新四军在江北的部队，初步打开皖东抗战的局面。十一月，又成立江南指挥部，由陈毅任指挥，粟裕任副指挥。江南指挥部成立后，坚决执行周恩来提出的“向北发展”的方针，抽调所属第四团主力和挺进纵队一部分合编成苏皖支队，由陶勇率领，从苏南渡江，在扬州、仪征、天长、六合一带开展游击战争，造成了足跨长江两岸、随时可以向苏北发展的有利态势。

而在北方，磨擦事件日趋严重，愈来愈表面化。一九三九年四月间，山东国民党秦启荣部制造了博山事件，袭击八路军山东纵队第三支队，惨杀指战员四百多人。五月，陇东磨擦加剧，陕甘宁边区的镇原县被包围，栒邑县被攻占，整个边区受到进一步的封锁。同月，在陕西，国民党驻虢镇一部包围八路军驻虢镇通讯处，拘捕八路军将领家属。

随着政治局势的恶化，国民党统治区内的进步文化事业也遭到严重的摧残。这年四月，邹韬奋主持的生活书店的西安分店突然被封闭，经理和职员被捕，所有生活用具被洗劫一空。从这时起到年底，宜昌、赣州、金华、兰州、衡阳、贵阳、桂林、成都、昆明等五十余处的生活书店分店和负责人都遭受同样的苦难，负经理责任的高级干部被捕的达四十余人之多。其他进步文化事业的处境也日益艰难。

周恩来回到重庆，面对的是如此严峻的局面。他立刻同蒋介石进行交涉。对河北问题，他根据中共中央的电示，要求更换河北省政府主席，维持晋察冀边区现状。后来，由于更换河北省政府主席的时机尚未成熟，中共中央放弃了这一要求；对晋察冀，则因为蒋介石还没有直接电令取消边区，后来就改取拖的方针。对陕甘宁边区问题，周恩来要求国民党部队退出侵占的各县，停止挑衅活动。他电告中共中央：我们已将此类事件广为宣传，在抗议中特别指出，“此系与（国民党）中央限制异党活动的训令指示有关，我们已让无可让，只能起而自卫，以说明目前危机，促其反省”。①

六月九日，叶剑英由南岳来到重庆。十六日，周恩来、叶剑英会见蒋介石，商谈边区问题。蒋介石说：“非边区停止向外进攻，不能谈判具体问题。”周恩来当即反驳：“并非我们进攻，乃被人所攻”，边区为自卫行动。最后，大家同意由双方派员调查。②

由于各地磨擦迭起，陕甘宁边区周围的磨擦事件有升级的危险。为了研究解决办法，周恩来在六月十八日离渝返延。离开重庆前，周恩来主持南方局会议，对国民党统治区的党的工作作了部署。他及时提醒要在力争时局好转的同时，准备应付突然事变，工作方式和斗争方式要作必要的转变。根据周恩来的布置，南方局发出《关于组织问题的紧急通告》，要求各地党组织从半公开的形式转到基本上是秘密的形式，建立完全的秘密机关，要求党员和党的组织都不得违反秘密工作的原则。这为以后国民党统治区内的党组织全面转入地下状态作了初步的准备。他还先后约邹韬奋到曾家岩五十号，约生活书店、新知书店、读书出版社负责人到红岩，商议那些难以在国民党统治区存身的书店工作人

① 周恩来致中共中央书记处并转林伯渠的电报，1939 年 5 月 30 日。

② 周恩来、叶剑英致中共中央书记处的电报，1939 年 6 月 16 日。

员的撤退问题。以后，三家书店先后派人到华北和延安建立华北书店，加强了解放区的出版事业。周恩来返延安途中，路过西安，会见了国民党陕西省政府主席蒋鼎文，同他研究调解陕甘宁边区周围磨擦事件的具体办法。七月，边区形势趋于缓和。同时，周恩来电告蒋介石、何应钦、白崇禧、徐永昌、陈诚等人说："我返陕北后，边区纠纷渐归平缓，陇东栒邑各依原状，静待解决。"①

可是，一波未平，一波又起。陕甘宁边区周围方稍见平静，河北的局势又急遽恶化了。六月二十二日，国民党河北省政府民政厅长兼民军总司令张荫梧突然率领三千余人，配合日军对冀中各县的扫荡，偷袭驻深县的八路军后方机关，杀害八路军指战员四百多人。吕正操率部奋起反击，经过一天激战，除毙伤外俘获张部旅长以下二千余人，张荫梧只率十余人逃出。七月二日，周恩来从延安电告朱德、彭德怀，指出：冀中解决了张荫梧部，但张逃脱后必乱打电报，影响重庆在其他各处实行进攻，"务请你们将张进攻冀中实情详报蒋、何、陈、李（济深）、冯（玉祥）等，并说明不得已自卫之原因，以证明责在张荫梧而不在我"。电报还说："国民党因张受损失，必加紧进攻，请严防，尤重在与友军杂居或接近之处。"②

事情不出周恩来所料。张荫梧逃脱后，果然致电蒋介石，诬告八路军制造严重事件。七月二十二日，陈诚电周恩来提出抗议。八月二日，周恩来复电痛陈事实真相："查冀中、冀南迭经敌之扫荡，均恃十八集团军之贺、刘两师及吕正操部坚持苦撑，始克保全现状。""不仅华北军民有口皆碑，公认战绩；即在敌方广播，亦只认与八路军激战。不谓乃鹿主席、张厅长不知是何居

① 周恩来致蒋介石、何应钦、白崇禧、徐永昌、陈诚等的电报，1939 年 7 月。

② 周恩来致朱德、彭德怀的电报，1939 年 7 月 2 日。

心，必欲诬八路军见敌潜逃，进攻友军。弟虽不敢谓鹿主席之弃冀南而往豫北为畏敌潜逃，但张厅长之在深、冀两县所发生之武装冲突，都由于张部挑衅”，首先包围吕正操部引起。“现张部乔司令明礼尚在吕部驻地，不日即将带队归还张处，方可知此事。”① 由于中国共产党义正辞严地公布了事实真相，也由于张部在逃窜中溃不成军，丢尽了蒋介石的面子，这年年底，国民党政府下令免去张荫梧的本兼各职。

接着，南方的湖南平江惨案的消息又传来了。这次惨案，其实在六月十二日就已发生。那一天，国民党第二十七集团军杨森部特务营包围了新四军在后方的平江通讯处，当场打死新四军上校参议涂正坤，活埋八路军少校副官罗梓铭以及家属等十人。由于国民党严密封锁消息，周恩来在离开重庆时还没有得到消息。

七月二日，周恩来在延安得知事件经过后，立即致电陈诚提出严重抗议。他在电文中说：“弟此次回肤（延安），原冀与敝党中央商讨巩固团结大计，并求平服磨擦事态。乃北事未平南变又起，推波助澜者大有人在。此种阴谋，弟敢断言决非止于反共，其目的必在造成国共裂痕，以便其破坏抗战，走入不得不对日妥协之途，其处心之深，用意之毒，显系破坏分子所为。吾辈矢志团结，坚持抗战，对兹惨案，必须有以善其后，方能得事理之平。否则激荡愈多，愤懑难抑，弟虽努力亦难收效矣。”电报还说：“请转呈委座，严令查明此案真相，对死难者请给以抚恤，对肇事者务请严予惩治，并责令保证以后再不发生此类事件，使中共党员得有生存之保障。”②

七月十九日，陈诚复电周恩来，反诬涂正坤等“召集土匪，扰乱后方”，并称该集团军“维持后方治安，系适当处置”③。二

① 周恩来致陈诚的电报，1939 年 8 月 2 日。

②③ 《新中华报》，1939 年 8 月 1 日。

十二日，周恩来再电陈诚，严词驳斥。他指出：平江通讯处“向属合法机关，且与当地政府驻军久有联络，决不能诬为土匪机关”；自湘鄂赣红军游击队开往江南编入新四军后，“其通讯处在平江一带协助政府肃清土匪，迭有成绩，文白（张治中——编者注）兄知之最清，今竟诬其为与匪相通，宁有是理?”“当武汉撤退，日军向南转进之际，当地土匪团队均曾劫夺散兵枪弹，独该通讯处招待散兵负责送还，当时驻军政府均有好评，一转瞬间，竟诬其灭尸缴械，其何能信?”“当弟由江南转往南岳之时，深知平江通讯处与地方关系素睦”，“而兄两至长沙，亦言湖南无磨擦，何相距月余竟造此口实，怎能令人置信?”周恩来在电文最后指出：“倘兄愿弄清事实真相，以便公平处理，则请中央或九战区特派专员会同剑英兄前往查明，定可使此沉冤大白于天下。”①

七月三十一日，周恩来答《新中华报》记者问，再次指出：“肇事者为我抗战之国军，遇害者亦为我抗战之将士，此等反共阴谋竟波及抗战前线，不能不承认其计之毒，心之狠。盖武装惨杀，最易引起内讧，内讧一起，必致破坏抗战，此正中投降派制造内部分裂逼我中途妥协之阴谋。”他要求最高当局：“本大公无私之怀，必能平反此案，为死者伸冤，为生者保证其最低合法权利也。”②

平江惨案引起新四军、八路军将士和边区人民的极大义愤。八月一日，延安各界人士隆重举行追悼平江惨案被难烈士大会。毛泽东等参加大会。周恩来送了挽联，上联是“长夜辄深思，团结精诚仍是当今急务”，下联是“同胞须猛省，猜疑磨擦皆蒙日寇阴谋”。这副挽联，反映了周恩来的满腔悲愤和他以民族利益为重、维护团结抗日的精神。

---

①② 《新中华报》，1939年8月1日。

一九三九年八月初，中共中央在延安召开政治局会议。这次会议原来打算在四月前后召开，因为周恩来的东南之行而推迟了。由于政治局势的大幅度逆转，国内阶级关系发生的深刻变动，需要对统一战线问题再一次作出总体性估计，以便采取正确的对策。八月四日起，周恩来在会上作了长篇报告。这个报告分为三个部分：一、抗战两年的总结——经验与教训；二、目前时局的关键——目前时局的主要危险及克服危险的紧急任务；三、论统一战线。

周恩来一开始报告就说：一期抗战结束了，击破了敌人速战速决的方针，奠定了长期抗战的胜利始基，现在正由一期抗战进入二期抗战。在这个转折时刻，存在的主要危险是什么？他明确地指出："中途妥协与内部分裂是目前的两大主要危险。"

从这个基本估计出发，周恩来认为："目前克服危险的主要任务便是：坚持抗战到底，反对妥协投降；坚持全国团结，反对内部分裂；力求全国进步，反对向后倒退。"坚持抗战、团结、进步，反对投降、分裂、倒退，这确是力争时局好转的焦点所在。

周恩来以丰富的材料，论述抗日战争爆发以来时局的演变过程和阶段性，详细剖析这个时期的国际形势、日本侵略者动向和中国在军事、政治、经济等方面的实际情况。他预言局势的发展，"不论好转，不论坏转，其前途总是复杂的，曲折的，而且还有新的变化可能。这就是说，一切变化都在潜伏中发展，而存在着突变的投降危险。这是目前时局之不平衡发展中的一个主要特点。"

他分析了抗日民族统一战线的性质和特点，认为中国的统一战线既是民族的、民主的，也是社会的（即也会有社会解放的初步的和推动的作用）。但这三方面的特点是不平衡的，民族性是中国统一战线的强点，弱点是在民主性和社会性方面。

对蒋介石，周恩来一针见血地分析道："蒋的思想基本上是反共的，不承认统一战线，实际政策也在那里限共防共，破坏统一战线，存在着妥协投降的危险；但目前的方针及形式上还讲团结，还主抗战，还不愿造成全国破裂的局面，这是蒋之思想与政策的最矛盾处，也就是他的政治特点。"

为什么蒋介石没有马上投降和分裂呢？周恩来认为，这是因为：一、投降将成为汪精卫的尾巴，或许会被迫下野。二、分裂会遭到国人甚至他部下一部分人的反对，并且不能战胜中共。三、日本提出的投降条件很苛刻。四、国内坚持抗战的困难还不是完全无法克服。五、国际的妥协派还不是一定要中国全部马上投降。

周恩来冷静地指出：蒋介石也有另一个特点，就是承认现实，只要现实对他有利，也能影响他改变一些办法，但阶级的根本思想是不会变的。"幻想蒋放弃其阶级立场，特别是对敌妥协性、对英美依赖性、对内反共性，是绝对不可能的。可能的只是使抗战延长，国内情形相当好转，以便于各方面的进步而已。"但就是这样，"基本的矛盾依然存在，仍然会随着进步而发展，常常妨害着进步，有时更会发生新的危险"。

他对蒋介石和国民党对待统一战线的态度和心理状态，作了透辟的、入木三分的刻画：他们原则上不承认中国有阶级的对立；不承认共产党与国民党有对等的地位，甚至不承认其合法的存在；然而它是怯懦的，只要事实的发展不危害到它的基本利益，同时，事实的存在已成为不可变性，它也只好承认事实，迁就事实，以保存它未来的利益；但是它又是自大的，即使事实已经存在，只要它有权力否认，有可能拖延，仍然是不愿公开承认的，仍然企图设法取消的。因此，中国的统一战线不仅是不平等的，而且也不是公开法定的，它只是在不得已的默认中形成，在习惯中发展，不仅今天如此，就是时局再有进步，也仍然会如此。①

根据这些情况，他提出统一战线的方法应当是：

“一、在斗争上，我们要不失立场，但不争名位与形式；我们要坚持原则，但方法要机动灵活，以求达到成功；我们要争取时机，但不要操之过切，咄咄逼人。二、在组织上，要不暴露，不威胁，不刺激，以求实际的发展，但不能走向死路，也不要自投陷阱。三、在工作上，要使竞争互助让步相互为用，但竞争不应损人，克己互助不要舍己耘人，让步不能损害主力。四、在方式上，要讲手续，重实际，勤报告，重信义，守时间，以扩大影响，便利工作。”②

他对当前统一战线工作中遇到的一系列重要问题，逐一进行细致的剖析，提出处理这些问题的明确原则和具体办法。这些问题是：三民主义问题、对蒋介石和国民党的关系、政权问题、军队问题、对地方关系、对各党派关系、民众运动、文化宣传工作、边区问题、八路军问题和新四军问题。

谈到对蒋介石的关系时，周恩来主张：在他困难时援助他，在他蛮横时拒绝他；诚恳的批评，具体的建议；影响他左右的进步分子，反对那些落后分子；经过抗战将领及有正义感的元老造成进步的集团来影响他。周恩来特别强调：“有利的应该立即商定，不要希望将来会有更好的；无利的应该严正拒绝，不要拖泥带水，使他增加幻想；让步的应该自动让步，不要等他要求；可能实现的应该适时适当的提出要求，不要过多也不要太少，免致做不到或者吃亏。总之一句话，对蒋不要过存奢望，但也不是一

① 周恩来在中共中央政治局会议上的发言提纲，1939 年 8 月 4 日。

② 《周恩来统一战线文选》，人民出版社 1984 年 12 月版，第 44 页。

成不变。”

对各党派的关系，他主张：“基本上应扶持进步力量，争取中间分子。”

在民众运动问题上，他认为，一般地讲，我们在民众中间统一战线的基础并不宽广。努力争取我们活动的机会，扩大我们的群众基础，仍成为我们的基本方针。因此，他主张：一切群众工作，仍应以抗战任务为出发点，以利发展；一切工作应以隐蔽为上，上层活动与下层活动分开；采取分散而不集中的原则，以求适合环境的发展；宁愿重复，不要急求统一；宁愿隔开，不要打通；宁愿持久，不要速成；宁愿埋头苦干，不重表面浮夸。

对文化宣传工作，周恩来认为：“发展抗战文化与提倡进步思想，是我党文化政策的方向。”“文化运动的口号应该是：民族化，大众化，民主化。”他主张：先求量的发展，后求质的进步；先求面的发展，后求深入；先求个性的发展，后求集体创造的成功；先求思想上的进步，后求艺术上的成功。①

为了做好这个工作，他还提出了统一战线工作的六条守则：“一、坚定的立场。二、谦诚的态度。三、学习的精神。四、勤勉的工作。五、刻苦的生活。六、高度的警觉性。”②

当局势正处在激烈的变动中，环境显得那样险恶，许多事情仿佛还混沌不清的时候，要能充分理解事物的全部复杂性，而又迅速抓住问题的实质，作出如此清醒的、透辟的、有系统而又多层次的分析，提出明确而恰当的对策，实在不是一件容易的事情。如果没有高瞻远瞩的恢宏气度、体察入微的剖析能力和丰富熟练的实际经验，是根本办不到的。周恩来的这个报告，总结了他在统一战线工作中长期积累的丰富经验，显示了他政治上的成

① 周恩来在中共中央政治局会议上的发言提纲，1939 年 8 月 4 日。

② 《周恩来统一战线文选》，人民出版社 1984 年 12 月版，第 45 页。

熟和能帮助别人打开思想的高度智慧，是一篇高水平的报告。

这次政治局会议断断续续地进行到八月二十五日才结束。在二十三日至二十五日，连续举行三天会议。毛泽东在发言中对周恩来的报告作了充分肯定。他说：恩来、博古等的报告都有很多新的经验，和政治局六月决议在原则上是相同的，我都同意。毛泽东对南方局的工作给予很高评价。他说：这是广大的地方工作与统战工作，“工作做得好，各省工作有成绩”。他从六个方面指出南方局取得的成绩：一、发展了统一战线；二、发展了党的组织；三、推进了战争动员；四、发展了青年和妇女工作；五、开始了工农运动；六、帮助了八路军、新四军与边区。并说：具体讲，“这是在恩来领导下的成绩”。他针对南方局工作中还存在的弱点提出，方针是：一、巩固党；二、深入群众工作；三、向中层阶级发展统一战线。这是今后南方局的严重任务，要这样去适应新的环境与党的总任务。①

周恩来作结论时说：对时局的估计，大家是一致的。自武汉失守后，现阶段与过去有很大的不同，我说明时局是在有突变危险的前途下说的。他对毛泽东提出的三个方针作了具体的阐发：一、对中层阶级团结不够。过去偏于联蒋，对中层阶级联络不够，如对黄炎培、梁漱溟等的联合工作做得不够，而国民党现在是不要中间分子。二、群众工作做得不够，即利用公开合法工作做得不够。许多同志不会灵活地打进公开合法的团体中去工作，不懂得群众工作要利用合法才能做得通。三、巩固党的问题。巩固已有阵地是主要的，但有的地方也可以发展。巩固党的工作，一方面是巩固内部，一方面是加强群众工作。会上还再次强调了新四军应坚持游击战争、巩固阵地、向东作战的方针。

政治局会议的最后一天，中共中央作出《关于巩固党》的决

---

① 毛泽东在中共中央政治局会议上的发言记录，1939 年 8 月 24 日。

定，确定以整顿、紧缩、严密和巩固党的组织为今后一个时期的中心工作，决定一般地停止发展党员。以后，南方局向所属各级党组织贯彻了中共中央这个决定的精神。

这次政治局会议，在抗日战争处于新的转折的历史时刻，对党的统一战线工作做了全面的总结和研究。会上进一步明确的三个方针问题，对以后的统一战线工作以至整个国民党统治区的工作，有着重要的指导意义。

二十四、到苏联疗伤

周恩来回到延安后没有几天，一件意外的事情发生了：他的右臂因坠马而受到重伤。

这天大约是一九三九年七月十日。周恩来到中央党校去做报告。因为延河水涨，他们就骑马。途中，周恩来骑的马受惊，把周恩来摔了下来。他的右臂撞在石崖上，造成粉碎性骨折。警卫人员立刻赶上去，周恩来已经自己站起来，用左手扶着骨折的右臂，痛得咬紧牙关。警卫人员扶着周恩来步行到党校会客室，中央卫生处立刻派几个大夫赶来，给他先作了简单的包扎。①

当时替他治疗的印度援华医疗队的巴苏大夫，在日记中留下一段记载："一九三九年七月十日，晚上十点钟，王部长请我们陪他去看周恩来同志。周恩来同志意外地从马上摔下来，右肘的小臂下端骨折了。延安所有第一流的医生都来了，给伤口进行了X光透视和包扎。我们看到他正在用左手练习写字，因为他知道很长时间他将不能用右手写字。"② 同队的柯棣华大夫在所写的回忆中说："当我们看见他的时候，我们都惊呆了。你猜他在干

---

① 蒋泽民（当时在场的警卫人员）致胡耀邦的信，1985 年 3 月 20 日；李忠全根据王来音（当时在场的警卫人员）1979 年 6 月口述的材料整理的资料。

② 原印度援华医疗队成员比·库·巴苏大夫在华期间的日记，原名《中国之行》。

什么？他正伏在桌上用左手练习写字。骨折以后是很痛的，他的脸上都是汗。当我们给他脱下衣服检查时，看见他的内衣都湿透了。想想看，他是用多么坚强的毅力在坚持工作啊！我们心痛地责备他不应该这样不爱护自己的身体。可你知道他说什么呢？他说：'一个人只要还活着，就应当为党工作。'在八路军里，我常常听到同志们说这句话，可在当时，我却忍不住地掉泪了。"①

周恩来在延安做了一个半月的治疗。在治疗期间，他仍然不停地工作着。由于右臂用两块板子吊着，不时地剧痛着，他只能吃力地用左手批改文件，起草电文。前面所说他到延安后所做的大量工作，包括八月初在政治局所作的报告在内，都是在这种状况下进行的。这是需要有何等顽强的毅力啊！八月十八日，三位印度大夫再次对周恩来的胳膊进行检查，发现臂骨的愈合很不理想，尽管用力地按摩并做了热敷，右肘仍处于半弯曲状态，无法伸直了，右臂肌肉也出现萎缩。由于延安的医疗条件有限，中共中央决定让周恩来到苏联去治疗。

八月二十七日，周恩来离开延安去苏联。邓颖超陪他前去。他们先坐重庆派来的道格拉斯飞机在当天抵达兰州。因为等候苏联派来迎接的专机，在兰州住了一个多星期。离兰州后，中途又在新疆省会迪化（今乌鲁木齐）短期停留。

当时新疆的政治局势复杂而微妙。它地处祖国的西北边陲，同苏联接壤，同内地交通十分不便，新疆省政府主席兼边防督办盛世才是在一九三三年一次政变中上台的。为了巩固自己的统治地位，他标榜"反帝、亲苏、民平、清廉、和平、建设"六大政策，做出一些进步姿态。抗日战争爆发后，这里又是苏联从陆上和空中援华的必经之路，战略地位更加重要。因此，中共中央先后派陈云、邓发为驻新疆代表。八路军也设立由陈潭秋主持的驻

① 《柯棣华大夫》，人民出版社 1979 年 6 月版，第 123 页。

新疆办事处。在迪化北郊八家户野营地，还有西路军退入新疆的数百名指战员组成的“新兵营”。不少共产党员和进步文化人士在新疆工作，如毛泽民担任过新疆财政厅长、民政厅代理厅长，黄火青担任过“反帝会”秘书长、阿克苏行政长，杜重远担任新疆学院院长，林基路担任新疆学院教务长、库车县县长等。但这只是事情的一个方面。另一方面，盛世才是一个野心家，他在当政后逐步培植起一个严密的帮派势力，控制政府、军队、警察和情报部门的大权。随着国内政治形势的逐步恶化，他开始排斥共产党人和进步人士，出现一股反动的暗流。

这是周恩来第一次来到新疆。他在迪化停留期间，听取邓发和陈潭秋的工作汇报，在八路军办事处分别接见在新疆工作的共产党员，并到八家户野营地看望在这里学习军事技术的“新兵营”指战员和航空队学员。他同盛世才进行了四次会谈，其中有两次是两人单独进行的。交谈时，周恩来一面继续鼓励盛世才的进步表示，接受他对八路军、对延安的物资支援，争取同他继续合作，防止他完全倒向蒋介石一边；另一面也对可能发生的逆转保持警惕。周恩来主动征询盛世才对中共中央派驻新疆的工作人员的看法。盛世才以各种借口对邓发表示不满，并以“双方感情不好”① 为由，要求中共中央换人。周恩来耐心地听完他的话，摸清了他的基本态度。会谈后，就安排一部分共产党员和进步文化人士很快撤离新疆。他还托毛泽民转告正在新疆的茅盾、张仲实可以到延安去。

周恩来在新疆停留了三四天，继续乘飞机经阿拉木图等地飞往莫斯科。

当周恩来一行飞临莫斯科上空时，那里正下着雪。这时是九

① 邓发向中共中央的报告大纲，1939 年下半年。

月间。周恩来直接住进克里姆林宫医院。邓颖超常在医院里陪他。和他们同机去苏联学习的孙维世（孙炳文烈士的女儿）也常去看望他。苏联请了一批医学专家给他治疗，会诊了三次，讨论治疗方案。每次讨论，周恩来都参加。医生们提出两个方案，供周恩来选择。第一个方案是把肘骨拆开，重新接骨，好处是愈合后胳膊可以运转自如，缺点是所需要的时间较长，痛苦太大，而且比较冒险，有做不好的可能。第二个方案是不开刀，好处是治疗时间短，缺点是将来胳膊只能在四十至六十度以内活动。周恩来听后，断然说："国内工作很忙，不允许我长期在国外治病。"选定了后一个方案。①

虽然采用第二个方案，治疗的过程仍是异常痛苦的：第一步，麻醉以后，用强力把胳膊扳到一定的伸缩角度，然后加以固定。麻药效力过后，疼得他豆大的汗珠直往下滚。第二步是按摩，使萎缩的肌肉恢复生机，但也痛苦难忍。对这些，周恩来都以极大的毅力忍受过来了。在治疗过程中，他心里惦记着的还是工作。中共驻共产国际代表任弼时的秘书师哲去看望他。他忽然说："工作比医病更重要嘛！"师哲回答："你是来医病的，还是先把病治好为宜。"周恩来仍说："我这是外伤，影响不了我的思路和工作。我头脑清醒，精力旺盛，有时兴奋之至。"② 因为他对医疗密切配合，治疗工作进行得比较顺利。

周恩来在医院里住了两三个月。他在国际共产主义运动中一向享有很高的声望。一九三五年七月至八月召开的共产国际第七次代表大会上，他又当选为共产国际执行委员会委员。在知道他已到莫斯科以后，共产国际机关内不少人悄悄地向师哲打听：

① 师哲：《我所知道的周恩来同志的一些情况》，《北京日报》，1986 年 1 月 6 日。

② 师哲：《回忆跟随周恩来同志的一段经历》，《党史资料征集通讯》，1986 年第 1 期，第 18、19 页。

"周恩来出院了吗？什么时候会来共产国际？真想看看他。"① 一个天真的女秘书还嘱咐师哲事先要告诉她周恩来在什么时候从什么地方经过，以便她能隔着玻璃窗望他一眼。新年前几天，周恩来出院了。一九四〇年元旦晚上，他出席了共产国际举行的新年联欢会。

一出院，周恩来又投入紧张而繁忙的工作。

在这些工作中，最重要的是向共产国际报告中国抗日战争的形势和中国共产党的工作。这在当时是很有必要的。因为在七七事变以后中国的抗日战争已经经历两年半的时间，进入了相持阶段，抗战阵营的内部矛盾正在越来越明显地暴露出来，国民党顽固派这时在国内正掀起第一次反共高潮。共产国际对中国国内局势的演变情况却很隔膜，有些人甚至对中国共产党执行统一战线政策的某些做法抱有怀疑，担心中国共产党人也热中于搞磨擦，而不是集中精力对付外敌，认为这同抗日战争的总目标和总任务是不相符的。

为了用事实来说明真相，周恩来在一九三九年十二月二十九日写出一份长达一百一十六页的《中国问题备忘录》，送交共产国际执委会。这份备忘录共分四个部分：一、中日战争的新阶段；二、抗日民族统一战线与国共合作；三、党的工作与八路军、新四军的工作；四、中共七大和准备工作。

周恩来在第一部分一开头便指出："武汉战役以后，中国抗日战争的第一阶段已经结束。目前，这一战争进入了第二阶段。"他说：在第一阶段中，敌人依靠它的强大武力在中国大举进攻，中国人民进行坚决的抵抗，使敌人的闪电战和速胜战略破产，为长期抗战打下了基础。目前战争第二阶段的特点是，无论我方或敌方总的说来都处于稳定状态。敌人虽然没有放弃向中国内地入

① 师哲：《千里明驼，万古云霄》，《陕西日报》，1980年4月4日。

侵，但它的战略重心已转移到消灭自己后方的游击队，在其占领地区进行建设和开拓富源，将重点放在政治进攻与施加经济压力上，迫使中国投降。

在这种新的历史条件下，怎样才能将抗战持久坚持下去？他指出：必须坚决加强团结，反对投降与分裂；主张民主进步，反对倒退；坚持敌后游击战，粉碎敌人妄图消灭游击队的活动；加强前线防御，防止敌人进攻。

周恩来提醒人们：在抗战的第二阶段上，“投降与国内分裂的可能，成了这一过程中的主要危险”。他叙述了七七事变发生以来国民党当局在抗战问题上发生过的三次动摇。指出他们总不大相信拥有伟大民族力量的中国会取得抗日战争的最终胜利。他们害怕人民群众，害怕共产党力量的发展，害怕苏联影响的扩大。因此，他们幻想着只要对日本人坚持抵抗一个时期，敌人由于其内部矛盾会自行垮台，尤其指望建立国际仲裁法庭来解决中日战争，而不去考虑如何集中自己的全部力量坚持抗战，贯彻执行各种具体措施去争取最终胜利。尽管有一段时间国民党的反共活动似乎有些沉寂，然而投降与分裂的一些基本因素，例如日本侵略者对中国诱降、英法的妥协活动、中国内部投降派的活动、国民党内反共与反民主思想的存在，所有这些现象尚未受到坚决打击，因此抗战局面恶化的可能性并未消失，还存在投降和分裂的危险。

在第二部分中，周恩来指出：国共合作是中国抗日统一战线的基本内容。但国共之间的关系是以一种极其复杂而特殊的形式在发展的。蒋介石的基本思想和基本方针是：一、他主张联苏，但反共；二、他主张联共，但要改造中共；三、他需要群众，但是为了统治他们。这个自相矛盾的思想和方针是逆潮流而发展的。由于进行抗战，它们在一定阶段上能够暂时中止，但基本矛盾无论如何也不会消灭。而且蒋介石和国民党原则上并不愿意承认国共合作，而只是认为共产主义已经向三民主义投降了。他们认为，民族的团结统一就是服从于国民党的统一领导。

周恩来这样描述中国抗日统一战线的形式和特点："中国的抗日民族统一战线是在矛盾中发展的。由于统一战线的进步，抗战正在顽强地坚持，国民政府的政策争取有所进步。但在统（抗）战形势恶化的情况下，分裂与投降的危险将加剧。由于抗战在继续，有时磨擦紧张到一定程度，就又缓和下来。有时由于统一战线的发展，统治阶级及其政党开始不安起来，于是又发生新的磨擦。这样，抗日民族统一战线就经常处在复杂的、曲折的、变化的过程中。它时而进步，时而倒退，但它的总趋势是走向某些进步。①

在第三和第四部分中，周恩来系统地、详细地叙述了中国共产党各方面的工作，八路军、新四军的工作和中共七大的准备工作。

周恩来的这个报告译成俄文后交给季米特洛夫，由他的政治秘书压缩到二十页打印纸，再经季米特洛夫将这个打印的书面报告送交斯大林和共产国际的执委们看。后来，周恩来对它又作了修改，以《中国抗战的严重时期和目前任务》为题，发表在一九四〇年四月出版的《共产国际》杂志上。②

一九四〇年一月间，共产国际执委会全体会议听取了周恩来的口头报告。出席会议的有季米特洛夫、哥德瓦尔特、库西宁、曼努意尔斯基、拉科西、皮克、马尔蒂、伊巴露丽等。冈野进（即野坂参三）和任弼时也列席了会议。③会场上挂着中国地图和各种表格。周恩来讲了两天，每天都在四五个小时以上。他把中

① 周恩来：《中国问题备忘录》（1984年赵仲元根据当年俄文记录稿翻译而成）。

②③ 师哲：《我所知道的周恩来同志的一些情况》，《北京日报》1986年1月6日。

国统一战线形成的来龙去脉和其中一些关键问题讲清楚了。当时，共产国际执委们最关心的是中国抗战能不能坚持下去，中国人民能不能战胜日本帝国主义，因为这是关系到世界反法西斯斗争的前途的问题。周恩来引用大量数字，分析抗战以来战局的变化情况、中日双方的优劣势和强弱点，指出共产党领导下人民武装英勇战斗的事实，很好地回答了这个问题。结论是：中国人民一定能够战胜日本帝国主义。共产国际执委们听了以后，都很兴奋。会上除有些提问外，对这个报告没有提出什么意见。

周恩来还向季米特洛夫谈了王明所犯的错误，季米特洛夫表示惊讶。[①] 共产国际一些人担心中共以乡村为中心，离开工人阶级太远。周恩来回答说：中共已经过长期斗争锻炼，有毛泽东的领导，虽在农村中，完全可以无产阶级化。[②]

周恩来一月八日还在青年共产国际执行委员会书记处会议上作了中国青年运动的报告。

二月间，共产国际执委会主席团作出《关于中共代表团报告的决议》。决议首先肯定中国共产党的政治路线是正确的，承认中国国内来自国民党内的反动分子的投降危险比任何时候都更加尖锐，因此动员千百万中国人民来克服投降危险是共产党的中心任务。决议认为，为继续抗日，中国人民必须使政府有继续抗日的坚决意志，必须继续发展战争，必须破坏日本的经济掠夺计划，必须加强中国人民的武装和实行民主等等。决议指出：中国人民必须首先依靠本身的力量、国内的富源和自己的团结，而不要建立对外国帝国主义调解的任何幻想。至于党，必须采取措施从各方面加以巩固。

这个文件很重要。它说明共产国际执委会在听取周恩来的报

① 《周恩来选集》下卷，人民出版社 1984 年 11 月版，第 311 页。

② 《周恩来选集》上卷，人民出版社 1980 年 12 月版，第 178、179 页。

告后，同意投降和分裂已成为中国当前政治局势中的主要危险，正式认可了中共中央在抗战的这个严重时刻所制定的政治路线。季米特洛夫把这个决议交给周恩来，并说明这是在斯大林亲自主持下讨论和草拟的。周恩来把它的中文译本随身携带回国，交给中共中央。①

在这段时间内，周恩来还参加了共产国际监察委员会对李德的审查。李德是随周恩来同机回苏联的。审查的结论是：李德有错误，免予处分。②

周恩来到莫斯科郊外的党校去看望在那里学习的中国党员。那所党校，对外叫疗养院，国际称它为中国党校，或叫七部、八部。党校分政治、军事两个班，政治班有蔡畅、张子意、李士英、马明方等，军事班有刘亚楼、方志纯、钟赤兵、卢冬生等。根据共产国际的意见，周恩来还把受到王明打击而被分配在斯大林格勒拖拉机厂做工的中共中央委员陈郁调回莫斯科，准备同他一起回国。他又到莫斯科郊区的国际儿童院看望中国的孩子们。③

二月底，苏联派专机送周恩来回国，一直送到兰州。同行的有任弼时、蔡畅、邓颖超、陈郁、陈琮英和师哲，还有日本的冈野进和印尼的阿里阿罕，一共九个人。临行时，把共产国际赠送的一部小型电影放映机和电台的器材，带回国内。这是中国共产党最后一次向共产国际派遣的代表。在周恩来和任弼时回国后，中共中央就不再有代表驻在共产国际了。

他们的飞机过新疆时，盛世才到机场迎接。周恩来同盛世才又进行三次会谈。并接见继续留在新疆学习的航空队学员的代

①②③ 师哲：《我所知道的周恩来同志的一些情况》，《北京日报》，1986年1月6日。

表，鼓励他们说：我们党迟早要建立自己的空军，暂时没有飞机就先培养技术人才，你们四十多位同志有学飞机的，有学机械的，一旦有了飞机，就能形成战斗力，党中央对你们寄予极大的希望。①

专机把周恩来等送到兰州，守备机场的一个国民党上校得知这是周恩来的专机后，立刻说："周先生是我在黄埔军校时的老师，我向他表示欢迎。"② 周恩来一行在兰州停留了三四天，住在八路军办事处。国民党甘肃省政府主席朱绍良设宴招待，周恩来便向他借了一辆大轿车。他们坐着这辆大轿车，从兰州出发，翻过六盘山。第三天经过大佛寺，周恩来带着大家参观了这处古建筑。他说：只有了解祖国的文化，才能热爱祖国。这天晚上，到达西安，还是住在八路军办事处内。

在西安又停留了三四天。周恩来同蒋鼎文、胡宗南等交涉，迫使他们发给八路军一部分军饷。这是国民党政府发给八路军的最后一次军饷。从西安出发时，他们一行已形成一个车队。除兰州借的那辆大轿车外，还有四辆大卡车，两辆卡车上坐着八路军战士押运十几箱法币，就是国民党所发的最后那笔军饷，另外两辆卡车上坐的是去延安的青年。途中经过洛川，已是晚上了，就在那里临时住了一夜。国民党的洛川县长知道后赶来拜见，说他也是黄埔军校时周先生的学生。

第三天，车队驶过芥子河，便进入陕甘宁边区的南大门——茶坊。这里便是另一个天地。周恩来下车后，为了试试自己的臂力，便同战士们一起打篮球。晚上住在甘泉县委。周恩来从这里同毛泽东通了电话，报告他已平安回到边区境内，也报告了一行

---

① 师哲：《我所知道的周恩来同志的一些情况》，《北京日报》，1986年1月6日。

② 师哲：《回忆跟随周恩来同志的一段经历》，《党史资料征集通讯》，1986年第1期，第18、19页。

人的情况。

三月二十六日，周恩来一行到达延安。比出国前，他的体重增加了九磅，面容也略为丰满一些。第二天下午，在延安杨家岭沟外的宽敞草坪上举行盛大的欢迎会。毛泽东等出席大会。周恩来在会上说：从报刊上看到反动派准备妥协投降，搞磨擦、分裂以及倒退的现象，实在令人痛心；但坚信在中国共产党坚持抗战、坚持团结、坚持进步的口号下，在全党全国人民共同努力下，投降派必定失败，中国抗战定能获得最后胜利。因为大家都关心他的臂伤治愈的情况，会后，他亲自用手摇放映机，给大家放映从莫斯科带回来的新拍影片《大战张鼓峰》，直到深夜。

回延安后，中共中央接连举行会议，听取他的汇报，讨论了一系列重大问题，并对各项工作进行调整，作出具体部署。

二十五、皖南事变前后

周恩来这次回到国内，在延安只停留了一个半月，便踏上征途，前往重庆，继续主持南方局的工作。

为什么周恩来要这样匆忙地赶往重庆？原因是当时国内的政治局势正在日趋险恶。一九三九年底，当周恩来在苏联疗伤的时候，国民党顽固派发动第一次反共高潮，进攻在华北的八路军和山西新军，这次进攻被击退了。紧接着，他们又酝酿发动第二次反共高潮。

这时，两个突出的问题正严峻地放在中国共产党面前：第一，国民党这次反共高潮的重点，是企图以突然袭击来消灭大江南北的新四军。可是，主持新四军工作的中共中央东南局书记项英，仍没有坚决执行党中央的一系列重要指示，对国民党进攻的严重性估计不足，存在右倾错误。这就使新四军处于十分危险的地位。第二，随着反共逆流的高涨，国民党统治区内的共产党组织接连遭受破坏。一九四〇年三月十四日，国民党顽固分子在四川省会成都制造所谓抢米事件，嫁祸于中国共产党，逮捕了中共川康特委书记罗世文和共产党员车耀先等十多人。政治局势的急遽恶化，要求国民党统治区内的党的工作必须有一个重大的转变，以适应秘密工作的需要。四月二十九日，周恩来在中共中央书记处会议上，针对这种情况提出：“领导机关要隐蔽起来，职业化。干部要隐蔽在群众中。”① 可是国民党统治区内的大多数党组织，习惯于过去两党关系较好时那种半公开的活动方式，不能同业已变化了的形势相适应。

为了解决这两个问题，中共中央政治局讨论通过毛泽东五月四日起草的《放手发展抗日力量，抵抗反共顽固派的进攻》的指示。这个指示对项英的错误提出批评，指出：新四军应当不受国民党的限制，独立自主地放手地扩大军队，坚决地建立根据地，建立共产党领导的抗日统一战线的政权，向一切敌人占领区域发展。在国民党反共顽固派坚决执行反共政策的时候，应该强调斗争，不应强调统一，否则就会是绝大的错误；而这种斗争，应从“有理、有利、有节”的原则出发。这个指示还提出：在国民党统治区域的工作方针应该是“长期埋伏，积蓄力量，以待时机”，要隐蔽精干，反对急性和暴露。②

周恩来赶往重庆，正是要处理这两个异常紧急而又棘手的问题。

一九四〇年五月十日或十一日，他从延安启程，同行的有四辆卡车（邓颖超已在四月三十日和博古、林伯渠前往重庆参加国民参政会）。十三日，到西安。在西安停留期间，他向当地国民党军政人员就边区周围的反共磨擦提出抗议，还同由洛阳赶来、准备返回延安的朱德会面，交换了意见。途经成都时，他应邀出席过四川地方实力派人物邓锡侯（由他的代参谋长出面）举行的宴会，并广泛地接触一些四川地方人士。五月三十一日，到达重庆。

一到重庆，他先同正在那里的新四军军长叶挺、政治部主任袁国平会面。那时，项英还是没有处理好同叶挺的关系。蒋介石

① 周恩来在中共中央书记处会议上的发言记录，1940 年 4 月 29 日。

② 《毛泽东选集》第 2 卷，人民出版社 1991 年 6 月第 2 版，第 756 页。

放出风声说：叶挺已离开新四军，新四军问题须重新解决。并有另派他人充任新四军军长的意思。周恩来见叶挺时，明确地确定他在新四军中的实际地位和职权，请他向蒋介石表示愿回新四军工作，坚决反对蒋介石另派新四军军长①。会见袁国平时，袁向周恩来汇报，认为八路军既然南下，新四军也应向南发展。并说：项英同意中央指示的原则，但认为中央对新四军的批评有些是出于误会。袁国平声明：他们不是路线错误，只是没有积极发展。②

周恩来先后同袁国平作了三次谈话。第一次是同袁国平个别谈话。周恩来向他解释中共中央五月四日指示的精神，指出项英没有积极执行中央关于新四军应向北发展的方针，没有执行中央关于对顽固派应进行“有理有利有节”斗争的方针，而采取了单纯合法斗争的方针，在同国民党的谈判中没有坚持党的立场，这些都是错误的。指出：江南现在仍能保持游击根据地的局面，今后新四军发展的主要中心是江北，第二是苏东，因为这里是敌后的广大地区，第三是支持苏南、皖南。至于根据地，必须建立苏北、皖北根据地，其次是湖北。整个新四军要扩军二十万人，在年内完成。③第二次谈话时，博古、叶剑英、饶漱石和叶挺也参加了。叶挺表示：同意中共中央提出的发展方向，同意用各种游击队的名义发展武装，同意在敌后建立民主政权并大批募款。这次谈话时决定：新四军军部争取移往苏南；李先念部向东发展，以便合力反击韩德勤的进犯；今后有关新四军问题的谈判，不再由袁国平同顾祝同在上饶进行，一律移重庆由周恩来负责。④第三次谈话，是同袁国平、饶漱石进行的，确定东南局仍以项英为书记，饶漱石、曾山为副书记。⑤七月九日，叶挺动身回新四军。

① 中共中央致项英、周恩来、叶剑英、廖承志的电报，1940 年 5 月。

②③④⑤ 周恩来在中共中央政治局会议上的发言记录，1940 年 8 月 4 日。

到重庆后，作为中共中央代表，周恩来同国民党当局进行正式谈判。

六月初，周恩来会见蒋介石。他对蒋介石说：中共诚意抗战并拥护蒋介石，而国民党却在抗战中实行反共溶共剿共，这只能帮助敌伪。所谓中共要举行暴动推翻国民党，完全是造谣。中共是要发展的，但主要是在敌占区同敌伪争取群众。中共诚意希望合作到底，而有人却想分裂，准备投降。蒋介石听后说：抗战团结都是有决心的，任何困难决不畏惧，国共间的一切问题都可以解决，但军事上必须服从命令。周恩来说：这要从两方面看，一方面服从，另一方面不应拿命令来胁迫。蒋介石推托说：这已是过去的事了。① 这次谈判后周恩来向中共中央作了报告。他认为，蒋介石对国共破裂尚未下最后决心，但投降的危险日益严重。

接着，周恩来同国民党当局的正副参谋总长何应钦、白崇禧进行多次商谈。主要谈了三个问题：一是陕甘宁边区问题。中共主张按现状划界，国民党却只承认边区包括十八个县。二是军队的编制问题。中共要求八路军编为三军九师，新四军编为三师；国民党只准八路军编为三军六师加六个团，新四军编为两师。三是划分作战区域问题。这是这次谈判的中心问题。国民党要求八路军、新四军都开往旧黄河北岸。他们的目的是企图限制八路军、新四军在敌后的发展，并使日本军队有可能在狭小的圈子里消灭八路军和新四军。他们声称“划界”是为了避免磨擦，想用这种说法博得中间派的同情。周恩来表示，原则上同意划界，但必须实现六个条件：一、各党派在全国的合法权；二、人民在全部敌占区的游击权；三、八路军、新四军有正规军的足够战区

① 周恩来致毛泽东的电报，1940年6月4日。

（华北五省）；四、八路军、新四军有足够的补给；五、中共有冀、察两省的行政领导权和其他游击区的行政权；六、八路军、新四军有发展的保证（扩充补给）。[①] 七月十六日，国民党方面提出一个“提示案”，要求取消陕甘宁边区，缩编八路军和新四军，并限制其防地。[②] 事实上拒绝了中国共产党提出的各项要求。谈判陷入僵持状态。

在这段时间内，周恩来连续召开南方局会议，详细听取各省情况汇报，具体分析了各省工作中出现的新情况和存在的问题，并对国民党统治区域内的党的工作作了初步的部署。六月五日，他在南方局召开的干部会议上就国民党顽固派制造磨擦事件和共产党应采取的方针策略等问题作了报告，并采取一些有利于隐蔽精干的措施，如将广东省委划分为粤北和粤南两个省委。七月六日，南方局会议讨论川东工作时，他指出，川东地处国民党统治的中心，纵使全国形势有好转，国民党也不会放松在这个地区对我们党的压迫。因此，川东地区党在贯彻秘密工作原则时更要有长期打算。[③] 七月十日，他在南方局会议上说：当前投降的危险是空前的，困难也是空前的。我们的任务是争取可能争取的力量，扩大统一战线。我们不要只是同投降派斗争，要争取中间力量，党组织也要加紧巩固。[④]

由于国民党方面提出那个“提示案”后，国共谈判一时陷入僵局，也由于周恩来到重庆近两个月内遇到许多新情况和新问题，需要经中共中央研究解决，七月二十七日周恩来坐飞机返回延安。

---

① 周恩来在中共中央政治局常委会议上的发言记录，1940 年 8 月 16 日。

② 蒋中正：《苏俄在中国》，（台）中央文物供应社 1956 年 12 月版，第 94 页。

③ 周恩来在中共中央南方局常委会议上的发言记录，1940 年 7 月 6 日。

④ 周恩来在中共中央南方局会议上的发言记录，1940 年 7 月 10 日。

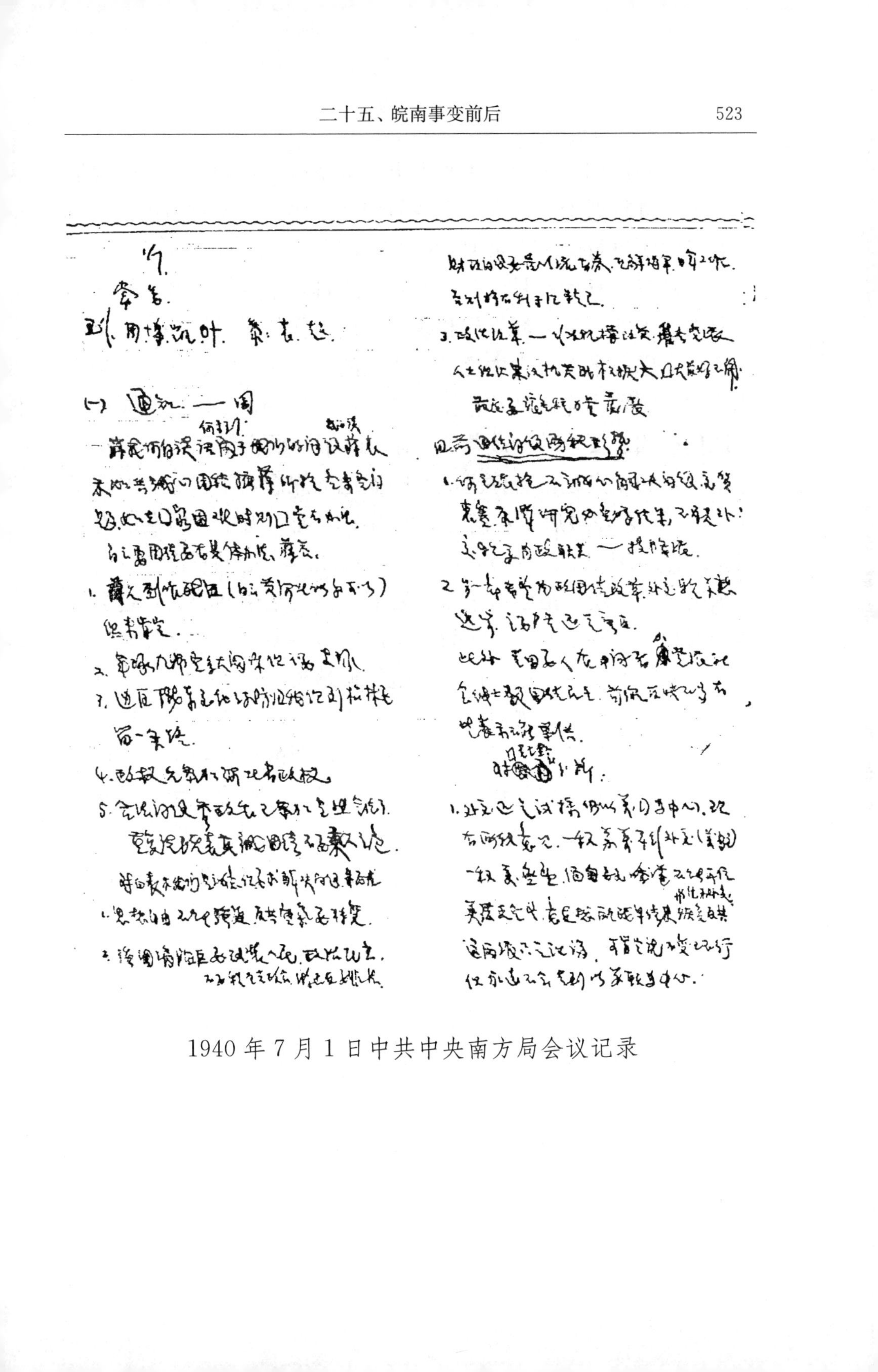

1940 年 7 月 1 日中共中央南方局会议记录

周恩来回到延安后，中共中央立刻举行一系列会议，听取他的报告并进行讨论。这是抗日战争期间中国共产党对国民党统治区的工作所进行的一次重要讨论。

七月三十日和八月四日、七日、八日，中共中央政治局连续听取周恩来关于南方局工作和统一战线工作的报告，并初步交换了意见。周恩来在报告中提出，我们的方针是：一、扶持进步团体；二、照顾小党派利益；三、进行民主运动，要求各党派的合法地位；四、要求政治改革。① 对新四军问题，他说：新四军工作中主要的缺点是没有建立敌后根据地的观念，不注意做群众工作。② 毛泽东在最后说：南方局的组织以巩固为主，但在没有党组织或党组织很少的地方，发展还是必要的。他同意南方局的方针细则，说：统一战线有了很大发展，注意了中间势力，过去许多干部没有这种观念，不了解中国的阶级关系，现在才逐渐了解中间势力问题是一个中心问题。他强调地说：过去中央工作方向偏重军事和战区，过去对南方及日本占领区注意很少，今后政治局须用大力加强这个方面。他提出一个重要的意见：中央今后的注意力，第一是国民党统治区域，第二是敌后城市，第三是我们战区。毛泽东的这个意见，是抗日战争以来中国共产党第一次把国民党统治区域的工作放在如此重要的战略地位。他并说：国民党区域的党，均由恩来全责管理，以统一党的领导。③

十六日，政治局常委会就目前政治形势、特别是国共关系问题进行讨论。讨论的基调仍是力争国共关系能有所好转。周恩来在会上说：现在的国内形势不会立即好转或立即坏转，会是拖的局面。他主张谈判的态度采取在小问题上让步而在大的问题上求

---

① 周恩来在中共中央政治局会议上的发言记录，1940 年 7 月 30 日。

② 周恩来在中共中央政治局会议上的发言记录，1940 年 8 月 4 日。

③ 毛泽东在中共中央政治局会议上的发言记录，1940 年 8 月 7 至 8 日。

得有利的解决，以和缓反苏反共的危险。他说：要解决的悬案之一是边区问题，按现有地区不变，名义可改为陕北行政区，在这点上可以让步。第二是扩军问题，要求八路军成立三军九师，新四军成立三个师。至于划分作战区域，可以同意，而冀、察两省政府主席要由中共保荐。① 会议同意周恩来提出的稍作让步的意见。

中共中央政治局的一系列会议，把国民党统治区工作在中国共产党工作全局中的重大战略地位肯定了下来，突出地强调了争取中间势力的问题，对南方局在新环境下的工作起了重要的指导作用。

八月二十五日，周恩来经兰州回到重庆。二十八日，他同蒋介石、白崇禧进行会谈。虽然周恩来表示愿稍作让步，蒋、白却寸步不让，仍坚持要求八路军、新四军一律开到旧黄河以北，游击队留在当地交战区司令长官指挥。周恩来只得加以拒绝。② 不久，周恩来又同何应钦进行一次会谈，仍然没有取得进展。九月间，周恩来向国民党提出关于调整作战区域及游击部队的三项办法：一、扩大第二战区至山东全省及绥远一部；二、按照十八集团军、新四军及各地游击部队全数发饷；三、各游击队留在各战区划定作战界线，分头击敌。③ 这些提议仍被国民党方面搁置起来。

会谈的结果进一步证实：尽管共产党方面有着改善关系的良好愿望，国民党方面却抱着僵硬的态度，国共两党的关系一时难以取得改善。

对国民党统治区的党的工作，周恩来回重庆后立刻作出部

① 周恩来在中共中央政治局常委会议上的发言记录，1940 年 8 月 16 日。

② 周恩来致中共中央书记处的电报，1940 年 9 月 3 日。

③ 《周恩来同志关于调整作战区域及游击部队办法之提议三项》，1940 年 9 月。

署，加紧把整个党的组织转入地下。实行这个转变并不容易。尽管国内的政治局势已日趋紧张，可是不少党员却看不到这种变化，对国民党发动突然事变缺乏足够的认识，仍习惯于原来的一套工作方法，不注意隐蔽。有些地方党组织对过去那套活动方式也不愿意改变。

八月三十一日，周恩来在南方局会议上说：南方的党组织仍以巩固为主，没有党组织的地方要发展。党的工作要打入社会，只有打入社会才能巩固党。① 九十月间，南方局将所属的省委、特委的一些负责人陆续调来重庆，由周恩来、博古等分别同他们谈话，研究如何彻底改变领导方式。周恩来对他们说：过去实行的是暴露政策，国民党就是要我们暴露，所以我们的搞法正符合国民党的愿望。现在我们要把党的工作转到地下去。要到工厂、学校、农村等基层单位，加强党的领导。千万不要因为建立了统一战线就忘掉国民党的反动性。要尽量避免组织被破坏。要研究使党的工作生根于工人、农民、学生、教员中间。

南方局在十月四日讨论了内部的组织分工。根据周恩来的提议，南方局设立统一战线工作委员会，董必武任书记，叶剑英任副书记，王梓木任秘书，下分军政、党派、社会、青年、妇女五组，分别由叶剑英、博古、董必武、蒋南翔、邓颖超负责；文化工作委员会，凯丰任书记，周恩来任副书记（十一月间凯丰回延安后，文委工作由周恩来直接负责），下设书店、社科、文化、文艺、宣传、新闻等组，分别由徐冰、胡绳、冯乃超、潘梓年等负责；宣传部，由凯丰任部长；组织部，由博古任部长；秘书处，由童小鹏任秘书；此外，还有国际问题研究室、华侨工作组等机构。②

① 周恩来在中共中央南方局会议上的发言记录，1940 年 8 月 31 日。

② 中共中央南方局会议记录，1940 年 10 月 4 日。

为了应付可能发生的突然事变，南方局还采取一个重要措施：在它的领导下设立两个地域性的工作委员会，使地下党的领导工作同南方局领导的公开合法活动分开。这两个工作委员会，一个是西南工作委员会，简称西南工委，管理川东、川康、云南、贵州、鄂西、湖南等地区的工作，书记先是孔原，后是钱瑛，副书记是廖志高；另一个是南方工作委员会，简称南委，管理广东、广西、江西、福建、浙江、香港、澳门等地区的工作，书记是方方，副书记是张文彬。两个工委的工作，都由周恩来直接领导。①

十月十六日，南方局致电中共中央，报告了对各省市地区的工作布置和人事安排。电报说：全局性的方针，依中央的指示不变。各地工作已开始转变，完全转入地下，进行干部审查，其重点在打入社会和肃清内奸两方面，干部在撤退。

由于周恩来和南方局抢在皖南事变发生以前，已采取一系列有效措施，对国民党统治区的党的工作实行了初步转变，这就使皖南事变突然到来时，各级党组织在精神上、组织上和工作上都已有所准备，大大减少了损失。

对大后方广泛社会阶层的统一战线工作也取得了进展。九月二十二日，周恩来到北碚会见陶行知、陈望道等，并去育才学校看望师生，给他们讲了当前形势。二十九日，应中华职业教育社的邀请，发表题为《国际形势与中国抗战》的演说，到会听众达三千多人。他在演讲中剖析当时的国际形势和中国抗战的前途，指出帝国主义之间的战争正在持久扩大，中国抗战面临着严重困难和妥协投降危险，但只要我们立足于自力更生，坚持团结，抗战到底，胜利就一定属于我们。这次演讲产生了巨大的反响。周

---

① 孔原：《在南方局工作的片断回忆》，《中共党史资料》第 12 辑，中共党史资料出版社 1985 年 4 月版，第 49 页。

恩来还着手做争取民族资产阶级的工作。十月十四日，他在曾家岩五十号会见重庆聚兴诚银行经济研究室主任高兴亚，告诉他中国共产党对待民族资本家的政策，希望他能把西南的民族资本家联系起来，引导他们同心合力和四大家族对抗，至少使民族资本家不致被四大家族吞噬或被诱迫投入四大家族的怀抱。

这时，国内的政治局势越来越险恶了。

这种变化的发生，直接受着当时国际形势急遽变动的影响。九月二十七日，德、意、日在柏林签订协定，正式结成三国同盟。在这前后，英、美也签订了协定。这两大集团都在争取蒋介石。德、意、日要求国民党政府放弃抗日，加入他们的同盟。由德国劝和，日本诱降。英、美则要求国民党政府加入英美同盟，美国愿给以大笔借款，英国则允许重开滇缅公路。与此同时，蒋介石还继续得到苏联的援助。国际上的三大力量都在拉蒋介石，这使蒋介石自感身价陡增，兴高采烈，得意忘形。周恩来当时作了一个分析：“三国协定后，英积极拉蒋，蒋喜。现在日本拉蒋，蒋更喜。斯大林电蒋，蒋亦喜。此正是蒋大喜之时，故蒋于日军退出南宁、斯大林复电之后，立往成都，此行决非偶然。”“蒋现在处于三个阵营争夺之中，他认为以一身暂时兼做戴高乐、贝当、基马尔最能左右逢源。故他自己躲在成都，让其夫人及英美派拉英美，朱家骅、桂永清拉德，让亲日派谈和，让孙（科）、冯（玉祥）亲苏，让何（应钦）、白（崇禧）反共，以便他居中选择，并以反共为轴心来运用。”① 毛泽东在十月二十九日也有一个分析：“在七八月间蒋介石确曾准备于重庆失守时迁都天水，准备亲苏和共与某些政治改良，至九月已动摇，至十月乃大变，

① 《周恩来关于德意日三国协定后形势的分析和对何、白“皓电”对策的建议》，《皖南事变（资料选辑）》，中共中央党校出版社 1982 年 1 月版，第 74 页。

这是德意日同盟与英美对日积极化的结果。”①

正是在这种国际形势下，蒋介石以为时机对他有利，觉得有恃无恐、可以为所欲为了，于是便下了发动皖南事变的决心。

成为这次反共高潮起点的，是何应钦、白崇禧的“皓电”。十月十九日，何、白以正副参谋总长的名义致电朱德、彭德怀、叶挺，将国民党在七月间提出的“提示案”以最后通牒形式提出，限八路军、新四军在电到一个月内全部开到黄河以北。这便是“皓电”。国民党军令部并向顾祝同发出围攻新四军的密令。十月二十四日，周恩来电告毛泽东：“蒋之宴会，何之报告，白之反共，汤恩伯、李铁军与马鸿逵等纷纷来渝，江南北部队亦在调动，对于华北进步报章之限制，对舆论反共之动员，对凡有共党左倾嫌疑者之加紧监视和被逮捕，均证明反共高潮是正在着着上升。”他敏锐地作出判断：“何、白十九日电是表示了国方决心。”②

面对如此严重的局势，中国共产党应该采取怎样的对策？毛泽东在十月二十五日一天内接连两次急电周恩来，指出：尽管蒋介石现在仍是动摇的，全面反共的决心也不容易下，“但我们应估计到最困难、最危险、最黑暗的可能性，并把这种情况当作一切布置的出发点，而不是把乐观情况作出发点”。③ 十一月一日，周恩来致电中共中央，同意毛泽东的全部分析，并且断言：“破裂的危机已至”，“反共局部战争会开始”。④ 同天，他在另一个电报中反映了反共高潮中的各方意见：“大家一致望我们拿出办法来，并望我们让步，以缓和破裂。”他还转达了冯玉祥的建议：“要软硬两用，表面让步，实际自干。”第二天，毛泽东致电周恩

---

① 毛泽东致周恩来、彭德怀、胡服、项英的电报，1940 年 10 月 29 日。

② 周恩来致毛泽东的电报，1940 年 10 月 24 日。

③ 毛泽东致周恩来的电报，1940 年 10 月 25 日。

④ 周恩来致毛泽东并中共中央的电报，1940 年 11 月 1 日。

来说："今日会议，讨论你东日（一日）来电，仍主表面和缓，实际抵抗。"① 三日，他又致电周恩来，说明中共中央的政策是"一面极力争取好转避免内战，一面准备应付投降应付内战，而把重点放在应付投降应付内战方面，方不吃亏，方不上蒋的当。立即准备对付黑暗局面，这是全党的中心任务。有了这一着，就不会重蹈陈独秀的覆辙了"。② 同月三十日，他给周恩来、叶剑英等的电报中又说："在此情况下，我之方针是表面和缓，实际抵抗，有软有硬，针锋相对。缓和所以争取群众，抵抗所以保卫自己，软所以给他以面子，硬所以给他以恐怖。"③

对新四军的行动问题，周恩来向中共中央提出两个方案：一个是新四军主力北移，让出江南，到江北坚持斗争；另一个是皖南新四军一部分转苏南渡江，一部分就地打游击，江北的部队不论怎样都必须做应战的准备。对何、白的"皓电"，周恩来认为，"皓电"的原则和办法决不能同意，但必须给以回答，不能置之不理。他在十一月一日致电中共中央时建议："用朱、彭、叶、项名义通电答复何、白"，表示皖南新四军在有充分保障的条件下，可以移到江北；但要保证在移动中不许友军袭击。

中共中央接受了周恩来的建议，在十一月九日用朱德、彭德怀、叶挺、项英的名义对"皓电"作出公开答复。这便是"佳电"。电文一方面坚决驳斥"皓电"对八路军、新四军的造谣和攻击，另一方面又采取缓和态度，申明为了顾全大局，决定将江南正规部队"遵令北移"，"对于江北部队则暂时拟请免调"。④

① 毛泽东致周恩来的电报，1940年11月2日。

② 毛泽东致周恩来的电报，1940年11月3日。

③ 毛泽东致周恩来、叶剑英并告彭德怀、胡服、项英的电报，1940年11月30日。

④ 《为顾全大局挽救危亡，朱彭叶项复何应钦、白崇禧佳电》，《皖南事变（资料选辑）》，中共中央党校出版社1982年1月版，第84页。

这个合情合理的立场，在政治上赢得了广大中间力量，包括不赞成国共分裂的国民党人士的同情。

“佳电”的发表，表明中国共产党对维护团结抗日是有诚意的，在各方面引起很好的反响，使国民党不好回答。

为了使世人进一步了解事实的真相，周恩来通过各种渠道对社会各界进行大量的解释工作，向他们阐明中国共产党关于团结抗日的基本立场，揭露国民党制造磨擦、破坏国共合作的真实情况，以争取他们的同情。十一月间，博古、凯丰奉召回延安，留在重庆坚持的主要是周恩来、董必武和叶剑英（董必武接替凯丰任宣传部长、孔原接替博古任组织部长）。他们多次同黄炎培、沈钧儒、章伯钧、邹韬奋、张申府（这时已脱离中国共产党）、梁漱溟、张君劢、左舜生等集会商谈时局，说明实际情况。他们还访问了国民党一些元老派人士。国民党政府司法院副院长覃振在周恩来向他作了说明后，表示愿意联络冯玉祥、于右任、孙科，共同商讨制止内战的办法。[①] 周恩来、叶剑英还同各国外交人员和记者进行广泛的接触。那时，美国作家斯特朗从苏联回国，途经重庆。周恩来同她长谈了几个晚上，详细地介绍国民党两年来制造反共磨擦事件的真相及八路军、新四军的历史和现状，并预言更大的反共事变将接踵而至。谈话结束时，周恩来嘱咐斯特朗：这些材料暂时不要发表。[②] 他还指示南方局，除组织口头解释外，还编印传单、小册子（内容包括半年来国共双方来往文电和国民党反共文件等），秘密运到八路军驻桂林办事处和西安办事处向社会各界广泛散发。

---

① 周恩来致毛泽东的电报，1940 年 11 月 3 日。

② ［美］安娜·路易斯·斯特朗：《我在中国的经历》，《人民日报》，1980 年 3 月 27 日。

周恩来领导下所做的广泛的宣传解释工作，使社会各界、特别是人数众多的中间势力了解了中共团结抗日的主张和事件发展的真相，博得了他们的同情。这对皖南事变发生后社会舆论的向背有着重大的影响。

与此同时，周恩来继续代表中共中央同国民党谈判新四军北移问题。只要严重事件还没有发生，他仍要尽最大的努力争取使问题得到和平解决。他和叶剑英同刘斐、张冲举行多次会谈。主要内容是：要求国民党停止在陕北、皖北和苏北的军事行动；表明中国共产党的让步是有限度的；警告国民党如不停止进攻就应负国共破裂的责任；要求推迟新四军北移的限期。在接到项英来电后，周恩来又写信给张冲，列举国民党在各地的反共事实，特别提出新四军皖南部队已整装上道，但一切补给无着，而国民党的军队却步步进逼，造成对新四军的半包围形势，使它失去渡江北移的可能。要张冲急报蒋介石予以制止。

十二月二十五日，周恩来应邀往见蒋介石。这一天正是蒋介石在西安事变中获释的四周年。周恩来给中共中央的报告中说："蒋以极感情的神情谈话。"他一开始便对周恩来说："连日来琐事甚多，情绪不好，本不想见，但因为今天是四年前共患难的日子，故以得见面谈话为好。"他说："抗战四年，现在是有利时机，胜利已有希望，我难道愿意内战吗？愿意弄垮台吗？现在八路、新四还不都是我的部下？我为什么要自相残杀？就是民国十六年，我们何尝不觉得痛心？内战时，一面在打，一面也很难过。"他又以威胁的口吻说：你们"如果非留在江北免调不可，大家都是革命的，冲突决难避免，我敢断言你们必失败。如能调到河北，你们做法一定会影响全国，将来必成功"。"只要你们说出一条北上的路，我可担保绝对不会妨碍你们通过。只要你们肯开过河北，我担保至一月底，绝不进兵。"至于"政治问题，都好解决"①。

周恩来在第二天向中共中央报告时说："我对蒋的挑拨及攻击我们的话，均当场答复了。"他冷静地指出：蒋的许多承诺是"靠不住"的，"其实局部'剿共'仍在加紧布置中"。并且一针见血地写道："张冲回去，认为出意外的满意。我倒认为系吓、压之余，又加上哄之一着了。"②

周恩来确实把蒋介石给看透了。事实上，蒋介石要用武力把八路军、新四军驱赶到黄河以北的决心已定。尽管中国共产党做了很大努力，局势仍在迅速恶化。十二月底，国民党准备围攻新四军的部队已分别开到指定地点，构筑碉堡工事，基本完成对新四军的合围态势。项英仍动摇迟疑，没有坚决行动，贻误了突围北上的时机。就在蒋介石会见周恩来说了那么多"好话"之后不到十天，震惊中外的皖南事变终于发生了。

一九四一年一月四日，新四军军部和直属部队九千余人奉命北调。六日行经安徽泾县茂林地区时，突然遭到国民党军队七个师八万多人的包围袭击。经过七昼夜血战，终因弹尽粮绝，除两千人突围外，大部壮烈牺牲。军长叶挺被扣。项英、袁国平、周子昆等遇难。

周恩来获悉新四军陷入重围时，立刻向张冲提出严重抗议，接着又向蒋介石、何应钦、白崇禧、顾祝同等分别提出抗议。在向国民党统治区人民群众揭露皖南事变真相上，《新华日报》起了十分重要的作用。《新华日报》在从汉口迁到重庆后，受中共中央南方局领导，经常在周恩来指导下工作。一月十一日，《新华日报》社举行创刊三周年庆祝活动，周恩来到会讲话。正当他

① 周恩来致毛泽东并告中共中央的电报，1940年12月26日。

② 周恩来致毛泽东并告中共中央的电报，1940年12月26日。

讲话的时候，南方局机要员送来中共中央的急电。周恩来一看完，立刻用沉痛的语调宣布新四军局势的严重。这时，饭厅里的电灯突然熄灭，四周一片漆黑，过了一会儿才亮起来。周恩来意味深长地激励大家："黑暗是暂时的，光明一定会到来。"他接着说："有革命斗争经验的人，都懂得怎样在光明和黑暗中奋斗。不但遇着光明不骄傲，主要是遇见黑暗不灰心丧气。只要大家坚持信念，不顾艰难，向前奋斗，并且在黑暗中特（显）示英勇卓绝的战斗精神，胜利是要到来的，黑暗是必然被冲破的。"①

当晚，他召开南方局紧急会议，研究事变发生后的局势和斗争的方针，组织力量，广泛地向国民党内主张团结抗战的人士以及社会各方面揭露国民党顽固派的反共罪行。周恩来还写信给蒋介石，要蒋介石命令国民党部队立即撤围，给北上的新四军让路。他在信中说：否则新四军渡江无路，后退无援，只有突围四出，散于民间，战于敌后，以求生存。

在这些极端紧张的日子里，周恩来经常通宵达旦地工作，曾经连续三昼夜没有安枕。

这时中共中央十分担心周恩来和南方局其他重要成员的安全，来电要求"恩来、剑英、必武、颖超及办事处、报馆重要干部于最短期间离渝"。② 南方局在周恩来的房间里召开了一个人数不多的会议，讨论中央这一指示，参加的有董必武、邓颖超、钱之光等。大家认为，周恩来在这种时刻难以离开。周恩来断然说：我要坚持到最后。这个意见最后得到了中共中央同意。

一月十七日晚，国民党中央通讯社发布了国民党的军事委员会的通令和发言人谈话，反诬新四军"叛变"，悍然宣布撤销新四军番号，声称要把叶挺交付军法审判。这就把国民党的第二次

---

① 《新华日报》，1941年1月12日。

② 中共中央书记处致中共中央南方局的电报，1941年1月20日。

反共高潮推到了顶点。

周恩来得知后，立刻义愤填膺地打电话给何应钦，痛斥他："你们的行为，使亲者痛，仇者快。你们做了日寇想做而做不到的事。你何应钦是中华民族的千古罪人。"① 随即驱车到国民党谈判代表张冲处，当面提出质问和抗议，再返回红岩。

当晚，南方局在红岩八路军办事处召开会议，仔细估计国民党命令公布后的局势，研究如何向国民党统治区人民和全世界揭露国民党顽固派这一破坏团结抗战、破坏国共合作的阴谋，决定在《新华日报》上刊登周恩来为皖南事变所写的题词。

那时国民党有着严格的新闻检查制度，报纸稿件都需事先经过审查，有关皖南事变的记载全部被扣。他们还不放心，那天晚上十点多钟，新闻检查所派人来到新华日报社，坐等审查第二天《新华日报》的大样。报社准备了两种不同版面：一种是给新闻检查所派来的人看的，上面没有周恩来的题词；另一种刊登有周恩来的题词手迹。周恩来在红岩办事处把题词写好后，派副官立刻送往报社，并且指示：要报社加快编排和制版力量，组织好发行力量，务必抢在第二天各大报发行以前，将报纸送到广大读者手中。在第二版占六栏地位的是一条题词："为江南死国难者志哀"。在第三版占五栏地位的是一首诗："千古奇冤，江南一叶，同室操戈，相煎何急。"②

这满含悲愤的二十五个字，产生了震撼人心的强大力量，一下揭穿了皖南事变的实质，表达了对国民党顽固派最强烈的抗议。报社将题词刻成木版后，立即拼版，加速印刷。黎明前就把印好的报纸包在铺盖卷里，装在箩筐里，从红岩后山偷运进城，送到读者手中。当国民党顽固派发现市面上出现印有周恩来题词

① 《南方局党史资料大事记》，重庆出版社 1986 年 5 月版，第 134 页。

② 《新华日报》，1941 年 1 月 18 日。

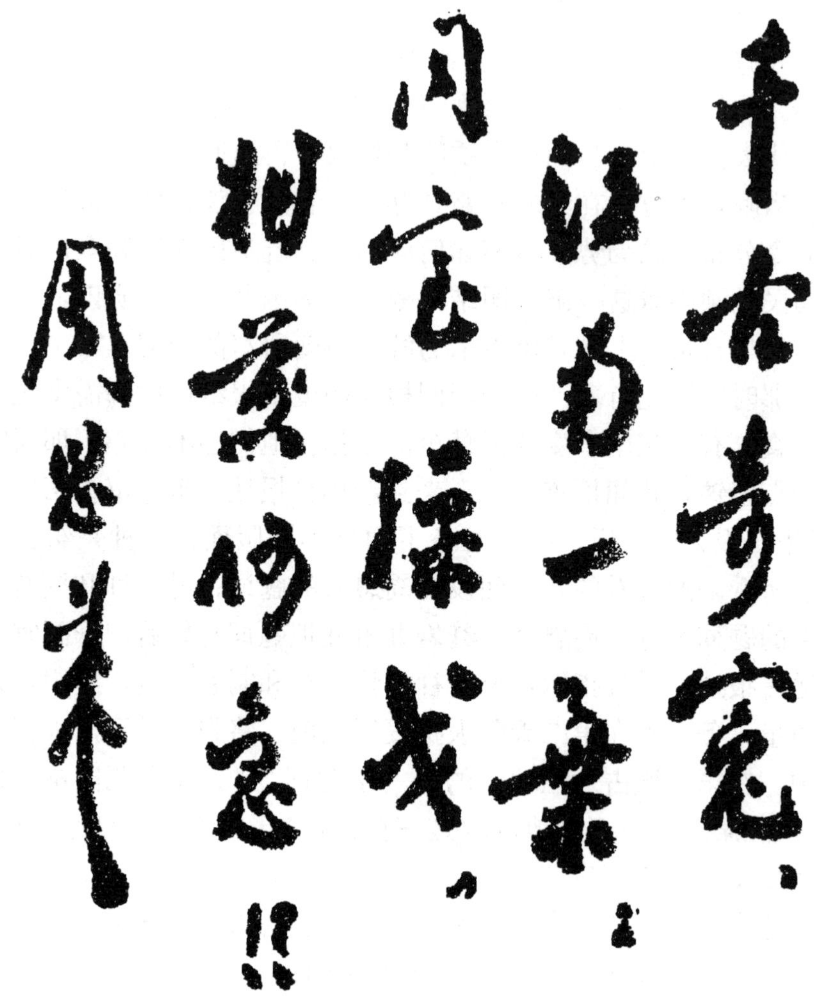

周恩来为皖南事变题词

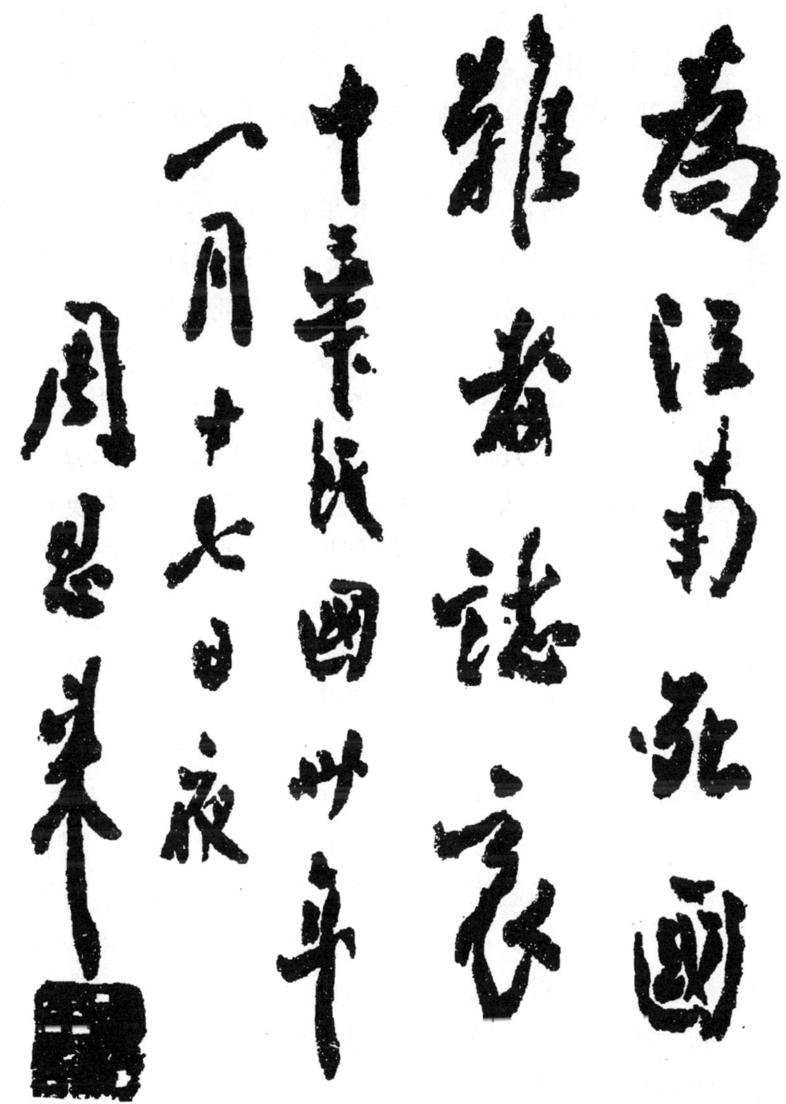

周恩来为皖南事变死难烈士题词

手迹的报纸时，大批报纸早已冲破山城的浓雾传遍了全城，轰动了整个重庆。这天的报纸，上午就在市内销完，每份后来增卖到五角，在社会上产生巨大的反响。二月二日，毛泽东从延安致电周恩来说："收到来示，欣慰之至，报纸题字亦看到，为之神王。"①

自二月起，《新华日报》名义上虽仍受合法保护，但文稿经常被删、被扣。六日下午，送报车夫运报至两路口时遭宪兵阻拦，诬称为汉奸报纸予以扣留，并将所扣报纸送到曾家岩市区宪兵队企图销毁。周恩来得到报告后非常气愤，立即赶到宪兵队提出抗议。经过两个小时的斗争，宪兵队被迫交出部分报纸。周恩来拿到报纸后一部分交还报馆，一部分散发给周围的群众。②

为了准备应付国民党顽固派的更大迫害，周恩来决定南方局、八路军办事处和新华日报社除保留少数人员外，分别实行分散隐蔽、转移和撤退。叶剑英率蒋南翔、李涛、边章五等返回延安。新华日报社原有工作人员二百多人，只留八十多人，其余全部疏散。一些留在重庆有危险的党外进步文化人，周恩来也帮助他们进行疏散。

在这样险恶的环境中进行疏散，稍有不慎，就会发生意外。周恩来作了周密细致的部署。新华日报社疏散人员时，周恩来亲自前去检查。他拿着红蓝铅笔和名册，一个一个地仔细询问，认真了解他们的经历、特长和短处，疏散的去向，可利用的社会关系，到达落脚点的证明，遇到盘查时的答话等，并随时提出他所发现的漏洞和改进意见。第二天清早，他又送去一封信，继续补充了几点他对疏散工作的意见。他关心每一个同志，如戈宝权疏散去香港时，他一定要戈宝权化装后给他看过，觉得合适，这才

① 毛泽东致周恩来的电报，1941 年 2 月 2 日。

② 新华日报馆传单：《反对非法扼死〈新华日报〉》，1941 年 2 月。

放下心来。行前还一再叮嘱戈宝权不可以戴眼镜，以防被人认出。

对有条件通过各种社会关系在国民党统治区找到社会职业、甚至进入国民党军政党机关工作的，周恩来安排他们用这种方式转入地下工作。他和董必武、邓颖超、孔原等对他们反复叮嘱，告诉他们“长期埋伏，积蓄力量，以待时机”的重要意义，要求他们注意三勤（勤业、勤学、勤交友），并考虑到他们所处的复杂环境，教育他们要注意“同流不合污”。

当时需要撤退的人很多，周恩来常常是上半夜改稿子，写文章，下半夜逐个审查准备撤退人员的名单和材料，找出漏洞，指出应该怎么做。直到第二天清早，送走了人，他又进城会客去了。由于计划周密，转移出去的人员都安全到达目的地，许多人又重新开辟了新的据点。

最后一批撤往延安的干部，是七月间走的。他们大多是各省、地区八路军办事处的撤退人员和已暴露共产党员身份的干部，还有一些改名换姓的进步文化人。他们共有二百多人，搭乘六辆卡车，组成一个车队。大家都用八路军人员的军衔、符号、臂章，由廖似光以少将的军衔领队。出发的前一个晚上，周恩来细致地审查了全部准备工作，叮嘱廖似光等：“要保证安全到达延安。每个人都要严格遵守纪律。每到一个站停车时，不允许有一个人单独行动。到检查站时，由车队的副官去应付。遇到刁难时，副官交涉还不成，廖似光你可以以少将身份出来交涉。每过一个检查站，都要来信告知。到达延安，即来电报。”他嘱咐完已是深夜，又对廖似光说：“明早走之前再来一下。”第二天上车前，廖似光轻轻走到他门口，但心里还有点犹豫，怕影响他休息。周恩来已听到她的脚步声，叫道：“似光进来呀!”进去后，周恩来紧握着她的手说：“你回到延安，转告毛主席，我们坚决同国民党顽固派斗争到底!”廖似光不禁眼泪夺眶而出，说：“一定遵嘱办理，请副主席（指周恩来——编者注）多多保重！”①

对留下来坚守岗位的人员，周恩来对他们进行了严格的气节教育和保密教育。一月十七日当晚，他在红岩召开南方局、八路军办事处的工作人员大会。他站在二楼的过道中间，向集合在那里的全体人员说：时局的发展有两种可能。我们要争取继续合作抗日，这还有可能；但也可能全面破裂，我们要有充分准备。他说：我们一定要做最坏的准备，要准备反动派可能搞突然袭击。他袭击我们，主要是要搞我们党的机密：密码、文件、地下党员名单等。因此，必要时我们也要进行适当的抵抗，把机密文件毁完了，就准备坐牢。在出现这种情况时，我要出面交涉。我是蒋介石、国民党请来的，一定要尽可能争取让蒋把我们送回延安，争取全师而归。如果国民党把我们都抓起来了，我们就一起坐牢。他们要问你们是不是共产党员，男同志都承认是共产党员，女同志承认是家属，因为我们是公开的共产党机关。问你们党的组织情况，就说我们的中央在延安，主席是毛泽东，这里有支部，书记是周恩来。再问还有哪些负责人，就说有董必武、邓颖超。再要问就说不知道，让他们问支部书记周恩来。我们在牢里，要坚持不泄露党的机密，好好保养身体。国民党也有可能不杀我们，但也要做最坏的准备，要准备牺牲。要牺牲，我们一块牺牲。他讲了广州陈铁军、周文雍在刑场上的故事，念了叶剑英写的纪念方志敏的诗，号召向烈士学习，在任何情况下保持共产党员的革命气节。他对大家说：我们现在的工作更困难了。我们当共产党就不要怕困难。只要国民党还没有把我们抓起来，就要坚持工作。为了避免和减少牺牲，要疏散一些同志，留下的同志要更加努力地工作。

① 廖似光、王辉、王勉：《并肩战斗创伟业，高风亮节四海扬》（资料稿），1984年10月。

周恩来还指定童小鹏、袁超俊等成立一个秘密工作委员会，准备对付国民党的突然袭击。委员会成立后，制订了保密工作条例，对内部文件的保管使用、工作人员的外出行动和应付突然事变的安全措施等作了明确的规定。这个条例经周恩来审定后交南方局讨论通过。委员会根据这个条例采取了一系列措施：严格要求各部门清理机密文件，有些重要档案用密电发往延安，发完后全部焚毁，必须保存的密码写在薄纸上，随时准备销毁；机关内部装置报警设备和石灰包、沙包，以便在遇到突然袭击时，可以一面抵抗，一面发出警报，争取时间，及时烧毁文件；在机密文件多的三楼，安装了焚毁文件的炉子。办事处的工作人员，出去时要请假，回来时要销假，外出时要两个人同行。在办事处内部同样要严格遵守纪律，不应当知道的事情既不问也不说，夫妻之间也不能谈论党的机密。周恩来和邓颖超之间也严格做到这一点。

考虑到在办事处遭到袭击后保证南方局同中共中央的联络不致中断，周恩来除交给川东特委一部电台外，又派人到成都在社会关系的掩护下建立起秘密电台。南方局对这项工作十分重视，对电台人员加强技术培训，严格机密工作纪律，派遣一批技术水平较高的人员去各地加强这项工作，使秘密电台在第二次反共高潮和各地不断发生的反共事件中很少受到破坏。整个抗日战争期间，在周恩来领导下，南方局先后在十五个地区建立约六十部电台，在国民党统治区和日本占领区的大城市中形成一条无形的战线。此外，周恩来还安排了必要时能掩护少量人员经邻水和长寿间山路安全北撤的地下交通站。

周恩来和南方局组织的反击是有力的。国民党政府军事委员会一月十七日的通令和发言人谈话，虽把这次反共高潮推到了顶点，却因此受到国内外各方的非难。更多的人看到：这次是国民党把事情做到如此决绝的地步，因此破裂的责任完全在蒋介石方面，人们的同情越来越多地转到中国共产党方面来。

针对这种情况，周恩来、董必武联名致电中共中央，提议实行政治上的全面进攻，进一步打击国民党顽固派的反共气焰。他们建议：就皖南事变真相编印各种材料在国内外发表；用新四军各支队名义发出通电，拒绝国民党政府军事委员会命令，要求恢复新四军，释放叶挺和被捕官兵，退还枪枝器材，控告顾祝同、上官云相，要求严惩肇事将领，并声明在原地坚持抗战，决不接受任何乱命；由八路军将领发表通电，一面声援新四军，一面表示坚持抗战，保卫西北，要求发饷发弹，保护交通，抗议撤销驻桂林办事处；由延安发表一个广播谈话，并印发各地。中共中央采纳了周恩来、董必武的这些建议。

为了实现政治上的全面进攻，周恩来、董必武等在重庆广泛地同社会各界人士接触。一月十九日，由南方局军事组起草而经周恩来审定的《新四军皖南部队惨被围歼真相》在重庆秘密散发。① 二十四日，周恩来向中共中央报告："江南惨变发生后，中间人士及中间派对国民党大失望，痛感自由民主与反内战而团结之必要，章伯钧、左舜生等拟发起成立民主联合会。"二月六日和二十一日，周恩来两次与冯玉祥见面，向他谈到时局问题，表示很难过。冯玉祥在日记中记道："我说到为国相忍的大道理。周先生这个人识大体，明大义，同时又很能忍耐。"② 冯还对左右说：新四军抗战有功，妇孺皆知，此次被政府消灭，政府方面实没有方法能挽救人民的反对。侯外庐、翦伯赞去看周恩来，问他："国共会不会从此破裂？抗战会不会因此就被夭折？"周恩来微笑地说："党的方针，就是争取时局的好转，但同时还要准备

① 周恩来致毛泽东的电报，1941 年 1 月 20 日；雷英夫提供资料，1982 年 3 月，手稿。

② 冯玉祥日记（根据冯玉祥的秘书当年整理的记录），1941 年 2 月 21 日。

更坏的局面的出现。至于抗战能不能继续下去，那决不是蒋介石一人所能决定的。”侯外庐和翦伯赞都表示：“如果离开了中国共产党，中国的解放事业就没有保证；无论局势如何困难，一定要跟着中国共产党走到底。”① 黄炎培表示：不论事情经过之是非，当局如此措置绝对错误，希望大事化小，小事化无。连杂牌军和地方实力派中多数人也感到新四军的被解散即是解散地方势力之先声，因而表现恐慌并对共产党同情。对人心的这种变化，毛泽东在二月十四日致电周恩来时作了这样的估计：“蒋从来没有如现在这样受内外责难之甚，我（指中国共产党——编者注）亦从来没有如现在这样获得如此广大的群众（国内外）。”他并且断言：“目前形势是有了变化的，一月十七日以前，他是进攻的，我是防御的；十七日以后反过来了，他已处于防御地位，我之最大胜利在此。”②

在外交方面，周恩来也做了大量卓有成效的工作。

英美政府对蒋介石的反共限共政策本来是赞同的，但又害怕由此引起中国的大规模内战，不利于他们利用中国牵制日本的目的。英国驻华大使卡尔请周恩来到自己家里面谈后，劝告蒋介石停止国内冲突，处理问题不要操之过急，以免造成事变。英国政府收到卡尔报告后，也告诉蒋介石说：内战只会加强日军的攻击。③

二月间，美国总统罗斯福的代表居里来华访问。他提出要见周恩来。十四日，同周恩来会见。周恩来针对美国因担心日本南进而急盼中国内部团结抗日、以便牵制日本兵力的心理，向居里

① 许涤新：《〈侯外庐史学论文选集〉序》，《侯外庐史学论文选集》上册，人民出版社1987年9月版，第2页。

② 毛泽东致周恩来的电报，1941年2月14日。

③ ［西德］王安娜：《中国——我的第二故乡》，生活·读书·新知三联书店1980年5月版，第361页。

提供了国民党制造磨擦的材料，说明蒋介石如不改变反共政策，势将导致中国内战，使抗战停火，而便于日军南进。居里向周恩来表示：美国赞助中国统一，反对日本。如果中国分裂，美国将很难给予援助。他也承认：要是没有内外压力，中国的改革是不可能的。如果内战扩大，抗战将更不可能。① 随后，他会见蒋介石时正式声明：美国在国共纠纷未解决前，无法大量援华，中美间的经济、财政等各问题不可能有任何进展。② 居里离渝前的一次公开讲演里，又对国民党提出批评。他说："中国应有自下而上的彻底的民主"，必须改变腐败的政治机构。③ 美国在援助国民党问题上的态度发生这样骤然的变化，对国民党是很大的压力，使宋子文"甚以此为虑"。④ 国民参政会秘书长王世杰认为，目前剿共不是"最良时机"，主张严令国军不妄发一弹，以防引起破裂。蒋介石在二月一日的日记中也写道："新四军问题，余波未平，美国因受共产党蛊惑，援华政策，几乎动摇。"⑤

周恩来还动员国际舆论对蒋介石施加压力。斯特朗回到美国后不久，接到周恩来的电报，建议她发表所知道的情况，并附去中共中央军委关于重建新四军的命令。斯特朗立刻通过纽约一些报纸和《美亚》杂志，披露了皖南事变的真相。⑥

苏联政府也明确表示态度。国民党驻苏大使邵力子原定于一月十七日晚举行宴会，莫洛托夫已答应出席。皖南事变的消息传来，苏联外交部建议宴会改期。邵力子到苏联外交部去解释。洛佐夫斯基副部长批评说：苏联人决不做可使敌人快心的事。请问

---

① 周恩来致毛泽东并中共中央书记处的电报，1941年2月16日。

② 《新中华报》，1941年3月9日。

③ 《新中华报》，1941年3月20日。

④⑤ 《蒋总统秘录》第12册，《中央日报》，1977年7月版，第137、115页。

⑥ ［美］安娜·路易斯·斯特朗：《我在中国的经历》，《人民日报》，1980年3月27日。

大使阁下，日本人对此事高兴否？请转告贵国政府勿做敌人快心之事。在重庆，周恩来同苏联驻华使馆一直保持着密切的联系。苏联驻华大使潘友新和武官崔可夫先后向何应钦、白崇禧等提出质问。蒋介石这时还需要取得苏联的援助，只得要张冲和王世杰分别宴请潘友新和崔可夫进行解释。一月二十五日，潘友新会见蒋介石，向他指出：进攻新四军有利于日本侵略者。他要蒋介石注意，对中国来说，内战将意味着灭亡。①

局势的发展大大出乎蒋介石的意料。在国内外舆论的一片责难声中和英、美、苏三国政府的外交压力下，蒋介石突然发现自己在政治上已陷入异常孤立和被动的境地。

为了表明中国共产党对皖南事变的严正立场，在国民党发布一月十七日通令和谈话后三天，中共中央革命军事委员会发布命令，宣布重建新四军军部，任命陈毅为代军长，刘少奇为政治委员。同天，又发表毛泽东起草的《中国共产党革命军事委员会发言人对新华社记者的谈话》，提出中国共产党关于解决皖南事变的十二条办法：

“第一、悬崖勒马，停止挑衅；

“第二、取消一月十七日的反动命令，并宣布自己是完全错了；

“第三、惩办皖南事变的祸首何应钦、顾祝同、上官云相三人；

“第四、恢复叶挺自由，继续充当新四军军长；

“第五、交还皖南新四军全部人枪；

“第六、抚恤皖南新四军全部伤亡将士；

“第七、撤退华中的‘剿共’军；

① 《蒋总统秘录》第12册，《中央日报》，1977年7月版，第116页。

“第八、平毁西北的封锁线；

“第九、释放全国一切被捕的爱国政治犯；

“第十、废止一党专政，实行民主政治；

“第十一、实行三民主义，服从《总理遗嘱》；

“第十二、逮捕各亲日派首领，交付国法审判。”①

一月二十五日，周恩来将这十二条交给国民党谈判代表张冲转交蒋介石，并且充分运用它作为打击国民党第二次反共高潮的有力武器。这十二条既义正词严，又合情合理。中共中央军委发言人谈话中并指出：“如能实行以上十二条，则事态自然平复，我们共产党和全国人民，必不过为已甚。”②这就大大将了蒋介石一军，使他在政治上更处于进退两难的狼狈境地：既不能接受这十二条，又提不出足够的理由来拒绝这十二条，从而在全国人民面前更加输了理。

这时，另一件出乎蒋介石意料的事情又发生了。那便是二月初日军在河南发动大规模进攻。一月十七日通令和谈话发表的第二天，日军便开始调动七个师团，在二十四日大举进攻，将国民党军队汤恩伯部等约十五万人包围于平汉铁路以东。这次进攻，规模很大，战况激烈。蒋介石原想以反共来停止敌军的进攻，以为日本至少会采取“坐山观虎斗”的态度，而事情的发展却处处同他的愿望相反。这是为什么呢？第一，在日本政府看来，国共冲突固然很好，但与其坐观，还不如乘机进攻，把你进一步削弱，中国问题就可以容易解决。三十日，日本陆相东条英机的讲演中说：蒋政权内部打架，固然不能抗战，但日本决不能依赖国共纠纷，而是要依赖自己的力量来解决中国事件。第二，蒋介石想把八路军、新四军压往黄河以北，这也不符合日本政府的愿望。东条说：华北是日本人的根据地，蒋介石要驱逐华中共产党

①② 《毛泽东选集》第2卷，人民出版社1991年6月第2版，第775页。

去华北，破坏日本利益。日本军队出于这两重原因而在这时大举进攻，对蒋介石自然又是一个沉重的打击，迫使他对内更不能不采取和缓的步骤。

国民党刚刚在一月十七日把第二次反共高潮推到顶点，还没有来得及展开，便不能不悄悄收缩退却了。中国共产党敏锐地察觉到时局发展中的这种变化。毛泽东在二月七日致电周恩来说：“依我观察，他们非求得个妥协办法不可。敌人攻得如此之急，‘一·一七’命令如此丧失人心，他的计划全部破产，参政会又快要开了，非想个妥协办法更加于他不利。”①

于是，斗争焦点便转到中国共产党人是不是出席第二届国民参政会这个问题上来。

第二届国民参政会的参政员名单在皖南事变发生前十来天（一九四〇年十二月二十三日）刚刚公布。中国共产党方面的参政员仍是毛泽东、董必武、邓颖超等七人。这届参政会的第一次会议原定在一九四一年三月一日开幕。各民主党派和无党派人士纷纷表示：国民参政会开会，中共参政员的出席是必不可少的。美国总统罗斯福的代表居里也留在重庆不走，据说是专等观光国民参政会开会。蒋介石异常焦灼。他急于想把共产党人拉进国民参政会来，以减轻国内外对他的非难，摆脱困境。

中国共产党在这种情况下，自然不能随便地、无条件地出席这次国民参政会。这样做，必须力争取得社会各界的理解和同情。二月十日，周恩来同黄炎培、沈钧儒、邹韬奋、章伯钧、左舜生、张君劢等会面，向他们说明中国共产党拒绝参加这次国民参政会的原因。他们表示谅解。会面后，周恩来接受沈钧儒等的建议，又致电中共中央，主张以中共方面七参政员的名义将十二

① 《毛泽东关于对蒋介石政治动向的估计给周恩来的通报》，《皖南事变（资料选辑）》，中共中央党校出版社 1982 年 1 月版，第 206 页。

条要求提交国民参政会讨论，并以接受十二条作为出席参政会的条件。

这是十分高明的一着。它不仅极大地扩大了十二条要求在全国范围内的政治影响，又进一步表明中国共产党力求恢复国共团结、坚持对敌抗战的立场，从而博得了国内外更多人的同情。十四日，中共中央复电同意周恩来的这个建议。

一场新的巧妙的斗争开始了。二月十八日，周恩来将七参政员致国民参政会的公函送交参政会秘书长王世杰，声明在中共所提十二条善后办法未得裁夺以前，中共参政员碍难出席。同时将这封公函抄送各党派和有正义感的参政员二十余人。这是一个爆炸性的消息。王世杰接到这封公函后十分紧张，立刻找张冲商谈，认为这是中共表示决裂。张冲接连找周恩来，要求将这封公函暂行收回两天，以便他从中奔走，请蒋介石约周谈话。周恩来早就胸有成竹，当即严词拒绝，指出："十天中，政治压迫之严重和接连不断，无理已极，实属忍无可忍。"张冲劝说："蒋是吃软不吃硬的，结果必致翻脸。"周恩来爽快地回答："翻脸已半翻脸了。现在所能做的，不过是讨伐令，全国清党，逮捕办事处人员，封闭《新华日报》等等，我们已经准备着了。至于见蒋，必不能得结果，仍是撤过黄河那一套。"① 二十日，周恩来致电中共中央说："我想，目前还不是谈判的好时机，见蒋毫无结果，而且击退顽方政治压迫，必须动员舆论和中间力量，故将此事经过参政员来调解是必要的。"在国民党的严重政治压迫下，这样断然的处置可能带来什么后果，周恩来当然都想到了。他处之坦然，向中共中央坚决表示："我们一切都准备了，即他捕杀讨扣，毫无所惧。"②

①② 《周恩来关于提出十二条和张冲交涉情况给中共中央的报告》，《皖南事变（资料选辑）》，中共中央党校出版社1982年1月版，第213页。

离国民参政会开会只有四天了，谈判仍处于僵持状态。国民党方面越来越焦急，希望共产党能撤回七参政员公函，出席国民参政会。二月二十五日晨，张冲又到周恩来那里去，谈了大约三个小时。周恩来斩钉截铁地告诉他：七参政员公函不能撤回。张冲苦苦哀求，甚至说：为了国家计，他跪下也可以。周恩来说：这不是个人问题，而是政治问题。在新四军问题后，政治压迫，军事进攻，我们确无让步可能。张冲又提出周恩来见蒋的问题。周恩来回答：目前见蒋亦无意义，因不会得到任何结果的。张冲急忙说：不然。并表示：根据各方面可能的意思，可以有几项具体办法，要求周恩来向中共中央报告。这些具体办法是：一、军事上，十八集团军以正规军开到黄河以北，其他游击部队完全留华中，再归还一军的番号，以补新四军的缺，归还叶挺和其他干部，边区或冀察政权照前议；二、参政会改请董必武、邓颖超出席；三、军事进攻停止，政治压迫要总解决，请蒋负责纠正，再不许发生新事件。显然，国民党方面已走投无路，开始软下来了。周恩来不为所动，回答张冲：所提具体条件可以报告中共中央，但没有必要收回公函，更没有必要见蒋。①

第二天，周恩来又会见张冲，告诉他中共中央的答复："非十二条有满意解决并办理完毕确有保证之后，决定不出席参政会。"② 张冲看了来电后说："漾电等于破裂。"周恩来说："责在国民党。我党为挽救破裂，故提出十二条。"张冲又谈到具体条件问题。周恩来说："中央要我回去讨论。"张冲说："你如回去，他们（指国民党）又要说你们破裂了。"周恩来说："你们不让我回去岂不更表示压迫？"张冲说："可否你回去讨论，参政员公函

① 《周恩来关于出席参政会问题与张冲谈判情况给中共中央的报告》，《皖南事变（资料选辑）》，中共中央党校出版社 1982 年 1 月版，第 217、218、220 页。

② 《中共中央关于不出席参政会问题给周恩来的指示》，《皖南事变（资料选辑）》，中共中央党校出版社 1982 年 1 月版，第 220 页。

也要撤回，董（必武）、邓（颖超）两位可出席参政会?”周恩来说：“万做不到。这样做将成为历史上滑稽剧，不是侮辱我们?”张冲说：“董、邓如不出席，他们不会让你回去的。”周恩来立刻回答：“我本准备在此待捕的。”张冲又说：“即使董（必武）、邓（颖超）只出席一人也好。”周恩来讥讽地说：“国民党请客吧，被请者为‘奸党’，还要客来捧场，岂不是侮辱?”并再次坚决地告诉他：“出席是不可能的。”①

三月一日，国民参政会二届一次会议在重庆开幕。上一天晚上，各方面都在等待着中国共产党参政员出席的消息。国内外的压力都这样大，国民党方面已急得像热锅上的蚂蚁一样。蒋介石的侍从室从晚上到清晨不断用电话向王世杰询问消息。开幕那天清晨，张冲等又奉蒋介石之命来请董必武、邓颖超出席，遭到谢绝。当日，周恩来向中共中央报告：“此次参政会我们得了大面子，收了大影响。蒋亲提主席名单，昨夜今朝连续派两批特使迎董、邓，一百多国民党员鸦雀无声，任各小党派提议，最后延期一天，蒋被打得像落水狗一样，无精打采的讲话。全重庆全中国全世界在关心着、打听着中共代表究否出席，人人都知道延安掌握着团结的人是共党中央。”②

这一场政治仗打得十分漂亮。中共参政员拒绝出席这次参政会是有足够理由的。因为皖南事变是国民党的过错，这一点全国都已知道，中国共产党以不出席参政会来表示抗议，没有什么错，何况中共方面又已提让步条件，国民党仍不答应，错更在他们方面。国际国内局势的发展，也使国民党顽固派感到进退失据，一筹莫展。因此，中共中央判断，只要熬过目前一关，就有

① 《周恩来关于同张冲谈拒绝出席参政会问题给毛泽东的报告》，《皖南事变（资料选辑）》，中共中央党校出版社 1982 年 1 月版，第 219 页。

② 《周恩来关于出席参政会问题给中共中央的报告》，《皖南事变（资料选辑）》，中共中央党校出版社 1982 年 1 月版，第 225 页。

好转可能。

为了做到仁至义尽，参政会开会的第二天周恩来又采取新的主动行动，致函张冲转蒋介石，提出临时解决办法十二条，并说："倘能蒙诸采纳，并获有明确保证，则敝党参政员届时必能报到出席。"① 董必武、邓颖超也在同天清晨写信给国民参政会秘书处说："兹为顾全团结加强抗战起见，必武、颖超特就在渝所见各方奔走之殷，提出临时解决办法十二条附列如后。倘此十二条能蒙政府采纳，并得有明白保证，必武、颖超届时必可报到出席。"② 这十二条临时解决办法，是中共中央采纳周恩来、董必武的建议，在两天前提出来的。它的内容是：

"一、立即停止全国向我军事进攻。二、立即停止全国的政治压迫，承认中共及各党派之合法地位，释放西安、重庆、贵阳及各地之被捕人员，启封各地被封书店，解除扣寄各地抗战书报之禁令。三、立即停止对《新华日报》之一切压迫。四、承认陕甘宁边区之合法地位。五、承认敌后之抗日民主政权。六、华北、华中及西北防地，均仍维持现状。七、于第十八集团军之外，再成立一个集团军，两集团军共应辖有六个军。八、释放叶挺，回任军职。九、释放皖南所有被捕干部，拨款抚恤死难家属。十、退还皖南所有被获人枪。十一、成立各党派联合委员会，每党每派出席一人，国民党代表为主席，中共代表副之。十二、中共代表加入参政会主席团。"③

---

① 周恩来致张冲的信，1941 年 3 月 2 日，手稿。

② 《董必武、邓颖超致国民参政会公函》，《皖南事变（资料选辑）》，中共中央党校出版社 1982 年 1 月版，第 242 页。

③ 《临时解决办法十二条》，1941 年 3 月，周恩来手稿。

张冲收到周恩来来信后，借口“时间过急，等于哀的美敦书”①，将来信和十二条退回。周恩来立刻重新送去，并附信说：“倘此次竟因先生退此公函作为贵党破裂表示，斯诚弟所不敢置信”②。同时，周恩来、董必武、邓颖超又联名写信给黄炎培、张澜、张君劢、罗隆基、梁漱溟、左舜生、章伯钧、沈钧儒、褚辅成、邹韬奋、张申府等各党派代表，告诉他们：中国共产党为顾全大局起见，“改定临时解决办法十二条，具见于与参政会公函中”。并且申明：此等办法，我党实已委曲求全，倘能接受，并有明确保证，“必武、颖超必亲往参政会报到”。如果这样的要求仍遭拒绝，造成局势恶化，中国共产党人也已“问心可告无愧”了。③

鉴于《新华日报》准备发表的《中共参政员未出席本届参政会真相》一文遭到扣压，周恩来决定不经送审而自行出版《新华日报》增刊一大张，将中共方面有关本届参政会的全部文献公开发表，使广大群众都能了解。

这十二条临时解决办法最后虽仍未被接受，董必武、邓颖超也没有出席这次国民参政会，但中国共产党在处理这个问题上的立场和态度已博得广大群众、包括中间力量的同情。国民参政会在闭幕前通过国民党参政员提出的反共决议，那已是退兵时的一战了。

国民参政会闭幕后几天，蒋介石在三月十四日约见周恩来。宋美龄也在座。蒋介石这次谈话的目的已在和缓对立空气。他不再有前一时期那种咄咄逼人的气势，一开始就向周恩来表示：“两月多未见面，由于事忙。参政会开会前，因不便未见。”“现

① 张冲致周恩来的信，1941年3月2日。

② 周恩来致张冲的信，1941年3月2日，手稿。

③ 《周、董、邓致各党派领导人士书》，《皖南事变（资料选辑）》，中共中央党校出版社1982年1月版，第243页。

在开完会，情形和缓了，可以谈谈。”周恩来将新四军事件和近来各地政治压迫的状况说了一遍。蒋介石对新四军事件有意置而不答，对各地的政治压迫则推说：这是底下做的，不明白他的意旨。对周恩来提出的一些具体问题，如《新华日报》、放李涛等人、发护照等问题，表示都可以做到。周恩来又提到防地、扩军问题。蒋介石对防地问题没有回答，但也没有再讲开往黄河北岸的事，而是含糊其词地说：只要听命令，一切都好说，军队多点，饷要多点，好说。① 二十五日，宋美龄又出面宴请周恩来和邓颖超，蒋介石、贺耀祖、张冲也在座。周恩来再一次谈了停止军事进攻和制止政治压迫等问题。当天，周恩来致电中共中央说：“今天见面仍只是表面上的轻微缓和，实际上要看他是否真正做些缓和的事。”②

在这以后，国共关系趋向一定程度的缓和。

这一次反共高潮，前后经历了将近半年的时间。这是充满着惊涛骇浪的日子，国共两党的关系发展到破裂的边缘，问题的处理稍有不慎就可能导致极端严重的后果。

周恩来在这些风云险恶的日子里，始终屹立在斗争的第一线，并参与着中共中央的各项重大决策，多方面地展现了他的品格和才能。《新华日报》社长潘梓年在回忆中说：“在那时候同志们也就经常这样说，‘在工作中有这样一个强有力的感觉——有恩来同志在！’”③ 他处身于龙潭虎穴之中，全然置个人安危于度外，大义凛然，光明磊落，从容沉着，在中共中央领导下机智灵

---

① 《周恩来关于同蒋介石谈判问题给中共中央的报告》，《皖南事变（资料选辑）》，中共中央党校出版社 1982 年 1 月版，第 235 页。

② 《周关于同蒋交谈的几个问题给中共中央的报告》，《皖南事变（资料选辑）》，中共中央党校出版社 1982 年 1 月版，第 240 页。

③ 潘梓年：《〈新华日报〉回忆片断》，《新华日报的回忆》，四川人民出版社 1979 年 12 月版，第 52 页。

活地处理着各种复杂的事态，以炉火纯青的斗争艺术，巧妙而又恰到好处地击退国民党一次又一次的进攻，赢得了国民党统治区广大群众、包括中间阶层的同情和信任。国民党时而用硬的高压威吓，时而用软的哄骗哀求，始终奈何不了他一点。中共中央在三月二十二日一个文件中说："蒋介石在这次斗争中，遭遇到真正的劲敌与攻不开的堡垒。"①

这一次国共斗争，是两党力量的一次大检阅，中间波涛汹涌，高峰迭起，引起全国及全世界人士的注目。经过这场暴风雨的洗礼，中国共产党在人们心目中的地位更加提高了，成为坚持团结抗战的中流砥柱。这次反共高潮的被击退，充分显示中国共产党人在政治上的成熟，表明抗日民族统一战线内部的阶级力量对比已发生深刻的变动，对此后的中国政治生活产生了深远的影响。

---

① 《中共中央一九四一年三月政治情报》，《皖南事变（资料选辑）》，中共中央党校出版社 1982 年 1 月版，第 275 页。

二十六、坚持在重庆(上)

第二次和第三次反共高潮之间,也就是从一九四一年春到一九四三年夏,由于民族矛盾依然是基本的,国内阶级矛盾仍处于从属的地位,加上内外多种因素的作用,在度过皖南事变造成的那段困难时期以后,国共关系趋于相对稳定,但环境仍然十分复杂。这时,周恩来留在已成为战时首都的重庆,继续主持南方局,领导整个国民党统治区的党的工作,向国民党统治区各阶层人民宣传中国共产党的主张,并作为中共中央代表,继续同国民党谈判。他那目光远大、正气凛然、光明磊落、谦虚诚恳的形象,在国民党统治区人民群众中留下了深刻难忘的印象,博得了人们普遍的尊敬和信任。许多人正是通过周恩来来认识和了解中国共产党的。

南方局在重庆的公开活动阵地，主要是红岩、曾家岩和新华日报社。

一提起南方局，人们首先就会联想到红岩。这里是第十八集团军驻重庆办事处（人们通常仍习惯地叫它八路军办事处）的所在地。办事处最初设在闹市区的机房街三十号。一九三九年五月日本飞机对重庆进行两次大轰炸后，原来的房屋被炸毁了，就迁到向爱国人士饶国模租用的化龙桥红岩嘴大有农场场地。这里距市中心区约五公里，有一片不小的山地，是个果园农场，树木多，四周住户很少，便于党的工作。南方局和办事处的人员经过自己动手，盖起一所三层楼房。南方局和办事处搬到这里办公。二楼和三楼是南方局用房，底层由办事处使用。各地党组织的人员通常都是到这里来同南方局联系。周恩来平时也住在这里。

南方局和办事处共有一百多人。这是一个生气勃勃的团结战斗的集体。在这里，大家都吃一样的伙食。延安大生产运动开始后，他们自己在空地上种菜、养猪，改善生活。服装是单衣每人每年一套，棉衣三年一套，还有蚊帐。对于不便穿军服的人员，每年发一次服装费，由自己购买。每人每月只有少量津贴，作为购买零星生活物品之用。大家很少有机会进城。平时的政治文化教育抓得比较紧。办事处里设有救亡室，大家经常唱救亡歌曲，逢年过节时自己排练演出独幕话剧，还有墙报和从事体育活动的操场。这里的生活是艰苦的，工作是紧张的，同志间的关系是团结融洽、亲密无间的，处处充满了革命乐观主义的精神。

曾家岩五十号在城里，对外称“周公馆”。这是一幢三层楼房，后面俯瞰着嘉陵江。红岩嘴在郊区，社会各界人士往来很不方便。曾家岩地处市区，就方便多了。但它离国民党首脑机关所在的上清寺地区不远，周围的环境相当复杂。到那里去，先要走过一条通向崖边的马路。路旁有一所白色砖墙的三层楼房，是国民党军统头子戴笠的住宅。走到马路的尽头，前面就是一条蜿蜒向上的小巷。小巷两侧是鳞次栉比的各种店铺，其中有些实际上是负有监视任务的特务哨所。走上一段石阶，才到“周公馆”。一进门，前院是个住家。周恩来住在楼下一侧。二楼一侧住着一名国民党政府的官员和家属。三楼最初住的是战地服务团。他们迁走后，成为南方局军事组的办公室和宿舍，叶剑英就在这里住过。为了安全起见，周恩来平时住在红岩嘴办事处，只有在城里同人谈话或办公办得很晚时，才在曾家岩休息。这座楼房实际上是南方局设在城里的派出机构。

《新华日报》是中国共产党在国民党统治区的公开的机关报，

是党的重要喉舌，在群众中有着广泛的影响。据不完全统计，周恩来前后为《新华日报》撰写的文章有五十八篇，题词有十一次；在《群众》周刊上发表文章十三篇。平时，他不管怎样忙，总要抽出一定时间接见报社的工作人员，要求他们“努力学习，下苦功，多看，多读，多研究，学习要专还要博，不要自满”。他亲自审阅报纸的社论、专论和重要文章，还常一丝不苟地帮助修改稿件，连标点符号也不轻易放过。《新华日报》的编辑部设在虎头岩，也在城郊，离红岩不远；营业部设在城里的民生路二百四十号。营业部的所在地，是市内的繁华区，群众经常到这里购买和阅读报刊书籍，来往的人很多，有人来时不引人注目。周恩来利用这种方便条件，也常在营业部二楼工作人员宿舍中约人谈话。

在这段时间内，国共两党之间尽管没有再发生皖南事变那样大规模的军事冲突，但国民党的政治压迫一点没有放松，并且到处搜捕已被特务发现的共产党员，力图消灭国民党统治区内的共产党组织。在这种严峻的局势下，如何实现转变，把党的工作坚决转到隐蔽精干、长期埋伏、积蓄力量、以待时机的轨道上去，是放在国民党统治区党组织面前的一项十分迫切的任务。

一九四一年五月，中共中央接连发出《关于大后方党组织工作的指示》和《关于隐蔽和撤退国民党统治区党的力量的指示》。这两个指示强调：“要求国民党统治地方的党部坚决采取长期埋伏、蓄积力量、等待时机的工作方针，认真地决心地将党的力量有计划的隐蔽和撤退，把党和群众工作的中心放在利用所可利用的社会习惯、政府法令与合法组织（如保甲联保等）的方面，去进行与群众联系的长期埋伏工作。”①

① 中共中央书记处：《中央关于隐蔽和撤退国民党统治区党的力量的指示》，1941年5月26日。

要在国民党统治区实现党的工作的这一重大转变是不容易的。十年内战期间，国民党有着长时期的对付中国共产党地下组织的经验。抗战初期，国共关系较好，抗日群众组织到处都是，许多共产党员的政治面目已暴露出来。如何执行中共中央的指示，把党组织迅速转入隐蔽状态，长期埋伏下来，并在新的历史条件下逐步打开群众工作的局面，这确是异常艰难而复杂的任务。

南方局在接到中央指示后，立刻召集会议进行研究，参加的有周恩来、董必武、孔原、钱瑛、廖志高等。会议了解并部署了所属各地的党的工作，要求各级党从组织形式到工作方法实行完全的转变，各地方党组织与公开机关脱离联系，真正走向地下。还研究了缩小各级领导机构、建立平行支部、实行单线联系、尽量深入社会、严格秘密工作制度等具体措施。会议决定划小四川党的工作区域：从川康特委工作范围中划出两部分地区，新成立川南、川北两个工作委员会。川东、川康两特委和川南、川北两工委都直属南方局领导。对干部也进行一些调整。

周恩来有着丰富的地下斗争经验。在他和南方局的领导下，国民党统治区党组织的各项工作，有条不紊地实现了转变，采取了许多从实际情况出发的具体方针和做法：

首先是把公开工作和秘密工作、上层活动和下层活动严格分开。红岩的办事处是合法机关，南方局虽是秘密的，但它的领导人和许多工作人员也都有公开的合法身份。因此，他们一般不同地下党发生关系。同样，从事秘密工作的人员也不轻易到办事处去，一般也不同南方局、办事处的人员接触。地下党同南方局的联系，主要通过两种方式：一是由省委或特委的负责人亲自到红岩去汇报工作并接受指示，少则一年一次，多则一年三四次；二是由南方局派交通员送去指示或接受报告，一些简单的事情就由交通员转达。在工作范围上，地下党主要做一般群众的工作。做上层人物工作的，只是南方局领导人或专门指定的人。如郭沫若等都是以高级民主人士身份从事活动，他们的党的关系只有周恩来等极少数领导人知道；有些知名人士如演员张瑞芳也曾由周恩来直接领导过。做下层工作的党员同做上层工作的党员，即使在同一部门里，相互间也不交换情况，不发生横的关系。

党的各级组织间、党员与组织间，实行单线联系。党组织布置任务、研究和讨论工作，不再用开会的方式，而是个别进行。党员向组织汇报情况，也采用这种方式。党的各级组织的领导人员减少，机关地址常常变换，这些只有少数负责联系的人知道。例如，领导重庆等地工作的川东特委的地址后来只有周恩来、董必武、孔原知道，但他们也不去。川东特委书记廖志高住的地方，特委委员们也不都了解，因为常常变更。他的名字也常换，因此他在川东特委五年，国民党还不知道他到底叫什么名字。

在国民党统治区的进步青年中，南方局创造了一种比较灵活的组织形式——建立“据点”。一九四二年五月二十五日，周恩来电告中共中央青委：南方局青年组现有非常关系一百五十人(其中包括大中学生和文化、教育、军事、政府、经济等机关的青年)，已建立“据点”四个。这种“据点”是三五人组成的不定形的小组，以学习职业为主，附带研究时事问题和重要政治文献，并做调查与通讯工作。今后工作主要是巩固现有“据点”和联系的关系，同时利用学生暑假开展调查，对留校学生进行启发教育。第二年四月，周恩来又在南方局青年组的《一九四二年度工作》报告上批示：建立“据点”，顺其自然为好。“据点”不能超过五人，多则亦须分开。应建立模范据点、分散据点、平行据点。应加紧职业青年工作，向中层发展。要有计划的提高现有青年朋友的觉悟，经过较长时间联系的青年要求入党，可将其申请书与履历书收入登记，并报延安中央青委，但加入则不必。要创造新的工作方法和学习方法。对青年的教育，要有各方面的知识。《青年生活》要联系青年现实问题表示态度，也要有思想斗争文章。周恩来还批评了工作中的某些关门现象，指示今后的青年工作应“从巩固中发展并深入”。①

工作中另一个重要转变，是充分利用合法的团体和组织，做发动和争取群众的工作。凡是有群众参加的社团、组织，不管它是灰色的、黄色的，地下党都要设法进到里面去。参加进去的党员也有分工，有的要争取进入领导层，有的要长期留在群众中。担任了领导职务的党员同留在群众中的党员一般要断绝关系。这样既利于发动群众，又不易被国民党特务发现，即使发现了，也可以保存党的其他力量。

对各抗敌演剧队中的党组织，周恩来在一九四一年一月间指示他们：演剧队要保存团体，争取工作，要坚持原则，不演反共戏，要学会交朋友，广泛开展抗日民族统一战线工作。还嘱咐演剧队要到远离国民党指挥机关的地方去演出，并通过办戏剧训练班、教唱歌曲等办法，组织教育群众坚持抗战。

处在地下状态的共产党员该怎么办？周恩来强调：应该“职业化”和“社会化”。一九三九年以前，做地下工作的党员没有职业和社会身份还可以生存，以后就不行了，皖南事变以后更不行了。针对这种情况，周恩来一再说过：“每个党员及领导干部都要有职业。”“除了必要的少数人，一般的党员不能依靠党生活，要让党员在社会上为生活而斗争。”“要使党员社会化，不仅不脱离社会，而且要更深入社会。”他又说：党员要“研究学问，学习主义，巧妙地实现党的政策，但不要随便发动斗争”，“要多交朋友”。② 南方局要求学生党员努力学好功课，争取优异成绩；

① 周恩来在南方局青年组的《一九四二年度工作》报告上的批示，1943 年 4 月，手稿。

② 周恩来在中共中央南方局会议上的发言记录，1941 年 4 月 15 日至 5 月 22 日。

在各部门工作的党员要搞好本身的业务；所有党员要广交朋友，要找到合法的社会职业，广泛地进入地方保甲、教育、经济、军事等团体，能取得较高的社会职业更好，一切言论、行动要同本身的职业和地位相称，反对急性暴露。

在党员的职业化和社会化中，根据当时的社会条件，周恩来十分重视中学教员的作用。他在一次讲话中说：中学教员是党在青年运动中的骨干，“青年在中学时代能受到科学的正派的进步的教育，就是将来接近马列主义的基础”。他说：一个教员每个学期教五十个学生，两年之后就有二百多人。假使我党有五百个教师在大后方工作，就可以团结十万青年，这个数目是何等惊人啊！“今天我们不要求中学教员是最进步的，我们只要求教员是重正义，讲气节，讲廉耻，有本事，有学术。”“我们要尊师重道。”① 一九四一年八月他在给刘晓的一份电报中说：“在教育界自中学教员以至大学教职员必须（有）特殊的组织。”“根据经验，即使是中学教员（也）能起很大的作用，因为他可以影响很多学生。尽管是启蒙工作，但将来的作用非常之大。”②

党报是直接同社会见面的公开舆论阵地。皖南事变前后，《新华日报》和《群众》周刊受到国民党当局的严重迫害。从一九四〇年十二月至一九四一年五月，《新华日报》稿件被国民党新闻检查部门不准刊登的达二百六十篇，被删节的有一百五十次。各地《新华日报》营业机构被封，报刊被扣，报童被拘捕殴打。报社随时可能被迫停止出版。怎样在如此严峻的局势下坚持下去？周恩来冷静地提出两条要求：一要稳，就是“不失立场，有时不便说就不说，够分量就行了”。二要活，就是“不呆板，

---

① 周恩来在中共中央南方局召开的学生工作讨论会上的发言记录，1941 年（或 1942 年）7 月 28 日。

② 周恩来致刘晓并告康生的电报，1941 年 8 月 30 日。

要巧妙”。他采取措施，一方面，精简报社机构，缩小报纸版面，不再每天发社论；另一方面，同国民党当局坚决斗争。[①] 周恩来亲自前往宪兵队抗议交涉，要求发还被扣报刊，放回被捕人员。

当皖南事变所造成的那段最困难的时期度过后，国共关系渐趋稳定，周恩来及时调整了办报方针。一九四一年四月十五日至五月二十二日举行的南方局会议上，周恩来在发言中肯定党报党刊在皖南事变中完成了疏散任务，在困难面前没有发生任何动摇，经受住了考验。他对新局面下的工作提出三点意见：第一，对国民党方面进行的有计划、有组织的反动宣传，“我们必须应战，并要采取攻势，这是非常重要的中心问题”；第二，改善报刊的内容和形式，辅助上述任务的完成；第三，冲破发行的封锁。他还提出许多具体办法，如国民党检查机关通不过的稿件，由许涤新、徐冰、章汉夫另编一个刊物，每周出一期，秘密发行；《新华日报》每星期日出版增刊；每三天发表一篇社论，时事评论、短评要经常有；要对报馆工作人员进行策略教育，每周举行一次讨论会。[②] 根据他的指示，《新华日报》从五月二十五日至七月二十日，出版增刊八期，主要刊登评论和专栏文章。周恩来亲自撰稿八篇，以代论的形式出现，在读者中产生很大的影响。

除了重大的政治斗争以外，周恩来还十分注意党报对社会各阶层的日常影响作用。《新华日报》采访部主任陆诒有一次到曾家岩五十号找他说：“最近时局沉闷，新闻线索较少。有的报道枯燥乏味，读者也不要看。”周恩来回答道：“这是因为你没有深入群众，不了解读者的愿望和要求。我建议你除了必要地采访一些上层活动外，可以着眼于群众。譬如说，访问几个从战区流浪

① 周恩来在中共中央南方局会议上的发言记录，1941 年 4 月 15 日至 5 月 22 日。

② 周恩来在中共中央南方局会议上的发言记录，1941 年 4 月 15 日至 5 月 22 日。

到重庆的擦皮鞋难童，或者访问嘉陵江上几个渡口的船夫，或者访问重庆市内的公共汽车售票员，谈谈他们的生活和愿望。这种别开生面的新闻报道，也许会得到读者的欢迎，你不妨试一试。”又说：“你实在没有线索，不妨到茶馆里去坐坐，听听群众在谈些什么，想些什么。”① 他这些意见，推动了《新华日报》采访工作的转变。

在华南有重大影响的《救亡日报》（广州失陷后在桂林出版），皖南事变后被迫停刊，总编辑夏衍在一九四一年二月初转移到香港。周恩来要廖承志通知他：“在香港建立一个对‘南洋’（即指现在的东南亚——编者注）和西方各国华侨、进步人士的宣传据点。”② 经过夏衍和邹韬奋、金仲华、范长江、乔冠华等的共同努力，四月八日，《华商报》在香港创刊。五月十七日，邹韬奋主办的《大众生活》也在香港复刊。

当然，在国民党对共产党加紧迫害的情况下，尽管地下党采取了许多措施，在国民党统治区的共产党员的暴露仍难以完全避免。对已暴露或有可能被捕的党员和进步文化人，周恩来坚决加以调动或疏散。为了保护进步文化力量免遭摧残，周恩来和南方局经过仔细研究，安排或说服不少党内外的进步文化人士分散到各地去：艾青、欧阳山、草明、罗烽等去延安，田汉、张光年等去昆明，石凌鹤经昆明去缅甸，茅盾、胡绳、张友渔、韩幽桐、叶籁士、胡风、宋之的、叶以群、戈宝权等去香港。一九四一年一月至五月，有计划地转移到香港的进步文化人士达一百多人。为了加强党对进步文化工作的领导，南方局决定在香港建立文化工作委员会，由廖承志、夏衍、潘汉年、胡绳、张友渔五人组

① 陆诒：《在周总理领导下做新闻工作》，《新华日报的回忆》，四川人民出版社1979年12月版，第36页。

② 夏衍：《懒寻旧梦录》，生活·读书·新知三联书店1985年7月版，第455页。

成，广泛团结各方面人士，在香港建立起新的进步文化据点。此外，南方局还选送不少干部绕道上海，进入苏北的新四军驻地。一九四一年下半年起，周恩来又根据中共中央的指示，将一批批干部向李先念领导的鄂中根据地转移。

经过周恩来和南方局领导下的整顿，西南各省的党组织大体上完成了组织形式和领导方法的转变，初步实现了隐蔽精干的要求，基本上站住了脚跟。但离重庆较远的南委系统的破坏情况却很严重。一九四一年七月间，中共江西省委遭受国民党特务破坏，省委书记谢育才等被捕，种下一年后南委大破坏的根子。在这种严酷的情况下，周恩来在八月二十六日致电中共南委书记方方，提出秘密工作如何免遭破坏的意见：坚决建立自下而上的平行组织；党员转地方不转关系，仍由原地原人联系；不同意张文彬去粤北、桂林，因为去那里极危险。① 八月三十日，他又致电刘晓，指出为了多方保存力量，应把做文化、宣传工作的人同做党的组织工作的人分开。② 十月二十四日，他在南方局会议上总结大后方工作的教训，再次强调：大后方党的任务是建立秘密党，保存力量，不能搞武装斗争。③

会后，周恩来致电中共中央书记处，报告南方局对南委工作的意见。他针对南委系统工作中存在的问题，提出了国民党统治区党的工作的一个重要原则问题："根据大后方各地经验证明，在大后方的党，只能全力执行中央长期埋伏、积蓄力量、等待时机的路线，而不能同时取得武装斗争路线。对此问题应有所取舍，即采取隐蔽组织而暂时舍弃武装斗争。且武装斗争的干部，不能同时领导秘密组织；做秘密工作的干部，更不能同时领导武

① 周恩来致方方并转中共中央书记处的电报，1941 年 8 月 26 日。

② 周恩来致刘晓并告康生的电报，1941 年 8 月 30 日。

③ 周恩来在中共中央南方局会议上的发言记录，1941 年 10 月 24 日。

装斗争。如两者同时进行，必会牺牲一种。因两者在大后方的政策是相矛盾的，只能勉强支持于一时，而不能保存在永久，而且必致破坏秘密组织，损失力量。”他指出，南委工作所以面临严重的局面，“其根本原因是秘密组织与武装斗争同时并用，致工作路线发生许多错误。”为此，他对南委工作提出了“要隐蔽组织、深入社会，而不是上山和武装斗争”的要求。[①] 他认为这要作为大后方的工作路线问题确定下来。毛泽东同意他的这个意见。接着，南方局将西南地区一些地方党领导干部如孔原、钱瑛等先后调回红岩，一面工作，一面总结经验教训，研究今后的斗争。这年十二月至一九四二年一月，南方局在重庆召开会议，总结两年来的工作。周恩来在会议最后发了言，提出建设坚强的战斗的西南党组织的七个条件。这七个条件是：

“一、要使五千党员成为隐蔽的、坚强得力的、与群众有联系并善于影响和推动群众的干部。

“二、要在主要的群众集聚的单位（工厂、学校、农村、大机关等）建立起巩固的一个乃至数个平行的支部。要在主要的工作部门和机关（如行政机关、团体、公司、交通经济部门等）保有我党的组织或个人的联系。

“三、要使党的领导机关有独立领导的能力和自信。不要怕犯错误，要能认识和改正错误。要善于估计情况，运用策略，创造各种各样的工作方法，使党的方针能在每一项实际工作（组织的改编、干部和党员的审查、反奸细的斗争、秘密工作的教育等）中体现出来。

“四、要在思想上组织上巩固党，使西南党成为真正的彻底的地下党，成为群众的党。

---

① 周恩来致毛泽东和中共中央书记处的电报，1941 年 10 月 27 日。

“五、要熟悉各主要方面的情况，特别是其历史、政策、人物和活动，首先要知道国民党中央和地方当局的、特别是各特务机关的经常情况和紧急措施。

“六、要做到凡有群众的地方一定要进去工作。这种工作是以社会的方式进行的。首先要解决的便是进入国民党、三青团、工人团体、学校中的合法组织、农村中的合作社以及一切重要行政机关中去工作，去实现党的抗战、民主、进步的方针。

“七、要善于使上层工作和下层工作相配合，公开工作和秘密工作相配合，公开宣传和秘密宣传相配合，党外的联系和党内的联系相配合。但配合不是暴露。”①

周恩来最后强调地指出：“这七点都做到了，我们西南党组织就是一个坚强的战斗的党组织，时机一到，立即可以起来战斗。”②会后，西南各省党组织贯彻会议的精神，收到了很好的效果。尽管国民党当局千方百计地搜捕，西南各省的党组织一直没有受到大的破坏，依然隐蔽精干地保存下来，得到了巩固和发展，群众工作也做得更深入了。

南委所属的东南和华南地区，南方局对它难以像对西南各省那样实行经常而具体的领导，面临的局势就严重得多。一九四二年夏天，南委由于遭受叛徒出卖，被严重破坏。事情的经过是这样的：在江西省委遭到破坏后，南委同江西省委的联系已经中断。这年四月，南委又派组织部长郭潜到粤北的曲江交通站，向江西省委和粤北省委传达南委总结工作的情况，并检查江西工作。五月二十六日，郭潜没有执行南委急电指示，被国民党特务逮捕，当晚叛变。第二天，郭潜带领国民党特务捕去粤北省委书

①② 《周恩来选集》上卷，人民出版社1980年12月版，第110—111、111页。

记李大林等，破坏了粤北省委机关。周恩来急电南委，要他们立刻通知正在曲江的廖承志，要他马上到重庆，如果走不了，应当同他的母亲何香凝住在一起。[①] 可是，南委还没有同廖承志联系上，郭潜就在五月三十日领着特务逮捕了廖承志。接着，郭潜和国民党特务直扑南委机关所在地的大埔。六月六日，在高坡镇先后逮捕南委副书记张文彬和宣传部长涂振农。六月八日，周恩来得知廖承志等被捕的消息后，又电示南委书记方方：南委与江西、粤北断绝一切往来，负责同志立即分散隐蔽；南委同廖承志和香港归来的一切公开关系完全断绝，他们的关系由南方局设法联络；停止派人往桂林取款，以免波及；立即斩断一切上层的公开关系；南委直接管辖的下级干部暂作静止，不作声息，不做任何活动；立即停止同江西电台联络。要求此电立即执行，切勿犹豫，并将执行情况电告南方局。[②]

六月下旬，周恩来患病住院。七月二日，毛泽东电嘱董必武："恩来须静养，不全愈不应出院，全愈出院后亦须节劳多休息，请你加以注意。"[③] 但华南各省的破坏还在继续。九日，郭潜又带特务前往桂林，破坏了中共广西省工委，逮捕省工委副书记苏曼等。周恩来考虑到有些叛徒知道中共湖南省委书记高文华的住址，决定将高文华从湖南调回重庆。七月中旬，周恩来的父亲在重庆逝世。周恩来出院后才知道这个消息。他是个富于感情的人，得知后异常悲痛，在给毛泽东的电报中说："归后始知我父已病故三日，悲痛之极，抱恨终天。当于次日安葬。"[④] 十七日，毛泽东复电慰问："尊翁逝世，政治局同人均深致哀悼，尚望节

① 《南方局党史资料大事记》，重庆出版社1986年5月版，第194页。

② 周恩来致方方的电报，1942年6月8日。

③ 毛泽东致董必武的电报，1942年7月2日。

④ 周恩来致中共中央书记处并报毛泽东的电报，1942年7月17日。

哀。重病新愈，望多休息，并注意以后在工作中节劳为盼。”①

这时，南委机关和闽西、潮梅等地方党组织仍处在严重的危险中。八月，周恩来致电广东军政委员会书记尹林平，指示南委地区除敌占区、游击区党组织照常活动外，属于国民党统治区的党组织一律暂时停止活动；已暴露身份的党员干部一律转移；其余干部应利用职业隐蔽下来，执行勤学、勤业、勤交友的方针。潮梅特委派委员张克到重庆请示时，周恩来、孔原又向他作了同样的指示，要求一切以安全为第一，防止事件的继续扩大。但这时南委个别领导人仍然认为：“此次撤退是逃跑，是仓皇溃散。”十二月，南方局断然决定：南委领导取消，工作停止；南委书记方方一定离开南方；潮梅特委、闽西特委直接同南方局联系；南委电台停止使用，秘密埋藏。第二年五月，方方回到重庆。六月底，随同周恩来等返回延安。②

“野火烧不尽，春风吹又生。”度过这段最艰难的时期后，原南委所属各省的党组织，在南方局直接领导下，不仅坚持了下来，并且重新得到了发展。

尽管环境这样险恶，南方局的工作并不只是组织退却，更重要的，是指挥转入隐蔽状态的共产党人继续战斗。他们顺应国民党统治区的人心所向，采取灵活多样的方式，千方百计地发展群众工作和统一战线工作，不断扩大工作阵地，以冲破国民党的高压政策，努力在国民党统治区打开一个崭新的工作局面。

为什么在国民党那样严密的控制下，共产党组织不但能保存下来，而且还有可能冲破重重压制，开拓出一个新的局面？这同周恩来和南方局能够清醒地认识国民党统治区的实际状况、进行

① 毛泽东致周恩来的电报，1942 年 7 月 17 日。

② 《南方局党史资料大事记》，重庆出版社 1986 年 5 月版，第 195、196 页。

正确的指导有关。不错，这时在国民党手里，有着庞大的政权机构，有着数量众多的军队和强大的财政力量，在重庆更是特务遍地，看起来他们的力量仿佛是强大的。可是，他们对抗战消极，对人民高压，加上官吏贪污、物价飞涨以及苛捐杂税繁多，就使整个国民党统治区内民不聊生，民怨沸腾。周恩来曾经作过分析：由于国民党的腐败，群众反对他，我们有群众可以依靠；他们内部又有很多矛盾，我们可以加以利用；所以，只要我们能够依靠群众，善于利用矛盾，就能够生存、发展，取得胜利。周恩来的这个分析，把问题说得很透彻了。

那么，从哪里着手来打开工作局面呢？周恩来和南方局选择了那时被国民党顽固派忽视而又有着很大群众影响的文艺运动、特别是演剧运动，作为突破口。这个选择是很有见地的。

重庆的文艺界人士，大多有着抗日爱国思想，但有些人对国民党顽固派明里抗日、暗里反共仍认识不清；对国民党腐败无能感到不满，但对共产党领导下的八路军、新四军和抗日根据地又不了解。因此，往往对抗战前途感到渺茫，正在徘徊和苦闷，找不到明确的出路。周恩来分析了文艺界的这种情况，认为要把这些朋友争取过来，就要做细致的工作，而关键是要使他们了解共产党坚持抗日、团结、进步的方针，揭露国民党中一部分人企图投降、分裂、倒退的真相。他特别强调要在文艺界中广泛结交朋友，同他们沟通思想、互相帮助，逐渐有了深交就可以团结成为一支强大的力量。他还强调：应该利用国民党所控制的文化机构和团体，通过对作家、导演、演员做工作，使这些文化机构和团体为我所用。

重庆文艺界人士中的进步分子，原来很多集中在郭沫若为厅长的政治部第三厅中。一九四〇年九月，第二次反共高潮前夕，国民党以改组政治部为名，撤消了第三厅，郭沫若也卸去第三厅厅长的职务。这时政治部部长已换张治中。周恩来去找张治中，对他说："第三厅这批人都是无党无派的文化人，都是在社会上很有名望的。他们是为抗战而来的，而你们现在搞到他们头上来了。好！你们不要，我们要！现在我们准备请他们到延安去。请你借几辆卡车给我，我把他们送走。"张治中听后就说：等我报告了蒋委员长再说。没隔几天，蒋介石突然召见郭沫若、阳翰笙、冯乃超、杜国庠、田汉等原第三厅的主要负责人。对他们说：现在正是国家用人之际，你们不能离开。我们想另外成立一个部门，还是由第三厅的人参加，仍然请郭先生主持。接着，蒋介石的机要秘书李维果对他们说：委员长的意思，部里成立一个文化工作委员会，委员会的宗旨是对文化工作进行研究，现在研究工作也很重要，仍然请郭先生主持，请诸公参加，这样也就是离厅不离部嘛！阳翰笙等向周恩来汇报了这些情况，说："蒋介石分明要把我们圈起来，怕我们去延安，你看怎么办？"周恩来听后，断然回答："就答应他吧！他划圈圈，我们可以跳出圈圈来干嘛！挂个招牌有好处，我们更可以同他进行有理、有利、有节的斗争，展开我们的工作。"他鼓励阳翰笙等说："我们处在无权无势时，还能在地下干，现在有一个地盘给我们站住脚，难道还怕干不成事吗？"①

文化工作委员会的筹备工作在一九四〇年九月基本就绪，十月一日成立并开始正常工作，十二月七日举行招待会，正式向文化界、新闻界宣布。它由郭沫若担任主任委员，副主任委员是阳翰笙、谢仁钊，专任委员有茅盾、杜国庠、田汉、洪深、翦伯赞、胡风等十人，兼任委员有老舍、陶行知、侯外庐、王昆仑、张志让、邓初民、吕振羽等十人，团结的面比第三厅时更为广泛。它是一个"研究机构"，不能像第三厅那样领导许多剧团、

① 阳翰笙：《风雨五十年》，人民文学出版社 1986 年 10 月版，第 262、263、267 页。

宣传队、演剧队等群众团体，开展轰轰烈烈的宣传群众、组织群众的工作。但它的成员在十分艰苦的条件下，或著书立说，或讲学论争，或从事文艺创作，在文化运动中发挥了巨大的作用。

他们不把自己的活动局限于文工会内部，而是以个人身份跳出圈子，到社会上进行学术文化活动，广交朋友，联系群众，扩大自己的影响。文工会也经常举办各种讲座、演讲会、报告会，以学术活动的方式联系群众，造成健康的舆论，启发民众的政治意识，推动民主运动的发展。

国民党统治区文艺作品的内容，这时也有了变化。重庆《新蜀报》副刊在一九四〇年十月上旬举行座谈会，出席的有田汉、沙汀、叶以群、宋之的等二十二人。座谈会认为："在武汉会战以前，作家都抱着一种天真的兴奋的情绪，歌唱胜利，憧憬光明，表现在作品中多半为英雄和英雄故事。""抗战转入相持阶段以后，作家逐渐看清了抗战的胜利决不会廉价地获得，于是批判地来描写光明，同时也暴露黑暗，扩大了写作范围。""暴露黑暗是为了消灭黑暗，作家的根本观念依然是乐观的积极的。"

皖南事变发生后的将近半年时间内，重庆的进步文化界相对说来比较沉寂。由于环境险恶，许多进步文化人士陆续离开重庆。从一九四一年一月到四月，重庆的《全民抗战》和桂林的《救亡日报》、《国民公论》等数十种进步报刊在国民党压迫下先后停刊。著名戏剧家洪深一家三口在二月五日服毒自杀。郭沫若闻讯后，偕同医生赶去抢救，幸告脱险。周恩来派人前往慰问，给予资助，并把他送往桂林休养。洪深在自杀前曾留下遗书，里面说："一切都无办法，政治、事业、家庭、经济如此艰难，不如归去。"① 反映了不少文化界人士当时那种满腔悲愤的心情。

---

① 许涤新：《抗日战争和解放战争初期周总理在国统区的斗争》，《人民的好总理》（上），人民出版社 1977 年版，第 426 页。

但就在这样艰难的环境中，重庆的进步文化工作者仍然做了大量的工作。郭沫若、阳翰笙等坚持留在重庆。文化工作委员会在一九四一年一月至九月间，先后举行多次文艺讲演会，举办新诗、戏剧批评等座谈会和民歌演唱会，还同中苏文化协会等合作举行高尔基逝世五周年纪念会，周恩来出席了这次纪念会。文工会举办的讲座，在重庆是很有号召力的。每次不仅座无虚席，常常在过道里还加座，甚至连窗台上、窗户外都站满了人，气氛十分热烈。中国文艺家抗敌协会在三月间改选第四届理事会，当选的理事有郭沫若、巴金、老舍、冯玉祥、田汉、茅盾、谢冰心、郑伯奇、胡风、洪深、曹靖华、陈望道、阳翰笙、孔罗荪、冯乃超、宋之的、叶圣陶、曹禺等二十九人，候补理事有沙汀、潘梓年、艾青、叶以群等十五人。巴金是这年春天在文协的欢迎会上第一次同周恩来见面的。巴金后来回忆道："他那紧紧的握手和亲切的笑容给我驱散了雾重庆的寒气。"①

到这年十月以后，重庆的进步文化运动重新出现复苏的局面。

当时在国民党统治区，举行群众性集会常常是犯禁的。周恩来找到一种扩大影响的新的斗争方式。十月上旬的一天，周恩来到郭沫若家里去，提议由文艺界纪念郭沫若五十寿辰和创作生活二十五周年。郭沫若最初没有完全理解他的意思，当即谦辞。周恩来说："为你做寿是一场意义重大的政治斗争，为你举行创作二十五周年纪念又是一场重大的文化斗争。通过这次斗争，我们可以发动一切民主进步力量来冲破敌人的政治上和文化上的法西斯统治。"②

他责成阳翰笙主持这一工作，并且强调要成立一个广泛的统

---

① 巴金：《望着总理的遗像》，《人民的好总理》（下），人民出版社 1977 年版，第 157 页。

② 阳翰笙：《风雨五十年》，人民文学出版社 1986 年 10 月版，第 285 页。

一战线的筹备组织，由各方面的人来参加。发起人中不仅有许多民主党派和无党无派的著名人士，还有冯玉祥、张治中、邵力子等。在新闻界，除《新华日报》外，《新蜀报》、《新民报》、《商务日报》和《大公报》都有人参加。纪念活动的各项准备工作进行得很迅速。周恩来要阳翰笙代南方局起草一份通知，说明这次纪念活动的意义、内容和方式等，经周恩来修改后，以电报发给延安、成都、昆明、桂林、香港等地的党组织。

纪念会在十一月十六日下午举行。这是一次别开生面的纪念活动。会场设在中苏文化协会。门口高悬着一支硕大无比的毛笔和“以清妖孽”四个大字。冯玉祥担任主席，致开幕词。周恩来、老舍、黄炎培、沈钧儒、张申府和苏联来宾，还有国民党方面的潘公展、张道藩，在会上致贺词。周恩来说：在到会的老年、中年和青年三种人中，郭先生是无愧于五四运动当中长大的这一代的。他不只是革命的诗人，也是革命的战士。无论从他的著作和行动里，都燃烧着那烈火一般的感情。在反对旧礼教旧社会的战斗中，有着他这一位旗手；在保卫祖国的战斗中，也有着他这一只号角；在当前反法西斯的战斗中，他仍然是那样挺身站在前面，发出对野蛮侵略者的诅咒。这些都是青年们应当学习的。参加这次纪念会的，有文化界、学术界、新闻界、各民主党派、各群众团体的代表人物二千人，济济一堂，情绪热烈，真可说是极一时之盛。

这次祝寿活动，是进步朋友们在皖南事变后第一次欢聚在一起。通过这次活动，显示了进步文化界团结战斗的力量， 扫第二次反共高潮以来笼罩在重庆上空的沉闷空气。

同一天，《新华日报》还出版《纪念郭沫若先生创作二十五周年特刊》。周恩来为特刊题写刊头，并写了代论：《我要说的话》。文章论述鲁迅和郭沫若两人不同的时代背景和经历，这样写道：“鲁迅是新文化运动的导师，郭沫若便是新文化运动的主将。鲁迅如果是将没有路的路开辟出来的先锋，郭沫若便是带着大家一道前进的向导。”① 并且强调指出：郭沫若在革命的文化生活中最值得大家学习的有三点：第一是丰富的革命精神，第二是深邃的研究精神，第三是勇敢的战斗生活。在延安、桂林、昆明、成都、香港等地，也都先后举行纪念活动。

在这次纪念活动中，重庆文艺界还演出两台话剧作为献礼。一台是在纪念日前由中华剧艺社上演的阳翰笙编剧的《天国春秋》，一台是纪念日后上演的郭沫若编剧的《棠棣之花》。《天国春秋》以太平天国的历史教训来斥责国民党顽固派同室操戈、破坏团结、破坏抗战的行为。每当剧中人洪宣娇说出“大敌当前，我们不应自相残杀”，观众席中常常响起暴风雨般的掌声。《棠棣之花》则着重表现聂莹、聂政姐弟不畏强暴、壮烈牺牲的精神。《新华日报》辟了“棠棣之花剧评”专页。周恩来为专页题写刊头，并修改《从棠棣之花谈到评历史剧》和《正义的赞歌，壮丽的图画》两篇文章。这个戏在当时的历史环境下，颂扬气节，号召团结起来反对强暴，引起观众强烈的共鸣。周恩来前后共看了七遍。他很喜欢这个戏，多次对周围的工作人员说：郭沫若为什么在剧中特别强调“士为知己者死”这样的主题？这绝不是封建思想，这是他对党感情之深的表现。

太平洋战争爆发后，海外运输断绝，胶片难以进口，电影摄制陷于停顿，许多电影工作者转入话剧战线，使话剧舞台更加活跃起来。第二年年初，郭沫若又写出了一部历史剧《屈原》，并从一月二十四日起在《中央日报》的《中央副刊》上连载。四月三日，由中华剧艺社在重庆公演。

周恩来听到郭沫若在写作《屈原》后，就到郭沫若家里去，同他探讨剧本创作中的一些问题。他对郭沫若说：屈原在当时受

① 《新华日报》，1941年11月16日。

迫害，才忧愁幽思而作《离骚》。现在我们也受迫害，这个题材好！在周恩来的鼓励下，郭沫若只用了十天时间，就把剧本写出来了。剧本写出后，要不要在重庆演出，有过争论。有人说：剧本不符合历史真实。周恩来反复阅读了剧本，又同专家们一起研究讨论。在大家充分发表意见以后，他说：是否肯定这个戏，不仅是艺术创作问题，更重要的是政治斗争。一个马克思主义者对于历史，应该从阶级斗争的观点出发，同时也应该是历史唯物主义的。历史剧的创作，只要在大的方面符合历史真实。至于对某些非主要人物，作者根据自己的看法来评价是允许的。因此，这个戏无论在政治上和艺术上都是很好的作品。他对作为剧中高潮的《雷电颂》很欣赏。这里有一段台词："鼓动吧，风！咆哮吧，雷！闪耀吧，电！将一切沉睡在黑暗怀抱里的东西，毁灭，毁灭，毁灭呀！"周恩来说：屈原并没有写过这样的诗词，也不可能写得出来，这是郭老借着屈原的口说出自己心中的怨愤，也表达了蒋管区广大人民的愤恨之情，是向国民党压迫人民的控诉，好得很！

当中华剧艺社决定排演这个戏时，周恩来又叮嘱：要尽一切努力演好这个戏，如果动员人有困难，党要派人做工作。因此，《屈原》演出的阵容很坚强，包括金山、张瑞芳、白杨等第一流演员。排演时，周恩来亲自到剧场去看了几次，还把主要演员请到红岩，让他们念《雷电颂》这一段。他反复听了几遍后对演员说："注意台词的音节和艺术效果固然重要，但尤其重要的是充分理解郭老的思想感情，要正确表达，这是郭老说给国民党顽固派听的，也是广大人民的心声，可以预计在剧场中，一定会引起观众极大的共鸣。这就是斗争。"①

① 张颖：《雾重庆的文艺斗争》，《人民的好总理》（上），人民出版社 1977 年版，第 340 页。

《屈原》的演出，轰动了山城重庆，出现了空前的盛况。它使人们自皖南事变以来长期郁积在胸中的愤恨得到了一次尽情倾泻的机会。白杨回忆说："许多群众半夜里就带着铺盖来等待买票，许多群众走了很远的路程，冒着大雨来看演出。剧场里，台上台下群情激昂，交融成一片。"① 重庆的报纸誉为"剧坛上的一个奇迹"。《新华日报》、《新蜀报》、《时事新报》都出了《屈原》演出的特刊，热烈地赞扬这次演出。周恩来十分高兴，要人到剧场买些票，让办事处和曾家岩五十号的干部轮流去看。还召开座谈会，组织文章，大力宣传这个戏的演出成功。

《屈原》演出的第六天，因太平洋战争爆发而从香港回来的夏衍到了重庆。当晚，周恩来就同他见面。夏衍表示愿到《新华日报》工作。周恩来说："你今后的工作，我们考虑过，也和郭沫若、阳翰笙、杜国庠谈过，潘梓年和章汉夫当然会欢迎你，你也可以给《新华日报》写文章，但是，你在重庆还得争取公开合法，以进步文化人的面貌，做统一战线工作。"他出乎夏衍意料地建议他先去看看潘公展，说："你去拜访他，他会感到意外的。但你在重庆工作所需要的就是这种公开的文化人的身份。你主动地和国民党的头面人物见面，以后就可以在《新华日报》和其他报刊上写文章，就可以大摇大摆地到化龙桥和曾家岩五十号。"② 不久，周恩来又叮嘱夏衍："在你到《新华日报》去看望潘梓年、章汉夫、许涤新这些老朋友之前，一定要先到张家花园全国文艺界抗敌协会去，拜访老舍，和到中华剧艺社去看望应云卫。"③ 他说：勤交朋友，要尽可能多交朋友。以后，他又多次对夏衍说："你有一个有利的条件，就是你在广州、桂林、香港办报的时候，认

① 白杨：《敬爱的郭老，深切悼念您》，《悼念郭老》，生活·读书·新知三联书店1979年5月版，第251页。

②③ 夏衍：《懒寻旧梦录》，生活·读书·新知三联书店1985年7月版，第475、479、491页。

识了一些国民党的党政军方面的人，和一些‘左翼’以外的文化界人士也交上了朋友。”“现在到了重庆，交朋友的面要更广一些，对于政治上、文艺思想上意见不同的人，对他们也要和和气气，切忌剑拔弩张，这方面我们犯过错误，吃过亏，千万不要再犯。”他又说：“你是搞戏剧、电影的。这方面，在重庆就有许多可以团结和必须团结的人。”① 这样，夏衍就以进步文化人的身份，在重庆撰文为生。

十月二十日左右，夏衍的《法西斯细菌》在重庆上演。这个戏是通过一个原来不过问政治的细菌学家转变为反法西斯战士的过程，揭露了法西斯的罪恶，抨击国民党的黑暗统治。大概三天后，周恩来找夏衍到曾家岩五十号，很高兴地对他说：“这出戏写得不错，我打算请几位医生看看，听听他们的意见。”他说：“皖南事变之后，重庆文艺界万马齐暗。我们在这个时期钻了国民党的一个空子。沫若的《屈原》打破了十个多月来的沉闷，连国民党的‘要人们’也去看了，当然他们也知道，戏里骂的是什么人。但这是古代的事，是历史，他们也没有办法。”② 当天晚上，周恩来便邀请了五六个中外医生一起到剧场去，看了《法西斯细菌》这出戏的演出。

周恩来十分重视发挥多种文艺形式的教育作用。一九四二年秋一个晚间，他和郭沫若应重庆《新民报》几位编辑、采访方面负责人的约请，同他们座谈。他仔细询问了《新民报》的情况和困难，向他们提出了许多建议，并向在座的著名小说家张恨水说：“同反动派作斗争，可以从正面斗，也可以从侧面斗。我觉得用小说体裁揭露黑暗势力，就是一个好办法，也不会弄到‘开

① 夏衍：《懒寻旧梦录》，生活·读书·新知三联书店 1985 年 7 月版，第 475、479、491 页。

② 夏衍：《懒寻旧梦录》，生活·读书·新知三联书店 1985 年 7 月版，第 488 页。

天窗’。恨水先生写的《八十一梦》，不是就起了一定作用吗?”①

他对音乐界、美术界的工作也十分关怀，曾要求《新音乐》月刊总编辑李凌在扩大新音乐的群众队伍以外，还要加强同音乐界上层人士的团结工作。他对李凌说：“许多音乐专家也是主张团结抗日的，你们要关心他们，人手越多越好，在这方面不能关门。”后来，由田汉出面主持召开音乐家的座谈会，邀请缪天瑞、黎国荃、陈田鹤、胡然、盛家伦等参加，引起各方面人士对新音乐运动的关心。南方局文化组还加强同马思聪、范继森、夏云秋等人的联系，周恩来也同黎国荃、范继森等谈话，争取他们的支持。② 为了更好地发挥多种文艺形式的宣传作用，周恩来又指示《新华日报》增辟《木刻阵线》、《戏剧研究》等几个副刊，团结了不少朋友。

对留居重庆的进步的学术工作者，周恩来同他们保持着密切的接触。皖南事变后，沉闷的政治空气压得许多人透不过气来。周恩来却神情自若地对他们说：“形势不利于大规模地搞公开活动，但这也是一个机会。有研究能力的人，尽可以利用这个机会，坐下来搞点研究，抓紧时间深造自己，深入研究几个问题，想写什么书，赶快把它写出来。”他爽朗地说：“等革命胜利了，要做的事情多得很呢。到那个时候，大家就更忙啦，你们想研究问题、写书，时间就难找啦!”③

周恩来这些话，使很多人顿时感到豁然开朗，驱散了笼罩在心中的乌云，开始埋头从事研究和著述。许多重要的学术著作，如郭沫若的《十批判书》、侯外庐的《中国古典社会史论》、翦伯

① 陈铭德、邓季惺：《周恩来在重庆和我们的几次见面》，《怀念周恩来》，人民出版社 1986 年 1 月版，第 370 页。

② 李凌：《忆周总理和新音乐运动的二三事》，《周恩来与文艺》（下），中国社会科学出版社 1980 年 9 月版，第 385 页。

③ 侯外庐：《韧的追求》，生活·读书·新知三联书店 1985 年 10 月版，第 114 页。

赞的《中国史纲》、邓初民的《中国社会史教程》等，便是在这段时间内开始写作或写成的。

对学术研究工作的方向和学风，周恩来也经常给予具体的指导。当时进步的学术工作者中间有一个读书会，参加的有许涤新、胡绳、杜国庠、翦伯赞、侯外庐、王寅生等。周恩来也常去参加。侯外庐回忆说："有时，因为形势不利，与会者显得不活跃的时候，周恩来同志出现在大家面前，总是谈笑风生，甚至讲点笑话。当我们讨论热烈的时候，他则通常是静听不语。在我的印象中，周恩来同志与会时，读书会的成员想说什么就说什么，想问什么就问什么，大家丝毫不觉得拘束。有时，他也发言，那是一种完全以平等身份发表意见、探讨问题的发言。事实上，周恩来同志的意见只要一经提出，总被大家接受、采纳，奉为原则。他的意见能有这样的力量，并不是由他的地位所决定的，而是由他在大量的学术问题上，就如同在政治问题上一样，都有着敏锐的洞察力、透彻的分析力、准确的判断力所决定的。"①

当时，参加读书会的那些进步学术工作者都把宣传唯心主义的哲学家冯友兰、贺麟视为对立面。一次，周恩来来了。大家正在热烈地谈着这个话题。周恩来听了一会儿，便平静地说："民族大敌当前，在千千万万种矛盾中间，学术理论界也面临着错综复杂的矛盾。我们和冯友兰、贺麟在阶级立场上，矛盾固然是尖锐的，但毕竟不是主要矛盾。当前，学术理论上最危险的敌人，是国民党右派的妥协投降理论，我们斗争的锋芒应该对准陈立夫的《唯生论》。"② 这番话，把大家都说服了。

周恩来还特别注意培养良好的学风。他常强调，学术上的是

① 侯外庐：《韧的追求》，生活·读书·新知三联书店 1985 年 10 月版，第 122、123 页。

② 侯外庐：《韧的追求》，生活·读书·新知三联书店 1985 年 10 月版，第 122、123、126 页。

非真伪，要通过深入研究、充分讨论、详尽说理来解决，切切不要强加于人。强加于人不仅不能达到目的，相反还要失去群众。

周恩来对进步学术理论工作所做的指导，影响是十分深远的。侯外庐多年后在他的回忆录《韧的追求》中还写道：

> “在抗战时期国民党统治的心脏所在地——重庆，周恩来同志，把我们一群渴望为抗战出力，有志于研究而困难重重的学术工作者组织起来，充分调动了每一个人的积极性，还为我们创造了一个学风正派、方向明确、大家同舟共济、人人脚踏实地的研究环境。这是多么难能可贵啊！如果说，我一生还曾取得一些成绩的话，一个极重要的原因便是，我受到过周恩来同志的指导，我在那个环境中得到过支持，得到过锻炼。”①

进步出版事业，是在国民党统治区向广大人民群众传播革命真理的有力阵地，是党的文化工作的重要组成部分。皖南事变后，国民党对进步出版事业的摧残更为加紧。周恩来约请生活书店、新知书店、读书出版社的负责人共同商议对策。他提出要采取“化整为零、多种形式”的做法，将进步出版机构严格区分为一、二、三线：第一线出版物要敢于冲锋陷阵，准备牺牲；第二线着重出版理论性书籍以及同现实政治关系不那样直接的书籍；第三线出版工具书、技术性书籍和中外文学书籍，采取更为稳重、隐蔽的做法。② 三家书店根据这些原则，在极端艰难的环境中，一直坚持了下来，继续出版各种进步书刊，在国民党统治区产生了巨大的影响。

---

① 侯外庐：《韧的追求》，生活·读书·新知三联书店1985年10月版，第122、123、126页。

② 徐伯昕：《在艰苦战斗中建立的团结》，《生活书店读书出版社新知书店革命出版工作五十年纪念集》，中国出版工作者协会1984年6月版，第108页。

除了在文化战线上取得重大突破以外，在周恩来和南方局的领导下，国民党统治区的统一战线工作，特别是对民主党派和地方实力派的工作取得了重要进展。

重庆是抗日战争中后期国民党政府所在地。各民主党派都在这里集中。著名的高级知识分子和民族资本家很多也在这里。统一战线工作的重要任务，是要在揭发国民党顽固派破坏抗战、破坏团结的斗争中，争取各民主党派、争取地方势力，争取知识分子和民族资产阶级，认清形势，逐步摆脱国民党顽固派的影响，跟着共产党一道前进。这是有可能的。但在当时的政治局势下，要把这种可能性转变为现实，不是一件容易的事情。

在这方面取得的第一个重大突破，是中国民主政团同盟在重庆的成立。这离皖南事变只有两个多月，离第二届国民参政会闭幕只有九天，在当时政治气压低沉的国民党统治区是一件大事。这个组织的前身是一九三九年十一月成立的统一建国同志会。它由国共两党以外的全国各界救国联合会（后改称“中国人民救国会”）、中华民族解放行动委员会（后改称“中国农工民主党”）、中华职业教育社、乡村建设派、中国青年党、国家社会党（后改称“民主社会党”）以及少数无党派人士联合组成。一九四一年三月十九日，张澜、黄炎培、张君劢、梁漱溟、章伯钧、左舜生、罗隆基等十七人在重庆上清寺特园召开秘密会议，决定将统一建国同志会改名为中国民主政团同盟，推选黄炎培为主席（这年冬天改由张澜担任）。十月，向国内外公开宣布政纲和宣言，提出贯彻抗日主张、加强国内团结、结束党治、实践民主精神、厉行法治、保护合法自由等政治主张，在国内产生了巨大影响。中国民主政团同盟在酝酿成立的过程中，曾多次同周恩来商议。成立后，周恩来经常同他们在一起分析国际国内形势，共商国是。救国会的胡子婴回忆说：“他经常给我们讲解形势，分析非常精辟，使我听了心明眼亮。他还常常告诉我们一些如何对国民党反动派进行斗争的策略，使我们在工作中增添了勇气和办法。”①

中国民主政团同盟的成立，大大出乎蒋介石的意料。他原以为发动皖南事变打击了中国共产党以后，其他党派必然会低下头来，跟着他走。可是，这些党派却从事实中看到：蒋介石对有着强大力量的中国共产党尚且采取这等蛮横的手段，自己要是再不团结起来，就只会被吞没而无法生存。如果说，皖南事变以前不少民主党派站在中间，有时甚至更倾向于国民党，而到皖南事变以后，虽仍站在中间，却是逐步向中国共产党靠拢。这对中国政治局势的发展，特别是国内阶级关系的变动，产生了深远的影响。

五月间，中华民族大众同盟（后改名“中国民主革命同盟”）在重庆成立。这是一个秘密的政治团体。参加成立大会的有王昆仑、许宝驹、王炳南、刘仲容、阳翰笙、吴茂荪、侯外庐、屈武、阎宝航、高崇民、赖亚力等。它是在周恩来的帮助与推动下成立的。他们中许多人同国民党上层人物有着密切的关系，王昆仑还是国民党候补中央执行委员。这个团体成立后，从政治见解到斗争行动都同中国共产党基本一致，处处密切配合，在坚持抗战、团结、进步，争取国民党上层人士中可以争取的分子，分化国民党顽固派等方面起了重要的作用。

那时在西南各省，地方实力派是一个不可忽视的力量。除贵州外，在四川、云南、广西等省，他们都拥有相当数量的军队和辖地，同蒋介石排除异己的政策存在着深刻的矛盾。抗日战争期间，蒋介石的势力深入西南，他们都觉得自己的处境岌岌可危，如果在政治上孤立无援，就难以生存下去。对他们，周恩来做了不少工作。

① 胡子婴：《山城忆旧》，《回忆南方局》，重庆出版社 1983 年 8 月版，第 181 页。

曾经担任四川省政府主席的刘文辉，这时仍拥有地方武装十万多人，是川康地区地方实力派的首领。周恩来早就通过各种渠道同他建立联系。一九四二年二月，周恩来同刘相约在重庆机房街吴晋航的住处见面，恳谈了一个多小时。周恩来向刘文辉分析国内的政治形势，表示：共产党愿意同国民党民主派合作，尤其希望西南地方的民主力量能够同共产党密切联系，具体配合。在现阶段，就是要促进西南地方民主力量的团结，联合起来坚决抵制和反对蒋介石政府的一切反动政策。共产党愿意在政治上给国民党地方民主力量以支持。接着，南方局在这年六月派人到雅安同刘文辉建立经常联系，并在他那里设立秘密电台，同延安直接通报，一直坚持到一九四九年刘文辉在川康地区起义。四川另一个地方实力派人士潘文华，周恩来也同他面谈过两次，并在他那里长期设立秘密电台，直到一九四九年潘文华在川西地区起义。

云南可以说是大后方的后方，地位十分重要。云南省政府主席龙云在云南主政十多年，同蒋介石有着深刻的矛盾。一九三九年南方局批准成立云南省工作委员会时，周恩来就指示他们："在统一战线工作中，要利用国民党中央与龙云地方实力派的矛盾，做争取地方实力派的工作，以利我们动员群众，坚持抗战，更好地发展我们党的工作。"① 一九四一年初，南方局派朱家璧回云南军队工作。周恩来叮嘱他："你到过延安，进过抗大，人家是会知道的，这个问题不能回避。你回云南后，只能是以进步的面貌出现，不能装落后。装落后，人家是不会相信的。"② 他回云南后，说是从抗大请假回来探亲的，不久被任命为滇军第一旅营长。一九四三年九月，南方局派华岗以中国共产党代表的身

① 李群杰：《关于抗战时期对云南地方实力派部分统战工作的回忆》，《南方局党史资料》，1987 年第 3 期，第 49 页。

② 朱家璧：《抗日战争时期我在滇军中的一些工作》，《南方局党史资料》，1987 年第 3 期，第 38 页。

份直接同龙云接触。龙云主动建议八路军重庆办事处在云南设立秘密电台，以便保持经常联系。电台就安置在昆明五华山云南省政府内。经龙云同意，《新华日报》还在昆明设立营业分处。由于西南联合大学（清华、北大、南开三校联合而成）等高等学府在云南，也由于龙云采取的开明态度，昆明的民主运动广泛开展，被誉为国统区的“民主堡垒”。

广西桂林在抗战爆发后是大后方进步文化活动的重要中心。皖南事变后，八路军桂林办事处被迫撤销。周恩来又派李亚群去建立桂林统一战线工作委员会。他对李亚群说：“桂林这个阵地不能丢，一定要保存下来大大发挥作用；广西同其他地方有差别，要充分利用这个差别，做好交朋友的工作。”李亚群去后，得到新任军事委员会桂林办公厅主任李济深的支持，工作逐步恢复。太平洋战争爆发后，大批文化人回到桂林，地方当局对他们的工作和生活作了安置，使桂林的进步文化活动在艰苦的条件下又逐步发展起来。

对当权的国民党，周恩来坚持要采取分析的态度。认为它的内部并不都是一样的，除一部分顽固派外，也有不少主张抗战和团结的进步分子，必须加以区别。

他同冯玉祥、于右任、邵力子、张治中、贺耀祖、朱学范、李德全等都有密切的交往。冯玉祥六十岁生日时，周恩来在《新华日报》上发表《寿冯焕章先生六十大庆》的专文，赞扬冯玉祥多年以来坚持御侮，反对投降，呼吁团结，致力联苏，为人所不敢为，说人所不敢说。并且写道：“国家今日，尚需要先生宏济艰难，为民请命，为国效劳。”① 冯玉祥读后很受感动。他写了一首《谢寿》的诗，里面说：“我只有在今天立一个最大的决心，做一个崭新的青年人，向着真理不断的迈进，为了我们的国家民

---

① 《新华日报》，1941 年 11 月 14 日。

族，为了全国同胞和全世界的人群，努力不懈不怕牺牲，尽自己的本分打倒侵略的敌人。我就拿这一点恳挚的心情，来感谢我的长者和朋友们。”①

冯玉祥的旧部、第三十三集团军总司令张自忠（荩忱）在襄樊战役中英勇奋战，壮烈殉国。在他牺牲三周年时，《新华日报》出版《张自忠将军殉职三周年纪念专刊》，周恩来写了题为《追念张荩忱上将》的代论，热情地赞颂：张上将是一方面的统帅，他的殉国，不仅为抗战树立了楷模，同时，也是为了发扬我们民族至大至刚的气节和精神。这种生死不苟、大义凛然的民族气节，乃是抗日战争中所需要的宝贵精神。我们在抗日战争最后的一段行程中，要有伟大的爱和憎，爱我们抗日的同志，恨那般杀死我们抗日同志的敌人，不调和，不妥协，一直打到最后胜利。

对国民党元老、监察院院长于右任，周恩来一直十分关心。一天晚间，他找于的女婿屈武到《新华日报》营业部楼上谈话，叮嘱屈武：“于右任先生是位公正的人，有民族气节，但是在国民党内部他还不能算是一位真正的左派。他态度不坚定，旗帜不够鲜明。于先生是你的老长亲，你应该爱护他，首先在政治方面爱护他。要帮助他认识两党合作团结抗战的重要性，对这方面发生的重大问题，要有正确的理解和积极的态度。”皖南事变发生后，屈武把事变经过的真相系统地告诉了于右任。于右任听了非常气愤，拍着桌子大声地说：“这种破坏两党的合作，简直就是破坏抗战，我们一定要讲话！”沉默一会后，他又叹了一口气说：“唉！讲了又有什么用呢！”对周恩来在皖南事变后的态度，于右任曾赞叹说：“恩来先生的人格真是伟大！”以后，于右任因监察院对一件重大贪污案件的弹劾同蒋介石发生了一点冲突，愤而移居成都。但他又担心蒋介石进行报复，甚至做了噩梦，心里很不

① 《新华日报》，1941年11月20日。

安。周恩来知道后，对屈武说："于先生和邓演达先生不同，他这块元老招牌老蒋还是要利用的，绝不会加害于他。你要请于先生鼓起勇气，对老蒋该顶的还是要顶。"①

国民党谈判代表张冲，在一九四一年八月十一日去世。周恩来不仅给他的追悼会送去"安危谁与共？风雨忆同舟"的挽联，又在《新华日报》上发表《悼张淮南先生》一文。他写道："淮南先生逝世将三月了。每念公谊，迄难忘怀，而且也永不能忘怀。""我与淮南先生往来何止二三百次，有时一日两三见，有时且于一地共起居，而所谈所为辄属于团结御侮。""我与淮南先生初无私交，且隶两党，所往来者亦悉属公事，然由公谊而增友谊，彼此之间辄能推诚相见，绝未以一时恶化，疏其关系，更未以勤于往还，丧及党格。这种两党间相忍相重的精神，淮南先生是保持到最后一口气的。"② 周恩来这种诚挚的感情，也使国民党中一些人士受到感动。

原来担任国民政府立法委员、中国银行顾问、重庆大学商学院院长的马寅初，因痛斥官僚资本而被监禁。他六十寿辰时，周恩来、董必武、邓颖超联名赠送寿联，向他遥致祝意。上联是"桃李增华，坐帐无鹤"，下联是"琴书作伴，支床有龟"。③

周恩来在重庆期间的交往面十分广泛。皖南事变后的很长一段时间内，周恩来晚上经常在民生路《新华日报》营业部二楼会见各方面人士，不仅同他们谈团结抗战，而且一起谈历史，谈哲学，谈文学，谈经济，结交了许多朋友。他还同宗教界领袖吴耀宗、华侨领袖司徒美堂等有过多次接触。他在曾家岩五十号会见吴耀宗时，热情地介绍了国内外形势，希望一切爱国党派和爱国

① 屈武：《记周总理对于右任先生的关怀和对我的教育》，《怀念周恩来》，人民出版社 1986 年 1 月版，第 160—163 页。

② 《新华日报》，1941 年 11 月 9 日。

③ 董必武手迹（影印件），《重庆文史资料选辑》第 9 辑。

人士团结起来，废除法西斯统治，为建立一个独立、自由、民主的新中国而奋斗，并向吴耀宗认真细致地讲明中国共产党的宗教政策。他会见司徒美堂后，司徒美堂返回美国，从物力、财力上给了中国抗战以很大的援助。

对科学技术界的朋友，周恩来嘱咐新华日报社社长潘梓年同他们广泛交往，推动他们组织起来，投入抗日救国的洪流。经过一段时间的努力，自然科学界一些知名学者梁希、潘菽、金善宝、涂长望、干铎、谢立惠等二十余人在重庆成立“自然科学座谈会”。周恩来经常关心座谈会的活动，同他们恳谈，帮助他们认清时局和抗战前途。有一天，他和董必武邀请“自然科学座谈会”七位科学家到《新华日报》编辑部共进午餐。他们去后，看到桌上摆着寿桃和酒菜，很是惊讶。周恩来说：“今天是梁老（梁希）六十寿辰，我们为他老人家祝寿。”他端起酒杯走到梁希面前说：“中国需要科学家，新中国更需要科学家。不管道路如何曲折，新中国总要到来，到那时就大有用武之地了。”梁希激动地说：“我无室无家，有了这样一个大家庭，真使我温暖忘年。”回去后，梁希夜不成寐，起身作了三首七律，两首送给周恩来，一首送给新华日报社。此外，周恩来还约请“自然科学座谈会”的一部分科学家，负责为《新华日报》编辑《自然科学》副刊，向广大群众普及科学知识，帮助他们摆脱愚昧和落后；同时向自然科学工作者说明科学和政治的关系，推动他们团结起来。

周恩来在同朋友们的交往中，一个最显著的特点是：待人以诚。他总是尊重对方，能够设身处地地为对方着想，照顾到对方的困难和接受程度，以平等的态度同人家交换意见。在交换意见时，他总是坦率明朗地说出自己的看法，从不含糊和敷衍，对正确的意见诚恳地接受，对不正确的意见则进行入情入理的说服工作。他常向周围的人说：对国民党元老、地方实力派和某些工商业者，不要只看到他们消极的一面，同时要看到他们要求抗日的一面。他还对夏衍说过："对过去不认识、不了解的人，第一件事就是要解除他们对共产党的疑惧。只有把对方当作朋友，人家才会把你当作朋友。"① 这是周恩来所以能在这方面取得重大成功的一个重要原因。

① 夏衍：《懒寻旧梦录》，生活·读书·新知三联书店1985年7月出版，第491页。

二十七、坚持在重庆（下）

周恩来在重庆的这段时期内，国际形势正经历着异常激烈的动荡和变化。特别是一九四一年，接连发生了两件震撼世界的大事：一件是六月二十二日法西斯德国向苏联进攻，一件是十二月八日太平洋战争爆发。这两件事，都是由法西斯侵略者发动突然袭击开始的，几乎在一天内改变了世界的政治格局和力量对比，并对中国的局势产生了巨大的影响。

处在如此激烈变动的历史时刻，要准确地把握世界局势的发展，及时地作出正确的判断，是一件相当困难的事情。周恩来像一个惯于在惊涛骇浪中航行的老船夫那样，凭着他丰富的政治经验和犀利的识别力，密切注视着时局的每一步发展。在半年多时间里，先后在《新华日报》上发表十多篇评论文章。这些文章，论据充分，说理透辟，对当前局势提出许多很有价值的见解。

苏德战争爆发前夜，中国的抗日战争已将进入第四个年头，内部困难日益增加，日、美在太平洋地区的矛盾正在上升。在这种情况下，国民党统治区内出现一种依赖美国的倾向。蒋介石向国民党官员表示：中国唯一的希望只能依靠美国。新闻界一部分人士，如《大公报》的张季鸾等，也对时局表示悲观，寄希望于美国，认为地中海被切断越快越好，因为这样可以促使日本南进，英美也就非努力对付日本不可。此外，国民党内还有一部分人又在酝酿投降日本。

周恩来认为，随着抗战困难的增加，这种一味依赖美国的空气将会更加浓厚，是今后值得注意的一种趋势。五月二十五日，他发表《论目前战局》一文。文章认为，日美矛盾虽在激化，但它也受到一些其他因素的制约，战争未必在日内就能爆发。他指出：目前“英美作战的重心尚在大西洋不在太平洋。如果能推迟太平洋上的冲突，而又能使中国抗战拖住日本，以便其先对德后对日，英美是会不惜任何代价以缓和的”。在日本方面，周恩来认为，它首先是积极地准备武力南进，同时又采取两面政策，企图取得英美某些暂时的和缓和让步。

根据对现阶段形势的这种判断，周恩来的结论是：“必须弄清主从，独立自主和自力更生是我们抗战的基本国策，运用友邦对日矛盾及争取外援是服从于基本国策的对外政策。”他认为，我们现在只有号召全国军民，坚持独立自主的抗战，拿这种自信的坚决的抗战方针，来争取和适当运用外援，不应该只是希望和等待太平洋上的冲突。周恩来的这篇文章，对鼓舞全国军民克服困难、坚持独立自主的抗战，起了积极的作用。①

十多天后，他又在六月八日发表《论敌寇两面政策》一文，从方法论的角度作了分析：

“孙子说：‘知彼知己，百战不殆。’我们对于敌寇知之者固然很多，但欲求真能不带感情不偏主观，具有真知灼见的人也并不易。大概在敌人的国际环境较好而又能集中力量进攻我们的时候，我们便常易发生悲观的论调或情绪；在敌人的国际环境较坏而又在其休整兵力的时候，我们便常易过分乐观，且常喜夸大敌人的困难，好像敌人已时时处在崩溃之中。其实这种悲观与过

① 《新华日报》，1941年5月25日。

分乐观，都是长期抗战中所不应有和不必要的。尤其是轻敌观念更易松懈自己的战斗意志和对敌人的警惕，反而使对内重于对外，抗战更受损失了。”①

六月二十二日，法西斯德国背信弃义地突然向苏联大举进攻。这是国际局势中的一个重大变化。

战争发生前一星期左右，在周恩来直接领导下从事秘密工作的阎宝航获得了可靠的情报，立刻向周恩来报告。六月十六日，周恩来将这份极其重要的情报，包括德军准备发动袭击的时间，紧急电告中共中央。中共中央及时向苏联作了通报。苏联方面对阎宝航提供的情报给予高度评价，并致电中共中央表示感谢。

苏德战争爆发后，战火迅速燃向苏联内地，许多人担心苏联能不能支持得住。周恩来在战争发生的第七天（二十八日）写了《论苏德战争及反法西斯的斗争》一文，富有预见地指出：“战争的发展方在开始，我们已经说过：其战果决不是短时期所可看出，更不是几个仗便见分晓。但是我们可预言的是时间有利于苏联。纳粹德国利在速决，故一开始便攻势甚猛，企图仍以闪电战达到其两个月征服苏联的狂言。苏联的战法，不论是拒之于国门之外，或是引之深入，只要苏联的主力在，人力在，物力在，时间一久，法西斯侵略者必然要遭受最后的惨败。故我们对苏德战争，不能以一时的出入胜负为断。”②

苏德战争爆发后，作为德、意盟国的日本将大量兵力从国内运往中国东北。国民党当局又判断日本将会在一个月内北进，认为那时他们就可以乘机将中共的力量压到黄河以北。他们利用报纸舆论，竭力鼓励日本向苏联进攻。

对国民党当局的这个动向，周恩来同样清醒地看到了。他在

---

① 《新华日报》，1941 年 6 月 8 日。

② 《新华日报》，1941 年 6 月 29 日。

六月二十八日那篇文章中早已指出：北进的危险固然存在，但日本对北进也不是没有困难和顾虑的：第一，中国问题将因此更陷于不能解决之境；第二，西伯利亚并没有像南洋那样多的国防资源；第三，时间上不很易于侥幸成功，万一拖长，他们的另一只泥足又要陷于冰天雪地之中；第四，万一英国在他们发动攻苏以后，实行太平洋上的封锁，岂不陷于前后绝境？七月二十日，他又写了《团结起来打敌人》一文，指出：日本侵略者“不管其是在积极准备北进，或者南进，或者南北并进，但其灭华之方针决不会有任何变更，而且还会先来个西进”。“不论在任何情况下，我们总应准备敌人西进，乃至迎头打击敌人西进，这才是万全之策。等待胜利，总是一种最有害的心理，尤其是专门希望日寇打别人，最是一种没出息的想头，而且对于联合友邦，争取外援，也颇不合乎情理。”①

九月十八日那天，周恩来发表了《“九一八”十年》。这是一篇充满着爱国激情的文章。文章一开头，便强烈地吸引住读者的注意力。他这样写道：“东北沦陷，整整十年了！十年沉痛，在今天，对于全国同胞，对于抗战将士，特别是对于在敌蹄蹂躏下过着奴隶牛马生活的东北同胞，不能不从悲惨的回忆中发问：我们什么时候才能打到鸭绿江边，驱逐日寇，消灭伪满？”“尤其是流亡在关内的东北同胞，十年风霜，使壮者老了，年轻的变成壮年，孩提之童也长大了，他们更会慷慨悲歌：‘哪年哪月才能够回到我那可爱的故乡！？’”他向苦难中的东北同胞、苦斗中的东北义勇军、苦干中的东北流亡人士致以深深的敬意：“海可枯，石可烂，你们的民族正气，是永远不会磨灭的！”文章最后郑重地写道：“在纪念‘九一八’十年的今天，我们中共党人，再一次向全国声明：不论国际形势如何变化，我们总是坚持抗战到

① 《新华日报》，1941年7月20日。

底，不达到驱逐日寇出境，决不罢休!”①

十月十六日，日本第三次近卫内阁总辞职，陆相东条英机奉命组阁。这是不是一次普通的内阁改组？许多人一时迷惑不解。周恩来立刻敏锐地作出判断：不，这是日本对外政策发生重大变动的朕兆，是太平洋新危机行将到来的先声。他在三天后发表《太平洋的新危机》一文，毫不含糊地发出警告：“其人其事其时，都说明日本法西斯军人再也不能忍耐目前沉闷拖延的局面，而必须自己出马，采取冒险的行动了。”他引用日本权威方面评论东条组阁所说的话：“日本之政策，为解决‘中国事变’，建立‘共荣圈’及依附三国公约之精神。”他对这段话这样解释：“建立‘共荣圈’，就是包括南太平洋，排斥英美势力。依附三国公约，就是敌视苏联。‘解决中国事变’，更是‘万变不离其宗’了。”

他尖锐地反驳一种论调：“有人会说，东条是旧阁的一员，且参与近卫对外政策的密议，故新阁对外政策尤其是对美政策，将无变更。这个意见是不对的。日寇政府每次改组所持以不变者，是其基本国策，亦即吞并中国独霸东亚的国策，至若实行这基本国策的方针或方案，则每次日阁改组均有变更。”何况这次近卫倒阁，明显地反映了日本内外方针上存在的分歧：“现状维持派的方针，重在妥协英美；法西斯军人派的方针，重在依附轴心。”东条显然属于后者。不管东条组阁后先从哪里下手，“其以武力建立‘东亚共荣圈’的冒险方针，是确定不移的了”。周恩来从中得出明确的结论：“这次日本军人内阁的出现，是日寇大冒险行动的信号。”②

那么，日本大冒险行动的矛头首先是向北，还是向南？周恩

① 《新华日报》，1941 年 9 月 18 日。

② 《新华日报》，1941 年 10 月 19 日。

来很快断定：会向南，在日美之间有爆发战争的可能。当时在香港工作的一些共产党员估计国际局势时，认为日本不会打美国，理由是：日本急于要征服中国；美国正与日本谈判，力图以牺牲中国来换取同日本妥协；英美正煽动日本北攻苏联。他们认为，日本缺乏资源，石油、棉花等重要战略物资都有赖美国，离开美国就打不下去，所以不敢碰美国。他们在香港举行的国际问题座谈会上这样说，在《华商报》写社论时也用这种观点来分析战局，产生了不小影响。周恩来立刻去电，指出日美有开战的可能，要他们做好应变的准备。他特别关心留在香港的许多民主人士和进步文化人的安全。战争爆发的第二天，他给在香港的廖承志、潘汉年连去两封急电："估计菲律宾均将不保，新加坡或可守一时期，而上海交通又已断绝，因此香港人员的退路，除了去广州湾、东江以外，马来亚亦可去一些"；"如能留港或将来可去马来亚和上海的尽量留下"；"如能去琼崖与东江游击队更好"；不能留、也不能南去、又不能去游击队的人员，即转入内地，先到桂林。[①] 不久，又致电廖承志，询问香港文化界人士撤退和安置情况，以及同新加坡、菲律宾的联络情况。并叮嘱他们派人帮助宋庆龄、何香凝、柳亚子、邹韬奋、梁漱溟等离开香港。以后，这批民主人士和文化界人士，有的辗转抵达东江游击区，有的经澳门、韶关或广州湾到桂林，有的经浙江去上海转赴新四军驻地。周恩来或者通过电报联络，或者派人接应，分别作出具体安排。他特别关注当时国民党特务准备迫害的柳亚子、邹韬奋，电嘱南委书记方方指定专人负责护送，确保他们的安全。这场在周恩来直接领导下的秘密大营救活动，历时半年，行程万里，遍及十余省，共营救出爱国民主人士、进步文化人及其家属八百余

---

① 周恩来致廖承志、潘汉年、刘晓并转中共中央书记处的电报，1941年12月9日。

人，包括何香凝、柳亚子、邹韬奋、茅盾、夏衍、沈志远、张友渔、胡绳、范长江、刘清扬、梁漱溟、千家驹、黎澍、戈宝权、张明养、韩幽桐、吴全衡、羊枣、叶籁士、胡风、高士其、蔡楚生、司徒慧敏、金山、宋之的、于伶、黄药眠、沙千里、叶浅予、蓝马、杨刚、张铁生、金仲华、廖沫沙、袁水拍、乔冠华、徐伯昕、周钢鸣等。还营救出一批国民党驻香港人员和外国友人。①

一九四一年十二月八日，日本侵略者偷袭美国在太平洋的海空军基地珍珠港，并侵入泰国和马来半岛。太平洋战争爆发了。接着，英、美等相继对日宣战，美国与德、意之间也相互宣战。国民党官员对这次战争的爆发感到欢欣鼓舞，相互祝贺。他们认为这会吸引住日本的主要注意力，从而放松对中国的侵略。社会上也流传着许多幻想：有的认为太平洋战争很快会结束，日本将很快放弃对中国的进攻；有的认为太平洋既已成为世界战争的中心，苏联就应该出兵进攻日本。周恩来认为必须澄清这些错误的看法。他除向各方面人士广泛进行解释外，十二月十三日又写了一篇题为《太平洋战争与世界战局》的长文。

文章一开始指出："今天的战争，已经是世界人类绝续存亡的战争，亦即是侵略者与反侵略者你死我活的斗争。"文章概述了七个方面的有利条件，论证战争的胜利必属抵抗日本侵略者和德、意法西斯的国家。但他并不盲目乐观，接着就指出："这一胜利与和平，只是前途的瞻望。由今天争取到前途的实现，还须要经过若干过程，才能由漫漫长夜中渡过黑暗，走向光明。这其中主要的原因，是由于民主国家尚存在若干弱点和困难。大家的长处还没有能发挥尽致，而轴心国家的弱点，也还未全部暴露。"

---

① 《〈秘密大营救〉前言》，《秘密大营救》，解放军出版社 1986 年 10 月版，第 3—4 页。

因此，他提醒大家应该有这样的精神准备："太平洋战争在初期还会有若干挫败，这正如中日战争、英德战争、苏德战争在初期的一样。"这种挫败的可能，是由于存在下列原因：

"一、日寇是无耻海盗，惯于乘人准备不周，袭人领土。

"二、日寇如其他侵略者一样，操着进攻的主动权，随时都在准备挑衅，随时都可发动战争。故战火一起，日寇行动可远及三千海里之外，而继续扩张战果。

"三、日寇已全身武装，有了对付战争的长期经验，有了全国上下的战争动员，最近且加紧进行其大规模的临战体制，故其行动的迅速，资材的储存，我们不能作过低的估计。

"四、日寇海空军，虽较英美为劣势，但在太平洋上却握有战略的优势。东起夏威夷（除外），西抵马来亚，北自日本海，南抵大洋洲，都为他海空军活动的范围。在这个活动圈内，英美的海空军，固然还处于劣势而且分散。

"五、英美虽非全无准备，但究因企图和缓太平洋上的目前冲突，在精神上、物质上，总还准备未周。"①

周恩来预言：这种初期的挫败，也许会丧失若干岛屿、某些土地以及某些交通线，然而决不足以悲观，只要太平洋沿岸各友邦、各民族团结一致，互信互助，牺牲一切，坚持最后，必能改变目前太平洋的不利局面。

他认为，更重要的是要弄清太平洋战争的特征，以免发生不应有的认识和错误的估计。这些特征是：一、太平洋战争是持久战，决非速决战。在准备未成、布置未周以前，决不能冒进攻

① 《新华日报》，1941年12月14日。

势，自陷错误。二、解决日本，以海军为主，空军陆军只能为辅。岛国虽最怕海上封锁，但单单肃清太平洋上日本海军活动的力量和范围，便须相当大的力量和相当长的时间。三、英美今天还不能且不宜对日立即采取攻势，而须先巩固南太平洋圈内要塞的守卫。四、必须以持久的消耗战和太平洋上联合的力量打击他，才能制他最后的死命。必须记着，生产能力是决定现代战争的主要因素。

文章还指出：为了明了太平洋与世界战局的关系，我们还须进一步认识整个世界反法西斯解放战争的特点：一是长期性，二是不平衡性，三是全面性（人力、物力、生产力的全部动员），四是一致性（世界各国的反侵略战争变成一体），五是阶段性，六是主从性（在世界战局来说，德为主，日、意为辅）。只有懂得目前世界战局的规律，才能正确地认识太平洋战争在世界反法西斯阵线中的任务，同时，也必须从世界反法西斯的任务的分担上来解决太平洋战争问题。

这是周恩来在太平洋战争爆发后只有五天时所写的文章。此后战争的整个进程正如周恩来所预测的那样一步一步地展开。事实表明：作为一个具有世界眼光的政治家，周恩来对风云变幻的国际局势，具有何等明晰的判断能力和远见卓识！

在这段时期内，周恩来同许多国家的驻华使馆和一些援华组织广泛地建立联系，同他们结交朋友。他同美国驻华使馆的官员谢伟思、戴维斯、文森特等常有往来；会见过美国总统罗斯福的代表威尔基、拉铁摩尔；同苏联驻华大使潘友新、武官崔可夫经常见面，交换对时局的看法；同国际友好人士斯特朗、史沫特莱、王安娜、艾黎、爱泼斯坦等时有过从；同美国著名作家海明威、学者费正清和加拿大朋友文幼章等也有交往。海明威等向他表示：反对国共内战，主张抗日，不满国民党政府的武断和无能。周恩来在一九四一年五月十六日致电廖承志并报毛泽东说：

根据海明威等所谈，我们在外交方面“大有活动余地”。他还接待过许多外国记者，向他们揭露国民党顽固派的反共行径，宣传中共中央有关团结抗战的主张，介绍解放区的民主设施和八路军、新四军奋勇抗战的事迹。

费正清以后这样谈到周恩来：“周恩来的魅力在初次见面时就打动了我。在我面前是一位浓眉、英俊的贵胄，却为民众献身；作为个人，他的智慧和敏锐的感觉是罕见的，然而他却致力于集体主义的事业。”①

谢伟思同周恩来的接触更多。他说：“周是非常熟练的、敏感的、感觉力强的、明智的人。”“我未见过周发怒、发火或心烦意乱。他总是那么平静、镇静，我没有见过他克制不住自己的时候。周是一个令人惊服的人，很难找到他的缺点。周使与他谈话的人很愿意与他谈。他与人谈话时很专心地凝视着与他谈话的人，使人感到很亲切。”“有人说周易于妥协是不公道的。认识周的人都承认他是一个很坚强的人，正直的人，诚实的人，有原则性的人。”②

周恩来的这些积极的活动，在重庆的外交界和外国人士中赢得了广泛的信任和友谊，增进了他们对中国共产党人和八路军、新四军的初步了解，在国际舆论界产生重大影响。他的这些活动，也为以后新中国的外交工作积累了初步的经验。

在第二次反共高潮被击退后，国共两党的关系比皖南事变时稍见缓和。一九四一年六月苏德战争爆发后，特别是十二月太平洋战争爆发后，随着英、美、苏进一步合作，国共关系出现了好

---

① 费正清：《中国之行》（五十年回忆录第四部分译稿），《中华民国史资料丛稿》，中华书局 1983 年 7 月版，第 84 页。

② 访问谢伟思谈话记录，1985 年 7 月 15 日。

转的趋势。

毛泽东在给周恩来的电报中作过一个分析：

“国内关系总是随国际关系为转移。第一次反共高潮发生于德苏协定、苏芬战争及英美反苏时期。第二次反共高潮发生于德苏协定继续存在、英美苏关系仍未好转而轴心则成立三国同盟时期。自苏德战起，英美苏好转，直至今天，国共间即没有大的冲突。这个时期，又分两段，在英美苏未订具体同盟条约及滇缅路未断以前，蒋的亲苏和共决心仍是未下的；在此以后，他才下这个决心。”①

毛泽东所说的这个时期中的前后两段，是以一九四二年五、六月间为界的。

在这前后，周恩来继续作为中共中央的代表，在重庆负责处理国共关系的全盘工作。

从一九四一年春到一九四二年夏季以前，这是毛泽东上述电报中所说的前一段。这时，皖南事变中两党关系濒临破裂那种紧张局势已经缓和下来。这是因为：日蒋矛盾并没有解决；国际上和国内大多数人不赞成中国发生内战；中国共产党进行了坚决的反击，证明它决不是用高压和恫吓就能制服的；国民党内不少人对在抗日战争期间从事反共军事行动也不积极。这一切，使国民党顽固派不能不有所顾忌，行动上不能不有所收敛。但他们消灭共产党的打算没有改变，力图首先肃清大后方的共产党组织和封锁陕甘宁边区，对共产党领导的抗日根据地的局部性进攻也一直没有停止。国共谈判没有取得重要进展，双方关系相当冷淡。

一九四一年五月七日开始，日本侵略军在华北突然发动大规

① 毛泽东致周恩来的电报，1942年9月15日。

模的攻势，进攻重点是山西南部的中条山地区。日方出动的兵力有六个师团、三个旅团和伪军张岚峰等部，共十余万人。中条山脉地处山西南部，绵延三百多里，有许多利用山石挖成的防御工事，是国民党政府军队在华北敌后的最重要的据点。但日军发动这次攻势时，负责中条山军事工作的第一战区司令长官卫立煌被蒋介石召往四川，远离前线。一开始，何应钦亲赴洛阳指挥。尽管不少将士进行了英勇的抵抗，但由于国民党忙于内部磨擦，军队士气低落，何应钦又指挥失当，改变原有部署，调走部分主力部队和中央炮兵团，在中条山实行单线防御，这样，国民党政府的军队在中条山战役中遭受严重失利，丧失七万多人。国内舆论对国民党十分不满。

为了掩饰自己失败的责任，诿过于人，国民党当局大吵大嚷地指责八路军在华北没有配合作战。五月十日，周恩来会见刘斐（为章）。刘指责八路军在西北集结重兵，而面对日军向中条山的进攻不予打击，不配合友军行动。周恩来当即反驳：我军在华北及各地配合友军打击敌人，从未停止过。所获战绩，妇孺皆知，并为国际人士所称颂，何能叫不打击敌人？至于与日妥协、移兵西北、打通国际等等，纯属谣言。反之，半年来，尤其是近四个月来，反共成为高潮，辱我党为奸党、我军为匪军，到处打人、骂人、杀人，在西北更是彰明较著。① 当晚，刘斐向蒋介石报告了会见情况。第二天，蒋介石会见周恩来时只得表示："能配合行动就好，只要有成绩，我决不会亏待你们，饷弹自然发给，捉的人我会命令他们放的，根本问题也可以谈好。"并一再要求周恩来请示延安，答复配合中条山作战问题。周恩来告诉他：中共中央已电八路军总部拟具配合作战计划，并要蒋介石通知卫立煌

① 周恩来致中共中央的电报，1941 年 5 月 10 日。

和阎锡山直接同八路军总部联系。①

十二日，国民党参政员许孝炎在宴会上公然向新闻记者造谣：中条山激战时，第十八集团军抗不遵命配合对敌作战。② 周恩来在第二天列举事实向中外记者驳斥许孝炎的谎言，以后又一再要求国民党当局更正。十八日，他向美国通讯社声明：外传所谓“八路军不抗日，打中央军”之说，全系日寇造谣中伤。③

五月二十一日，一向标榜中立的《大公报》，发表一篇题为《为晋南战事作一种呼吁》的社论，重复了上述谣言。先说：“十八集团军集中晋北，迄今尚未与友军协同作战。”再说：“我们相信统帅部必然已有命令，要十八集团军参加战斗。”并且以貌似公正的口吻写道：“在国家民族的大义名分之下，十八集团军应该立即参加晋南战役；在其向所服膺的团结抗战精神之下，十八集团军更应该立即赴援中条山。”④ 由于《大公报》在国民党统治区内有相当大的影响，当晚周恩来立刻写信给该报的张季鸾、王芸生两人。信中严肃地指出：

> “我可负责敬告贵报，贵报所据之事实，并非事实。在贵报社论发表一周以前，晋南白晋公路一段即为第十八集团军部队袭占，停止通车；其他地区战事正在发展。只因远在敌后，电讯联络困难，此间遂不得按时报道。而中枢及前线旬余军事磋商，与夫配合作战之计划，皆因军机所限，既不便且不得公诸报端，亦不宜在此函告。于是惯于造谣者流，曾公开向人指摘第十八集团军拒绝与友军配合作战。我曾为此事一再向中枢请求

① 《周恩来关于与蒋介石谈判情况向中央的报告》，《中共中央文件选集》第13册，中共中央党校出版社1991年6月版，第107页。

② 《周恩来书信选集》，中央文献出版社1988年1月版，第196页。

③ 周恩来致毛泽东的电报，1941年5月27日。

④ 《大公报》，1941年5月21日。

更正，不意市虎之言，竟亦影响于贵报。当自承同业联络之差，惟环境限人，贤者当能谅我等处境之苦。”

信中列举八路军、新四军的战绩，巧妙地暴露了国民党没有给它任何补给，并讥讽国民党为中条山战役失利而诿过于人的种种“抱怨”，这样写道：

“我们一向主张团结抗战，而且永远实践团结抗战。去年华北百团大战，战中未得到任何配合，战后未得到任何补充，虽中外电讯竞传捷音，贵报备致奖誉，而犹为人诬为虚构战绩，然我们并不因此抱怨。”“尽管十八集团军饷弹俱断，尽管无任何友军可以配合，尽管有人造谣说十八集团军已撤回陕北，然事实胜于雄辩，十八集团军终于击破了敌人扫荡。虽弹药越打越少，但我们更不会以此抱怨别人。”①

《大公报》社论把事情说成：仿佛整个华北战场只有一个中条山。周恩来在信中指明：山西高原并非仅限于中条山。敌寇所以难以渡过黄河，“不仅因中条山留有中央大军，握此北方锁钥，且因山西所有高原都控制在我军手中，方使敌寇三年多屡试渡河，屡遭失败。”

周恩来的信最后说：“敌所欲者我不为，敌所不欲者我为之，四五年来常持此语自励励人。”现在日本侵略者正欲“先给我以重击，并以封锁各方困我”，并“辅之以挑拨流言，和平空气”。因此，他提出一个《大公报》难以拒绝的要求：希望“贵报当能一本大公，将此信公诸读者，使贵报的希望得到回应，敌人的谣言从此揭穿”。②

《大公报》在五月二十三日全文刊登周恩来的这封信，在国

① 周恩来致张季鸾、王芸生的信，1941年5月21日，手稿。

② 周恩来致张季鸾、王芸生的信，1941年5月21日，手稿。

民党统治区产生了广泛的影响。毛泽东致电周恩来说："你的信与文（指《论目前战局》——编者注）均在《解放日报》发表并广播。那封信写得很好。"①

周恩来还写信给蒋介石，质问这样传播谣言是何居心。蒋介石派刘斐回答说：他只希望十八集团军有战报，没有其他用意。周恩来立刻将收到的八件战报交刘斐送去，要求由中央社发表。他连电中共中央，建议由朱德致电国民党当局提出质问："前方浴血抗战，后方血口喷人，势难使死者瞑目，生者心安。"② 他还致电毛泽东，对华北军事提出建议："应抓着一两要害（如同蒲、白晋及平汉）或一两点（如正太、平汉以北）切断几天，以影响国内外；在交涉上应抓紧卫立煌，以便取得饷弹。"③ 中共中央接受了周恩来的这个建议。

但国民党顽固派仍然继续挑衅。中央社在五月三十日发表的一条有关十八集团军行动的消息中，完全违背事实地写道："截至今日止，尚未据报与敌军正式接触。"④ 周恩来立刻向《新华日报》记者发表谈话，列举事实，加以驳斥。他说："最近一周，单就中央社之洛阳专电，便有六次提及晋东我军或十八集团军作战地区之战役的，而大公报两次西安专电，更证明太行山及晋北我军均在与敌作战。""此等电讯发自前方，见闻自更翔实，既经前方军事机关检查于先，又经后方军事机关复审于后，揭诸报端，已历多日，岂能谓为非战报?!"他最后说："我们当然并不以此等战果为满足，我们愿意接受国人善意的督责和更多的希望。我们期待着更大的战果的来临。"⑤

---

① 毛泽东致周恩来的电报，1941 年 6 月 17 日。

② 周恩来致毛泽东、朱德、叶剑英的电报，1941 年 5 月 31 日。

③ 周恩来致毛泽东的电报，1941 年 5 月 28 日。

④ 《新华日报》，1941 年 6 月 1 日。

⑤ 《新华日报》，1941 年 6 月 1 日。

一封公开信，一个声明，一时轰动了山城重庆，帮助人们弄清真相，使一切造谣者无词以对。这两期《新华日报》增刊，前一期销售一万七千多份（其中重庆一万四千多份），后一期达到两万份（其中重庆一万七千份），打破了以往的发行记录。

一九四一年十一月十七日至二十六日，国民参政会举行第二届第二次会议。董必武、邓颖超出席了会议，董必武并被推为休会期间驻会委员。

一九四二年五、六月间，随着国际上英、美、苏三国团结的增强，直接影响着蒋介石的内外政策，使中国国内的政治局势和国共关系，比起前一阶段来，发生很大的变化。

这年五月，苏联外长莫洛托夫应英方邀请，飞往伦敦，开始苏英会谈。二十六日，双方签订对德国及其欧洲同盟者作战及战后合作互助的条约。六月十日，苏美两国又签订合作协定。美国总统罗斯福和英国外相艾登同时宣布：一九四二年将在欧洲开辟同希特勒作战的第二战场。

对中国的国共关系，罗斯福这以前就通过他的私人代表转告蒋介石：中国在三年之内不要发生内战。这时，美国进一步表示：它所给予蒋介石的援华军火，不得用于反共。英国首相丘吉尔这年七月七日给蒋介石的贺电中也有中国“抗战五年由于坚持统一战线”① 的话。英美两国政府的这种态度，使蒋介石在处理国共关系问题时不能不有所顾忌。

滇缅公路被切断，也使蒋介石考虑要同苏联和中共改善关系。在这以前，滇缅公路本是英美向中国输送军火等物资的唯一大动脉。这年四月二十九日，日本占领缅甸腊戍，切断了滇缅公路。运输只能改为空运。空运不仅数量有限，而且这一带每年有四个月的雨季，气压变化大，飞机得升高到一万八千英尺的高

① 毛泽东致刘少奇的电报，1942 年 7 月 31 日。

空，至于飞越喜马拉雅山的困难就更大。因此，蒋介石在外援运输方面更有赖于经过苏联的那条陆路。

此外，国内军事反共失利，财政和经济危机加深，人民不满增长，一些地方势力的离心倾向，以及中国共产党一直坚持争取国共关系好转的政策，都促使国民党谋求两党关系的改善。

一九四二年七月二十一日和八月十四日，蒋介石两次约见周恩来。第一次会面时，蒋介石说已指定张治中和刘斐同中共谈判，国民党的联络参谋仍将去延安。第二次谈话时，蒋介石表示想好好解决国内问题。周恩来也表示愿与张治中、刘斐商量解决问题的途径。接着，蒋介石的话转入正题，说他一星期后将去西安，想在那里同毛泽东会面，请周恩来电告延安。周恩来在同蒋会谈后立刻致电毛泽东，报告他同蒋介石会面情况。他分析蒋介石这次约见毛泽东，“在态度上还看不出有何恶意，但在其初步解决新疆及回回问题之后，他又自己北上布置，其目的未可测”。① 他提出两个办法供中共中央选择：一是毛泽东称病，以林彪为代表，到西安见蒋一谈；二是要求蒋带周恩来到西安，然后由周飞延安，偕一人（林彪或其他负责人）回西安见蒋。周恩来估计：前一个办法可行，后一个办法不易得到蒋介石的同意，除非偕同出来的是朱德。

中共中央采取周恩来的第一个办法。八月十七日，中央书记处致电周恩来：“毛（泽东）现患感冒，不能启程，拟派林彪同志赴西安见蒋，请征蒋同意。如能征得蒋同意带你至西安，你回延面谈一次，随即偕林或朱赴西安见蒋则更好。”② 十九日，毛泽东又致电周恩来说：依目前形势，我似应见蒋。并说关于他见蒋的问题，中央尚未作最后决定。

---

① 周恩来致毛泽东的电报，1942 年 8 月 14 日。

② 中共中央书记处致周恩来的电报，1942 年 8 月 17 日。

周恩来认为，目前蒋介石虽然有了用政治办法解决国共关系的意向，但具体问题尚未涉及，对共产党的压迫毫无减轻，会晤地点又在西安，因此觉得蒋、毛会面时机略早。八月十九日，他将自己的考虑电告毛泽东，建议“最好林或朱先打开谈判之门，如蒋约林或朱随其来渝，亦可答应，以便打开局面，转换空气；一俟具体谈判有眉目，你再来渝，便可见渠”。①

毛泽东这时仍倾向于见蒋。他先后致电周恩来说：“蒋到西安时，决先派林见蒋，然后我去见他。依目前国际国内大局，我去见蒋有益无害，俟林见蒋后即确定我去时间。”“乘此国际局势有利机会及蒋约见机会，我去见蒋，将国共根本关系加以改善。这种改善如果做到，即是极大利益，哪怕具体问题一个也不解决也是值得的。蒋如约我到重庆参加十月参政会，我们应准备答应他。”“林彪准备在蒋电约后即动身去，我则在林去后再定去西安的日期。”②

周恩来仍坚持他认为毛、蒋见面时机略早的意见。他在给中共中央的电报中全面阐述了他的看法和建议。电文写道：

> “我们认为见蒋时机尚未成熟。”“（一）蒋虽趋向政治解决，但他之所谓政治是要我们屈服，决非民主合作；（二）蒋对我党我军的观念仍为非合并即大部消灭；（三）蒋对人的观念仍包藏祸心（即打击我党领导，尤其对毛，西安事变后尚想毛、朱出洋，时至今日犹要叶挺太太劝叶悔过自新，吾屡次请回延不理，此次我在电答时提到愿回延接林或朱出来亦不许），因此可说他对我党我军及民主观念并无丝毫改变。
>
> “次之，在局势方面，并非对我有利：（一）蒋对国

① 周恩来致毛泽东的电报，1942 年 8 月 19 日。

② 毛泽东致周恩来的电报，1942 年 8 月 29 日、9 月 3 日。

际局势的看法，一面承认日寇有续攻中国可能，而英美一时无大力援华，且反内战，但何（应钦）等却看到苏联今日处境需要对华让步，英美亦须中国拖住日本，他正好借此依他的想法解决西北及国内问题。（二）中共‘七七’五周年宣言，本是我党历年主张的发展，而他却认为由于苏联让步，中共亦不得不屈服。（三）毛出为谋改善根本关系，而蒋则可利用此机会打击地方和民主势力，以陷我于孤立。

“因此，蒋毛见面的前途可能有两个：一、表面进行得很和谐，答应解决问题而散。二、约毛来渝开参政会后，借口留毛长期驻渝，不让回延（此着万不能不防）。若如此，于我损失太大。我们提议林出勿将话讲死，看蒋的态度及要解决的问题如何，再定毛是否出来。”①

经过这样反复磋商，毛泽东同周恩来取得了一致意见，接受了周的建议。

九月十四日，林彪从延安动身，前往西安见蒋。但因陕北在八月底下了一场数十年未有的大雨，山洪暴发，路面被冲坏，致使他到西安时蒋介石已回重庆。十月七日林彪到达重庆。十月十三日，由张治中陪同，会见蒋介石。林彪提到：“毛甚愿见蒋，惟适患伤风未来。”蒋即问毛好。蒋介石对林彪的前几段话表示有兴趣听，但一听提到内战危险，便不耐烦，频频地看手表，约林彪在走前再谈。② 十六日，周恩来应约同林彪会见张治中。林彪说明中共有几十万军队在敌后抗击日军，提出了“三停、三发、两编”的要求，即：停止全国军事进攻，停止全国政治进

① 周恩来致毛泽东的电报，1942年9月5日。

② 周恩来致毛泽东的电报，1942年10月27日。

攻，停止对《新华日报》的压迫；释放新四军被俘人员，发饷，发弹；允许将中共领导下的军队编为两个集团军。张治中将话头打断，建议林彪先同各方面多谈，然后再同他谈。① 以后，周恩来和林彪即同刘斐会谈，刘表示一切都可谈，但要周恩来、林彪同张治中谈。②

根据这段时间接触中的种种迹象，周恩来作出明确的判断：通过谈判来解决两党间具体问题的时机尚不成熟。他给毛泽东的电报中这样分析：蒋介石及国民党人都倾向于以政治方法解决中共问题，来代替全面的军事破裂，但是，第一，他们并不急于解决，而以为时间越延长，中共的困难就越大，越有利于使中共就范。第二，他们所说的政治解决，“乃是我们听命（服从调遣、统一编制、奉行法令等）于他们的领导，决非民主的合作和平等的协商”。第三，“他们的政治解决的中心仍以军事为主，而以能否服从调遣、变更防地为前提”。第四，他们决不先提要求（不仅一切人避开不谈，连张治中、刘斐也绝不先开口），而要看中共方面能作出什么让步。③

周恩来对蒋介石有着深刻的了解。他预测蒋介石此时可能采取的种种对策：一、如不解决具体问题，则目前可在表面上缓和，而实际上绝不放松压迫；二、如愿解决问题，必须我先让步（必须是军事上，而且是防地上让步），我不可能有具体收获；三、如我们只作口头上让步（如表示愿听调遣，但有实际困难，一时尚难移动等），则他们亦照常口惠而实不至（如中条山战役时答应发饷弹，二届参政会时答应释放叶挺）；四、如我们能做某些地区的让步（如东江游击队改编、湖北撤退等），他们也可实行某些让步（如“三发”等），但不会实现我们的全部要求；

①② 周恩来致毛泽东的电报，1942年10月27日。

③ 周恩来致毛泽东并中共中央书记处的电报，1942年10月26日。

五、如向蒋提出全部要求，而不提愿听调遣事，“蒋必默默不语，必使关系弄僵，不利于形势之缓和”。①

他建议中国共产党采取这样的方针：“尽力所能及将两方关系先在表面上弄缓和，再谈根本问题，从原则上说服国民党改变他们的观念（如军队、政权等），至少使他们当面不能反驳。”②他主张根据同蒋介石谈判的特点，采取灵活的做法：在林彪第二次见蒋介石时，不提全部要求，或只谈原则不提具体问题，或提到愿听调遣，但有困难，请求停打接触；而对张治中，除要求停打外，还谈防地问题，说明我们愿听调遣，但还有困难，或进一步提到某些防地未尝不可移动，但必须解决许多困难，就此提出要求。

周恩来对采取这些做法后的结果，作这样的预计：“如此，林此来可完成两个任务，一是缓和两方表面关系，二是重开接洽之门。若要超过此种任务，则非在防地上大让步不可，恐今日尚嫌其早。”③ 毛泽东这次完全同意周恩来的意见。他在二十八日复电周恩来：“同意所提方针，重在缓和关系，重开谈判之门，一切不宜在目前提的问题均不提；林在二次见蒋后即回延。”④

十二月十六日，在接到蒋介石十四日的召见通知后，周恩来向林彪嘱咐了见蒋时的谈话要点。当天下午，林彪在张治中陪同下会见蒋介石。林彪表示拥护国民党十中全会宣言和决议的新精神。谈到两党关系时，要求彻底实行“三停三发两编”。蒋介石表示，只要他活着，解决问题总会公道，不让你们吃亏的，但不许再提新四军事。⑤

---

①② 周恩来致毛泽东并中共中央书记处的电报，1942 年 10 月 26 日。

③ 周恩来致毛泽东并中共中央书记处的电报，1942 年 10 月 26 日。

④ 毛泽东致周恩来的电报，1942 年 10 月 28 日。

⑤ 林彪致毛泽东并中共中央书记处的电报，1942 年 12 月 16 日。

十二月二十四日，周恩来和林彪按照中共中央十二月十八日的指示，向张治中提出四点：“甲，共党合法化，国民党可到中共区域办党、办报，共同实行三民主义。乙，扩编四军十二个师。丙，边区依现有区域改为行政区，直属中央，改组华北地方政权，实行中央法令。丁，战后原则上接受开往黄河以北之规定，但目前只能做准备工作，保证战后完全做到。情况许可时，可磋商部队移动事宜。”周恩来声明：如认为这些条件可谈，就留林继续谈下去；如果认为相差太远，请蒋提出具体方针，交林带回延安商量。张治中逐条记下，答应向蒋报告。①

一九四三年一月九日，周恩来、林彪再次同张治中谈判。张治中提出：中共所提四项同国民党中央希望相距太远，与何、白皓电相距也远。张个人意见，认为党与政府两项问题不大，但军队编为十二个师太多，军队北移必须限期开动。周恩来答复说：所提四项与皓电精神并无不合，距离只在军队的数目和移动的时间。周恩来将这些情况向中共中央作了报告。② 毛泽东复电同意周恩来的意见。

随后，周恩来又会见张治中，逐条宣读中共方面最后的四项意见：一、党的问题。在抗战建国纲领下取得合法地位，并实行三民主义。中央亦可在中共地区办党、办报。二、军队问题。希望编四军十二师，请按中央军队待遇。三、陕北边区。照原地区改为行政区，其他各区另行改组，实行中央法令。四、作战区域。原则上接受中央开往黄河以北的规定，但现在只作准备，战事完毕，保证立即实施。如战时情况可能（如总反攻等），亦可商量移动。张治中逐条抄录并核对后送交蒋介石。蒋立刻召集临

① 周恩来致毛泽东并中共中央书记处的电报，1943 年 1 月。

② 周恩来、林彪致毛泽东并中共中央书记处的电报，1943 年 1 月 10 日。

时军事会议。会上发言的，大多表示不能接受。蒋介石没有表态，只是说："好吧，再说吧！"①

于是，谈判进入搁浅状态。

正当这次国共谈判处于搁浅状态时，共产国际执行委员会在一九四三年五月二十二日发布《解散共产国际的决议》。这件事在各方面都引起巨大的反响。

中国共产党本来是共产国际的一个支部。不少共产党员一直把共产国际看作至高无上的权威，对这样一个突如其来的决定，思想上波动很大。二十七日，周恩来在红岩召开一次扩大的干部会议，宣布这一决定。据夏衍的记录，周恩来说："今年五月，共产国际执委会主席团为适应反法西斯战争的发展，并考虑到各国斗争情况的复杂，需要各国共产党独立地处理面临的问题，建议解散共产国际。我党中央表示了同意共产国际的建议。"同时指出："中共在长期的革命斗争中曾经获得过共产国际的帮助，但很久以来，中国共产党人能够完全独立地根据中国的具体情况和特殊条件，决定自己的政治方针、政策和行动。"② 周恩来的这些讲话，帮助党内统一了认识。

国民党顽固派把共产国际的解散，看作千载难逢的机会。从六月起，国民党中央宣传部给各级党部发了一个秘密指令，酝酿发动第三次反共高潮。他们叫嚷：共产国际解散了，中国共产党也应该解散。在他们内部也有两种意见：一种主张要共产党交出军权、政权，组织可以合法；另一种主张要共产党同国民党合并。两种意见没有统一。这时，中共中央书记处电告周恩来：

---

① 《张治中回忆录》(下)，文史资料出版社 1985 年 2 月版，第 684—685 页。

② 夏衍：《懒寻旧梦录》，生活·读书·新知三联书店 1985 年 7 月版，第 499—500 页。

“共产国际解散，中央即将开会讨论中国的政策，请你即回延安。”①

六月四日，周恩来致电中共中央，报告南方局对国内形势的估计：国民党将利用共产国际解散之机，加强政治攻势，辅以军事压迫，强迫我交出军队和解放区政权，达到他们所谓政治解决之目的。并对今后的对策提出意见。

同天，周恩来应约同张治中谈话。张治中说：何应钦称前方磨擦继续，情况不明，谈判“须搁一搁”。周恩来回答：谈判暂搁是我们“意（料）中事”，在这种情况下林彪决定回延，如要谈时可再来。他自己也拟回延安，以便使延安了解外间情况，找得更好的解决办法。并希望同林彪见蒋介石一次。② 三天后，周恩来、林彪见蒋介石，蒋介石表示允许周、林回延安。③ 这是皖南事变后一年半来蒋介石第一次答应周恩来回延安。周恩来将这一情况向中共中央作了报告。六月五日和九日，接连接到中共中央书记处来电，催他速回，并嘱途中“勿耽搁”。④

六月二十八日，周恩来和林彪、邓颖超、孔原等一百多人，乘卡车离开重庆。南方局的工作由董必武主持。由于天雨和车坏，他们在七月八日才到达宝鸡。途中，接到延安来电，得悉胡宗南部队侵入边区境内修筑工事，毛泽东嘱周恩来就近同胡宗南交涉。周恩来就和林彪、邓颖超去西安。在这里停留了五天，先后会见胡宗南、熊斌等人。十日晚，拜会了邓宝珊。⑤

七月十六日，周恩来一行抵达延安。

---

① 中共中央书记处致周恩来的电报，1943 年 5 月 24 日。

② 周恩来致毛泽东的电报，1943 年 6 月。

③ 周恩来致毛泽东的电报，1943 年 6 月 7 日。

④ 中共中央书记处致周恩来的电报，1943 年 6 月 9 日。

⑤ 周恩来、林彪致毛泽东的电报，1943 年 7 月 12 日。

二十八、总结历史经验

回到阔别三年的延安，稍事休息，周恩来就接连参加各种欢迎他的活动。长期在外，使他对中国共产党取得的进步有着更强烈的感受。一九四三年八月二日，他在中共中央办公厅举行的欢迎会上发表演说。他说：“我这三年在外，做的事实在太少了。可是在这三年中间，国际的国内的变化，我们党内的进步，却特别的多，特别的大，我们在外边也看得格外分明。”① 经过这些年的实践检验，他心悦诚服地认定毛泽东对中国革命的领导是正确的。这是他这次讲演中突出的主题。他热情洋溢地说：

> “有了毛泽东同志的领导和指示，在这三年来许多紧急时机、许多重要关键上，保证了我们党丝毫没有迷失了方向，没有走错了道路。
>
> 没有比这三年来事变的发展再明白的了。过去一切反对过、怀疑过毛泽东同志领导或其意见的人，现在彻头彻尾地证明其为错误了。
>
> 我们党二十二年的历史证明：毛泽东同志的意见，是贯串着整个党的历史时期，发展成为一条马列主义中

---

① 周恩来在延安欢迎会上的演说词（根据周恩来写的提纲手稿整理的记录），1943年8月2日。

国化、也就是中国共产主义的路线！

毛泽东同志的方向，就是中国共产党的方向！

毛泽东同志的路线，就是中国的布尔什维克的路线！”①

周恩来一直是中国共产党内有着很高威望的领导人。他的这个讲话，自然在党内外产生了巨大的影响。

他这次回延安，还有一个重要目的，是准备参加正在深入发展的延安整风运动。

延安整风的准备工作，从一九三八年党的六届六中全会以后就着手了。但在全体干部中普遍进行整风学习，是从一九四二年二月毛泽东先后作了《整顿党的作风》和《反对党八股》这两篇讲演开始的。这个普遍的整风学习，经过发动、学风学习、党风学习、文风学习、总结五个阶段，到一九四三年六月基本结束。按照原定计划，就要转入整风运动的最后一个时期，即总结党的历史经验的时期。

就在这个时候，国民党顽固派掀起第三次反共高潮，在陕甘宁边区周围集中十六个师，准备对延安发动突然袭击。从六月间开始，延安和陕甘宁边区全体军民不能不紧张地动员起来，反对内战，保卫边区。八月五日，中共中央总学习委员会发出通知，要求有系统地进行一次关于国民党的本质及对待国民党的正确政策的教育。十一日，毛泽东、周恩来致电董必武，告诉他们国民党的法西斯统治正在步步加强，应动员大后方民主进步力量开展反对中国法西斯化的宣传运动。十六日，周恩来写出题为《论中国的法西斯主义——新专制主义》的报告提纲。他首先说明中国大地主大资产阶级统治的实质，随后对中国法西斯主义的思想体

① 周恩来在延安欢迎会上的演说词（根据周恩来写的提纲手稿整理的记录），1943年8月2日。

系、历史根源、纲领策略和组织活动进行了系统的剖析。在国民党统治区，董必武和南方局根据毛泽东、周恩来来电的精神，通过八路军办事处、新华日报社以及地下党组织秘密印发各种关于中国法西斯主义的社论、文章和资料，并译成英文在外国人士中散发。董必武还以中共方面国民参政员的身份，利用国民参政会等场合向社会各界人士揭露国民党当局加强法西斯统治、企图消灭共产党的真相，宣传中国共产党关于团结抗战的主张，积极争取中间人士的同情和支持。这一次反法西斯主义的宣传运动，有力地帮助国民党统治区人民认清国民党当局独裁专制统治的本质，提高了人们的觉醒程度，不仅对当时大后方民主运动的高涨起了推进作用，而且在抗战胜利后国民党当局挑起全面内战时，对发动全国人民投入推翻国民党反动统治的斗争做了一定的精神准备。

这时，延安的审查干部工作也已开始。担任中共中央政治局委员、总学委会副主任、中央社会部部长和情报部部长的康生起了十分恶劣的作用，使这个运动离开了正常的审查干部工作的轨道。七月十五日，他在中共中央直属机关干部大会上作《抢救失足者》的长篇报告。他强调：这次大会是在国民党反共高潮这样的紧急时期的会议，是军事动员时期的会议。他极端地夸大党内和边区内部的敌情，认为特务多如牛毛，要把这些“失足者”“抢救”出来，号召“以坚决的革命精神去进行革命与反革命的斗争”。在他报告后，延安的各机关、学校普遍地开展“抢救运动”，造成浓厚的恐怖气氛，出现严重的“逼供信”现象。国民党统治区的地下党员更是普遍地成为被怀疑的对象。康生等在中央机关一些单位搞出了所谓“红旗党”（意思是说伪装红旗的假共产党），说甘肃、四川、河南、湖北、云南、贵州、浙江、陕西等十多个省的地下党都是国民党特务控制的“红旗党”。

周恩来正好在这时回到延安。这些省的地下党组织都是由他领导的，使他的处境也相当困难。周恩来对审查干部一直坚持要采取实事求是的态度。离开重庆前，他对南方局机关的审干工作作过一次总结。他说：审干是对干部的认识，而不是清党，因此结论鉴定都要慎重，应该不怕麻烦地允许本人申诉。党员对党要说真话，“在审委前可说一切话，说错都无问题，但背后说是不对的”。方法是：要抓住大处，要照顾全部，要追根究底，要实事求是，发现了问题应负责解决。“当有问题发生争执时，先弄清事实，再加以说服。”纪律的中心在于自觉遵守纪律，处分是最后的一种办法。在“纪律面前”，“任何人都一样无差别，是平等的”。[①] 因此，南方局的审干工作进行得比较健康。当周恩来回到延安后，陕甘宁边区政府整风运动负责人李维汉问他：这（指所谓“红旗党”的问题）是怎么回事？周恩来明确地回答他：正在清理，没这回事。[②] 但事实上，这种肃反扩大化的恐怖气氛和“逼供信”现象仍持续了不短的时间才得到纠正。

“抢救运动”是在国民党发动第三次反共高潮的历史背景下发生的。但国民党顽固派的这一次反共高潮，由于国内外形势发展的约束和中国共产党已做好准备，很快就结束了，使中共中央有可能集中力量组织党的高级干部再一次学习党的历史和党的路线。延安整风正式转入总结党的历史经验的时期。周恩来全力地投入整风学习。

周恩来参加整风学习，并不是这时才开始的。早在一九四一年九月二十六日中共中央书记处作出成立高级学习组的决定后，在国民党统治区的南方局成立了有二十五人参加的高级学习组，开始整风学习，周恩来担任组长，董必武担任副组长。其他参加

① 周恩来关于审干问题的总结，1943 年 4 月 30 日，记录稿。

② 李维汉：《回忆与研究》（下），中共党史资料出版社 1986 年 4 月版，第 513 页。

整风学习的人员，按政治水平和文化程度，分别中级和普通小组，按学风、党风、文风的顺序分三阶段进行学习。地方党组织和南方局联系的“据点”负责人，分批调回参加学习。南方局还根据国民党统治区的党组织处在斗争尖锐复杂这一特殊环境的特点，要求“贯彻中央‘惩前毖后，治病救人’，既要弄清思想，又要团结同志的方针，采取‘团结——批评——团结’的方法，进行正面教育”。并将这一方针贯彻在南方局整风运动的全过程中。周恩来、董必武在每一个阶段都要作动员和总结，组织大家边学习、边讨论、边对照检查，使学习步步深入。中共中央经常将学习材料和有关历史文件陆续发送南方局。南方局的整风学习情况也定期向中共中央报告。一九四三年春，周恩来在南方局干部学习会上作了《关于一九二四至二六年党对国民党的关系》的报告，系统地回顾党在这个时期的历史经验教训。这年三月十八日，他在整风学习中写出《我的修养要则》：

> “一、加紧学习，抓住中心，宁精勿杂，宁专勿多。二、努力工作，要有计划，有重点，有条理。三、习作合一，要注意时间、空间和条件，使之配合适当，要注意检讨和整理，要有发现和创造。四、要与自己的他人的一切不正确的思想意识作原则上坚决的斗争。五、适当的发扬自己的长处，具体的纠正自己的短处。六、永远不与群众隔离，向群众学习，并帮助他们。过集体生活，注意调研，遵守纪律。七、健全自己身体，保持合理的规律生活，这是自我修养的物质基础。”①

但在重庆那种险恶的环境下，由于工作繁忙和资料缺乏，使他一时难以集中时间，系统地整理自己的认识。

回延安后，有了这种可能。

---

① 周恩来：《我的修养要则》，1943 年 3 月 18 日，手稿。

这年八月到十一月，周恩来参加高级干部的学习。为了在马克思列宁主义的基础上，总结历史经验教训，分清路线是非，特别是对第二次国内革命战争时期和抗日战争初期的经验教训进行总结，他在学习文件、参加中央会议的同时，阅读了大量历史资料，写出五万多字的笔记，对过去的历史进行再认识。

九月十六日至二十日，周恩来就一九二八年至一九三〇年期间共产国际对中国党的指示，进行系统的分析和研究。他认为：一九二八年共产国际执委会第九次扩大会议决议案是其中“最好的”一个，是召开中共六大的指导思想。它对中国革命性质、革命形势、革命任务都作了正确的规定，既反对右倾余毒，又反对“左”倾高调。他说：“六大决议反不如他，因未着重和彻底地反‘左’倾。”①

周恩来指出：一九二九年共产国际执委会致中国党的四封信，是第二次国内革命战争期间对中国党影响至为深远的文件。第一封信，中心是反右倾，深怕中共不认识革命高潮不久就要到来。第二封信，中心是反对联合富农。第三封信，中心是发展赤色工会。第四封信，中心是反对一切国内外敌人，首先是反对改组派，认为形势已是全国危机和革命高涨。这四封信“都有错误”，因为“当时中心应反‘左’倾残余，乃着重反右倾，对富农、对工运、对改组派等的政策都偏‘左’，而毫不重视利用间接后备军与开展群众日常工作问题”。②

对一九三〇年六月共产国际执委会关于中国问题的决议，周恩来认为主要错误是由于不正确地估计形势，提出反对一切，迎接决战，组织政治罢工，准备总罢工与争取非资本主义前途。

---

① 周恩来：《关于共产国际指示及反立三路线的研究》，1943 年 9 月 16 日—20 日，笔记手稿。

② 周恩来：《关于共产国际指示及反立三路线的研究》，1943 年 9 月 16 日—20 日，笔记手稿。

对一九三〇年十月共产国际执委会致中共中央的指示信，周恩来指出，虽然中心在反立三路线，但仍潜伏着认为右倾是主要危险的思想；同时，也没有指明六月十一日决议（《新的革命高潮与一省或几省的首先胜利》）的问题。

周恩来在回顾这段历史以后指出：这个时期“正是中国革命处于困难时期”，“在形势上，工运似还没有到革命新高涨，而只是有一些新高涨的征候；农村却有了新发展、新高涨，然而也是不平衡的”。面对这样的现实，共产国际却一直坚持反对所谓“右的错误”，提出“准备总罢工和暴动”的口号。“东方部起草各信，不从中国实际出发，而从国际整个趋势出发，致一切指示都偏‘左’，给了立三路线及以后的错误以基础。”① 这就找出了中国共产党这个时期工作中产生错误路线的国际原因。

九月二十一日至二十七日，周恩来对王明《为中共更加布尔塞维克化而斗争》的小册子进行系统的分析和批判，写出题为《关于新立三路线的研究》的长篇笔记。他指出：在国际形势上，王明是急于要证明中国能首先胜利；在中国革命基本问题上，王明是急于要转变；在时局估计与任务上，王明是强调高潮，急于争取一省数省首先胜利；在党的任务上，王明是急于实现全国的进攻路线；对长沙事变，王明认为是一省数省首先胜利的证明，而怪立三事先未作准备，所以不能坚持。

周恩来认为王明对李立三错误的批评有三种情况：第一种，李立三的观点本来基本正确或“还不很错”的（如关于革命对象问题），而王明“站在‘左’倾观点来反对”，强调反富农、反资产阶级、反对中间营垒的作用，“反而更错了”。第二种，李立三的观点已接近托洛茨基观点（如否认世界资本主义发展不平衡规

① 周恩来：《关于共产国际指示及反立三路线的研究》，1943 年 9 月 16 日—20 日，笔记手稿。

律），或者就是托洛茨基观点（如在革命转变问题上的“不断革命”论），但王明同李立三一样，“也是个急于转变论者”，夸大中国资本主义的发展，急于向非资本主义前途转变，把李立三的“左”倾观点保留了下来。第三种，李立三的观点确是错了（如在促进革命形势问题上），可是王明同他也“只是程度之差”。总之，“王明对当时立三路线的批判，完全是站在‘左’倾的不正确的观点上去发表意见”，“不仅未击中立三路线的要害”，“还暗藏了许多托洛茨基主义的观点”，“这就给了新立三路线以全部思想根据与理论根据”①。

对王明小册子中《关于三中全会与调和态度》那一节，周恩来指出它在许多地方同事实不符（如说国际指示到后，仍命令进攻长沙并举行武汉、南京、镇江、上海等暴动）。周恩来并用历史的眼光，对三中全会给予评价，认为三中全会是按共产国际指示工作的，基本上取消了立三指示下的全国暴动、攻长沙、兵暴、总行委、总罢工的方针。他说：三中全会认为中央同国际的路线是一致的，这里所说的路线是指党的路线，而没有分清总的政治路线（即战略路线）与一个时期的政治路线（策略路线）。他又说：“三（中）全（会）说立三错误是个别的‘左’倾的策略上的错误，‘个别’两字很不对，但‘左’倾并未错，而王明却说立三路线是‘一贯右倾机会主义的理论与实际’，更是大错。”②

周恩来分析了王明种种错误的社会根源和思想根源。他写道：“这些小资产阶级不能忍受民族战争亦即农民战争的长期性。他们企望或者一下子就能进入社会主义，以避免破产痛苦。（从这一点就产生出在政治上的冒险主义与发狂性。）（王明、李立三都急于要转变！）如果这样没有可能的话，或者就对大地主大资

①② 周恩来：《关于新立三路线的研究》，1943年9月21日—27日，笔记手稿。

产阶级作不惜任何（代价）的让步。从这一点就产生出在政策上的投降性。”① 周恩来认为，基于前一种情况，产生了新立三路线（也就是第二次国内革命战争时期的王明“左”倾错误）；基于后一种情况，便产生新陈独秀主义（也就是抗日战争初期的王明右倾错误）。

在同刘少奇、洛甫、任弼时、李富春、蔡畅、康生座谈四中全会的情况后，周恩来对四中全会的决议进行了研究。他认为全会肯定了当时中国革命形势处于新的高涨，任务是进攻，这说明“仍然不认识中国革命发展的不平衡性”。他表示：一、根据中国革命发展的趋势，“在反动统治走向分崩离析、军队战斗力日趋下降及革命军队技术条件提高等条件下”，攻占某些大城市将来会被提到日程上，“不过决不是四中全会前后的任务”；二、在配合援助苏区、粉碎敌人“围剿”的任务上，全会“有极不正确的了解”，“将‘变帝国主义战争为国内战争’、‘武装保卫苏维埃’两个口号教条式地搬到中国来”，“这两个口号不是空喊，便是自损其力”，“真正援助苏区的办法只应是在苏区周围敌人的近后方去发展可能的游击战争，进行军队工作，扩大农民运动，实行必要的破坏，那才是最有力的帮助”。②

对四中全会决议中“关于立三路线施行恶果”的部分，周恩来这样分析：有些事，如群众的发动、工运的领导，在立三路线以前就有，“已经受了损失”；有些事，如取消青年团、工会，“是误解”；有些事，如“党内生活非常态，党内各种反党派别更加活跃”等等，在立三路线以后“更变本加厉”；还有些事，如组织集体农庄、禁止贸易自由等，并“未见诸实行”。

周恩来把这一切归结起来：四中全会决议“并没有解决任何

① 周恩来：《关于新立三路线的研究》，1943 年 9 月 21 日—27 日，笔记手稿。

② 周恩来：《关于新立三路线的研究》，1943 年 9 月 21 日—27 日，笔记手稿。

当前紧急的问题”，却“给了党以无穷的恶果”，“给了以后整个内战时期以失败的主要因素”。

周恩来还指出：一九三一年八月共产国际主席团对中国问题的决议，是在米夫回国后作出的，反映了米夫的观点。这个强调反右倾的决议，“既批准了四中全会，又提了许多不正确的意见，给四中全会以后的中央以‘左’倾盲动主义的若干根据”。①

经过三个月的学习，周恩来对自己参加革命二十多年来的斗争历程进行了严肃认真的检查，总结了正反两方面的经验教训，写下两万多字的笔记。从十一月十五日起，在整风学习会议上作了五天的报告。这个回顾，从他自欧洲回国讲起，着重谈了六届三中全会以后到这次整风前的情况。在回顾中，他说：“经过大革命和白色恐怖的锻炼，坚定了我对革命的信心和决心。我做工作没有灰心过，在敌人公开压迫下没有胆怯过。”“同时，我的本质还忠厚，诚实，耐心和热情。”② 对自己在斗争中的失误和不足之处，他也作了认真的检查。

对三中全会前后的工作，他作了进一步的分析。他认为，三中全会虽然纠正了立三路线的主要错误，并把立三调离领导岗位，但“政治上仍是‘左’倾基础”，“组织上也有宗派观念”，三中全会决议“批评过去太温和”，在军事上反对游击主义，强调红军正规化、最大限度集中化也是错误的。③

对他到中央苏区后的一段工作，他也作了总结，首先是攻打赣州的问题。他说：当时远在上海的中共中央多次指示要攻打中心城市，要求占领南昌、吉安、抚州，将几个苏区连成一片，威胁武汉，争取湘、鄂、赣首先胜利。他没有多多请教原来长期在苏区工作的同志，只是将打寨子和进攻中心城市有困难一事电告

① 周恩来：《关于新立三路线的研究》，1943 年 9 月 21 日—27 日，笔记手稿。
②③ 周恩来在中共中央政治局会议上的发言提纲，1943 年 11 月 15 日，手稿。

中共中央。中央复电指示，至少要在抚、吉、赣中选择一个。于是开会决定攻打赣州，“这就贻误了向南京发展的大计划”。①

在上海的中共中央曾多次批评周恩来到中央苏区后“未巩固领导权”、“未深入下层”，实际上就是批评他对四中全会的“反右倾”、“改造各级领导机关”的方针执行不力。先到中央苏区的有些同志对他又有指责非难。汀州会议、宁都会议就是在这个背景下召开的。周恩来认为，第四次反“围剿”之所以取得胜利，是因为敌情明了，前线机动（变遭遇为伏击），工作上兢兢业业得来的。但由于自己和一些同志对“中国农民战争的特点及其战略转变的关键”认识不够，不适当地强调正规化、高度集中化和反对“游击主义”，又逐步发展了军事思想上的争论。②

博古、李德来到中央苏区后，使“左”倾教条主义在政治、军事、组织等方面都得到全面的贯彻，特别在军事上直接造成了第五次反“围剿”失败和退出中央苏区。周恩来归纳李德军事指挥的实质是：“战略上分兵以便敌人消耗，集中以便敌人消灭，短促突击以迫敌人碉堡靠近，堡垒防御以暴露自己兵力。”③周恩来认为，中央苏区和大量中央红军就是这样被断送的。

在福建事变问题上，周恩来批评那些“左”倾教条主义者们撕毁同福建人民政府签订的抗日反蒋协议，“放弃反日的同盟军和反蒋的同盟军不去联络，将三条变成儿戏，失信于天下”，④从而失去了与友军协同作战以粉碎第五次“围剿”的机会。

周恩来总结中央苏区失败的原因说：“（一）路线错误为主要的；次之，长征计划的错误；（二）保卫苏区计划亦错误；（三）领导不健全；（四）‘左’倾群众工作路线促成最后的失败。”⑤

---

① 周恩来在中共中央政治局会议上的发言提纲，1943 年 11 月 15 日，手稿。

②③④⑤ 周恩来在中共中央政治局会议上的发言提纲，1943 年 11 月 15 日，手稿。

对抗日战争以来工作的总结，周恩来认为，为实现坚持抗战、反对投降的主要任务，特别在上层活动方面取得了成绩。在孤立蒋介石及顽固派，争取中间力量、民主党派和地方势力，教育和发展进步力量，利用英美反对内战等方面，都有显著成绩。在党的工作方面，坚持中央的隐蔽政策，在党员中组织整风学习，为党积蓄了力量，教育培养了干部。这是南方局和中共代表团在中央领导下，在统战、宣传、组织等方面取得的成果。在检查这一时期的工作缺点时，周恩来认为对游击战争的战略地位认识不足，没有充分坚持统一战线中的独立自主原则，“缺乏政权的观念”，有“一种由下而上、由地方向中央、由敌后到全国的政治改革观念”,① 对王明在抗战中的机会主义和统战中的投降主义有容忍退让的地方。这些，主要是在武汉时期出现的问题。周恩来说他始终尊重中央，特别是从一九三九年五月到一九四三年六月返延安前这四年中，他实行的路线同中央是完全一致的。

五天报告的结束语中，周恩来严格地要求并检查自己。他检查了在历史的几个关键时期的错误，表示在今后“必须从专而精入手。宁可做一件事，不要包揽许多。宁可做完一件事，再做其他，不要浅尝即止。宁有所舍，才能有所取。宁务其大，不务其小。这样，做出一点成绩，才能从头到尾，懂得实际，取得经验”。②

在总结党的历史经验的学习中，对党的六大的看法出现了热烈的争论。周恩来认为“这是启发思想的一种争论。党内思想从来没有像今天这样解放”。③ 他觉得自己参加了六大的工作，是当时的主要负责人之一，应当比别人认识得更清楚些。因此，经过深入的研究，又同当年参加过六大的同志交换了意见，他就在

---

①② 周恩来在中共中央政治局会议上的发言提纲，1943 年 11 月 15 日，手稿。

③ 《周恩来选集》上卷，人民出版社 1980 年 12 月版，第 157 页。

一九四四年三月三日和四日，在延安的中央党校就《关于党的六大的研究》作了两次报告。

参加延安整风学习，对周恩来的思想有着深刻的影响。他说："做了二十年以上的工作，就根本没有这样反省过。"他表示：经过这几年的实践，对毛泽东的领导确实心悦诚服地信服。①

① 周恩来在中共中央政治局会议上的发言提纲，1943年11月15日，手稿。

二十九、新形势下的谈判

国民党顽固派发动的第三次反共高潮，远没有达到前两次那样的规模，便草草结束。这是因为当时世界反法西斯战争正在胜利发展，客观形势已不允许他们那样做：英美也好，苏联也好，都反对中国发生内战；中国共产党又对它作了有力的揭露，并做好充分的应付准备；全国人民的同情在共产党方面。这样，就把这次反共高潮压下去了。

一九四三年九月，国民党召开五届十一中全会，表示要在抗战结束一年后实行“宪政”。蒋介石在会上的讲演中说：中共问题“为一个政治问题，应用政治方法解决”。十月五日，毛泽东在《评国民党十一中全会和三届二次国民参政会》中提出：“在蒋先生和国民党愿意的条件之下，我们愿意随时恢复两党的谈判。”① 同日，他致电留在重庆的董必武，说明对国民党要采取缓和态度。十五日，董必武出席三届二次国民参政会驻会委员会第一次会议。国共两党关系又开始缓和了。

这年年底，英、美、中三国举行开罗会议。当时美国政府注意的重点在欧洲。对东方，希望中国继续抵抗，以牵制日本的兵力。如果国共之间发生分裂，势必会削弱抗日的力量，对他们是

---

① 《毛泽东选集》第3卷，人民出版社1991年6月第2版，第926页。

不利的。因此，罗斯福告诉蒋介石说：必须在战争还在继续的时期，与延安方面握手，组织一个联合政府。在这种情况下，何应钦、白崇禧向董必武表示：欢迎延安来人谈判。国民党驻延安的联络参谋郭仲容也向毛泽东表示：要求林伯渠、朱德和周恩来前往重庆，并提到何白皓电和西北军事。毛泽东答复说：谈判可以何白皓电为基础，反攻时胡宗南部与边区部队可按比例开往前方。毛泽东还告诉郭仲容：中共拥蒋抗战与拥蒋建国两项方针不变。

因为国民党宣称要在抗战胜利一年后实行“宪政”，大后方各种民主力量趁此在一九四四年初展开一个“宪政”运动，向国民党要民主。怎样对待这个问题呢？三月五日，中共中央召开政治局会议，讨论宪政运动问题。周恩来在会上说：我们的态度是要坚持新民主主义的原则，参加宪政运动，表明我们愿从政治上来解决。① 十二日，周恩来根据书记处会议的决定，在延安各界纪念孙中山逝世十九周年大会上，作了《关于宪政与团结问题》的演讲。他说：国民党及其政府如果要实施宪政，就必须真正拿革命三民主义做基础，必须首先实行保障人民自由、开放党禁和地方自治这三个最重要的先决条件。如果真愿用政治方式合理解决国共关系，就应该承认中共在全国的合法地位；承认边区及各抗日根据地为其地方政府；承认八路军、新四军及一切敌后武装为其所管辖、接济的部队；恢复新四军番号；撤消对陕甘宁边区及各抗日根据地的封锁和包围。周恩来说：我们很希望国共关系能够恢复到孙中山先生在世之日的那样密切的合作，但只有做到了上述各点，国共团结了，才具备实施宪政的先决条件。②

四月二十九日，林伯渠作为中共中央代表，偕王若飞、伍云甫等由延安飞往西安，再到重庆，同国民党代表王世杰、张治中

① 周恩来在中共中央政治局会议上的发言记录，1944 年 3 月 5 日。

② 《解放日报》，1944 年 3 月 14 日。

开始谈判。

这次谈判采取什么方针？他们出发前，周恩来在四月十五日的中央书记处会议上说：这次林老去，比林彪出去时不同，接触的方面会更多些。国民党对我现在是以政治斗争为主。这次我们不提方案，目的只在和缓国共关系，表示我们是要与国民党合作，扩大我党的政治影响，扩大对社会各界的活动。① 毛泽东说：这次总的态度是不亢不卑，表示我们是想求和，要求抗战到底，团结到底，对中间派主要宣传民主，对英美要宣传抗战。② 五月十日，中共中央书记处致电林伯渠，告诉他可按周恩来三月十二日讲演中所提五条，同王、张谈判。③

由于国民党并没有多少诚意，谈判的进展不快。七月一日，周恩来在延安答新华社记者说：国共谈判从延安到重庆，已历时两月。尽管双方提案“内容相距尚远”，商谈仍在继续。中共中央正研讨国民党的复案，“期谋合理解决”。他强调说：所谓合理解决，是指在有利于团结抗战及促进民主的条件下，我党无不乐于商讨。④ 七月下旬，国民党中央宣传部梁寒操又在记者招待会上发表讲话，扬言国共谈判的障碍在中共。周恩来在八月十二日向新华社记者谈话，进行批驳。他介绍了两个月来国共谈判的经过，指出谈判根本障碍在于“国民党统治人士及其政府始终固执其一党统治与拖延实行三民主义的方针”⑤。

在这段时间内，国内局势发生了一个引人注目的重大变动。这个变动是由国民党政府军队在河南和湖南、广西的大撤退引起的。人们对国民党政府的腐败无能，从失望发展到普遍的愤怒。

---

① 周恩来在中共中央书记处会议上的发言记录，1944 年 4 月 15 日。
② 毛泽东在中共中央政治局会议上的发言记录，1944 年 4 月 15 日。
③ 中共中央书记处会议记录，1944 年 5 月 10 日。
④ 《解放日报》，1944 年 7 月 1 日。
⑤ 《解放日报》，1944 年 8 月 13 日。

这对国民党统治区内人心的向背和阶级关系的变化产生了异常深刻的影响。

那时，日本侵略者在太平洋战场上节节失利。为了挽救自己的失败，他们力图打通大陆交通线，自四月十八日起从河南开始发动这场大规模的军事行动。四、五月间，日军先后夺取郑州、许昌，打通了平汉铁路。向湖南进攻的日军，在六月至八月间先后占领长沙、衡阳，并向广西进攻。短时期内，大片国土沦丧，数千万同胞流离失所或陷入敌人的铁蹄之下，使举国上下为之震动。国民党战场上出现这样惊人的大溃退，充分暴露了他们统帅部的腐败无能，激起广大人民的强烈愤怒。国民党政府在政治上的专制独裁、特务横行，经济上的横征暴敛、物价飞涨，更使人们感到忍无可忍。与此形成鲜明对照的是，中国共产党领导下的八路军、新四军和各抗日根据地却生气勃勃，在团结抗日中做出了有目共睹的成绩。于是，改组国民政府、成立各党派联合政府的呼声日益高涨，成为人们越来越强烈的普遍要求。

新的形势，需要有同它相适应的新的政治主张。九月四日，周恩来根据毛泽东在八月中旬提出的意见，为中共中央起草致林伯渠、董必武、王若飞的电报，指出："目前我党向国民党及国内外提出改组政府主张，时机已经成熟。其方案为要求国民政府即召集各党各派各军各地方政府各民众团体代表开国事会议，改组中央政府，废除一党统治，然后由新政府召开国民大会，实施宪政，贯彻抗战国策，实行反攻。"电文以十分明确的语言强调："这一主张应成为今后中国人民中的政治斗争目标。"①

从这时起，废除国民党一党专政，成立联合政府，便成为国共谈判中所要解决的中心问题，成为国民党统治区人民运动的中心要求。这种状况同周恩来一年多前离开重庆时发生了重大的变

① 周恩来致林伯渠、董必武、王若飞的电报，1944 年 9 月 4 日。

化，使国共关系进入一个新的阶段。

九月十五日，中国共产党代表林伯渠在国民参政会三届三次会议上，报告四个月来国共谈判的经过，提出废除国民党一党专政，召开各党派会议，成立民主联合政府的主张。《新华日报》和重庆各大报纸都全文登载了林伯渠这个报告。

“联合政府”的口号一提出来，立刻在广大人民群众中，在各民主党派中引起强烈的反响。十九日，中国民主政团同盟在重庆特园召开全国代表会议，决定将原来以党派团结为基础组成的中国民主政团同盟改组为以个人为基础的中国民主同盟。不久，又发表《中国民主同盟对抗战最后阶段的政治主张》，呼吁“立即结束一党专政，建立各党派之联合政权，实行民主政治”。①二十四日，宪政座谈会在重庆举行，张澜、冯玉祥、覃振、黄炎培、董必武等在会上发表演讲，要求废除一党专制，召开国事会议，成立联合政府。十月四日，成都七个学术团体发起举行国事座谈会，到会者二千余人。年高德劭的中国民主同盟主席张澜在会上振臂高呼：“结束一党专政，成立联合政府！”

十月十日，周恩来在延安各界庆祝双十节集会上发表题为《如何解决》的讲话。他劈头就提出一连串发人深思的问题，一针见血地指出了问题的症结所在：

> “目前战争情况，是欧战节节胜利，不久便可直捣柏林，太平洋战争亦着着前进。可是，我们中国，正面战场与敌后战场却成相反的对照：在正面是节节败退，在敌后是节节胜利。为什么我们正面战场这样不能配合盟国胜利呢？为什么我们只能有敌后战场的胜利呢？这是中华民国胜败兴衰的关键，这是中国命运的转变关

① 《中国民主同盟历史文献》（1941—1949年），文史资料出版社1983年4月版，第32页。

头，我们必须唤起全中国人民来注意它，解决它。”

“这绝非偶然。这是由于国民党政府历来片面抗战、消极抗战、依赖外援、制造内战的失败主义的政策所造成。这是由于国民党在其统治区域实施一党专政、排除异己、压迫人民、横征暴敛的法西斯主义的政策所造成。因此错误的积累和发展，国民党统治的区域遂在敌人进攻的面前，呈现出抗战以来空前未有的军事、政治、经济、文化各方面的严重危机。”

“这种错误的失败主义和法西斯主义的政策，如果再不改弦更张，而仍要倒行逆施下去，则种种危机，还会继长增高，还会更加严重。我们站在中国人民的立场上，眼看着中华民族解放的事业，在这光明胜利的前途上，横梗着这种种危机，真是忧心如焚，焦急万分。”

如何解决呢？周恩来再一次明确提出中国共产党的主张：

“为挽救目前危机，为配合盟邦作战，并切实准备反攻起见，我们中国共产党人主张由国民政府立即召集全国各方代表，开紧急国事会议，取消一党专政，成立联合政府，改弦更张，以一新天下之耳目。”

“时机太紧迫了，我们切望国民党当局、全国爱国志士、全国人民，奋起急图，扭转时局的关键，抗战幸甚！国家幸甚！”①

这时，美国政府以越来越积极的姿态，直接介入国共关系的处理。

在开罗会议上，罗斯福已同蒋介石就今后的中美关系问题进行商议。一九四四年六月，美国副总统华莱士访华，敦促国民党迅速着手改善中苏关系和解决国共矛盾。七月二十二日，以包瑞

① 《解放日报》，1944年10月12日。

德上校为组长、并有美国驻华使馆二等秘书谢伟思等参加的美军观察组抵达延安。九月六日，曾担任美国陆军部部长的赫尔利少将作为总统特使来到中国。他们都异常关注中国的国共关系问题。

为什么美国政府在这时对中国问题、特别是国共关系问题表现出那么大的兴趣呢？近一点的原因是：这时在太平洋战场上，美国的跳岛战术取得了重大的成功，战火逐渐燃近日本本土，日军正在进行拼死的抗御，美军的伤亡也很重大。但在中国战场上，日军大举进攻时国民党军队却出现大溃退，政府面临崩溃的危险。如何防止这种崩溃，并加强中国战场上的作战力量，以便拖住更多的日本军事力量，这不能不是美国政府异常关切的问题。当时担任盟军中国战区统帅部参谋长的史迪威将军对蒋介石十分不满，他们之间的矛盾也需要调处。从更远一点的原因来看，尽管中国正面战场上一时失利，但对日作战胜败的大局已定，美国政府已在考虑如何为它战后控制亚洲、太平洋地区创造更为有利的条件。在这些条件中，重要的一着便是要扶植以蒋介石为首的国民党政府，力求能在蒋介石的指挥下统一全部中国军队，并使他的政府在经过改组、带有某些“民主”色彩后实现中国的政治统一。

一句话：美国的目的是要在它的直接干预下，造成一个符合美国统治集团利益的统一而稳定的中国；而要达到这个目的，解决国共矛盾是必要的前提。赫尔利在这年十二月的一份电报中曾这样概括他的来华使命：“一、防止国民政府崩溃；二、支持蒋介石任共和国总统和军队统帅；三、协调委员长与美军指挥官的关系；四、促进中国战争物资的生产和防止经济崩溃；五、为打败日本统一所有中国军队。”① 赫尔利的话说得很含蓄，但细细

① 《抗战后期国共谈判资料（上）——赫尔利使华报告选译》，《党史通讯》，1984 年第 7 期，第 45 页。

一看便不难发现，其中最重要的是“支持蒋介石”和“统一所有中国军队”这两点。

十月间，董必武、林伯渠根据周恩来的提议，同赫尔利进行了三次谈话。赫尔利表示得很痛快：他代表罗斯福帮助中国的团结，决不对党派有所偏袒，分配东西也决不偏重某一方。他表示：中共应取得合法地位，应当有言论、出版和集会的自由，军事领导机关中应有中共党员参加。并对中共的宽容忍耐、以国家为重，加以赞扬。十月和十一月之交，在延安的美方人员戴维斯、谢伟思等同毛泽东、周恩来、朱德一起，探讨了中国共产党领导的军队同美军合作的可能性。周恩来代表中国共产党表示：对美军准备在华北采取的军事行动，中共愿在军事上给予合作。①

十一月七日，赫尔利登上一架预定飞往延安的飞机。飞机降落时，周恩来和包瑞德前来迎接。当周恩来看到这个身穿考究军服、佩带大量勋章的将军时，问包瑞德：他是谁？包瑞德回答：这是罗斯福总统的特使赫尔利少将。周恩来立刻把毛泽东请来。②

第二天上午，双方开始会谈。中共方面参加的是：毛泽东、周恩来、朱德。美国方面参加的是：赫尔利、包瑞德、一名译员和一名秘书。赫尔利首先表示：美国无意于干涉中国的内政，而只是打算做那些可能有助于最后打败日本人的事情。他声称：蒋介石同意由一个美国调解代表团来促进民主，并通过“统一中国的军事力量”来加速打败日本的步伐。赫尔利说：为了达到这个目标，蒋介石准备承认共产党和各少数党派的合法地位，允许共产党以某些形式参加军事委员会。③

接着，他提出并在会上宣读了一份他所起草的题为《为着协

① ［美］迈克尔·沙勒：《美国十字军在中国》（1938—1945年），商务印书馆1982年7月版，第191页。

②③ ［美］D·包瑞德：《赫尔利将军访问延安》，《人物》，1983年第1期，第143页。

定的基础》的文件。它的内容是：

> “一、中国政府与中国共产党将共同工作，来统一在中国的一切军事力量，以便迅速击败日本与重建中国。二、中国共产党军队，将遵守与执行中央政府及其全国军事委员会的命令。三、中国政府和中国共产党将拥护为了在中国建立民有、民治、民享的孙中山的原则，双方将遵行为了提倡进步与政府民主程序的发展的政策。四、在中国，将只有一个国民政府和一个军队。共产党军队的一切军官与一切士兵当被中央政府改组时，将依照他们在全国军队中的职位，得到一样的薪俸与津贴，共产党军队的一切组成部分将在军器与装备的分配中得到平等待遇。五、中国政府承认中国共产党的政党地位，并将承认共产党作为一个政党的合法地位。中国一切政党将获得合法地位。”①

赫尔利读完后，毛泽东问道：这五条代表什么人的思想？赫尔利说：这些观点是他自己的思想，不过是我们大家制定出来的。包瑞德告诉他：毛主席是想知道委员长本人是否同意所有被提出了的观点。赫尔利说：已经同意了。

下午，会谈继续进行。毛泽东首先说明：中国必须有一个由国民党、共产党和其他党派组成的联合政府，为此而改组政府是必要的。他强调：推迟这一改组直至击败日本以后，这就是蒋介石的决心所在。如果这竟然发生的话，将引起国民党政府的崩溃。他具体地叙述了由于国民党的错误政策和腐败机构带来的国民党统治区的军政财经各方面的严重危机。指出：在这种情况下，它却以七十七万军队包围和进攻坚持抗日的边区。应该改组

---

① 《为着协定的基础》（此件系赫尔利携带来的文件译稿的复印件），1944 年 10 月 28 日。

的正是国民党的丧失战斗力、腐败不堪和一打就散的军队。周恩来提议，要加上言论、出版、集会、结社、居住和人身自由。毛泽东等表示：需要有一点考虑的时间，还要同党的其他领导人商量，因而提议在第二天下午召开下一次会议，届时将提出对协议的建议。①

十一月九日下午会议一开始，中共方面提出经过修改的协定草案。赫尔利看过后表示：这个方案是正确的，他将尽一切力量使蒋接受。他提出了一些具体意见。会议按照他的提议作了修改。赫尔利主张毛泽东立即去重庆同蒋介石会见。他将"以美国（的）国格来担保毛主席及其随员在会（见）后能安全地回到延安"。"不管毛主席、朱总司令或周副主席，无论哪一位到重庆去，都将成为我的上宾，由我们供给运输，并住在我的房子里。"接着，他建议毛泽东在协定上签字，并表示他也要签字，题目定为《中共与中国政府的基本协定》。② 当晚，中共中央召开会议，一致通过当天讨论的文件，授权毛泽东代表中共中央在文件上签字。

这个经过讨论后议定的协定草案全文是：

"一、中国政府、中国国民党与中国共产党应共同工作，统一中国一切军事力量，以便迅速击败日本与重建中国。二、现在的国民政府应改组为包含所有抗日党派和无党无派政治人物的代表的联合国民政府，并颁布及实行用以改革军事政治经济文化的新民主政策，同时军事委员会应改组为由所有抗日军队代表所组成的联合军事委员会。三、联合国民政府应拥护孙中山先生在中国建立民有民治民享之政府的原则，联合国民政府应实

① 毛泽东与赫尔利谈话记录，1944年11月8日。

② 毛泽东与赫尔利谈话记录，1944年11月9日。

行用以促进进步与民主的政策，并确立正义、思想自由、出版自由、言论自由、集会结社自由、向政府请求平反冤抑的权利、人身自由与居住自由，联合国民政府亦应实行用以有效实现下列两项权利：即免除威胁的自由和免除贫困的自由之各项政策。四、所有抗日军队应遵守与执行联合国民政府及其联合军事委员会的命令，并应为这个政府及其军事委员会所承认，由联合国得来的物资应被公平分配。五、中国联合国民政府承认中国国民党、中国共产党及所有抗日党派的合法地位。”①

十日上午，会谈继续进行。毛泽东说：“我们决定派周恩来和你同去（重庆），因为估计对于许多细节，蒋先生会有意见。”② 赫尔利也说：“毛主席，你当然理解，虽然我认为这些条款是合情合理的，但我不敢保证委员长会接受它。”③ 随后，毛泽东和赫尔利分别在一式两份的文本上签了字，还留下给蒋介石签字的空白地位。中午，赫尔利和周恩来同机飞离延安，同行的有包瑞德。

一到重庆，周恩来立刻同分别年余的重庆各界人士广泛接触。他到重庆的第二天，适逢郭沫若、沈钧儒设宴欢迎刚从桂林来重庆的柳亚子，周恩来和董必武等一起前往参加。宴会后，他向大家介绍国内的时局和他这次来重庆的任务。两天后，他又出席文化工作委员会举行的宴会，向在座的一百多名文化界人士讲话。他还宴请沈钧儒、黄炎培、左舜生、张君劢、章伯钧、张申

---

① 《中国国民政府中国国民党与中国共产党协定》（此件系最后稿复印件），1944年11月。

② 毛泽东与赫尔利谈话记录，1944年11月10日。

③ ［美］D·包瑞德：《美军观察组在延安》，解放军出版社1984年12月版，第82页。

府等人，会见接替史迪威担任中国战区统帅部参谋长的魏德迈，接见谢伟思，参加了美国记者哈里逊·福尔曼和伊斯雷尔·爱泼斯坦等举行的宴会，向他们介绍国内的政治形势，说明他这次来重庆的任务。他在这些讲话中突出地强调：政府必须进行根本性的改革，中国共产党主张成立联合政府。

但是，蒋介石对在延安商定的那个协定草案却迟迟不表示态度。十天过去了。周恩来在十一月二十日致电毛泽东作了这样的预测："蒋在目前至多只能接受联合统帅部，请客式政府，决不会答复协定。我们须以联合政府及解放区委员会去逼求，最后关键恐在华盛顿。"①

周恩来预期的情况果然发生了。赫尔利去延安时，主要目的是寻求能同共产党达成一项协议，"以便统一中国的军事力量"。他从西方的习惯看来，以为在协定中使用一些"民主"的词句，作出一些这类承诺是无关紧要的。蒋介石却不同。他一向靠独裁统治来维持自己的地位。在权力问题上，他是寸步不让的。在他看来，"建议案最终会导致共产党控制政府"。因此，他完全抛开《协定草案》，另行提出三条反建议。十一月二十一日上午，周恩来来到赫尔利的寓所。赫尔利把这三条转交给周恩来。它的要点是：

> 一、国民政府允将中共军队加以改编，承认中共为合法政党。二、中共应将其一切军队移交国民政府军委会统辖，国民政府指派中共将领以委员资格参加军委会。三、国民政府之目标为实现三民主义之国家。②

周恩来看完后，立刻一针见血地把关键问题提出来："蒋介石对联合政府态度如何？"赫尔利回答："啊，这件事情已经过去

---

① 周恩来致毛泽东的电报，1944年11月20日。

② 国民政府代表王世杰提交的三条反建议文件（复印件），1944年11月21日。

了。”

“对于国民党方面建议要我们参加军事委员会做委员这件事，”周恩来说：“我有两个意见：军事委员会的委员都是挂名的，不但没有实权，而且从不开会，冯玉祥和李济深就是例子。而且我自己做过政治部的副部长，知道得很清楚，此其一。其次只要共产党参加军事委员会而不参加政府，你知道，蒋委员长一切（以）命令行事，因而我们仍不能参加决策。”赫尔利说：蒋介石告诉他允许共产党参加政府，但不愿写在建议上。①

下午，他们的谈话继续进行。

“赫尔利将军是否仍同意我们为实现中国团结必须以组织联合政府为前提的主张？”周恩来企图迫使赫尔利把他的态度明确起来。赫尔利仍躲躲闪闪地回答：“我不能使用同意的字眼。因为我不是谈判的当事人，我只是见证人。我认为你们（提出建立）联合政府的主张是适当的，但我并不处在同意的地位。”

周恩来一步不放地继续追问：“你是否认为联合政府是合理的，是民主的？”赫尔利越来越狼狈了，回答说：“毫无疑问是民主的。但你们的原提案也有可以改动之处。”周恩来更加单刀直入地追问：“参加政府，是否说我们只能处在观察者的地位，而不能有实权？”对这样的问题，赫尔利再也无法含糊其词了，只能回答：“并不等于有实权。但事在人为，譬如我们的议会的议员，有的能够控制议会。”②

这下，事情已弄明白了：赫尔利在同蒋介石商谈后，已经背弃他在延安签过字的协定。周恩来决定立刻回延安去。赫尔利建议他在行前见一见王世杰和张治中。周恩来答应了。

第二天上午，周恩来、董必武如约来到赫尔利寓所，王世

① 周恩来与赫尔利谈话记录，1944年11月21日（上午）。

② 周恩来、董必武与赫尔利谈话记录，1944年11月21日（下午）。

杰、宋子文已经在座。周恩来说明：他这次代表中共中央出来谈判，目的在实现民主的联合政府，以谋全国团结，抗战胜利。而国民党方面的协定草案没有这个精神，我们是不同意和不满意的。但由于中国人民的需要，友邦的好意，抗战反攻的急迫，我们一面仍坚持联合政府的主张，并愿为之继续奋斗；另方面我们也愿从我们协定和你们协定的当中先找到共同点，来作初步的解决，以为民主的联合政府准备步骤。

周恩来向王世杰问道："政府准备采取何种措施，使党派合法？"这一问，就把王世杰给问住了。他只能回答："现在政府还没有具体考虑这个问题，并无具体计划。"周恩来又问："根据政府的建议，足以表示国民党并不准备放弃一党专政。王先生的意见如何？"王世杰支吾地回答："这首先是一个法律问题。在法律上，目前无从宣布废止党治。""不过政府在实际上并非不准备容纳党外人士。"

周恩来请王世杰明确回答："如果邀请中共代表参加政府，请问这种代表是属观察者的性质，还是有职有权？"王世杰又无词以对了。他说："这一点我不能具体答复，因为没有讨论。"周恩来再问："如果共产党代表参加军委会，其实际职权如何？王先生是否能够见告？"王世杰说："现在军委会每周至少开会一次。"周恩来立刻反驳："这是会报，不是开会。""我们要提醒王先生几句，会报不是开会，譬如冯玉祥、李济深将军就从没参加开会。"

王世杰想转换一个话题："请毛先生和蒋先生见面的事，据周先生的观察如何？"周恩来回答说："第　（个）问题很简单，我们主张联合政府，也就是民主政府，我们仍要为这个民主政府而奋斗。我们认为只有民主政府才能求得根本的解决。你们目前尚不接受这个政府，我和董必武同志商量，要想从双方的建议中，找出共同点，以便求得为达到这个民主政府的初步解决，同时也为民主政府奠定准备工作。第二个问题也很简单，毛泽东同志很愿出来。他曾向军事委员会驻延安的联络参谋及赫尔利将军说过他很愿出来。但他出来必须能够解决问题，而不是为了辩论。现在民主政府问题不能解决，所以还不是他出来的时候。”①

当天，周恩来、董必武又应约同蒋介石会面。寒暄过后，蒋介石表示希望毛泽东和朱德来重庆。周恩来开门见山地说：“我们对于联合政府的主张，是仍坚持的，并愿为它奋斗到底。”但他也留了余地：“民主联合政府是指政府的性质，并非要改国民政府的名称。”蒋介石忙着说：“好，我们革命党就是为实现民主的，我做的就是民主。不要要求，我自会做的。如果要以要求来给我做，那就不好了。”“政府的尊严，国家的威信，不能损害。”周恩来毫不退让：“我应该声明，对三民主义国家及实行三民主义的元首是应该尊重的；但政府并非国家，政府是内阁，政府不称职是应该调换的改组的。提到要求，一个政党总有自己的要求”，当着“不能向政府直接要求时，只有向人民公开说话”。面对周恩来凌厉的词锋，蒋介石只能含糊其词地回答：“是的，是的。”②

这天晚上，赫尔利宴请周恩来和董必武。同一个晚上，蒋介石宴请部分国民参政员。他对客人们说：中共要求联合政府，他不能接受，因为他不是波兰流亡政府。

周恩来正要启程，飞机驾驶员却突然病了，延安的大雪也没有融化，飞机暂时难以起飞，他只得在重庆再停留几天。十二月二日，周恩来将毛泽东来电中提出的三点意见转告赫尔利：第一，政府三项与延安五条距离太远，我们认为联合政府与联合军事委员会是解决目前时局问题的关键。这既不能获得蒋介石的同

① 周恩来、董必武与王世杰谈话记录，1944年11月22日。

② 周恩来、董必武与蒋介石谈话要点记录，1944年11月22日。

意，因此无法挽救危局。第二，国民党的态度至今未变，梁寒操三天前在记者招待会上宣称，中国目前所需者只是军令统一，党派合法问题须留待战后一年再讲。第三，根据目前形势，我党中央必须召开会议，再行讨论，因此他将留在延安，不再来到重庆。赫尔利还想改变这种僵局，对周恩来说："请你告诉毛主席，梁寒操的话不能算数，他根本不懂委员长的意思。委员长说过，他愿意现在承认共产党的合法地位。""务必参加进来，你们是同我——美国政府合作。只要我们合作，我们就能逐步改组政府。"周恩来爽快地回答："也许我们之间对于联合政府的提议有不同的了解。参加并无实权，并非联合政府，这就是关键的所在。"①

赫尔利、魏德迈同蒋介石商量后，在十二月四日再度约会周恩来。这又是一场针锋相对的激烈舌战。

赫尔利首先提出要求："联合政府目前尚不可能。参加政府，参加军事委员会，蒋委员长则已答应。我希望你们参加进来，然后一步一步改组。你认为如何?"周恩来回答："联合政府本为毛主席在延安向赫尔利将军所提出者，赫尔利将军亦认为合理。至于参加政府及军事委员会之举，即令做到，也不过是做客，毫无实权，无济于事。"赫尔利说：总希望你们参加，"先插进一只脚来"。周恩来举出自己亲身感受来回答："关于参加政府问题，我们素有经验。先拿别人的经验而言，白崇禧不止参加政府，而且是军训部长，结果毫无实权。我自己从西安事变以来，八年之中近七年时间是留在国民政府所在地。我做政治部副部长时，每星期有三次参加军事会报，有意见也无法讨论，即令提出，蒋委员长也不过说好好而已。老实说，我对这样做客，实在疲倦了。"

赫尔利又说好听的："只要参加政府，就可获得承认，就可获得美国军官帮助训练和作战，就可获得物资的供给。你们拿到

① 周恩来访晤赫尔利谈话记录，1944年12月2日。

这些东西，就可以强大起来。为什么一定要改组政府呢?”周恩来严正地回答：“这是一个救中国的问题。抗战不仅要军事，而且要政治、兵役、粮食、供养，乃至生产，都要政府来办理。政府不改组，就无法挽救目前的危局。”他进一步申说：“参加的一面是不能在政府中有任何作为；另一面就要受到牵制，一切不好的军令政令都来了。”魏德迈的参谋长麦克鲁也参加劝说：“我们美国有句话，叫要舍身救火。现在一把火烧起来了，你们得救。”周恩来犀利地回答：“不错，火应当救。但是要两只手能动，才能救火。现在请我们来做客，也只能坐在旁边看火。”

赫尔利又改换一种方式：“如果你们在不满意的条件之下，竟能参加政府，那就表示你们是最大的爱国者。”周恩来不想再纠缠下去了。他斩钉截铁地说：“我们参加政府，就要替人民负责。现在我们参加进去，不能负责。这样的政府，我要参加，我就是不信上帝，我的良心也过不去。譬如政府要我参加，我党要我考虑，我个人都要拒绝。”①

当周恩来留在重庆的时期内，正面战场的战局继续恶化。日军在打通大陆交通线后继续向大西南进攻。十一月十日后，广西的桂林、柳州、南宁等重地在十来天内相继陷落。十二月五日，日军推进到贵州独山，重庆大为震动。广大人民对国民党政府的统治更加不满。周恩来继续同中外各界人士接触，向他们介绍国内的政治局势，宣传成立联合政府的主张，产生了越来越大的影响。

他建议参加“自然科学座谈会”的朋友，要团结更多的科学技术工作者，组织范围更为广泛的科学团体。为了这个目的，周恩来亲自出面做李四光、竺可桢等著名科学家的工作。这年冬天，“自然科学座谈会”倡议成立“中国科学工作者协会”，得到

---

① 周恩来与赫尔利、魏德迈谈话记录，1944 年 12 月 4 日。

李四光、竺可桢、任鸿隽、丁燮林、严济慈等一百多位科学家的支持，共同列名为协会的发起人。同年底，“自然科学座谈会”同不久前由许德珩、劳君展、税西恒等组织的“民主科学座谈会”合并成为“民主科学座谈会”，参加的有许德珩、潘菽、梁希、黎锦熙、劳君展、涂长望、税西恒等。他们经常以聚餐形式讨论民主与科学问题，主张发扬五四精神，“团结民主，抗战到底”，为实现人民民主与发展人民科学而奋斗。这就是第二年成立的“九三学社”的前身。①

周恩来还利用这个时间同饱受四大家族压迫和掠夺、特别是在湘桂大撤退以来蒙受重大损害的民族工商业者扩大了接触。他在特园邀请工商界人士举行一次座谈会，出席的有刘鸿生、吴蕴初、胡子昂、胡厥文、李烛尘、章乃器、余名钰、吴羹梅、胡西园等三十多人。周恩来在讲话中着重强调：抗战要坚持到底，民族要独立，国家要富强，工业家要为国家做出贡献。著名的民族资本家刘鸿生、李烛尘和章乃器等在会上也坦率地发表了意见。以后，南方局扩展了对民族资本家的工作。这是中国共产党在统一战线中迈出的新的重要的一步。周恩来后来回顾道：“一九四四年，不仅小资产阶级，连民族资产阶级也靠拢了我们。”

十二月七日，周恩来和董必武飞返延安。八日，出席中共六届七中全会，在会上报告了在重庆谈判的经过。会议认为，国民党既已拒绝五条协定，而所提三条明显地不同意成立联合政府和联合统帅部，因此，已无法求得双方的基本共同点，在这种情况下，周恩来没有必要再去重庆。同天，周恩来写信给赫尔利，说明不能再去重庆谈判的理由。他说：国民党“既拒绝我党五条最低限度提案，而政府所提三条又明显不同意联合政府、联合统帅部的主张，使我们实无法找得两方提案的基本共同点。因此，我

① 谢立惠：《周恩来与“中国科协”》，《科学家》第5期。

实无再去重庆谈判之可能”。①

他在十二月十六日第二次复赫尔利信时，作了进一步的说明：国民党对五点建议出乎意料和直截了当的拒绝，使谈判完全陷于停顿，我回重庆已无裨益。他针对赫尔利信中把国民党政府行政院局部改组的人事变动说成走向自由与民主之一步，这样写道：“我们认为只有国民党放弃一党专政与建立民主的联合政府，才能使中国向着民主走进一步，才能使中国人民由此开始得到自由，才能动员与统一中国一切抗日力量反对日本侵略者。而在国民党一党政治下的任何人事变动，都不可能变更目前国民政府的制度和政策。这也就是我们与国民党谈判不能获得正当解决的症结所在。”②

尽管这样，中国共产党仍然没有把国共谈判的大门完全关住。十二月十二日，毛泽东、周恩来致电王若飞，嘱他转告包瑞德：“我们毫无与美方决裂之意。”并声明：“牺牲联合政府，牺牲民主原则，去几个人到重庆做官，这种廉价出卖人民的勾当，我们决不能干。这种原则立场，我党历来如此。希望美国朋友不要硬拉我们如此做。我们所拒绝者仅仅这一点，其他一切都是好商量的。”③

在赫尔利再次电邀周恩来去重庆商谈后，周恩来复函赫尔利，表示中国共产党不愿在联合政府问题上“继续抽象的探讨”。他提出四项具体要求，希望赫尔利转致有关方面，用事实来测验他们有没有决心实行民主和团结。这四项要求是：“一、释放全国政治犯，如张学良、杨虎城、叶挺、廖承志及其他大批被监禁

① 周恩来致赫尔利的信，1944 年 12 月 8 日，手稿。

② 周恩来致赫尔利的信，1944 年 12 月 16 日，手稿。

③ 毛泽东、周恩来致王若飞的电报，1944 年 12 月 12 日。

的爱国志士；二、撤退包围陕甘宁边区及进攻华中新四军、华南抗日纵队的国民党大军；三、取消限制人民自由的各种禁令；四、停止一切特务活动。”信中说：“诚能如此，则取消一党专政、建立根据人民意志的民主的联合政府的可能性，方得窥其端倪。”①

一九四五年一月七日，赫尔利致函毛泽东和周恩来，提议在延安举行有他参加的国共两党会议。十一日，毛泽东复函说：这种会议不会获得结果，提议在重庆召开有国民党、共产党和民主同盟三方参加的国事会议的预备会议，保证会议公开举行，各党派代表有平等地位及往返自由。这次提议，如国民政府同意，周将军可到重庆磋商。在收到赫尔利二十日再次邀请周恩来或其他代表到重庆“作一短期访问”的函件后，二十二日，中共中央决定派周恩来再次前往重庆。

一月二十四日，周恩来飞抵重庆。行前，他在延安机场向新华社记者发表谈话，说：这次去渝，是代表党中央向国民政府、中国国民党、中国民主同盟提议召开党派会议，作为国事会议的预备会议，以便正式商讨国事会议和联合政府的组织及其实现的步骤问题。到重庆后，他一下飞机又对《新华日报》记者发表声明，重申中共中央的主张。并指出：当前全国人民期望的是立即废除一党专政，成立民主的联合政府，承认一切抗日党派的合法地位，取消镇压人民自由的法令，废除特务活动，释放政治犯，取消对边区的包围。

赫尔利到机场迎接周恩来，把他送到曾家岩住地。当晚，新任国民党政府代理行政院长的宋子文设宴为周恩来洗尘，陪同出席的有赫尔利、张治中、王世杰。宴会后，宋子文说明政府准备在行政院之下设立一个行政委员会，由国、共和其他党派三方面

① 周恩来致赫尔利的信，1944年12月28日，手稿。

出人参加。周恩来说："这次我来重庆，是为了召开党派会议。上次我曾声明，我们要求成立联合政府的主张并不放弃，并声明要继续为这个主张而奋斗。有了主张，没有步骤不行，因而提出召开党派会议。联合政府是立场，党派会议是方针，一个是立场，一个是方针，必须弄清楚。"他又说："今天国民党主张在行政院之下设立一个新机构，但是整个系统不变。这个系统，就是一党专政。新机构属于行政院，行政院属国防最高委员会管辖，国防最高委员会又属国民党中常委管辖。蒋主席也不是人民选举的，是国民党中常会推选的。这一套系统不改变，我们也无法参加政府。"① 这一天，周恩来还会见《大公报》和《新民报》的记者，向他们说明了中共中央的主张。

第二天，周恩来到赫尔利寓所。赫尔利告诉周恩来：昨晚他和政府方面商议，除去年十一月二十一日提出的三点外，再加上："行政院之下，设立新机构，等于外国所说的战时内阁"；"成立由美国军官一人，国民党一人，共产党一人组织之整编委员会"；"为共产党军队设一美国军官做总司令，又设副总司令一人，由共产党员任之"；"整编委员会成立国民政府即应承认共产党的合法地位"。周恩来当即断然拒绝。② 同天，周恩来又应约同宋子文商谈，参加的还有赫尔利、王世杰、张治中。宋子文陈述了国民党同美方商量的几点办法。周恩来仍坚持要先解决一党包办的问题。③ 对周恩来的答复，毛泽东十分满意。他在来电中说："你拒绝了赫尔利的四个补充办法是很对的。这是将中国的军队，尤其是我党军队隶属于外国，变为殖民地军队的恶毒政策，我们绝对不能同意。"

---

① 周恩来与宋子文等的谈话记录，1945 年 1 月 24 日。

② 周恩来与赫尔利谈话记录，1945 年 1 月 25 日。

③ 周恩来与宋子文谈话记录，1945 年 1 月 25 日。

一月三十日，周恩来同宋子文、王世杰、张治中继续谈判，赫尔利参加。王世杰、张治中口头上表示承认结束党治。周恩来问："如何结束党治?"他们表示倾向于开党派会议。周恩来再问：会议的成份和内容是什么？对方又说不出来了。周恩来说："成份应是三方，内容是讨论结束党治、共同纲领、改组政府。"① 第二天，周恩来同王世杰继续会谈。他再问："是否结束党治?"王世杰又改口了，说："形式上不能接受。"周恩来提出一连串的问题：国防委员会是否为各党各派、无党派人士合作组成的民主机构？它是否有权力通过纲领、改组各院及军事委员会？是否有最后决定权，不受国民党的干涉？王世杰都回答不了，只表示愿意考虑。②

二月二日周恩来把他起草的一个关于党派会议的协定草案交给王世杰，内容是：党派会议应包含国、共和民盟三方代表；有权讨论和解决结束党治、改组政府，起草施政纲领；保证各代表有平等地位和来往自由等。王世杰也同时交出他所草拟的关于政治咨询会议的方案。周恩来看完后，立刻指出方案里没有改组政府的字样，主张仍以协定草案作为讨论的基础。王世杰辩解说："以国民党外党派参加政府，即为改组政府的实质。"③ 双方仍没有取得一致。

这段时间里，周恩来广泛地同各方面人士接触。他先后同邵力子、孙科、王昆仑、章伯钧、沈钧儒、张申府、陈铭枢、杨虎、杨杰、谭平山、柳亚子、马寅初、左舜生、黄炎培、雷震等交谈，阐述他对时局和国共关系的看法。他还会见了加拿大传教士文幼章等。

---

① 周恩来致毛泽东的电报，1945 年 1 月 30 日。

② 周恩来致毛泽东的电报，1945 年 2 月 2 日。

③ 周恩来致毛泽东的电报，1945 年 2 月 3 日。

二月十日，周恩来同赫尔利、宋子文、王世杰、张治中再次会谈。周恩来提议："在开党派会议前（先）改善环境，实行放人等四项主张。"赫尔利故意扯开话题说："我提议发表共同声明。"周恩来拒绝了。[①] 会谈不欢而散。

十三日，周恩来由赫尔利陪同，会见蒋介石。蒋介石竟以傲慢的态度宣称："联合政府是推翻政府，党派会议是分赃会议。"[②] 这等于拒绝把谈判再进行下去。周恩来怒不可遏，决定立即返回延安。

第二天，周恩来在重庆特园宴请于右任、孙科、左舜生、沈钧儒、张申府、章伯钧、李璜、冷遹、王昆仑、屈武、陶行知、杨杰、陈铭枢、郭沫若、邓初民、谭平山、鲜英、黄炎培等，向他们报告最近国共谈判的经过，揭露了这次谈判被破坏的事实。由于王世杰当天在外国记者招待会上发表歪曲国共谈判真相的声明，周恩来在次日又代表中共中央就国共谈判问题发表声明，谴责王世杰的声明是不坦白和不公平的，说明由于国民党政府在谈判中坚持要中共交出军队，坚持不结束一党专政，反对民主的联合政府，所以使谈判毫无结果。

发表声明的下一天，也就是二月十六日，周恩来飞返延安。十八日，周恩来出席中共六届七中全会主席团会议，报告同国民党谈判的情况。

为了同中国共产党和各民主党派的主张相对抗，三月一日，蒋介石在重庆的宪政实施协进会上发表演说，公然宣称：他不能结束党治，也不同意成立联合政府；并且宣布将在十一月十二日召集国民党一手包办下的"国民大会"。这是国民党所采取的一个严重步骤。在这种情况下，继续谈判已毫无意义可言。九日，

① 周恩来致毛泽东的电报，1945 年 2 月 11 日。

② 周恩来在中共六届七中全会主席团会议上的讲话记录，1945 年 2 月 18 日。

周恩来复函王世杰说："先生所提之政治咨询会议草案，亦与敝党意见相距太远，但尚准备将敝党之主张作成复案，送达贵方，以供研讨。忽得蒋先生三月一日之公开演说，一切希望，均已断绝。""此实表示政府方面一意孤行，使国内团结问题之商谈再无转圜余地。"在这种情况下，"敝党方面自无再具复案之必要"。①

不久，经过很长时间准备的中国共产党第七次全国代表大会在延安开幕了。会议从一九四五年四月二十三日开始，到六月十一日结束。毛泽东在会上致开幕词，并作了《论联合政府》的政治报告。朱德、刘少奇分别作《论解放区战场》和《关于修改党的章程》的报告。周恩来在开幕典礼上发表演说，并在四月三十日作了长篇发言。这个发言，系统地阐述抗日民族统一战线的形成和发展的过程，总结了统一战线工作的经验教训。他一开始就说：

> "自从我们党提出抗日民族统一战线的主张，到去年提出联合政府的主张，有了发展，实际上是一个东西。联合政府就是抗日民族统一战线在政权上的最高形式。国民党对于我们的主张，不管是抗日民族统一战线也好，民主共和国也好，联合政府也好，总是反对的。因为他是站在极少数人的利益的立场上，反对我们代表的极大多数中国人民的利益。"②

他把"九一八"以来抗日民族统一战线的形成和发展，分为五个阶段。他说：第一个阶段，从"九一八"到西安事变，有五年多时间。国共两党之间斗争的中心，是抵抗日本侵略，还是不抵抗日本侵略。第二个阶段，从西安事变到"七七"抗战，大概

① 《周恩来书信选集》，中央文献出版社1988年1月版，第260—261页。

② 《周恩来选集》上卷，人民出版社1980年12月版，第190页。

有半年多时间。争论的中心，是真正准备抗战，还是空谈准备抗战。第三个阶段，从“七七”抗战到武汉撤退，大概有一年半时间。斗争的中心是全面抗战还是片面抗战。第四个阶段，从一九三九年国民党五中全会到一九四四年国民参政会时国共两党公开谈判为止，时间有六年之久。争论的中心，是坚持抗战、团结、进步，还是要妥协、分裂、倒退。第五个阶段，从“联合政府”口号的提出到现在，“这个谈判有一个中心，就是我们提出成立民主的联合政府，而国民党要继续一党专制的政府”。“半年来斗争更加尖锐。这样的斗争更振奋了全国的民主运动，更使成立联合政府的主张为国际国内民主人士所拥护、所同情。”①

关于统一战线工作的经验教训问题，“在革命发展过程中，由于敌我关系和斗争营垒时常发生变化，形势时常变动，所以统一战线的问题就很复杂”。②对这个问题，周恩来从敌人、队伍、司令官三个方面来进行研究。

他先谈到敌人方面，说：新民主主义革命的敌人是帝国主义、封建势力。这在整个新民主主义革命时期是不变的。可是帝国主义不仅是一个，而且有分有合，国内的大地主大资产阶级也有不同的派别和集团，这些敌人又常常不一致，所以敌人营垒是会变化的。这样，我们要认清敌人就不是一件容易的事情，就成了复杂的问题。特别是各阶级的代表人物更不是固定不变的。代表性改变了，本来不是敌人也可以变成敌人，常常使我们搞不清楚。有些敌人在一定条件下又是有两面性的。在这二十五年革命斗争当中，我们所遇到的统一战线的变动是这样多、这样大，又这样复杂，因此就要求我们有一个清醒的头脑，善于调查研究，分析问题。各种“左”右倾机会主义，就是弄不清楚历史发展进

①② 《周恩来选集》上卷，人民出版社 1980 年 12 月版，第 191、204、205、207 页。

程中的矛盾变化，首先在认识和对待敌人这个问题上发生了许多错误。右的错误常常把敌人当成朋友，“左”的错误常常把朋友当成敌人。

关于队伍问题，周恩来指出：新民主主义的统一战线，有无产阶级，有农民，有小资产阶级，有自由资产阶级，甚至有时有些大地主大资产阶级也来参加，所以这个队伍很大，很复杂，力量不平衡，不容易统一。对这样一个队伍要弄得很清楚，要会分析，懂得怎么争取队伍的大多数，反对这个队伍中和我们争领导权的少数，同他们斗争。“这样大、这样复杂的队伍，如果不搞清楚，就会发生‘左’的右的错误。”① “我们订出了发展进步力量，争取中间力量，孤立、分化和打击顽固力量，也就是联合大多数，反对少数，打击最顽固的力量的方针。”②周恩来还指出：对于这个队伍，不仅要分左中右，而且“还要有进一步的严格的区别”。这就是毛泽东所强调的“在统一战线中应该坚持独立自主”。“右的不区别，‘左’的强调区别而不去求得今天统一的方法，都是不正确的”。③

关于领导权问题，周恩来说：这“是统一战线中最集中的一个问题”。④在这个问题上，“无产阶级领导农民、小资产阶级，可以搞得很好，很亲密。对自由资产阶级，虽然他闹独立性，但是还可以领导。对大地主、大资产阶级，一般地说不能领导，只能在某个问题上、某个时期内领导”。⑤周恩来指出：“左”右倾机会主义的问题是：“右的是放弃领导权，‘左’的是把自己孤立起来。”“可以说右倾是把整个队伍送出去，‘左’倾是把整个队伍推出去。”⑥

周恩来的这个报告包含了丰富的历史经验，全面地发挥了毛

①②③④⑤⑥ 《周恩来选集》上卷，人民出版社 1980 年 12 月版，第 213—214、214、215、220、218、220 页。

泽东关于抗日民族统一战线的策略思想，为马克思列宁主义关于革命同盟军思想的理论中增加了新的内容。

他在这次代表大会上被选为中国共产党第七届中央委员会委员。六月十九日，又在七届一中全会上，当选为政治局委员、书记处书记。

三十、抗战胜利和双十公告

中国人民经过八年艰苦卓绝的浴血奋战，付出巨大的民族牺牲，终于迎来抗日战争的最后胜利，取得了中国近代历史上第一次反侵略战争的完全胜利。一九四五年八月十日，日本政府表示接受以美、英、中三国宣言的形式公布的波茨坦公告（这时，苏联已对日宣战，也在公告上签了字）。十五日，日本广播天皇的《结束战争诏书》，宣告投降。

这时，在中国国土上还有百万以上的日本军队没有放下武器。八月十日，延安总部在得知日本政府的表示以后，立刻发出第一号命令，要求各解放区部队依据波茨坦宣言规定，向附近敌军送出通牒，限其在一定时间内缴出全部武装；并着附近伪军率队反正，听候编遣；如遇敌军拒绝缴械，坚决予以消灭。[①] 第二天上午，周恩来为延安总部连续起草第二号至第六号命令。在第二号命令中，要求原东北军吕正操、张学思、万毅等部，向辽宁、热河、察哈尔进发，要求现驻河北、热河、辽宁边境的李运昌部即日向辽宁、吉林进发。[②] 这是中国军队向东北进发的第一道命令。中共冀热辽区党委和军区接到这道命令后，于十三日在

① 延安总部命令第一号，1945 年 8 月 10 日，周恩来手稿。
② 延安总部命令第二号，1945 年 8 月 11 日，周恩来手稿。

河北丰润大王庄召开紧急会议，决定抽调部队一万三千余人、地方干部二千五百人，立刻组成两个梯队向东北挺进，先头部队在八月中下旬分别北出长城各口。在延安总部的第三至六号命令中，要求所有沿北宁、平绥、平汉、同蒲等铁路线及其他解放区一切敌伪交通要道两侧的中国解放区抗日军队都应积极举行进攻，迫使敌伪无条件投降。①

华北和华中广大敌后地区的主要抗日力量是中国共产党领导下的解放区和抗日军队。他们在八年抗战中长期坚持在斗争的第一线，同敌伪军队的控制区密切相接。而国民党政府的精锐主力却集中在中国的西南部，远离这些地区。因此，八路军和新四军在这次大反攻中，率先从敌伪军队手中光复了国土三十一万平方公里，包括张家口、邯郸、邢台、烟台、威海卫、临沂、淮阴等中小城市二百八十多座。这样，解放区就扩及十九个省市，面积近百万平方公里，人口达一亿人。解放区的抗日军队发展到一百三十余万人，民兵发展到二百二十多万人。中国共产党在全国的政治生活中，更加处于举足轻重的地位。

胜利后的中国，将走向何处？

中国共产党认为："在全中国与全世界，一个新的时期，和平建设的时期，已经来临了！"② 中国共产党力图避免内战，并且试图经过和平的道路来建设一个新中国，并实现中国的社会政治改革。这也是经历了八年残酷战争后的中国人民的普遍愿望。如果国民党愿意和平，并愿在和平的条件下同各方面合作进行建设和改革，那是有利于人民的，是中国共产党所力争的。

但是，蒋介石却坚持独裁和内战的方针。抗战期间，他躲在

---

① 延安总部命令第三至六号，1945 年 8 月 11 日，周恩来手稿。

② 《中共中央对目前时局的宣言》，《解放日报》，1945 年 8 月 27 日。

地处大后方的四川，保存实力，等待胜利，准备内战。现在，抗战胜利了，他以为自己的力量远远大于中国共产党的力量，要下山来夺取胜利果实了。

八月十一日，蒋介石政府的最高统帅部，一面命令国民党军队："各战区将士加紧作战努力，一切依照既定军事计划与命令，积极推进，勿稍松懈"；一面却独独命令共产党领导的第十八集团军总部："所有该集团军所属部队，应就原地驻防待命。"① 同时，又命令沦陷区的伪军"维持治安"，只准备接受国民党军队收编。这显然太不公平了！十三日，由周恩来起草、经毛泽东修改的新华社评论，指出这个"命令"是荒谬绝伦的："根据这种意见，可以逻辑地解释为朱总司令根据波茨坦宣言及敌人投降的意向，下令给所属部队促使敌伪投降，倒反错了；应该劝使敌伪拒绝投降，才是对的，才算合法。"评论尖锐地指出：蒋介石的"命令""从头到尾都是在挑拨内战"。"现在惟有呼吁全国同胞、世界盟邦一致起来，和解放区人民一道，坚决制止这个危及世界和平的中国内战。"②

当然，蒋介石这时对立刻发动全面内战也有顾忌：经过八年艰苦抗战，付出了那样大的代价才取得胜利，全国人民的心理状态是普遍期待能和平建设自己的国家，发动内战是极端不得人心的；国际上，英、美、苏三国也表示不赞成中国内战；而且蒋介石的精锐军队在抗战期间大多退到西南地区，要迅速开赴华北和华东一时有不少困难，至于东北就更不用说了。因此，他们需要有一段缓冲时间。

这一点，从美国总统杜鲁门的回忆录中也可以得到证实。杜鲁门说："事实上，蒋介石甚至连再占领华南都有极大的困难。

① 《毛泽东选集》第4卷，人民出版社1991年6月第2版，第1141页。

② 新华社延安8月12日电，手稿。

要拿到华北，他就必须同共产党人达成协议。如果他不同共产党人及俄国人达成协议，他就休想进入东北。”“事情是很清楚地摆在我们面前，假如我们让日本人立即放下他们的武器，并且向海边开去，那么整个中国就将会被共产党人拿过去。因此我们就必须采取异乎寻常的步骤，利用敌人来做守备队，直到我们能将国民党的军队空运到华南，并将海军调去保卫海港为止。”① 自然，这也需要时间。

正是在这种情况下，蒋介石向延安一连发出三次电报，邀请毛泽东到重庆去“共同商讨”“目前各种重要问题”。②

蒋介石这样做是真的想实现国内和平吗？不是。请看发生在国民党中央机关报中央日报社内部的一段对话。八月二十一日，《中央日报》上刊出蒋介石给延安的第二个电报，标题是：《蒋主席再电毛泽东，盼速来渝共商大计》。当晚，《中央日报》编辑部分析形势。总编辑陈训忩说：“双方距离这样远，共产党的态度这样坚决，怎么会来谈判嘛！”社长胡健中说：陈立夫“不赞成这种搞法，他认为与共产党谈判只会助长共产党的声势。他说对共产党的问题只有动大手术才行”。总主笔陶希圣说：“现在动大手术也不是时候，国内有厌战情绪，国际形势也不允许中国打内战，一打起来我们更被动，利用谈判拖一拖也好。共产党拒绝谈判，我们更有文章好做。”③ 二十四日，中央通讯社的新闻稿中报道了蒋介石发给延安的第三个电报：“特再驰电速驾。”陈训忩说：“这是官样文章”，“假戏真做就要做到底”。④二十九日，国民党政府陆军总司令何应钦密令各战区印发《剿匪手本》。蒋介石的算盘是这样打的：如果毛泽东不来，就可以宣传是共产党拒绝和平谈判，

① 《杜鲁门回忆录》第2卷，世界知识出版社1965年1月版，第70—71页。

② 蒋介石致毛泽东的电报，1945年8月14日、20日、23日。

③④ 《重庆谈判纪实》，重庆出版社1983年11月版，第419、420页。

把内战的责任推到共产党身上；如果来了，就可以利用“和平谈判”来麻痹共产党，取得时间，调兵遣将，部署内战。

中国共产党对争取和平有着真诚的愿望，对局势也有清醒的认识，决定由周恩来先去谈判，毛泽东暂缓前去。八月二十三日召开的政治局扩大会议上，毛泽东说：现在情况是，抗日战争的阶段已结束，进入和平建设阶段。我们现在新的口号是：和平、民主、团结（过去是抗战、团结、进步）。和平是能取得的：苏美英需要和平，人民需要和平，我们需要和平，国民党也不能下决心打内战，因摊子未摆好、兵力分散、内部矛盾。他又指出：蒋想消灭共产党的方针没有改变，也不会改变。他所以可能采取暂时的和平，是由于上述诸条件。① 周恩来对局势同样有着清醒的判断，他在会上发言说：从抗战转到和平，实现这个方针的后盾，一个是力量，一个是人心。我们是争取主动，迫蒋妥协。也有可能一面谈，一面打，我吃亏，他理亏。因为中共中央已经决定周恩来先去重庆谈判，他这样谈到自己的任务：中央决定我出去，我个人想是一个侦察战，最重要的是看蒋开的是什么盘子。我们是诚意要求和平的，当然不能失掉我们立场。大家关心的是毛亲自出去的问题。这个今天还不能十分肯定，因为总要谈得拢才能出去，今天也不能作不出去的决定，看我出去谈判如何再决定，蒋的阴谋也必须考虑。② 这次会议还决定了中央各部委负责人选，毛泽东为中央军委主席，朱德、刘少奇、周恩来、彭德怀为副主席。

为了准备谈判，周恩来草拟了对国民党政府的紧急要求十二条。内容包括：承认解放区的民选政府和抗日军队；撤退包围和进攻解放区的国民党军队；划定八路军、新四军和华南抗日纵队

① 毛泽东在中共中央政治局扩大会议上的发言记录，1945 年 8 月 23 日。

② 周恩来在中共中央政治局扩大会议上的发言记录，1945 年 8 月 23 日。

接受日军投降的地区；解放区抗日军队有权派代表参加处置日本投降后的一切重要工作；严惩汉奸，解散伪军；释放爱国政治犯；承认各党派合法地位；取消特务机关；取消一切妨碍人民自由的法令和对新闻出版的检查条例；召开政治会议，商讨抗战结束后的紧急措施，成立民主的联合政府等。毛泽东看后，增加了两条：救济被难同胞；公平合理地整编军队，办理复员。[①] 这十四条，经过八月二十三日那次政治局扩大会议讨论后，改写成《中共中央对目前时局的宣言》中要求国民政府立即实施的六项紧急措施。这些都是符合中国人民要求和平、民主、团结的愿望的。

二十五日晚，中共中央政治局七个同志同从重庆回来的王若飞一起，再次研究毛泽东去重庆的问题。经过反复权衡利弊，决心同意毛泽东去重庆。第二天，举行政治局会议。毛泽东在会上报告了上一夜讨论的意见，说：这样可以取得全部的主动权。自然，去谈判就必须作一定的让步。由于有我们的力量、全国的人心、蒋自己的困难、外国的干预四个条件，这次去是可以解决一些问题的。[②] 当天，中共中央向党内发出《关于同国民党进行和平谈判的通知》。《通知》说：中央决定"派毛泽东、周恩来、王若飞三同志赴渝和蒋介石商量团结建国大计"，国民党"在内外压力下，可能在谈判后，有条件地承认我党地位，我党亦有条件地承认国民党的地位，造成两党合作（加上民主同盟等）、和平发展的新阶段"。"在谈判中，国民党必定要求我方大大缩小解放区的土地和解放军的数量，并不许发纸币，我方亦准备给以必要的不伤害人民根本利益的让步。""在我党采取上述步骤后，如果国民党还要发动内战，它就在全国全世界面前输了理，我党就有

① 《周恩来选集》上卷，人民出版社 1980 年 12 月版，第 221、222 页。

② 毛泽东在中共中央政治局会议上的发言记录，1945 年 8 月 26 日。

理由采取自卫战争，击破其进攻。”①

毛泽东同意前来重庆进行和平谈判，这是一件轰动国内外的大事。山城重庆顿时沸腾起来了。

八月二十七日，赫尔利和张治中到延安迎接毛泽东、周恩来、王若飞去重庆。第二天清早，飞机从延安东门外机场起飞。下午三时，到达重庆九龙坡机场。据《大公报》记者子冈报道："第一个出现在飞机门口的是周恩来，他的在渝朋友们鼓起掌来。他还是穿那一套浅蓝的布制服。到毛泽东、赫尔利、张治中一齐出现的时候，掌声与欢笑声齐作。延安来了九个人。”②

正当前来欢迎的各党各派代表彬彬有礼地向毛泽东走去时，那些年富力强的中外记者一拥而上，把毛泽东团团围住。有的递名片，有的报姓名，有的提问题，有的抢着同毛泽东握手。而各党各派代表被挡在人墙之外，无法同毛泽东接近。周恩来一看这种情形，立刻把一个纸包高举在空中，说："新闻界的朋友们，我从延安为你们带来了礼物，请到这儿来拿吧!”这句话一下子把大群的记者吸引过来。周恩来看到毛泽东已能同各党派代表握手交谈，才微笑着打开纸包，向记者一一分发"礼物"，原来是从延安带来的毛泽东的书面谈话。③ 谈话中说："现在抗日战争已经胜利结束，中国即将进入和平建设时期，当前时机极为重要。目前最迫切者，为保证国内和平，实施民主政治，巩固国内团结。”④ 当晚八时，蒋介石在林园官邸举行欢迎宴会。重庆谈判开始了!

重庆谈判期间，毛泽东、周恩来住在红岩办事处。张治中看

① 《毛泽东选集》第4卷，人民出版社1991年6月第2版，第1153—1154页。

② 《大公报》，1945年8月29日。

③ 《重庆谈判纪实》，重庆出版社1983年11月版，第374页。

④ 《新华日报》，1945年8月29日。

到红岩地处郊区，同各界人士交往不便，主动腾出自己在曾家岩的住所“桂园”供毛泽东使用。毛泽东以桂园作为他在市内的办公地点，每天上午八时从红岩乘车到桂园，下午六时从桂园回到红岩。他在重庆，除会客和处理谈判问题外，还继续领导全党和解放区的工作。具体的谈判，由周恩来、王若飞同国民党的张群、王世杰、张治中、邵力子进行。

会谈的最初四天，是就政治、军事问题先作一般性商谈，随便交换意见。

由于国民党对这次谈判并没有真正的诚意，而且也没有估计到毛泽东等真会这样快地应邀来到重庆，所以他们根本没有准备好谈判方案。为了便于谈判进行，使谈判能取得具体的成果，只好由中国共产党方面先提出意见。九月三日，中共方面将拟定的两党谈判方案十一项交给国民党代表转蒋介石。它的要点是：

> 一、确定和平建国方针，以和平、团结、民主为统一的基础，实行三民主义〔以民国十三年（国民党）第一次代表大会之宣言为标准〕；二、拥护蒋主席之领导地位；三、承认各党派合法平等地位并长期合作和平建国；四、承认解放区政权及抗日部队；五、严惩汉奸，解散伪军；六、重划受降地区，参加受降工作；七、停止一切武装冲突，令各部队暂留原地待命；八、结束党治过程中，迅速采取各项必要措施，实行政治民主化、军队国家化、党派平等合作；九、政治民主化之必要办法；十、军队国家化之必要办法；十一、党派平等合作之必要办法。①

其中的第九、十两项，也就是政治民主化和军队国家化的必

① 《抗战胜利后国共谈判记录》（复制本），中国第二历史档案馆编撰，1978年11月。

要办法，在谈判中成了争执的焦点。

中共提出的第九项“政治民主化之必要办法”中，包括：由国民政府召集政治会议（即党派协商会议）；确定省县自治，实行普选；解放区解决办法；实施善后紧急救济。其中，解放区解决办法为：1. 山西、山东、河北、热河、察哈尔五省主席及委员由中共推荐；2. 绥远、河南、安徽、江苏、湖北、广东六省由中共推荐副主席；3. 北平、天津、青岛、上海四直辖市由中共推荐副市长；4. 参加东北行政组织。

第十项“军队国家化之必要办法”中，包括：公平合理整编全国军队，分期实施，中共部队改编为十六个军四十八个师；重划军区，实施征补制度，中共军队集中淮河流域（苏北、皖北）及陇海路以北地区（即中共现驻地区）；设北平行营及北平政治委员会，由中共推荐人员分任；参加军事委员会及其所属各部工作等。

这十一项内容，是从实现和平、团结、民主的愿望出发，以国共两党现有政治军事力量的实际状况为基础，并由中共方面作出重大让步（包括军队的大批裁减和南方解放区的撤出）的条件下提出的。

但是，国民党方面却连把这十一项作为讨论的基础也不愿接受。十一项提出的下一天，九月四日上午，蒋介石召集张群、王世杰、邵力子、张治中四人开会，把他在毛泽东到重庆一星期后才仓促拟出的《对中共谈判要点》交给他们。蒋介石的这个《要点》一开始便横蛮地说：“中共代表昨（三）日提出之方案，实无一驳之价值。倘该方案之第一、二条具有诚意，则其以下各条在内容上与精神上与此完全相矛盾者即不应提出。我方可根据日前余与毛泽东谈话之要点，作成方案，对中共提出。”① 他的

① 《抗战胜利后国共谈判记录》（复制本），中国第二历史档案馆编撰，1978 年 11 月。

“谈话要点”中最重要的，是强调“军令政令之统一”，并严格控制中共军队以十二师为最高限度。

当天晚上，周恩来、王若飞同国民党代表开始就实质性问题进行商谈。国民党代表张群等一开口就表示：“兄等此次所提条件，距离尚远”，“有数点根本无从讨论”。他们提出：现“亟须确定者尚是谈判之态度与精神”。

既然说起“谈判之态度与精神”，周恩来立刻作了一个长篇的回答，来说明中国共产党在这次谈判中所抱的和解的态度与精神。他先指出：具体问题的解决，不免遭遇困难，这自在我人意料之中。为了求得问题的解决，我方已作了尽可能的让步：“第一，认为联合政府既不能作到，故此次并不提出，而只要求各党派参加政府。第二，召开党派会议产生联合政府之方式，国民党既认为有推翻政府之顾虑，故我等此次根本未提党派会议。第三，国民大会之代表，中共主张普选，但雪艇先生（王世杰）与毛先生谈话时既认为不可能，中共虽不能放弃主张然亦不反对参加，现在亦不在北方另行召开会议。凡此让步皆为此次谈话之政治基础”，“可保证此次谈判之成功”。

张群说：恩来兄所谈之政治基础，我甚了解。感困难的即为兄等昨天所提出之第九、十两条。倘如兄等所提承认解放区的政权，重划省区而治，则根本与国家政令之统一背道而驰了，势将导致国家领土分裂，人民分裂。周恩来坦率地回答：我党对国民大会之选举现已让步，此次所提解放区解决办法系为让步合作考虑，期使两党不致对立。不然，无论在国民大会席上或国民大会闭幕以后，国民党都是居于第一党，而我党政治地位尚复有何保障？所以我们坦白提议，要求政府承认我党在地区的政治地位。

国民党代表又要求中共把军队交出来，说是决不可再蹈军阀时代的覆辙，并称：中共此时如愿放弃其地盘，交出其军队，则其在国家的地位与国民中之声誉必更高于今日。周恩来爽快地回答：兄等以封建军阀割据来比拟中共，我不能承认。我以为两党已拥有武装，且有十八年之斗争历史，此乃革命事实发展之结果。今日我等商谈，即在设法避免双方武装斗争，而以民主之和平方式为政治之竞争。

周恩来直截了当地反问：我们认定，打是内外情势所不容许，只能以政治解决。本此宗旨，我党已提出解决问题之方案，不知中央对于此事之解决所准备之具体方案如何？这一反问，把国民党代表问得张口结舌，无言对答。双方只得商定下次继续会谈。①

前面说过，蒋介石虽邀请毛泽东来重庆谈判，但他并没有准备毛泽东会来，更没有在这次谈判中解决实际问题的具体打算。张群在会谈时坦率地承认过：你们所提的办法是事先经过你们党内决定，并在你们来重庆之前就已经公布；而我方事前党内并未有任何讨论，也未准备任何方案与中共谈判。当毛泽东到重庆时，蒋介石只给了国民党谈判代表三条原则：一、不得于现在政府法统之外来谈改组政府问题；二、不得分期或局部解决，必须现时整个解决一切问题；三、归结于政令、军令之统一，一切问题必须以此为中心。至于怎样解决问题，根本没有什么切实的方案。直到四日上午，才要国民党谈判代表根据他的“谈话要点”拟订方案。这自然不是一下子就能提出来的。②

于是，谈判不能不中断三天。

九月八日，双方继续谈判。周恩来先指出：近日来国民党报纸上纷纷攻击中共为“割据”。他慨叹地说：“似此理论之争，我方亦将强调结束党治，召开党派会议，组织联合政府，以相对

① 《抗战胜利后国共谈判记录》（复制本），中国第二历史档案馆编撰，1978年11月。

② 《两党代表谈判的情况》，《重庆谈判纪实》，重庆出版社1983年11月版，第189页。

抗。如此，谈判成为僵局，问题即不能解决。”他追问：“依据我方之建议，我党军队已裁去一半，地区亦已退出一半”，“其他政治会议、国民大会与自由问题等，我方皆已提出解决办法，皆未蒙答复。希望政府能够对此有所说明。”在周恩来一再追问下，张群才拿出一份《对于中共九月三日提案之答复》，共十一条，对中国共产党提出的基本要求都加以拒绝。周恩来看完后，仍以克制的态度冷静地说：已获得双方同意者，即可认为解决；未一致者，再继续商谈。①

十日，十一日，十二日，十五日，十九日，二十一日，周恩来、王若飞同国民党谈判代表进行了六次谈判。十二日，毛泽东、周恩来同蒋介石、张群、邵力子、张厉生就军队整编问题进行商谈。十七日，毛泽东又同蒋介石、赫尔利进行商谈。商谈中，双方的主要争执点仍在军队问题和解放区问题。

军队问题，这是双方争执得最激烈的问题。中国共产党认为，在八年抗战中做出了重大贡献的解放区军队应该得到合理的编制。解放区现有一百二十万军队，在大量裁减后至少也应整编为十六个军四十八个师。蒋介石却力图缩小并编散它，坚持不能超过十二个师。双方意见十分悬殊，相持两周，仍无进展。为了打开僵局，周恩来同毛泽东商议后再作了让步。他在十九日对张群、邵力子、张治中说，昨晚和今日上午同毛泽东讨论的结果：“关于军队数目，赫尔利大使拟议中央与中共军队之比数为五分之一，我方以此比例考虑，愿让步至七分之一，即中央现有二百六十三个师，我方应编有四十三个师”；“如中央军队缩编为六十个师，中共应为十（个）师；中央军队如缩编为一百二十个师，中共应有二十个师。”关于军队驻地，“我方拟将海南岛、广东、

① 《抗战胜利后国共谈判记录》（复制本），中国第二历史档案馆编撰，1978年11月。

浙江、苏南、皖南、湖北、湖南、河南境内黄河以南等八个地区之军队撤退，集中于苏北、皖北及陇海路以北地区，此为第一步”。“第二步再将苏北、皖北、豫北三地区之军队撤退，而将中共所有之四十三个师集中驻防于山东、河北、察哈尔、热河与山西之大部分，绥远之小部分，与陕甘宁边区等七个地区。至于解放区亦随军队驻地之规定而合一。”① 但国民党代表连这样的要求仍不肯接受，在二十一日会谈时表示：中共军队编制，至多亦不能超过五个军十六个师；即令要设置行营一类的机关，也只可由中央按照军事指挥系统，予以适当之名义，以便统帅指挥。

解放区问题，双方也相持不下。周恩来同毛泽东商议后，在十九日会谈时也作了让步，提出：山东、河北、察哈尔、热河四省与陕甘宁边区之主席，由中共推荐；山西、绥远两省之副主席，天津、北平、青岛之副市长，也由中共推荐人士充任；苏北、皖北、豫北之地区，中共军队撤退前，其专员、县长由中共委任；北平行营由中共主持，并仿东北行营例设政治委员会，由中共负责。国民党代表仍不肯接受，说：中共军队悉数撤退至黄河以北，而据有黄河以北之地区，岂非分疆而治，欲三分天下有其一？中共方面如有何人堪任省主席，何人堪任厅长、委员，尽量开列名单，请中央量才任用，切不可指定何省应划归中共推荐何人任主席、厅长、委员。兄等所提华北四省主席应由中共推荐，省政由中共主持，此何异乎割据地盘？②

此外，在国民大会和政治会议问题上，也都发生争议。

这时谈判已持续近一个月，仍处在僵持状态。要是再这样拖下去，只能徒然浪费时日，很难谈出什么结果来。二十一日，周

① 《抗战胜利后国共谈判记录》（复制本），中国第二历史档案馆编撰，1978年11月。

② 《抗战胜利后国共谈判记录》（复制本）；《张治中回忆录》（下），文史资料出版社1985年2月版，第727页。

恩来在会上愤怒地指出："今日我等之商谈，系出于平等之态度，然而国民党之观念是自大的，是不以平等待中共的。故国民党及其政府皆视我党为被统治者，自西安事变以来即一贯如此。"他坦率地说明客观存在的事实："现在政府尚在国民党党治时期，我们何能将军队、政府交与一党政府。因此政府今日欲求达到统一全国军政之理想，必须采取民主之方式，循一定之步骤，而非可一步登天，一蹴即就。"并且正告国民党代表们："过去在抗战期间，两方商谈可以拖延，问题可以僵持。现在和平建国时期，问题之解决，必须从速，双方商谈不能拖延，亦不容僵持。"①

同一天，赫尔利找毛泽东谈话，要求中国共产党交出解放区，要么承认，要么破裂。毛泽东沉着地回答他：不承认，也不破裂，问题复杂，还要讨论。

三个星期的谈判，由于中国共产党方面表现了通过谈判谋求和平的真诚愿望和耐心，并一再作出巨大让步，而国民党方面却不顾现实状况，一再使用高压手段，这些事实使中国共产党赢得了国民党统治区广大人民群众的同情，中间力量也普遍认为中国共产党已做到仁至义尽，为它感到不平。鉴于照原样谈下去已难有成效，二十一日会谈后，周恩来、王若飞不得不中断同国民党代表的谈判。周恩来并向各党派、国民党内的民主派和文化界、新闻界、产业界、妇女界等广泛解释中国共产党的主张，说明导致谈判陷入僵局的真相。

国民党方面已经看到，一味施加高压是无法使中国共产党屈服的；而这次谈判已为举世所瞩目，如果谈判破裂或无结果而散，他们向国内外都难以作出交代。谈判刚中断三天，他们就坐不住了，主动找中国共产党要求重开谈判。二十五日，张群等在

① 《抗战胜利后国共谈判记录》（复制本），中国第二历史档案馆编撰，1978年11月。

国民参政会举行宴会，宴请周恩来、王若飞、张澜、沈钧儒、黄炎培、左舜生、章伯钧、罗隆基、张申府等，表示军队问题基本上已有结论，现在商量政治问题和解放区问题。二十七日开始，双方又进行了四次会谈。

这次重开谈判后，进展比前一阶段就顺利些了。

在军事问题上，中国共产党表示在公平合理整编全国军队的条件下，愿将它所领导的抗日军队缩编至二十四个师、至少二十个师的数目。国民党方面表示：全国整编计划正在进行，此次提出商谈的各项问题果能全盘解决，则中共所领导的抗日军队缩编为二十个师的数目可以考虑。至于驻地问题，可由中共方面提出方案，讨论决定。双方并商定：为具体计划解决军队整编有关问题起见，组成三人小组，中共方面代表为第十八集团军参谋长叶剑英，国民党方面代表为军政部次长林蔚和军令部次长刘斐。

在解放区问题上，中共所提要求遭到拒绝后，中共方面又提议：在解放区重新进行县级民选，选出县长与县参议会；凡一省或一行政区有过半数县已实行民选者，由县参议会产生省参议会，省参议会选举省长与委员，呈请中央加委。国民党方面仍不肯同意。二十七日，周恩来同毛泽东商议后再提出一个新的方案。他说："暂维现状，即现在各省政府所能治理之地，由省府治理之，省府不能治理者，由解放区治理之。此一办法如兄等尚不能同意，则最后之途径，只有交由政治会议解决。"① 对此，双方仍未达成协议。最后，中共方面表示同意继续商谈。

在国民大会问题上，中共方面原来提出三项主张，即：重选国大代表，延缓国大召开日期，修改国民大会组织法、选举法和《五五宪法草案》。国民党方面表示：国大已选代表应为有效，但

① 《抗战胜利后国共谈判记录》（复制本），中国第二历史档案馆编撰，1978 年 11 月。

名额可增加。双方没有达成协议。中共方面声明："中共不愿见因此项问题之争论而破裂团结。"① 双方同意将此项问题提交政治会议解决。

对政治会议问题，双方意见虽略有出入，但基本接近。双方最后同意在结束训政、实施宪政以前设政治会议，由国民政府召集，各党各派及社会贤达推荐代表出席，协议和平建国方案与召开国民代表大会问题。出席会议的代表人数，原来商定国民党、共产党、民主同盟、社会贤达各九人。党派代表由各党派自行推选，社会贤达代表由国共双方协商推定。当民盟正在酝酿推选代表时，原来包括在民盟之内的青年党忽然提出一定要五个名额，并要作为独立单位参加政协。这就使民盟处于十分为难的境地。中国共产党最初不承认青年党作为独立单位，并且坚持民盟的九个代表席位不能减少，而国民党方面则坚持青年党应有五个代表。周恩来为此同各方面进行了反复的磋商。最后，从打开僵局出发，各方达成妥协：民盟仍保持九个代表席位；青年党另成单位，有五个代表。为了保持民盟的九个席位，中国共产党主动提出：中共可让出两个名额，国民党让出一个名额。这样，代表总人数从原来的三十六人，增加为三十八人。

鉴于谈判已取得进展，周恩来在十月二日会谈将结束时建议：将一个月来的谈话记录整理出来，其中总的方针、军事问题、政治会议问题等，或已双方同意，或彼此意见接近，择其能发表者发表之，以解人民之渴望。国民党代表表示同意。十月五日，周恩来提出了这份谈话记录。这时，进犯晋东南上党解放区的阎锡山部国民党军被解放区军民击败（十月十二日上党战役结束，全歼进犯阎军三万五千人）。毛泽东又提出要返回延安。这样，在十月七日以后，国民党的态度缓和了下来。

---

① 《张治中回忆录》（下），文史资料出版社 1985 年 2 月版，第 725 页。

十月八日，周恩来将他起草的《会谈纪要》提交讨论。这份《会谈纪要》写得很有特色：不仅把双方已一致同意的内容在文字上确定下来，并且对没有取得一致的问题也分别说明双方各自的看法，在解放区地方政府问题上还说明了中共方面先后提出的四种解决方案和双方目前争执所在，表明了继续商谈的愿望。双方就《会谈纪要》进行讨论，并作了修改。

十月十日下午，《政府与中共代表会谈纪要》终于在曾家岩桂园客厅内签字。当场签字的有中共代表周恩来、王若飞和国民党代表王世杰、张治中、邵力子（张群后来补签了名字）。签字后，请正在桂园二楼的毛泽东下楼，和在场者一一握手。十二日，《会谈纪要》由国共双方加以公布。

这个具有历史意义的文献，经过多少艰难曲折的斗争，终于产生了。

双十会谈纪要的意义在哪里？毛泽东十月十一日在中共中央政治局会议上说道："这个东西，第一个好处是采取平等的方式，双方正式签订协定，这是历史上未有过的。第二，有成议的六条，都是有益于人民的。"① 周恩来在第二年也说过："我们并不因为蒋破坏了这些协定，就以为没有了收获。因为全中国人民都承认了这样的事实，认为中共的地位是不容抹杀的。国民党虽背叛了协议，但他还不敢放弃党派协商。"② 这次会谈和达成的协议，也有力地推动了国民党统治区的民主运动。

鉴于过去的种种事实，毛泽东在重庆期间的安全问题是千百万人共同关心的问题。为此，周恩来倾注了不少心血。

在延安，他就为中共中央起草给重庆办事处处长钱之光的电

① 毛泽东在中共中央政治局会议上发言记录，1945 年 10 月 11 日。

② 《周恩来选集》上卷，人民出版社 1980 年 12 月版，第 254 页。

报，对毛泽东的安全警卫、住房安排、饭食习惯等都作了具体的指示。毛泽东登机前，他要警卫人员到机上检查毛泽东的座位和安全带，后来自己又检查一遍。他交代警卫人员：“到重庆后，要机警细致，在任何情况下都要确保主席的安全，不许有任何一点疏忽。”①

在重庆，毛泽东外出时，周恩来都同车陪同。有一次，毛泽东和周恩来应蒋介石的邀请，在原国民政府主席林森的公馆里住了一天。一到那里，周恩来又嘱咐警卫人员：要仔细检查，各个角落都要查到，看有没有爆炸品和燃烧品等。警卫人员检查后，他仍不放心，又亲自检查，床上、床下、枕头都看过，在椅子上也先坐一坐，然后才让毛泽东进去。毛泽东住下后，他又嘱咐警卫人员：保证房内不能离人，不要让别人进来。在宴会上，人们拥上来，争着向毛泽东敬酒。周恩来都接过来，替毛泽东喝完那一杯又一杯的酒。白天，他帮助毛泽东处理繁重的工作。深夜，当毛泽东休息后，他又继续召集会议，检查和布置第二天的工作，度过多少不眠之夜。

十月八日，也就是毛泽东回延安前三天，一件不幸的事情发生了。

那天晚上，毛泽东、周恩来到军事委员会礼堂，参加张治中为欢送毛泽东回延安而举行的鸡尾酒会。酒会后，在礼堂看戏。正在这时，第十八集团军驻重庆办事处秘书李少石（他是共产党员，是廖仲恺的女婿）在乘车外出途中遭到国民党士兵的枪击，伤势严重，送入市民医院抢救。副官赶来报告，周恩来听到消息后为之一震，但他没有立刻惊动毛泽东，只是对他轻轻说了声：“有点事，我出去一趟。”然后，立刻找来国民党的宪兵司令张

① 颜太龙：《重庆谈判》，《重庆谈判资料》，四川人民出版社 1980 年 11 月版，第 127 页。

镇，同他一起赶到市民医院。这时李少石已因伤势太重而去世。周恩来流下了眼泪，悲痛地说："二十年前，在同样的情况下，我看到你的岳父……如今我又看到你这样……"① 他责令张镇要严加侦察，缉凶归案。散会后，张镇按照周恩来的要求，用他的汽车亲自护送毛泽东回红岩，保证了毛泽东的安全。这件事周恩来一直记在心里。全国解放后，他多次对负责统一战线工作的罗青长、童小鹏说："将来台湾解放，对张镇在重庆谈判时期的这一功劳，一定不要忘记。"②

当时情况复杂，实际情况又未查清，周恩来虽满腔悲愤，但仍异常镇静。在场的《新华日报》采访部主任石西民回忆说：当周恩来把这一切安排妥帖后，"又轻轻地走进剧场，仍然回到原来的座位上，一直默默地坐到京戏演完散场，毛主席向主人道别上车为止。我亲眼看到周恩来同志不曾将这个当时尚未查清而又非常震撼人心，也使他本人悲愤欲绝的惨案向毛主席透露一个字。毛主席始终坐着看戏，不知道曾经发生这个大事故。""周恩来同志在场内场外显然成为两个人。如果这不是他在政治上的高度警惕和出于对毛泽东主席安全的赤诚关怀，怎么能够当场如此镇静呢?"③

由于环境十分险恶，事实真相又不明，当晚在办事处开会研究时，气氛异常紧张。参加会议的人感情激动，义愤填膺，作了种种猜测，都把它同毛泽东的安全联系起来，认为这是一起严重的政治暗杀事件，是国民党下的手！只有一个参加工作不久的年轻人说：我有一点不清楚，为什么事情发生后我们的司机（这是

---

① 《怀念周恩来》，人民出版社 1986 年 1 月版，第 7 页。

② 访问罗青长谈话记录，1984 年 4 月 19 日；访问童小鹏谈话记录，1985 年 7 月 4 日。

③ 石西民：《毛泽东主席在重庆的日子》，《重庆文史资料》第 21 辑，第 11—12 页。

一个临时雇来的司机）就自己跑了？他说后，许多人批评他警惕性不高。周恩来却冷静地说：这有道理！于是，那个年轻人又接着说下去：在我们四川有时司机开车很快，不小心把国民党士兵碰了，喊停不停，士兵就举枪打，会不会是这个缘故？周恩来听后，严肃地说：这有点道理，要研究一下。事后经过调查，情况确实是这样：当汽车回城时，司机开快车，撞伤在路边的一名国民党士兵。班长见汽车肇事后没有停下来，就朝汽车开枪。子弹从车后的工具箱穿过，打中李少石的肺部。李少石因流血过多、抢救无效而去世。事情弄清后，《新华日报》在十一日发表钱之光的谈话，说明这个悲痛的偶然事件的经过，并表示愿担负那个受伤士兵的医疗费用，万一伤重去世，愿负责殓葬与抚恤。周恩来在安葬李少石后，也亲往医院看望那个受伤士兵，重申愿负担一切医疗费用。以后，周恩来多次说过：人不要有主观主义，不要有成见，李少石一事就是很生动的例子。这件事的处理，又使人看到周恩来那种光明磊落、实事求是的品格。①

《双十会谈纪要》签字的下一天，也就是十月十一日，毛泽东由张治中陪同，飞返延安。周恩来留在重庆，继续进行谈判。这时没有达成协议的是地区问题和政权问题。中国共产党的方针是要争取承认已有的民主政权，由此推向其他地方使之民主化。但蒋介石坚持不承认。周恩来后来说："毛泽东同志回来后，我与若飞同志还同国民党谈了一个半月。我们用各种方法想使他们承认，但他们还是不承认，中心就是他们不愿中国人民得到一个民主的根据地。中国这样大的国家，革命不可能是平衡前进，中国的革命就是这样的走出来，起起伏伏，一个阵地一个阵地地发展。所以对中国人民来说，根据地比什么都重要。武装固然重

① 访问乔冠华谈话记录，1981 年 11 月 25 日。

要，但武装毕竟是保持根据地的工具，武装脱离了根据地就无法生存。蒋看清了这点，他也特别懂得这个问题的重要性，因此，他无论如何不承认。”① 还有些事在形式上虽已得到承认，实际上并未得到执行，那就是受降、遣俘、改编伪军三个问题。这样，局部性的内战仍没有停下来，又打了三个月。

周恩来留在重庆这段时间内，仍一如既往地同各方面人士广泛接触，并在新的历史条件下继续扩大接触面。其中影响最大的一次是：他在十月十九日应西南实业协会的邀请，同重庆工业界人士见面，出席他们的星五聚餐会（每星期五举行一次），并作了题为《当前经济大势》的演讲。

在讲演中谈到政治环境时，他说：今天工业界有一个共同觉悟，一改过去在商言商的旧习，而关心政治，这是抗战以来的进步现象。现在大家都承认抗战胜利以后应该是努力和平建设的开始。谈到建设，就离不开工业。而一国的经济建设不能离开政治而独立，政治环境的不良足以影响经济建设。所以，我们要求的第一是和平，第二是民主。国共会谈纪要第一项和平建设方针，即是以避免内战、保障和平建设为原则。但是要实现这个和平方针，必须要从实际行动中求得。我们以为首先采取的办法是：双方军队停止前进与恢复交通。和平以外，在政治环境中首先要造成民主的条件。中国的经济实在管制太多，统制得过分，其结果是市场混乱，投机丛生，工商凋敝。中国的工业一定要有一段自由发展的时期，来扫除国内外的剥削经济，如此才能使中国走上富强的境地。

在讲到资本问题时，他说：讲到发展工业，不能不说资本。中国的经济建设，需要大量资本，但是现在的工业资本贫乏薄弱得可怜。我们对于资本问题，认为应有三种资本的方式同时发

① 《周恩来选集》上卷，人民出版社 1980 年 12 月版，第 254 页。

展：第一是国家资本，第二是私人资本，第三是合作资本。这三种资本应该是在节制资本的原则下相互配合，而不应互相排挤、克制与并吞。在这三种资本中，仍然是私人资本占多数，因此中国今后必然还要经过一段保护私有财产、发展资本主义的阶段。我们既然提倡上面所述的三种资本，当然就反对另外三种资本：官僚资本、垄断资本和侵略资本。

接着，周恩来还谈了发展问题、税收问题和劳资问题。①

他的这个讲演，刊载在《西南实业通讯》第十二卷的第三、四合期上，对增进民族资产阶级对中国共产党政策的了解，发展中国共产党所领导的统一战线，起了重大的作用。

十月十九日，他出席重庆文化界人士举行的纪念鲁迅逝世九周年大会，在会上讲话说："全国如何进入和平建设，这是全国全世界人士所关心的，这次政府与中共的会谈，决非两党的事情，这是关系全国人民的事。"②二十一日参加全国文艺界抗敌协会为改名中华全国文艺界协会而举行的联欢晚会，在会上介绍了延安文艺界的活动情况。

十一月二十五日，周恩来飞返延安。

在他回延安的那天晚上，昆明大中学生和青年职工六千多人在西南联合大学草坪开时事晚会，通过反内战宣言。晚会受到国民党特务的捣乱破坏。第二天，全市三十一个大中学校三万多学生宣布总罢课。十二月一日，大批武装暴徒冲入西南联大，殴打师生，并投掷手榴弹，死难学生四人，受伤十余人。这就是震惊全国的"一二·一惨案"，在全国范围内激起强大的抗议浪潮。

十二月五日，周恩来写了供中共中央领导人传阅的《关于国共谈判》的书面报告，说明："自毛主席离渝后，国民党由和偏战，谈判陷入僵持阶段，但中间也有起伏。"他坚定地指出："不

①② 《新华日报》，1945 年 10 月 20 日。

管蒋如何摇摆不定，我们必须有明确方针，才能争取和平阶段的到来。而且也因为‘大势所趋、人心所向’，蒋虽摇摆，也不能完全背道而驰。”“和平方针是矛，坚强抵抗是盾。战而遇到抵抗，使其知难而退，便会走向和。”对今后的谈判，周恩来提出如下方针性的意见：“我们今后谈判的方针，应本着反内战、争民主、求和平的基本方针，实行政治进攻、军事自卫的原则，确定双十会谈纪要我方提案为基本价钱，来进行‘边谈边打’的谈判。在内战尚未停止的条件下，三人军事小组自无协商之可能与必要。在目前，应以政治协商会议为我方进行政治攻势的主要讲坛，辅之以国共的幕后商谈。不要希望这次商谈有什么大结果，要准备在‘政协’中以政治攻势和国民党厮杀一场，也可能在厮杀中得到一些结果。为在‘政协’中采取政治攻势，其提案应着重于民主问题，国共商谈亦当以此为标准。”① 九日，他在延安纪念“一二·九”十周年大会上讲话，号召全国青年为实现国家的民主、和平而奋斗。他说：昆明惨案就是新的“一二·九”，谁有青年，谁就有未来。②

① 周恩来：《关于国共谈判》，1945年12月5日，手稿。

② 《解放日报》，1945年12月10日。

三十一、政治协商会议和停战谈判

双十会谈纪要虽然签了字，但还有几个问题没有解决。其中最重要的是进兵问题：国民党方面坚持将他们的军队开赴一切敌占区受降，而不准中共领导的军队受降；中共方面认为，中共领导的武装部队已解放或包围的敌占区，在受降问题解决以前，希望双方军队都暂驻原地不进。周恩来后来讲到："因彼此未能同意，所以会谈纪要没有列入。很清楚的，会谈纪要公布后，继续冲突的扩大，其根源即在于此。"①

事情正是这样。会谈纪要签订后没有多久，蒋介石就扩大进攻解放区的规模。十月十九日，他密令国民党军队将领遵照他手订的《剿匪手册》"鼓励所部努力进剿"。② 国民党的军队沿着平汉、同蒲、正太、平绥、津浦五条铁路线，气势汹汹地向解放区推进。进攻的目标，是要割裂华北解放区，抢占北平、天津，进而夺取东北。中国共产党谈判代表集中力量反对国民党的进攻，以停止向解放区进兵然后恢复一般交通为谈判主要议题，因为此

---

① 《新华日报》，1946 年 1 月 13 日。

② 中共中央军委关于蒋介石致胡宗南的"剿匪"令（1945 年 10 月 19 日）的通报，1945 年 10 月 28 日。

事不决，其他一切无从谈起。但国民党谈判代表有意避开不答，力图在战场上用武力解决问题。

十月中旬，局势已经发展得很严重：胡宗南部两个军，经同蒲铁路、正太铁路开抵石家庄；孙连仲部三个军四万多人，在第十一战区副司令长官马法五、高树勋率领下，从豫北的新乡沿平汉铁路北犯，企图夺占邯郸，北上同石家庄的胡宗南部会师。晋冀鲁豫地区的解放军，在刘伯承、邓小平指挥下，结束上党战役后将主力迅速东移，在平汉路一带顽强阻击。十月三十日，成功地争取高树勋在战场上率部一万多人起义。十一月二日，向南突围的马法五部二万三千余人全部被歼。在绥东，解放军也收复丰镇、集宁、卓资山、陶林、凉城、和林等地，使傅作义部进犯张家口的计划受阻。

三个月的局部性内战，证明蒋介石还没有准备好。尽管美国尽一切可能，帮助蒋介石运了五个军到山海关、两个军到华北、两个军到山东，但他的绝大部分军队还在西南，华北的兵力仍然不足。这就使蒋介石不能继续打下去，又重新高唱起“和平”来。

在国际上，美国总统杜鲁门在十二月十五日发表对华政策声明，主张由中国各政治力量的代表召开全国会议，商讨和平团结的有效办法。二十二日，被杜鲁门任为特使的美国五星上将马歇尔来到重庆。二十七日，在莫斯科召开的苏、美、英三国外长会议发表公报，声明坚持不干涉中国内部事务的政策。

国内国际的各种因素，使内战有可能暂时停止，和平谈判又进入新的阶段。

十二月十五日，周恩来在中共中央的会议上分析当前出现的这种新的趋势，指出：蒋介石企图在有利于他的条件下停战，成立请客式的联合政府。我们的任务是：为了配合军事自卫，开展政治攻势，也准备寻求可以接受的妥协方案。应当要求在全面停战、实现双十公告后才召开政治协商会议[1]。会议批准中国共产党出席政治协商会议的代表名单；还通过周恩来的提议，将重庆局改为南方局，以董必武为书记、王若飞为副书记。

第二天，周恩来、吴玉章、叶剑英、陆定一、邓颖超飞抵重庆。

这时，时局的中心问题是停止内战。这也是全国人民最强烈的愿望。在十八日的记者招待会上，周恩来说：中共代表这次来渝，一方面是参加政治协商会议，一方面是要继续国共之间的谈判，“首先待解决的是停止内战问题”。[2] 十九日，中共代表团宴请国民党代表。周恩来再次表示：“中共希望在政协开幕前停止内战，其他具体问题可在战争停止后用商谈方法求得解决。”二十三日，周恩来、董必武、叶剑英拜会马歇尔，对他的来华表示欢迎，并希望在国内实现停战和建立联合政府。几天后，周恩来又向马歇尔表示：“我们欢迎外来的友谊协助”，“同时也希望盟国能恪守‘不干涉中国内政’的诺言”。[3]

十二月二十七日，国共谈判恢复。中共代表为周恩来、叶剑英、王若飞。国民党代表为王世杰、张群、邵力子。一九四六年一月，成立由马歇尔、张群、周恩来组成的三人委员会，共商各项军事问题的具体办法，并在当天举行首次会议。

经过十多天的反复磋商，特别是排除国民党企图强占已由解放军控制、处于北宁铁路北侧的热河省赤峰、多伦两地的无理要求后，周恩来和张群在一九四六年一月十日正式签署了《国共双方关于停止冲突、恢复交通的命令和声明》。命令规定：“一切战斗行动，立即停止”；“除另有规定者外，所有中国境内军事调动

① 周恩来在中共中央全体会议上的发言记录，1945 年 12 月 15 日。
② 《新华日报》，1945 年 12 月 19 日。
③ 周恩来与马歇尔会谈记录，1946 年 1 月 1 日。

一律停止”；“为实行停战协定，应即在北平设一军事调处执行部，该执行部由委员三人组成之”（分别代表共产党、国民党政府和美国政府）。① 同日，中共中央指示各中央局、分局、区党委：国共双方停战令已公布，双方统限于一月十三日二十四时停战完毕；我各部应遵守命令，停止一切进攻及破坏交通；但如国民党军来攻，应坚决彻底消灭之。

这样，战争的确在全国范围内停止了一个时期，给经历了长期战乱的中国人民带来了希望：战争有可能停止。这年年底，当全面内战已经爆发后，周恩来在一次报告中仍讲道：“我们拥护停战协定，并不要因蒋破坏而不去拥护，如果照停战令作下去，对人民还是有利的。”②

颁布停战令问题的解决，为政治协商会议的如期召开最终扫清了道路。

一九四六年一月十日上午十时，举国瞩目的政治协商会议在重庆的国民政府礼堂开幕。会议代表三十八人：国民党八人，共产党七人，青年党五人，民主同盟九人，社会贤达九人。开幕当天到会的代表有三十六人。中国共产党代表是：周恩来、董必武、王若飞、叶剑英、吴玉章、陆定一、邓颖超。蒋介石在开会辞中宣布四项诺言：人民享有身体、信仰、言论、出版、集会、结社之自由；各政党有合法地位，在法律之前一律平等；积极推行地方自治，依法实行普选；释放政治犯。③ 周恩来在开幕式上致词。他说：这样的政治协商会议，在中国的政治历史上还是创举。政治协商会议，就是要请各党代表及社会贤达一起来订出如何实现政治民主化、军队国家化及党派平等合作的方案。要在共

① 《新华日报》，1946年1月11日。

② 《周恩来选集》上卷，人民出版社1980年12月版，第255页。

③ 《中央日报》，1946年1月11日。

同纲领的基础之上，实现各党派、无党无派代表人士合作的举国一致的政府。于此，人民权利和党派合作更是目前急迫待决的问题。中共代表团愿以极大的诚恳和容忍，与各党代表及社会贤达共商国是，努力合作。①

怎样才能开好这次会议？周恩来十二日在会上报告国共会谈经过时，回顾过去，语重心长地总结了四点值得今后重视的经验教训：

> “第一点是要互相承认，不要互相敌视。既然商谈了，就是要政治解决，也就应该互相承认，不应互相敌视。尤其是商谈的双方代表，更要常常保持这种态度。”
>
> “第二点是要互相商量，不要独断。既然是政治解决，就是要互相协议，而不是一方面决定了，通知别方面去做，这样是无法求得解决的。”
>
> “第三点是互相让步，不要独霸。既然政治解决，总是要于国家人民事业有利。既然于国家人民事业有利，那么两党之间、各方面之间，有什么不可以让步的?”
>
> “第四点是要互相竞赛，不要互相抵消。我们觉得既是政治解决，求合作，那么两党也好，各方面也好，总有些意见不同，应该在工作上竞赛，在地方上努力，而不是说，你做好了，我不高兴，或者这一方面做好了，那一方面不高兴。”

这四点讲得入情入理。周恩来接着以加重的语气说道：“以上四点，是从九年来双方商谈中得来的痛苦经验与教训。虽似泛论，但很希望各位先生和全国人民了解。这是一种由衷之言。我们诚恳希望在这次政治协商会议上，能够认识到这方面。这是我

---

① 《新华日报》，1946年1月11日。

要报告的主要部分。”①

从十四日到十九日，大会依照下列议程进行讨论：首先是改组政府问题，其次是施政纲领问题，第三是军事问题，第四是国民大会问题，第五是宪法草案问题。

讨论改组政府和施政纲领时，董必武系统地阐明了中国共产党关于和平建国、人民自由权利、结束训政、扩大政府民主基础、筹备国大、制定宪法、实行地方自治、整编全国军队等十项主张。周恩来在发言中，谈到保障人民基本自由权利问题。他说：“蒋主席在本会宣布的四项主张，我们非常拥护，全国人民迫切希望全部实现。有些事情当然要有步骤，但放人这件事立即可做。”他特别提出要立即释放张学良、杨虎城，指出九年前的西安事变“为民族产生了惊天动地的团结抗战。若没有他两人的赞成，也不会有民族复兴节那天的欢欣”。“要是张、杨两先生释放了，西北与东北父老乃至全国人民，谁不欢欣？何必不做？给人民自由，只有对国家有好处，望政府当机立断。”② 经过同国民党多次交涉，并以中共释放第十一战区副司令长官马法五为条件，一月二十二日廖承志获释，周恩来前往迎接。三月四日，失去自由长达五年的叶挺也被释放。他在第二天就致电中共中央要求入党，中共中央立刻批准了他的要求。

讨论军事问题时，周恩来提出了十二条建议。他说：政治民主化与军队国家化要同时实行，不能认为先有军队国家化，然后才能政治民主化。“军队是从人民来的，只有军队能真正保护人民利益，才能保护国家，才能保护民族。”③ 他表示：同意成立一个委员会，执行整编全国军队的任务；同意全国整编与大量裁

① 《新华日报》，1946 年 1 月 13 日。

② 《新华日报》，1946 年 1 月 15 日。

③ 《新华日报》，1946 年 1 月 17 日。

兵的原则；凡是抗日有功的军队，应该一面承认，一面整编；要改革军队的制度与教育；地方治安应由地方的保安队或自卫队负责维持。

讨论国民大会问题时，邓颖超报告了中国共产党的基本主张："（甲）改组后的国民政府应负责协同政治协商会议商定中国民主宪法草案及国民大会选举法、组织法，并立即根据新的选举法，进行选举。（乙）确定在本年内召开有各党派参加的自由的普选的国民大会，制定宪法，并依据宪法成立正式的民主联合的国民政府。"① 周恩来在第二天的发言中说："国大旧代表选在十年以前，那时一党统治，中共处在地下，许多党派也无选举权，选举方法根本不是直接、平等、普遍与自由无拘束的民主选举。这样选出的代表，我们当然不能承认他们为合法代表。但如果一切问题都已解决了，只剩下这个问题未得解决，是否为了这一个问题我们就要与政府党分裂呢？当然不能。""又不承认旧代表，又不要分裂，那么这不是很困难么？当然是困难的。既是难题，就要找出路，就要在许多问题上找政治民主化的出路。""如果在若干别的问题上都有好的民主的出路，那么，对于这一件违背民主的事情，人民或者还能谅解。"② 当时民盟的代表在这个问题上坚持不肯让步。周恩来就劝民盟代表团不要为着这个问题，而把当前为和平、民主和统一而召开的协商会议弄破裂了。

讨论宪法草案问题时，吴玉章代表中国共产党说明了对宪法原则的看法，着重提出了保障人民权利、中央与地方权限、地方制度和确定国策。

这五个问题，经过大会广泛交换意见后，交付小组讨论。尽管各方面的意见很不一致，引起激烈的争论，但经过十多天分组

① 《新华日报》，1946 年 1 月 18 日。

② 《新华日报》，1946 年 1 月 19 日。

研讨，终于先后在不同程度上获得了协议。一月二十七日，周恩来从重庆飞回延安。在当天参加的中共中央书记处会议上，他说：这次到重庆有三件事，停战、开政协会议、解决东北问题。停战已做到，政协会已开得差不多，只有东北问题还没有谈起。会议认为：我们从抗战结束就是和平方针，但前一段的自卫斗争是完全必要的；代表团取得的成绩很大，方针都是正确的①。第二天，他在中共中央政治局会议上汇报了政治协商会议的情况。中共中央同意代表团商定的政协会议文件，委托代表团在文件上签字。

为了赶回重庆出席三十一日举行的政协闭幕会议，周恩来在二十九日启程飞返重庆。由于途中气候恶劣，飞机只得在西安降落，滞留了一夜。三十日上午，他们又登上飞机。这是一架双引擎的军用飞机，可以乘坐十三四人。同机的除工作人员外，还有叶挺的女儿扬眉。当飞机经过秦岭上空时，突然遇到一股强大的冷气团，使机身蒙上一层厚厚的冰甲，飞机沉甸甸地向下坠落。机长一面命令机械师打开舱门，把行李一件件扔下去，以减轻飞机的重量；一面要求乘客背好降落伞，随时准备跳伞。周恩来背上伞后，又沉着地帮助别人系伞。这时机舱里传来扬眉的哭声，原来她座位处没有伞包。周恩来一看，立刻从摇摆的机身中几步跨到她的面前，迅速解下自己背着的伞包，给扬眉背上，鼓励她说："小扬眉不要哭，你要像你爸爸那样勇敢、坚强，要与困难和危险作斗争。"当年的随行者在回忆这件事时感叹地说："他给扬眉的何止是一个普通的伞包啊！他是把生的希望给了扬眉，而把死的威胁留给了自己！"② 在这万分危急的时刻，飞机冲出了

---

① 周恩来在中共中央书记处会议上的发言记录，1946 年 1 月 27 日。

② 《一次难忘的航行——随同周总理从延安到重庆》（光明日报记者根据当时部分随同人员的忆述整理），《光明日报》，1977 年 1 月 9 日。

冷气团，沉重的冰甲融化了，人们脱险了！飞机折回西安。下午，飞抵重庆。周恩来按时参加了三十一日的政协闭幕会。

这天晚间举行的政治协商会议第十次大会，根据各分组委员会的报告，全体一致通过政府组织案、和平建国纲领、军事问题案、国民大会案和宪法草案案五项决议。接着，举行曾经两度延期的大会闭幕式。周恩来在闭幕式上致词。他对这次政协会议的成功作了很高的评价："政治协商会议今天通过的各项协议，证明了这次会议得到很大的成功。""这些问题的解决，是为中国政治开辟了一条民主建设的康庄大道。而这种解决的方式，也是替民主政治树立了楷模。"他很坦率地说："虽然这些问题的协议和中共历来的主张还有一些距离，虽然各方面的见解和认识也有一些距离，但是我们愿意承认，这些协议是好的，是由于各方面在互让互谅的精神之下得到的一致结果。我们中国共产党愿意拥护这些协议，并保证为这些协议的全部实现，不分地区、不分党派地努力奋斗。"①

中国共产党在政治协商会议期间作了哪些基本让步？周恩来在会后回答《读者文摘》女记者乌特莱女士所提的这个问题时说："例如通过的纲领和中共的原提案有颇多的出入；在军队国家化上，终止了十八年来的武装斗争，改变了军队的制度；在改组政府上，我们放弃了我们根据边区经验所提的三三制，即最大的党不得超过三分之一，而同意国民党可在国府委员会中占二分之一，在行政院中占大多数；在民主宪草的原则上，我们接收英美式的初期民主，例如解散国会制度；最后在国大问题上，我们做了大让步，我们容许始终为人民所反对的十年前代表的继续存在。"② 政治协商会议所以能取得成功，有着国内国外许多因素；

① 《新华日报》，1946 年 2 月 1 日。

② 周恩来与乌特莱女士谈话记录，1946 年 2 月 6 日。

而中国共产党为争取和平所做的真诚努力和让步，显然是十分重要的原因。

政治协商会议的成功，是抗战胜利后中国政治生活中万众瞩目的一件大事，产生了深远的影响。它是在国内外各种条件作用下实现的。尽管它的决议内容同中国共产党的新民主主义纲领还有很大距离，但是如果照着政协决议做下去，是会向新民主主义的方向发展的。周恩来在二月一日的中外记者招待会上说："中共中央同意代表团所作的让步，并不遭到任何困难。因为毛泽东先生和中共中央认为中国政治的进步不可能一蹴而就，所以同意采取这种让步的方法，逐渐促进政治的进步。"① 七日下午，重庆大学学生爱国运动会邀请周恩来去讲演。时间未到，大饭厅已被三千多人挤满了，后来的同学只能站在窗台上或外面操场上。附近学校的同学也要求教授停了课，赶来听讲。一个学生对记者说："我们盼望周先生来演讲，已盼了几年了。"周恩来在讲演中先提出问题：政协为什么能召开成功？他说：世界朝着和平、民主、建设的目标而奋斗，这是总的趋势，"中国也不能违背世界总的方向，因此，才有这次政治协商会议的成功"。"抗战胜利是奠定了民族独立的基础，政治协商会议的成功才是开始了民主的道路。"关于政治民主化和军队国家化的关系问题，他说到："二者好像两条腿，忽而这个在前，忽而那个在前，是平行的，互相配合进行。政治民主化先要有一个过渡的共同纲领，以后要有一个长期的宪法产生。"表示"中共代表是赞同这一个依据政协商定的原则来修正的民主的宪法的，并希望其他党派也要求这个民主的宪法的通过。把这几部分联系起来看，恰好是一个有腿有头有神经中枢的健全的人，走向民主的康庄大道上去"。② 二月八

① 《新华日报》，1946年2月2日。

② 《新华日报》，1946年2月8日。

日，他出席张治中举行的庆祝政协成功的联欢会，在会上讲话说：写在纸上的文字要去做，去执行。要遵守诺言。希望大家倾听人民的呼声和意见，实行政协的决定。①

政协决议是得到全国人民拥护的。它深得人心，在人们心目中燃起了新的希望。许多人把它看作是中国的和平、民主和建设的开始。因此，在很长一段时间内，它就成了许多人衡量是非的重要尺度：谁能坚持政协路线，谁就深得人心；谁要破坏政协决议，谁就不得人心，就把自己置于同广大人民群众对立的地位。

中国共产党一再让步，是为了争取和平。这符合全国广大人民的愿望。然而，却不合蒋介石的心意。

还在政协开会期间，政治协商会议陪都（重庆）各界协会在沧白堂连续举办讲演会。每晚除请代表讲演外，并听取各界人民的意见。一月十六日晚，政协代表郭沫若、张东荪讲话时，国民党特务就在台下起哄，使讲演会不得不中途散会。十七、十八、十九这三夜，捣乱进一步升级：特务先在会场上狂呼乱骂，捣乱后成群结队呼啸而去；以后就大打出手，抛掷石块，杂以爆竹，有几个青年还被他们殴伤。二十六日，政协代表黄炎培的住宅被国民党军警宪兵搜查。

政协胜利闭幕后，二月十日上午，重庆各民众团体在较场口广场举行庆祝大会。到会群众近万人，周恩来也来到会场。突然，国民党特务四处喊打，大会主席团成员李公朴、郭沫若、施复亮等被殴致伤，台下群众被打的也有数十人。周恩来、陆定一、邓颖超和刚被释放的廖承志等到医院慰问，并联名写信给蒋介石提出抗议。十二日，愚蠢的国民党特务给周恩来寄来恐吓信，内附手枪子弹一颗。周恩来立即将原信交《新华日报》公

① 《新华日报》，1946年2月9日。

布。十三日，周恩来和陈启天、李烛尘等十一名政协代表联名致函蒋介石，抗议较场口事件；并往访国民党中央党部秘书长、参加政协会议的国民党方面代表吴铁城，要求政府和国民党推出代表检查与协商处理办法。

这月下旬，国民党特务组织暴徒捣毁《新华日报》和民主同盟机关报《民主报》营业部，报社工作人员多人受伤。周恩来在二十二日举行的中外记者招待会上严正地发表声明：

> “这次有组织的暴徒捣毁《新华日报》，显然与政治协商会议的民主希望相违背。政治协商会议希望今后政治问题的解决应当动口不动手，现在陪都把战场上的挑衅移到城市来，这是很遗憾的事。中国停止了内战就是为了求得和平民主建设，政协的一切协议也都是为了这个目的。本此精神，虽然中午发生不幸事件，今天下午我们还去出席军事三人会议，用政治方法去解决军事问题。这证明中共在国家的问题上丝毫不动感情，但这些挑衅的反动分子却企图在军事协商就要完成时来加以破坏。中共始终坚决为了中国的和平民主建设的神圣事业奋斗”，“决不受这类反动阴谋分子的挑衅，或因此而退却”。①

沧白堂事件、较场口事件、捣毁《新华日报》和《民主报》营业部，这一连串发生在光天化日之下的暴行，激怒了众多的善良的人们，使国民党统治区的广大人民从铁的事实中得到一个鲜明的比较，逐渐看清究竟是谁代表着人民的利益，真心诚意地为中国的和平民主建设而奋斗；是谁在违背民意，恣意地践踏并破坏和平民主建设的事业。

正如周恩来所说，中共代表团在这种令人忍无可忍的情况

---

① 《新华日报》，1946年2月23日。

下，仍然以极大的克制态度，继续同国民党代表进行谈判，努力寻求和平解决各项问题的途径。二月二十五日中午，周恩来会见马歇尔时向他指出："现在国民党中一部分人士，特别是CC，在尽力要破坏和推翻我们的这些共同成就。"马歇尔也承认："这几天是很困难的日子。这联系到那些为某种目的而精密组织起来的游行示威上。你当然明了，他们正在做断然的努力以企（图）破坏政协会的决议。"①

周恩来再一次表明中国共产党争取和平解决各项问题的诚意。当天下午，他同张治中、马歇尔一起签署《关于军队整编及统编中共部队为国军之基本方案》，这就是通常所说的"整军方案"。按照这个方案，中共部队在十八个月内编成十个师，为国民党部队五十个师的五分之一。周恩来在签字时发表讲话说："只要政府和中共，乃至全国人民都能坚守和拥护此一方案，相信任何困难阻碍，都不能妨害此方案之实施的。"②

应该怎样看待这个方案呢？周恩来在这年年底向党内干部作过说明："整军方案是使中国人民的武装受束缚的，但也受保障的，这有它的两面性。在数目上，五十比十，对我们是一个束缚，但也还不是主要的，主要的是规定要经过美国装备，我们的十个师也包括在内。""美国人是想经过这些东西来控制我们，但这是否能把我们完全困死了呢？不会的。整军方案还有它好的一面，这就是地方自治。人民的武装是地方自治的东西，六十个师只是用在国防上的。地方自治要依靠人民的武装的自卫，我们这里已经自治了，不再需要国家的军队来防匪了，这样就保障了我们解放区人民自己的武装不受国家军队的干涉。"他还指出："在整军方案中，我们在军事上取得了与蒋军的平等地位。抗战八

① 周恩来与马歇尔会谈记录，1946年2月25日。

② 《新华日报》，1946年2月26日。

年，蒋以他的统帅地位来压我们，但在谈判过程中，马歇尔来后，为了套我们，在地位上也不得不承认我们与蒋军的平等地位，结果蒋成了一方面的统帅，而不是两方面的统帅。”①

整军方案签订后，为了视察各地对停战协定的执行情况和解决整编工作中的问题，周恩来和马歇尔、张治中一起，于二月二十八日从重庆飞往北平。接着，他们又先后到张家口、集宁、济南、徐州、新乡、太原、归绥、延安、汉口等地视察。在延安，受到毛泽东、朱德、林伯渠等欢迎。到三月六日，飞返重庆。在全国范围内，内战的炮火确实停息了一段时期。

正当周恩来和马歇尔、张治中飞往各地视察时，国民党在三月一日召开六届二中全会。这是政治协商会议后国民党举行的第一次中央全会，十分引人注目。可是，在这次会议上，发出的却是一片反共叫嚷；对各地违反保障人权的事件只字不提；在改组政府问题上，不仅避开结束训政不谈，反而要把各党派推选的国民政府委员拿到国民党的中常会去“选任”，这仍是一党的政府，而不是民主的各党派合作的联合政府；更重要的是，对宪法草案通过五点修正原则，其目的就是推翻政协修改宪法草案的原则，不受政协决议约束，来动摇民主宪法的产生；在整军问题和停战问题上，也有许多违反政协决议和整军方案的做法。

这是政治事态的严重发展。国民党的六届二中全会在三月十七日结束。第二天，周恩来在中外记者招待会上，就此发表谈话。他愤慨地指出：“在政治协商会议之后召开的国民党二中全会，我们曾寄以很大的希望。但二中全会的结果实令人失望，因二中全会的决议动摇了政治协商会议的决议。”周恩来尖锐地质问国民党：“你们一方面要求人家来做，另一方面又把违反政协决议的东西写在国民党二中全会的决议上，这不能不说其中包含

① 《周恩来选集》上卷，人民出版社 1980 年 12 月版，第 256—257 页。

了欺骗。”“我们不受骗，也决不去骗人民。我们要向人民说真话，说实事，一定要先弄清楚国民党二中全会的决定是想做些什么？这不是一个人或一党的问题，而是要不要欺骗老百姓的问题。”他最后严正地警告：“我觉得政协的一切决议不能动摇或修改。这是由五方面代表起立通过的，应成为中国的民主契约。谁要破坏，谁就是破坏今天中国的民主和平团结统一。”①

这时，全国的政治局势也在迅速逆转。时局的焦点转移到了东北。

东北在抗战胜利前并没有国民党的军队，只有中国共产党领导的抗日人民武装。一九四五年八月苏联遵照雅尔塔协定对日宣战后，中共领导的冀热辽军区部队，配合苏联红军，击破日伪军抵抗，收复了山海关等地，随后又进驻锦州和承德。九月十九日，中共中央确定“向南防御，向北发展”的战略方针，从各抗日根据地增调部队和干部十余万人从邻近的冀热辽边和山东由水陆两路兼程进入东北。那时，苏联红军只驻扎在沈阳、长春、哈尔滨等大城市和铁路沿线，其他地方有许多余地可以活动。开入东北的部队解除了许多伪军的武装，组织了人民。这样，在国民党政府军队未到以前，他们已在广大农村和中小城市建立起民选的地方自治政府。可是到十月底，国民党却在美军帮助下，调动各种运输工具，空调两个军到平津，海运两个军在秦皇岛登陆，分两路向东北大举进攻。十一月间，他们先后强行攻占已被解放的山海关和锦州等要地。一月停战令下达前，又沿铁路线一直推进到沈阳附近的新民和彰武。

停战令下达后，他们借此作为喘息时间，一面命令各部队就地整训，一面命令各县强征壮丁补充各部。二月九日，他们公然

① 《新华日报》，1946 年 3 月 19 日。

破坏停战令，下达向北宁铁路两侧进攻的命令。接着，美国第七舰队集中它的运输舰，从上海、广州、越南等地将国民党精锐部队新一军、新六军等五个军陆续运抵秦皇岛，转赴东北，扩大内战。这样，国民党集中在东北的军队猛增至二十八万五千人。这些部队大多数由美械装备。东北上空战云密布，更大规模的战争一触即发。二月二十四日，周恩来致电中共中央：东北问题将为斗争焦点，对蒋介石的挑衅与进攻请予防范和准备。① 二十七日，他又致电中共中央、东北局：我军在东北的地位，从事实上和法律上说，国方都是无可抵赖的，但蒋介石有拖延承认的可能，请注意。②

三月初，苏军按照协议，开始从他们驻扎的东北城市和铁路线撤军。三月十三日，国民党军队随着苏军的撤退，进驻沈阳。随后，向解放区分路进攻，扩展他们控制的地区，先后攻占抚顺、辽阳、铁岭、鞍山、营口等地。

蒋介石兴高采烈，企图乘势夺占整个东北。三月二十二日，他命令由沈阳北上的国民党精锐部队向中长铁路上的重镇四平街发动规模空前的猛烈进攻。中国共产党领导下的东北民主联军顽强阻击。这时马歇尔正返美述职。二十七日，周恩来同张治中和马歇尔的代表吉伦紧急磋商，确定由军事调处执行部派遣执行小组，前往东北调处停止冲突。③ 蒋介石却一意孤行。四月一日，他在国民参政会上发表演说，蛮横地拒绝承认在东北的中共军队和民主政权，声称："我们中央对于东北的职责，现在只有接收领土，恢复主权行政的完整。""我们可以说东北九省（抗战胜利后国民党政府将东北划为九省——编者注）在主权的接收没有完

① 周恩来致中共中央、东北局的电报，1946 年 2 月 24 日。

② 周恩来致中共中央、东北局的电报，1946 年 2 月 27 日。

③ 周恩来与张治中、吉伦谈话记录，1946 年 3 月 27 日。

成以前，没有什么内政问题可言。”“军事冲突的调处，只在不影响政府接收主权、行使国家行政权力的前提之下进行。”他在这个讲演中还说：“政治协商会议在本质上不是制宪会议。政治协商会议关于政府组织的协议案在本质上更不能够代替约法。”①

蒋介石在国民参政会的演说是一个重要信号。它说明国民党已决心撕毁停战协定，东北的大规模武装冲突已难避免。第二天，周恩来致电中共中央东北局，指出：照目前情况看，四平街、本溪、鞍山都有失掉的危险，长春也暂难为我所有。我们不如以消灭蒋军为主，守城为次，这样较易争取主动，打得蒋痛，以利谈判。② 四日，周恩来招待中外记者，发表谈话。他列举事实，严正地指出：两月以来，国民党内顽固派的所作所为，“其目的在推翻政协，挑起内战，决不会实现和平、民主、安定、统一的中国”。③ 五日，他同吉伦会谈，说明：中共军队在东北解放了许多地方，是在停战令发布前进行的；现在政府军要接收，必须经过协商，否则就会酿成武力冲突。④ 同日，他致电中共中央：东北应准备大打，决勿幻想国方能让步。关内，国方重在蚕食封锁与破坏，我拟进一步揭穿之，将关内问题与东北问题联起来解决。⑤ 中共中央当天复电：“情况估计及应付方针甚为正确，望坚决执行。”⑥ 八日，他又致电中共中央：东北情况已变，许多问题必须重新估计；陈诚透露出要接收长春、哈尔滨、齐齐哈尔，美国企图帮蒋接收长春路，这样，非打不足以刹其威风。⑦

---

① 《解放日报》，1946 年 4 月 7 日。

② 周恩来致东北局的电报，1946 年 4 月 2 日。

③ 《新华日报》，1946 年 4 月 6 日。

④ 周恩来与吉伦谈话记录，1946 年 4 月 5 日。

⑤ 周恩来致中共中央的电报，1946 年 4 月 5 日。

⑥ 中共中央致周恩来的电报，1946 年 4 月 5 日，毛泽东手稿。

⑦ 周恩来致中共中央的电报，1946 年 4 月 8 日。

四平街的猛烈炮火声震惊全国。这场激烈的保卫战持续了一个多月，成为全国人民注意的焦点。四月十日，中国民主同盟邀请国共双方代表会商，建议中共军队让出铁路沿线，国民党军队和平进入长春，双方停战五天，然后进行谈判，全盘和平解决东北问题。周恩来表示可以接受，不过停战不应是暂时的，而应是全面的、永久的。代替张治中担任军事三人小组中国民党代表的陈诚，却只说东北是“接收主权”的问题，中央军在东北几省的调动，交通上不应受任何阻碍，不接受民盟提出的建议。这次调解座谈会毫无结果而散。①

四月十九日，重庆各界举行追悼王若飞、博古、叶挺、邓发等烈士的大会。王若飞、博古是回延安向中共中央汇报国共谈判和政治协商会议后的情况。叶挺在政治协商会议后刚被营救出狱。邓发是出席巴黎世界职工代表大会后归国的。因为气候骤变，飞机在四月八日不幸失事，在山西省兴县黑茶山遇难。出席这次追悼会的有三千多人。王若飞、博古、叶挺、邓发等都是周恩来多年的战友。在追悼会上，周恩来痛哭失声，沉痛地报告遇难诸烈士的生平事迹。同天，他在《新华日报》上发表《四八烈士永垂不朽》一文，悲愤地写道：

> “二十多年来，成千成万的战友和同志，在共同奋斗中牺牲了，但没有一次像你们死得这样突然，这样意外。突然的袭击，意外的牺牲，使我们更加感觉到这真是无可补偿的损失！”“如果没有反动派破坏政协决议的阴谋活动，也就没有你们这次冒着恶劣天气飞回延安的必要。”“烈士们！同志们！你们的责任已尽。我敢向你们保证：有中国人民在，有中国共产党在，有中国一切

① 罗隆基：《从参加旧政协到参加南京和谈的一些回忆》，《文史资料选辑》第20辑，中华书局1961年8月版，第236页。

民主党派和力量在，我们决不让反动派破坏政协、破坏停战、破坏整军的阴谋活动成功。你们坚持的方针，是全中国人民的方针。和平、民主终必会在全中国实现。”①

四月二十二日，周恩来会见返美四十天后刚回到重庆的马歇尔。东北的大打，是在马歇尔返美这段时间内开始的。这时，苏联红军已决定在四月底从东北撤退完毕，东北问题更完全是中国的内政问题。周恩来向马歇尔说：“我们方面是愿意实现三月二十七日的指令的，而国民党则不愿，反用武力侵占了我们七个城市。”“他们既然不遵守这些条款，我们便被迫要采取自卫的行动，也没有再遵守条约的义务，这样使得过去的约束不再生效了！”

周恩来向马歇尔分析国民党不愿在东北停止冲突的根本原因“是他们不愿承认中共在东北的部队，甚至把他们诬为‘土匪’，加以‘讨伐’”。周恩来列举九一八事变以后中国共产党领导的军队在东北奋勇抗战的历史和抗战胜利后东北局势演变的事实，来批驳蒋介石等散播的论点，然后指出：“不承认，这便是他们的中心思想。这样，一切商谈的结果，都成了假的了，签字的文件也落了空。”“在这种情形下，他们进攻，我们便要抵抗，于是战争一直在继续。尽管如此，我们仍然是愿意停战的，我们希望停了以后来谈一切，我们也愿意承认国民党军队的地位。这是我们和他们不同之点。”②

这次谈话以后，马歇尔曾向民主同盟的张君劢、罗隆基说：周为他未遇过的外交对手，但周说东北并无接收主权问题，他不

① 《周恩来选集》上卷，人民出版社1980年12月版，第233—234页。

② 周恩来与马歇尔谈话记录，1946年4月22日。

能同意。①

四月二十四日，周恩来同马歇尔会谈，向他指出：苏军已撤完，东北已无接收问题，因此不应再有军队调动，东北应无条件停战。② 二十九日，周恩来再次向马歇尔坦率地指出：蒋介石不愿承认中共已有力量的地区，凡是能用武力则用武力，只有不得已时才能谈判；而在谈判中又认为他是中央，一切得听他的命令，只在被迫时才让一点，因此很难协商。但是，他仍尽一切努力求得问题的解决。③ 同天，民主同盟方面提出一个新的调停方案：中共军队退出长春，国民党只派行政人员和平接收长春，不得派军队进入；同时，国共重开谈判，依据政协决议和整军方案的精神解决东北问题。罗隆基、张君劢拿了这个方案去征求周恩来的意见。周恩来表示对这个方案可以考虑，将请示延安作最后决定。罗隆基、张君劢很高兴，立刻又去找马歇尔。马歇尔也说这个提案是有意义的，但今天时间已晚，不便去见蒋介石。第二天罗隆基再去时，马歇尔却不告而别，已在早晨飞往南京去了。民盟的努力又告失败。

谈判的进展真是艰难！这一年，周恩来四十八岁。四月二十八日，他在曾家岩五十号举行向文化界人士的话别茶会。那天应邀到会的有两三百人。由于东北问题的谈判正处在僵持中，他的心情显得很沉重。“重庆真是一个谈判的城市。”周恩来深沉地回忆着说，“差不多十年了，我一直为团结谈商而奔走渝、延之间。谈判耗去了我现有生命的五分之一，我已经谈老了！”“民主事业的进程是多么艰难啊！我虽然将近五十之年了，但不敢自馁，我们一定要走完这最后而又最艰苦的一段路！”④ 离开重庆的前夜，

① 周恩来致中共中央并转东北局的电报，1946 年 4 月 27 日。

② 周恩来致中共中央的电报，1946 年 4 月 24 日。

③ 周恩来与马歇尔谈话记录，1946 年 4 月 29 日。

④ 曾敏之：《谈判生涯老了周恩来》，《文萃》第 31 期，1946 年 5 月 23 日。

他接见一位来访的青年记者。他对那个记者充满感情地谈起他个人的历史。最后，对那位记者说："中国人民已经起来，在我们这一生中还可以把艰苦途程走完而达到胜利。不过走最后这一段路是更艰苦更困难，需要我们克服就是了。"①

由于国民党政府宣布还都南京，国共谈判的中心也从重庆移到南京。五月三日，周恩来同邓颖超、陆定一、廖承志等飞抵南京。十六日，董必武、李维汉等也抵达南京。

中共代表团在南京期间，住在梅园新村，有一百多个工作人员。对外的名称叫中共代表团南京办事处，对内称中共中央南京局。他们办公的地点是梅园新村十七号，这是一所带着庭院的两层小楼。周恩来的住地是梅园新村三十号，就在它的斜对面。这里的环境比在重庆时更为险恶。周围不到一百米的范围内，国民党设置了十多个特务据点，门对门、窗对窗地进行严密的监视。特务用的摩托车、吉普车等停在附近的街头巷尾，随时准备对代表团成员跟踪盯梢。化装成摊贩、鞋匠、算卦先生、三轮车夫的特殊人物，日夜在周围活动。正如郭沫若当年所目睹的："仿佛在空气里面四处都闪耀着狼犬那样的眼睛，眼睛，眼睛。"② 周恩来和中共代表团，正是日日夜夜置身在龙潭虎穴中坚定沉着地进行斗争。

到达南京的当晚，周恩来在梅园新村举行首次中外记者招待会，指出：中原局势甚为严重，全国内战可能爆发。他重申中国共产党对待东北问题的态度，就是首先应实现无条件停战，再谈其他问题。并且表示：谈判重开时，希望首先协议停止中原内

① 曾敏之：《谈判生涯老了周恩来》，《文萃》第31期，1946年5月23日。

② 南京市博物馆、南京市文管会：《敬爱的周总理在梅园新村》，《人民的好总理》（上），人民出版社1977年版，第363页。

战。十三日，他致电中共中央，判断："目前蒋系有意识的走向战争，但做法尚保存两面。"他分析道："蒋之做法，在关外则强调接收长春，在关内则极力向我挑战，在政治则国大无期延期，先用全力肃清后方，而口头则说遵守政协决议，坚决实行整军、复员、改组政府及国防部，企图以此骗取舆论，争取美国，造成我欲内战之印象，以孤立我们，便于达到其发动全面内战之目的。本此分析，我之方针当然应据实揭露蒋之内战方针及挑战阴谋，放手动员群众，坚决准备自卫，并实行还击。但同时也应避免挑战，不受挑衅。"他对形势的发展作这样的预测："前途，在目前看来，真正好转绝无可能，全面破裂尚有顾虑，但危险已增长，半打半和也许较多，最后要看力量的变化和对比来决定。然即使能和也不会安定，必然仍在不安定的斗争中对峙下去，动员群众，以待决战。"①

五月十九日，中国共产党领导的东北民主联军经过一个多月的激烈抵抗后，撤出四平街。二十二日，中国民主同盟的张君劢、黄炎培、沈钧儒、章伯钧、梁漱溟致电毛泽东、蒋介石，提出停止东北内战的三条办法：一、中共军队撤出长春；二、国民党不进兵长春，和平接收长春；三、东北政务委员会重新组织，委员人选由各方协商，委员会驻长春。② 毛泽东电告周恩来：民盟五人三点主张，我们应表欢迎。③但蒋介石对中间派人士的这个建议根本置之不理。这一天，东北民主联军撤出长春。第二天，国民党军队进占长春。

长春被占后，政治局势发生明显变化。尽管中国共产党人力争实现和平解决，蒋介石却因一时的胜利而更加咄咄逼人。周恩来在二十八日致电中共中央，根据种种情况判断，蒋自进长春后

① 周恩来致中共中央并叶剑英、罗迈（李维汉）的电报，1946年5月13日。

②③ 《新华日报》，1946年5月25日。

积极备战，“现内战已临全面化边缘”。① 从这种判断出发，他在六月一日写信给马歇尔说：国民党政府如果继续用武力消灭东北民主联军，中国共产党的军队必定予以抵抗。三日，他又会见马歇尔，长谈六小时，严正地指出：美国一面表示要赞助中国的和平民主，一面却又在帮助国民党进行内战。并且正告他：“蒋若全面打来，我必全面抵抗。”② 六日，蒋介石发表声明说：从六月七日起在东北停止进攻十五天。实际上，他是在召开军事会议，准备在停战结束后大打。

六月七日，周恩来、陆定一飞返延安，向中共中央汇报谈判情况，并进行研究。中共中央决定的方针，仍是在不丧失基本利益下实现和平，“决定竭力争和平，哪怕短时期也好”。九日，周恩来等飞回南京。十日，他往访马歇尔，向马直截了当地指出：国民党的打算，是在东北用接收主权的名义占领大城市和交通线，在关内用恢复交通的名义占领华北铁路。如果中共不同意，就把中共除外，召开“国大”，通过“宪法”，表示中国已经实现“民主”，以便取得外国援助，肃清中共。并说明：中国共产党的方针是要争取和平民主，但目前内战的危险日益严重，迫使我们不能不抵抗。只有这样，才能使得国民党的内战政策不能达到目的，使他认识困难，再回过头来趋向和平。③

这时，周恩来同国民党方面的谈判仍在继续进行。谈判越来越艰难了。十五日，他电告中共中央：国民党方面在最后决定权、路警、军队驻地、兵力、省主席名额五个问题上逼我让步或与我破裂。我们既要避免破裂，又要不作大的让步，今后一周将

① 周恩来致中共中央的电报，1946 年 5 月 28 日。
② 周恩来致中共中央并叶剑英、罗迈（李维汉）的电报，1946 年 6 月 3 日。
③ 周恩来与马歇尔谈话记录，1946 年 6 月 10 日。

是斗争最紧张的一周。①

周恩来的判断一针见血。国民党当局在强占长春后，自以为局势已对它有利，便提出种种苛刻要求，企图压迫共产党屈服，或者造成破裂，而把破裂的责任推给共产党。在周恩来那个电报后两天，他们突然在十七日变本加厉地又对整军方案提出所谓补充办法。它要求中共领导的部队退出察哈尔、热河两省；退出山东的重要港口烟台、威海卫；在东北只能驻在齐齐哈尔、海兰泡和延吉三地，而让出哈尔滨、佳木斯、牡丹江、安东等地。十八日，马歇尔把这个方案转交周恩来时，周恩来一看就愤怒地回答：蒋介石真是逼人太甚，简直要使谈判不能进行，这个方案我们无法接受。②

两天后，周恩来坦率地向马说明：蒋要中共军队分驻几个地区，是要我退出城市和铁路线，以便消灭我们，我方不能接受。蒋已准备半年作战计划，但战争决不会如蒋所想象，他将遇到不可克服的困难。目前情况十分紧迫，内战有一发不可收的危险。建议东北全面停战，关内重申停止冲突。③ 周恩来的态度仍是十分克制的。同天，他接见记者，发表谈话，主张：不分关内外，不受时间限制，停止一切冲突，静候调处。

国民党对这个主张根本不予理睬。二十一日，蒋介石宣布将休战延长到六月三十日，同时增提新的要求：要胶济铁路沿线的中共军队在八月一日前撤退到铁路两侧三十公里以外的地区。④周恩来举行记者招待会，要求立即宣布东北长期停战，协商一切问题。他仍表示：凡有一线和平希望，我们无不努力以赴。⑤二

① 周恩来致中共中央转东北局并叶剑英、罗迈（李维汉）转饶漱石的电报，1946 年 6 月 15 日。

② 周恩来与马歇尔会谈记录，1946 年 6 月 18 日。

③ 周恩来致中共中央的电报，1946 年 6 月 20 日。

④⑤ 《中央日报》，1946 年 6 月 22 日。

十二日，他出席三人小组讨论停战方案，未获结果。会后电告中共中央：国、美方案不仅在东北，即在关内也想侵入我区。国方一切为了打，八天后整军方案也难得协议。故应在此八天积极备战。①

面对日益扩大的战火，国民党统治区广大人民对时局越来越感到忧虑。他们经历了八年抗战后渴望能进行和平建设，因而对国民党一意孤行的好战态度越来越感到难以忍耐下去。六月二十三日，上海各界人士五万人举行声势浩大的示威游行，欢送马叙伦、阎宝航、吴耀宗、盛丕华、雷洁琼、蒉延芳等十位请愿和平代表前往南京，呼吁制止内战，实现和平。

这样规模的要求和平的示威游行，在以前还不曾有过。在请愿代表中有教授，有大学生，有工商界人士，还有宗教界人士。

当天下午，请愿和平的代表们乘火车到达南京下关车站，被国民党当局精心策划指挥的自称“难民”的暴徒包围毒打。暴行前后延续达五个多小时。马叙伦等四人身受重伤。在场记者与欢迎人员受伤的有十二人。周恩来得知后，立刻向国民党当局交涉，将受伤的代表和记者等送进医院，并赶往医院探望。他激动地拉着受伤者的手说：血不会白流的。有的代表被打得遍体鳞伤，衣服也被撕破，对周恩来说：我过去总是劝你们少要一些兵，少要一些枪，现在我认识到你们的战士不能少一个，枪不能少一支，子弹不能少一点。身负重伤的马叙伦教授也握着周恩来的手说：中国的希望只能寄托在你们身上了。②

这天晚上，周恩来写了一个备忘录，由英文秘书章文晋面交美方转马歇尔，同时由国民党代表俞大维转陈诚，向国民党当局

① 周恩来致中共中央并转东北局及叶剑英、罗迈（李维汉）等的电报，1946年6月22日。

② 刘昂：《肝胆相照的光辉篇章》，《不尽的思念》，中央文献出版社1987年12月版，第144页。

提出严重抗议。李维汉后来写道："这次上海和平请愿运动和'下关惨案'，是大革命以来上海的乃至全国的第一次声势浩大的群众运动，影响极大，深刻地教育了广大人民。"①

二十四日，周恩来代表中国共产党在会谈中再次作出让步，三方通过终止东北冲突的训令和恢复华北、华东交通线的指令。但周恩来已看得很清楚：尽管共产党为了挽救和平而一再让步，国民党发动全面内战的决心已经下定，决不会因此停步，"谈判将临最后关头"。当天，他致电中共中央："我在停战、交通及美方职权上均作了某些让步，今日大致通过三个方案，足够表示我方愿求解决，留下的争论在整军，蒋绝对不会放弃他的打算。"他不能不做应付破裂的准备，要求："请中央批准我在此相机行事，以便使谈判破裂做得愈于我们有利愈好。"② 中共中央在第二天复示："你可根据既定方针便宜行事。"③

果然，蒋介石接着又坚持要中国共产党交出哈尔滨、佳木斯、牡丹江、安东、白城子、热河、察哈尔、烟台、威海卫，并要中共领导的部队离开所有铁路线。这些无理要求，遭到周恩来的严正拒绝。

对这一阶段的谈判，周恩来后来有一段总结性的分析：

> "东北三、四、五月大打，从沈阳打到长春，停战、政协都被破坏了。但为什么又有六月休战呢？因为国民党占了长春后，兵力分得很散，没有兵再进。当时我们在东北占了有利的地位，山东、山西收复了几个伪军占领的城市，这样国民党需要在东北实行几个月的休息，而在关内动手大打，于是有东北休战。二十三天的谈

---

① 李维汉：《回忆与研究》（下），中共党史资料出版社 1986 年 4 月版，第 643 页。

② 周恩来致中共中央并东北局的电报，1946 年 6 月 24 日。

③ 中共中央致周恩来的电报，1946 年 6 月 25 日。

判，讨论了许多问题，我们还打算再让一二个地方以保全广大的解放区。在停止东北战争、恢复交通、整军等问题上，都作了许多的让步，但结果还是破裂，中心问题仍是政权问题、根据地问题。蒋在形式上是要我退出苏、皖、承德、安东、冀东等地，但他承认的只是黑龙江、兴安两省及嫩江半省，华北只是临沂、大名、上党等几个地区，想把我们完全隔开，先限制在这几个地区，然后再来消灭我们。”①

事实使人们一步步看清楚了：中国共产党从全国人民在经历八年抗战后渴望进行和平建设这个愿望出发，是尽力争取实现和平的，并且一再作出了让步，做到了仁至义尽；但事情不能由中国共产党单方面来决定，国民党却总是迷信自己的实力地位，层出不穷地横生枝节，一波未平，一波又起，提出种种明知中国共产党无法接受的要求，蓄意把和谈导向破裂。什么人应负战争责任？这个问题在多数人心目中，已很自然地得出了结论。

蒋介石其实早就确定要发动全面内战，想用武力来消灭中国共产党。他所等待的只是适当的时机。国民党军队在五月二十三日进占长春，使他更加得意忘形，对形势发展和力量对比作了完全错误的估计，以为用武力消灭共产党是完全有把握的，以为自己已可为所欲为。六月下旬，向鄂北宣化店为中心的中原解放区发动大规模进攻，全面内战由此爆发。

中原解放区是怎么形成的？它是抗战胜利后由三支部队会合而成的：一支是原在鄂豫边区的李先念、郑位三等率领的新四军第五师；一支是从广东北返的王震、王首道等率领的八路军三五

① 《周恩来选集》上卷，人民出版社 1980 年 12 月版，第 258 页。

九旅南下支队；一支是从河南中部南下的王树声等率领的嵩岳军区部队。一九四五年十月二十四日，这三支部队在豫西的桐柏山区胜利会师，以新四军第五师为主体组建了中原军区，李先念为司令员，郑位三为政委。

在蒋介石看来，中原军区的建立似乎威胁着蒋军出川的大门，于是纠集大量兵力，向这个地区进逼。为了避免冲突，根据中共中央的指示，中原军区机关和主力部队从十二月下旬起，主动撤出这一地区，由平汉路西向东转移，准备到安徽五河一带，向新四军主力靠拢。部队在一九四六年一月上旬行进到湖北礼山（今大悟县）和河南光山一带时，正值“停战令”颁发。中原军区恪守停战协定，立即停止行进，临时在以宣化店为中心的这块地区就地待命。

这个地区在鄂、豫两省的交界处，东西长约二百里，南北宽约五十里。在这狭小的地区内，突然密集着原在行进中的中原军区部队九个旅六万余人，在态势和地形上都处于十分不利的地位。

蒋介石蓄谋先下手消灭这支处在国民党军队四面包围下的部队。他利用停战期间，调集十一个正规军二十六个师约三十万人，以郑州绥靖公署主任刘峙为总指挥，紧紧地包围这块地区。“停战令”颁发后的三个多月中，他们再三违反协议，先后挑衅进攻达二百四十多次。他们并在宣化店地区周围构筑碉堡六千多座，将中原军区及所属三个军区分割成“品”字形，并断绝对这个地区的粮食、医药供应。

周恩来一直焦灼地关注着中原军区部队的严重处境。早在二月二十三日，他已向马歇尔提出：在解决东北问题的同时，应该解决这个问题，撤围让中原解放军完成转移，并借给他们转移途中所需的粮食和款项。三月间，周恩来曾同国民党政府的粮食部长徐堪协商接济五师粮款问题。[①] 三月十六日，周恩来给太行、晋绥、山东等解放区的领导人打电报，说："五师困于粮款，顽方又蚕食挑衅，不允我军马上转移，因之五师危急万分，各地均有立即抢救五师的责任。"[②] 并提出准备粮食援助五师的具体办法。三月二十一日，周恩来飞返延安。二十二日，周恩来从延安致电留在重庆的董必武、王若飞，嘱咐他们在同国民党谈判中必须先解决五师的问题。月底，周恩来委托董必武到宣化店视察，代表中共中央慰问中原军区军民，并传达中央指示。四月底，国民党军队更加紧对中原解放区的挑衅和进攻。五月一日，周恩来在同马歇尔和代替陈诚担任军事三人小组国民党代表的军令部长徐永昌会谈时，严正指出国民党当局已密令三十万军队围攻五师，建议同往宣化店监督停战。

五月三日，周恩来率中共代表团从重庆抵达南京的当晚，在记者招待会上驳斥国民党当局散布的"中原无战事"的谎言，发出警告，要求"首先协议停止中原内战，以免牵动全局，发展成为全国内战"。[③] 在周恩来坚持下，美方和国民党方面被迫接受他的建议，组成三人小组去宣化店视察。

到南京的第三天，也就是五日下午，周恩来和徐永昌飞抵汉口，同由北平飞来的美方代表白鲁德会合。徐永昌在到汉口后托病不前，派武汉行辕副参谋长王天鸣做他的代表。六日早上，大雨滂沱，三方代表、工作人员和新闻记者六十余人，分乘四辆吉普车和两辆卡车，向武汉以北一百多公里的宣化店进发。

战后的公路坑坑洼洼，吉普车颠簸着前进。由于连日大雨，山洪暴发，黄陂县十棵松河的河水上涨，冲断了桥梁，公路被切

① 《周恩来书信选集》，中央文献出版社 1988 年 1 月版，第 275 页。
② 周恩来致太行、晋绥、山东等解放区的电报，1946 年 3 月 16 日。
③ 《新华日报》，1946 年 5 月 5 日。

断了。找来当地的乡长、保长，但乡长、保长却找不到人帮忙。王天鸣和白鲁德商量后，找周恩来说："周先生，您看是否转回汉口，等水退了改日启程?"周恩来要随同他前去的原中共黄陂县委书记任士舜找来当地群众，问他们："乡亲们，我们要到宣化店和平谈判，你们有办法帮助我们过河吗?"一个老大爷说："有办法!"他组织大家拿来绳子、抬杠，把吉普车捆绑停当，由十几个大汉赤着脚，把吉普车和坐在车里的白鲁德、王天鸣抬过河去。其他美蒋方面的人员，也被农民背过河去。周恩来走向河边时，农民争着要背他。他恳切地说："乡亲们，你们为了争取和平，给予我们很大的支持，我很感谢你们。二万五千里长征，跋山涉水，是我们共产党的本领。今天，我不能再麻烦你们了。"说着，他便脱下长裤，由警卫员陪着，赤脚蹚过这条一百多米宽、水深及腰的河流。当晚，他们在姚家大湾住了一夜。周恩来住在一个贫农家里，吃晚饭时，他到厨房揭开锅盖，看看这家人吃些什么，发现锅里尽是野菜。他就喊警卫员把随身带的口粮倒入锅内，煮成野菜粥，和这家人同吃。老乡感到过意不去。周恩来却笑着说："我们是一家人，就应该同吃一锅粥啊!"①

八日上午十一时，他们到达宣化店。当地军民吹着唢呐，敲起锣鼓，前来欢迎。下车后，周恩来先带美国和国民党代表过竹竿河，到河西的礼山中学休息。他自己洗个脸，喝杯茶，就匆匆返回河东，到宣化店街上的中原军区司令部，听取军区负责人汇报，研究布置同美蒋代表谈判事宜。李先念摊开一张五万分之一的军用地图，向周恩来汇报部队的情况和敌我双方的态势。周恩来俯身细看地图，不时用红蓝铅笔打着记号。听完大家发言后，

① 任士舜：《周恩来同志指挥我们战斗》，《中原突围》第 2 辑，湖北人民出版社 1984 年 4 月版，第 6—7 页。

周恩来向他们分析了时局，指出和平已不可能，内战难以避免。他要求中原部队一面要拖住对方，尽量延长时间，一面要随时做好迎击对方突然进攻的准备。

下午，在礼山中学同美国和国民党方面代表进行会谈。到会的还有中外记者四十多人。会谈一开始，李先念先愤怒地历数国民党破坏停战的大量事实。坐在对面的国民党代表无词以对，只能说："李将军且息怒！待兄弟返回汉口，呈禀上峰，再作处理。"白鲁德探询地问道："周先生，依您看四个月来停战和谈的成绩如何？"周恩来严肃地回答："依我看，四个月来的停战和谈应该说是有进展的。但是，中原地区的形势很严重。"他把"严重"两个字说得特别重。他对王天鸣说："李先念司令员刚才揭露贵方军队破坏停战协定的一切行动，都是事实。应该知道，中原战争如果爆发，必将宣告和平结束，成为全面战争的起点。"他接着说："我希望白鲁德先生和王先生要秉维护和平的精神，竭力做出有益的贡献。"当晚，军区举行欢迎晚会。

晚会结束，已是深夜。周恩来又同李先念等回到司令部，继续听取汇报。他最关心的是部队的士气。军区领导人汇报说："生活虽然艰苦，绝大部分干部和战士的士气都是很高的，坚决主张武装突围打出去。但也有极少数的同志，害怕战争，幻想和平。"周恩来听完后，反复指示："你们不要依靠谈判，绝对不要幻想国民党发善心，他是不会发善心的。你们必须依靠自己的力量。""你们脑子必须复杂一点，一定要设法用枪杆子突围出去！""对幻想和平的，即使是极少数人，也必须认真抓紧进行教育。"夜已经很深了，周恩来仍同军区负责人一起，在油灯下把地图展开，仔细地察看军区制订的作战方案。对突围方案中选定的路线、地形、敌情，哪里有山，哪里有水，哪里有敌人碉堡，哪里敌人部署多少兵力、战斗力如何等等，都进行了详细的了解和研究，一直工作到清晨。①

九日上午，周恩来一行离开宣化店。下午，回到武汉。十日，三方代表签订了停止中原内战的协议。这个协议的重要成果，是国民党方面同意将二千多伤病员和非战斗人员以及部分被国民党蚕食地区的地方干部遣送到河南安阳。这就精简了部队，便于做好突围前的各项准备工作。当天，周恩来和徐永昌、白鲁德飞返南京。

为了保护五师，周恩来时时注意不给对方以任何借口。五月下旬，山东解放军某部围攻枣庄。周恩来立刻电告中共中央：这样做“恐于大局不利，并将影响五师处境”，建议“停止进攻，如已拿下，则应宣布我退出枣庄”。② 中共中央立即将此电转告山东。

但国民党围攻中原解放区的决心已下，部署已定。六月二十二日，蒋介石密令刘峙指挥中原地区国民党军队向各进攻地点集结。二十六日，国民党军队开始大举进攻中原解放区，并扬言要在四十八小时内一举歼灭中原解放军。他们估计五师必向东北方向突围，向新四军主力靠拢，因此将大部兵力集中在东线和北线，并命令进攻时不许有一个漏网，务求全歼。可是，中原解放军却遵照中共中央指示和周恩来在宣化店时一起研究的作战部署，以主力西向，分三路全部突出重围。

中原解放区在国民党军队四面重围之下，坚持了半年以上，拖住国民党三十万大军，推迟了他们进攻晋冀鲁豫、苏皖解放区的时间表，从而为华北、华东、东北等解放区壮大人民力量、做好迎击全面内战的准备工作争取了时间。这是有重大意义的。它

① 邹作盛：《中原突围前夕——忆周恩来副主席在宣化店》，《周恩来总理八十诞辰纪念诗文选》，人民出版社 1978 年 9 月版，第 245—246 页。

② 中共中央致山东解放区的电报，1946 年 5 月 28 日。

的突围成功，又是给国民党反动派一个沉重的打击。

对时局发展中这个重大变化，周恩来有着清醒的认识。六月二十九日，他同马歇尔会谈时说：能让的我都让了，不知政府是破裂呢？还是一面打一面谈？我们愿意和平，但不能接受蒋的这一套。① 他给马歇尔的备忘录中说：国民党政府军于六月二十六日起大规模进攻湖北李先念部队，这必然会引起全国性的大规模军事冲突，责任完全在国民党政府。② 三十日，周恩来致电中共中央说：蒋方是边打边谈，在东北兵力不足，一时不致有大动作，关内则向我中原、苏北、山东、热河等地进攻，可影响晋冀鲁豫，建议在政治上揭露大打，在军事上各个击破③。七月一日，中共中央通知各解放区："敌反共反人民的大内战已从二十六日围攻五师开始。我即将进行自卫战争。"④

抗战胜利以来各党派经过长期协商所得的成果，已因国民党反动派的一意孤行而被推翻。忍耐和让步总有个限度。中国共产党和中国人民原来竭力想避免的全面内战终于爆发了！

---

① 周恩来与马歇尔会谈记录，1946 年 6 月 29 日。

② 周恩来致马歇尔的备忘录，1946 年 6 月 29 日。

③ 中共中央致各中央局的电报，1946 年 7 月 2 日，毛泽东手稿。

④ 中共中央致各战略区的电报，1946 年 7 月 1 日。

三十二、和谈的破裂

全面内战爆发后，和平谈判成功的希望已经断绝。但国民党还想利用谈判作为烟幕来掩盖内战的扩大，并想把和谈破裂的责任推卸给中国共产党，因此并不宣布停止谈判。这样，谈判在表面上仍继续进行，但它的性质已和前两个阶段不同。

对这个阶段谈判的特点，周恩来作过这样的概括：

> “这个阶段是表面谈判，实际大打，也就是拖中大打。一方面是我们坚持政协路线，另方面是蒋不断地破坏它。我们把谈判作为教育人民的工作。这个方针，连马歇尔也对叶剑英参谋长说：周将军最近几个月来，并不是为谈判而谈判，而是为宣传而谈判。这句话有一半道理，但责任并不在我，因为对方不愿解决问题，我们就告诉人民是他不愿解决，用以教育人民。从七月到我回来以前就是这样一个方针。”①

这真是一种在异常特殊条件下进行的谈判。破裂已成定局，环境更加险恶，对手又是富有纵横捭阖的政治经验的。他们时而施加高压，时而又美言引诱，力图使你犯个错误，以便把破裂的责任推到中国共产党身上。周恩来正是在这样复杂的环境中，表

---

① 《周恩来选集》上卷，人民出版社 1980 年 12 月版，第 258—259 页。

现出大智大勇，坚定而沉着地同对手周旋，一次又一次成功地用事实来揭露国民党，教育了群众。

七月二日，周恩来和董必武一起去会见蒋介石。这是他在全面内战爆发后第一次会见蒋介石。蒋介石重复提出要中共让出苏北、安东、胶济线。他说："这个解决了，全国就和平了，一个月以后就可开国大，改组政府。"他尤其着重于让出苏北，说："苏北地方并不大，让出来不算什么。你们还有很多地方可以生存。现在大家都看到，你们在苏北，对南京、上海威胁很大。胶济路如不让出，则常遭破坏交通，就无法安定。北宁路无承德掩护，也不安。"最后他以很友好的样子说：如你们"让出这些地方，全国人民都说你们好，你们不会吃亏的"。周恩来回答他："今日必须一面求全面停战，一面开政协，谈改组政府。"他对蒋介石所提问题逐条给以答复，并对驻军方案提出具体建议。蒋介石丝毫不予考虑。于是，双方因"无话可谈而散"。① 本来，周恩来还想同蒋介石谈五师、办报、放人等问题，也因看到不可能有任何结果而没有提出。同天，周恩来致电中共中央作出判断："现在形势，边打边谈，打又为主。"②

第二天，国民党政府又以国防最高委员会的名义宣布：决定在本年十一月十二日召开国民大会。这个决定，事前既没有同中共方面商议，也不向第三方面人士打招呼。周恩来便在七日向蒋介石提出书面抗议，并郑重声明："关于国大诸问题，在未得协议以前，敝方不受贵方任何片面决定之拘束，并仍坚持速开政协综合小组商讨国大及其有关问题之主张。"③ 中国民主同盟也为此事向国民党提出抗议。

事实上，国民党政府这时大打的方针已定。他们继围攻中原

---

①② 周恩来致中共中央的电报，1946 年 7 月 2 日。

③ 《周恩来书信选集》，中央文献出版社 1988 年 1 月版，第 321 页。

解放区之后，又在七月中旬集中正规军五十万人，向华东解放区大举进攻。其中，进攻的重点是苏北中部的苏中解放区，所用兵力为五个整编师约十二万人。周恩来在十二日致电延安并北平，及时通报这一严重敌情："苏北大战即将开始，（国军）部队由徐州向南、津浦路向东、江北向北，三面同时开始进攻，以武装难民作先锋，先求解决苏北后，再打通津浦、平汉等。"① 人民解放军苏中地区的解放军立刻做好准备，对国民党军队的进攻奋起反击。在粟裕等指挥下，以三万多人的兵力迎战进犯的十二万国民党军队，每战集中绝对优势兵力打敌一部，从七月十三日至八月三十一日，七战七捷，共歼敌五万余人，迟滞了国民党军队对苏皖和山东的进攻，取得了内线歼敌的丰富经验。

蒋介石在发动全面内战的同时，对第三方面的民主人士也加紧迫害。七月十一日，国民党特务在昆明街头用美制无声手枪暗杀中国民主同盟中央委员、救国会"七君子"之一的李公朴。十五日，又在昆明暗杀中国民主同盟另一位中央委员、西南联大教授闻一多。这两位著名民主战士的连遭暗害，使周恩来悲愤到极点。十七日，周恩来、董必武等在南京向国民党政府提交的抗议书中愤激地写道："如此野蛮、卑鄙手段，虽德意日法西斯国家政府犹不敢肆意为之。中国号称反法西斯胜利国家，四项诺言，言犹在耳，而特务暴行，接踵而至，遍及全国。殴打未已，暗杀继之。一城之内，五日之间竟至续演杀人惨案两起，不知政府当局何以自解耳！"② 他们给闻一多夫人的唁电中沉痛地写道："惊闻闻一多先生紧随李公朴先生之后惨遭特务暴徒暗杀，令郎义和君亦受重伤。暗无天日，中外震惊，令人椎心泣血，悲愤莫名，真不知人间何世！此种空前残酷、惨痛、丑恶、卑鄙之暗杀行

① 周恩来致中共中央并北平市委的电报，1946 年 7 月 12 日。

② 《新华日报》，1946 年 7 月 18 日。

为，实打破了中外政治黑暗之记录。中国法西斯统治的狰狞面目，至今已暴露无遗。一切政治欺骗，已为昆明有计划的大规模的政治暗杀枪声所洞穿。”“中国法西斯暴徒如此横行，虽极猖獗疯狂，实法西斯统治的最后挣扎，自掘坟墓。”① 抗议书和唁电，都在次日的《新华日报》上公开发表，在国民党统治区产生巨大的反响。同一天，周恩来飞抵上海见马歇尔时，愤怒地对他说：不知你听到昆明的消息否？现在国民党有一切权力可用，但却用暗杀的手段来对付民主人士，是无耻、法西斯的作风，令人愤慨。我得到消息后，愤慨得无话可说。国民党用这样的方法，还有什么谈判、民主可言？连别人说话都怕！国民党用武力来打中共，双方还可以对打。民盟并无武力，要用这样方法是压不下去的。这虽然不是谈判范围内事，但实在太严重了！政协的一切保证都无法实现了。所以，现在国民党内的和一切的民主人士的安全都成了问题，不仅我们一方而已。②

隔了几天，中国民主同盟中央常务委员陶行知，因受刺激过深，劳累过度，突患脑溢血。周恩来和邓颖超赶到时，陶行知已去世。周恩来俯身拉着陶行知还不十分僵硬的手，含着热泪说：“陶先生，放心去吧！你已经对得起民族，对得起人民。你的事业会由朋友们、你的后继者们坚持下去的。你放心去吧！”当晚，周恩来致电中共中央说：“今后，对进步朋友的安全、健康，我们必须负责保护。已告上海潘汉年及伍云甫，在救济方面多给以经济和物资的帮助，在政治方面亦须时时关照。”③

为了使国内外了解内战扩大、时局迅速恶化的真相，周恩来七月十八日在上海寓所招待记者。到会的中外记者一百多人，把

---

① 《周恩来书信选集》，中央文献出版社 1988 年 1 月版，第 328 页。

② 周恩来与马歇尔会谈记录，1946 年 7 月 17 日。

③ 《周恩来选集》上卷，人民出版社 1980 年 12 月版，第 238 页。

今天在此追悼李公朴闻一多两先生，时局极端险恶，人心异常悲愤。但此时此地，有何话可说？我谨以最虔诚的信念，向两先生默誓：心不死，志不灭，和平可期，民主有望，杀人者终必灭亡。

周恩来

周恩来为李公朴、闻一多手书的悼词

一间不大的客厅挤得坐无隙地。许多晚到的记者只得在窗外、阳台上站着听讲。

周恩来一开始就明白指出："现在的情况是由局部的内战向着全面的内战发展和扩大。"他说：最明显的事实是在四个地区进行的大规模战争，鄂豫边境、山东胶济线、苏北和山西。"如照报纸上所说目前的局势是边谈边打，则政府今天是偏重于打。形式似乎在拖，但实际是向全面内战发展。我们认为这是不应该的。"他还谈了救济问题和昆明暗杀问题。对昆明暗杀事件，他愤慨地说："这不是偶然的，而是和平民主运动中一种反动的逆流，想以这种最卑鄙的手段来吓退民主人士。""这些问题的严重性不亚于内战。因为这是打击大后方手无寸铁的民主人士、工业家、新闻记者及文学家。在内战的前方，还可说两方都有武器。而在国民党政府管辖的后方，有的是宪兵、警察、军队、法庭、监狱等的镇压，还要用暗杀的手段来镇压政府党所不满意的人士，这真是无耻卑鄙之至!"对中共代表团和他自己有没有危险的问题，周恩来从容地说："我们来谈判就是准备着的，过去在重庆准备了八年，今后再准备八年吧。"但他仍给对方留下余地，并不把门关死，说："我们共产党人愿意和真心悔过的人握手。我们和多少人握过手，我很难过地说，甚至和手上染有血的人握过手。为了人民，为了民主，为了国家，我们不惜忍气吞声地这样做，我们日夜祈求停止此种暴行。"周恩来最后说："现在情形如此严重，我们仍为和平民主而奋斗。只要能永远停止战争，我们仍愿在政治协商的前提下，解决任何争执的问题。"①

但是，蒋介石却认为内战形势对他有利，根本无意于实现和平，不但不肯就此罢手，要价反而越来越高了。八月六日，上月十四日刚出任美国驻华大使的司徒雷登，在上庐山会见蒋介石

① 《新华日报》，1946年7月26日。

后，约周恩来会谈了五个小时。司徒雷登说：蒋介石同意先成立一个非正式小组，由司徒雷登和国共双方商谈改组政府。但在商谈前中共必须接受下列五个条件：一、让出苏皖边区；二、让出胶济线；三、让出承德与承德以南；四、东北在十月十五日前退至黑龙江、兴安省及嫩江等省与延吉；五、鲁、晋两省须退出六月七日后占领地区。否则，停战、改组政府都无从谈起。司徒雷登问周恩来：有没有商量余地？周恩来断然回答："绝对不能接受，一条也不行。"他又反过来问司徒雷登："蒋何以如此无理，愈要愈多？"司徒雷登说："蒋说形势已变。"周恩来说："蒋之错觉为：两三月后，他可从军事上进占苏北、胶济路、热南、同蒲南段、津浦北段、安东、哈尔滨，谈得固好，打得最好，边谈边打，而拖成也好。"司徒雷登说："如此和平无望，似非内战不可了。"周恩来说："这是蒋的方针。我们是无条件停战，依照政协改组政府。六月协议，我们让步很多。今蒋要求无厌，故内战责任应由蒋负之。"① 当夜周恩来致电中共中央，报告了这次会谈的情况。八日，毛泽东为中共中央起草复电说："蒋之五条绝对不能接受，一条也不行，你的答复很对。我各解放区正在动员全力粉碎蒋介石进攻。"② 这以后，马歇尔、司徒雷登宣布谈判陷于僵局，调处困难。国共之间的谈判一时处于停顿。

随着国民党军队对解放区全面进攻的公开化和扩大化，美国政府逐渐抛开在国共之间"调解"的外衣，更加公开露骨地援助蒋介石进行内战。八月间，美国陆军助理次官彼得生和美国对外清偿委员会及海军部代表同国民党政府商谈，准备将价值二十亿美元的军用剩余物资以低价让售给国民党政府。这是公然鼓励国民党扩大内战，是美国对华政策中跨出的严重而危险的一步。对

① 周恩来致中共中央并叶剑英的电报，1946 年 8 月 6 日。

② 中共中央致周恩来的电报，1946 年 8 月 8 日，毛泽东手稿。

此，中国共产党不能不作出强烈反应。二十三日，周恩来受命致电马歇尔，向美国政府提出抗议。他宣布："设若中美政府仍然签订这样的协议，其严重后果几可立见，而美国政府对此实难逃避其应负的一部分责任。"①

八月二十六日，周恩来举行记者招待会。事先分发《群众》周刊社论《立即无条件停战，实行政协决议》摘要，作为中共对时局的正式意见。周恩来在答复各报记者询问时说："六月谈判已解决了问题的百分之九十，即王世杰也说已解决百分之八十五了，最后国民党提出要中共撤（出）四个地区，使谈判拖延不决，后来变成五个地区。明知中共无法答应，以此来拖。现在又谈改组政府，若不弄清楚，又可能拖几个月。国民党就是用'拖'来蒙骗要求和平的人民，欺骗世界舆论。"② 这就把国民党当局用来蒙骗舆论的手法完全揭穿了。在答复外国记者有关时局的问题时，他又说："国民党当局相信能用武力压迫我们屈服，故谈判是敷衍的、表面的，用来欺骗世界与中国人民的，其真意是在打。我们给他的回答是战争不能使中共屈服的，只有愈打愈大。政府当局想靠打来达到目的，是做不到的。"他公开批评美国政府将军用物资、器材低价让给南京政府，说："这就是鼓励中国法西斯派内战。这是不合乎和平的要求的。我们对此深感不满，我们要向世界呼吁。"③

蒋介石发动全面内战时，配合他的军事行动，还有一个重要策划：要使黄河重归故道。这样，不仅可以水淹解放区，并且将把山东、豫东、苏北等解放区同华北解放区分割开来。这是一个

① 周恩来致马歇尔的电报，1946 年 8 月 23 日。

② 《新华日报》，1946 年 8 月 28 日。

③ 《新华日报》，1946 年 8 月 31 日。

重大的阴谋。周恩来敏锐地察觉到这个问题，进行了坚决的斗争。

斗争的中心是豫东花园口大堤的堵口。

要讲花园口堵口，先得从花园口决堤说起。一九三八年夏，国民党军队在日本侵略军大举进攻下西撤。当开封陷落、郑州岌岌可危的时候，国民党当局想用黄河水来抵挡并迟滞日军的进攻，在六月九日扒开了花园口黄河大堤。黄河河水突然从决口处奔腾而下，改道南流，淹没豫东、皖北和苏北四十四个县五万四千平方公里的广大地区，造成中外闻名的黄泛区，使一千二百五十万人流离失所，八十九万人死亡，给人民带来严重的灾难。这是有史以来黄河发生的一次最惨重的水害。

经过八年抗战，这里远处敌后，大部分地区成了解放区。原来的黄河故道，因河水南移，已成一片平陆。它全长七百四十四公里，四分之三在解放区内，属于冀鲁豫解放区的有考城、封丘、濮阳等十七个县，属于渤海解放区的有济阳、青城等县。黄河故道两岸的居民，八年来翻沙挖土、种植树木。古老的黄河故道已经良田成片，树木成林。漫长的河堤大部也已破坏。那里人力物力资源丰富，战略地位重要。如果在原有堤防未及修复的情况下，黄河突然回归故道，势必四处决溢泛滥，使解放区蒙受巨大的灾难。

一月停战令公布的第二天，国民党政府就派人“视察下游黄河河床”。三月一日，在“善后救济”的名义下，擅自在花园口破土开工，计划在六月合龙。蒋介石把这件事列为“首要急务”。正在重庆同国民党谈判的周恩来，立刻警惕地注意到这个严重问题。他在三月一日致电国民党行政院善后救济总署（当时简称“行总”）主任蒋廷黻，明确地提出：中国共产党同意堵复花园口，但必须保证现已迁居黄河故道的人民不因黄河突然回归而受危害。

三月三日，他同马歇尔、张治中到新乡视察时，又当面向国民党政府的黄河水利委员会委员长兼黄河堵复局局长赵守钰，也向晋冀鲁豫地方政府代表指出：黄河问题必须由国共双方洽商解决，并应坚持“先复堤后堵口”的原则。经过多次谈判，双方同意这一原则。五月十五日，也就是周恩来从宣化店回到南京后五天，他在梅园新村会见谈判黄河复堤问题的中共方面代表赵明甫、王笑一，一起作了研究。第二天，带着他们同国民党政府水利委员会委员长薛笃弼会谈。十八日，周恩来在南京同国民党方面达成黄河问题的协议。为了防止国民党方面出尔反尔，他还在当天同“联总”代表福兰克芮、塔德达成六项口头协议。随后，他又向马歇尔提交备忘录，指出“复堤尤重于堵口”，“堵口以前，应做好一切准备工作”。[①] 对这个问题，周恩来在异常繁忙的谈判过程中始终没有放松过。他和董必武致电中共冀鲁豫边区党委时心情沉重地说：“此项关数百万人民生命财产事，我们时放在心，不敢丝毫懈怠。”[②]

六月下旬，全面内战爆发。国民党对堵复花园口更加迫不及待了。在向中原解放区发动进攻前三天，他们悍然撕毁南京协议，下令花园口工程立即抛石合龙。严令：“宁停军运，不停运石。”然而，由于当地游击队破坏采石场造成石料不足，加上黄河水涨，这次堵口没有成功。接着，白崇禧、陈诚等接连到花园口督促加紧进行堵口工程，企图赶在洪水季节到来前把口门堵复，使黄河复归故道，水淹解放区。斗争到了更加尖锐复杂的阶段。

① 周恩来致马歇尔的备忘录，1946 年 5 月 18 日。

② 王化云：《黄河滚滚忆深情》，《怀念周恩来》，人民出版社 1986 年 1 月版，第 97 页。

事关解放区黄河故道两岸七百万军民的生命财产安全，周恩来在六月二十九日、七月八日、七月十日为此事连续三次向马歇尔致送备忘录。七月十四日下午，他到上海，访问“联总”的雷易和“行总”的蒋廷黻，商谈黄河堵口问题。这是他抗战胜利后第一次来到上海。十六日，他回南京，再次同马歇尔商谈，提出要把黄河治理问题脱离政治、军事问题来解决。十七日下午，他再次飞抵上海。第二天上午，参加“联总”、“行总”和水利委员会为解决黄河堵口复堤问题而召开的联席会议，严正驳斥了主张立即堵口的论调，坚持在堤岸修复、居民迁出以后，方可堵口放水。为了讨论有关的具体措施，需要到河南当地根据实际工程情况来解决。十九日清晨，周恩来同负责黄河堵口工程的工程师泰德和“联总”上海分署助理署长普来乘飞机到徐州，再换火车到开封。

到开封后，周恩来对花园口进行实地视察，看了堵截黄河的工程，并把冀鲁豫行署负责人张玺、段君毅和负责治黄工作的王化云找到开封，听取他们的汇报。周恩来听完汇报后，告诫他们：谈判仅是一个方面，不要把希望寄托在一纸协议上。你们要抓紧赶修堤防工程，争取时间。按照周恩来的这个指示，当地解放区军民在农事大忙季节里，仍有二十多万人投入热火朝天的黄河大堤的抢修工程，取得了巨大的成效。

周恩来在开封停留期间，还在一次各界人士出席的座谈会上，就黄河堵口问题发表演说。他从黄河的历史讲到这次黄河返归故道，用大量事实来揭露国民党当局把黄河作为战争工具，并阐述了中国共产党的主张。他同到会的工程技术人员取得了一致的认识：堵口、复堤都应当按照协议进行。会上，他那渊博的知识，庄严的风度，明晰的说理以及对事实的深刻理解，使许多听者为之折服。一个在场的国民党中央通讯社记者，在所发的专稿中称周恩来“是气宇轩昂的人物”，回答问题“是深刻的”。①

经过两天的调查，他们从开封返回上海。第二天上午再次参加“联总”等的联席会议，终于达成协议：确定“先修故道，后堵决口”的原则，并对修复故道和迁移居民等费用的处置办法作出规定。② 这样，就把花园口堵口的工程日期大大推迟了，为解放区黄河沿岸军民争取到抢修故堤和转移居民所必需的宝贵时间。

以后，国民党当局十二月十五日在花园口抛石合龙，又没有成功。再过三个月，一九四七年三月十五日，他们第三次在花园口合龙，滔滔黄水流归故道。但这时解放区的黄河故堤工程已基本修复，没有造成大的灾害。国民党大肆吹嘘黄河天险可抵得四十万大军，但三个月后，刘邓大军一夜之间就从八个渡口一举突破黄河天险，直插鲁西南，进而千里跃进大别山。这些是后话了。

在黄河重归故道问题上的这场斗争，是周恩来在全面内战爆发初期对中国人民做出的又一项重大贡献。

一九四六年九月，局势开始急速地恶化。该月四日，国民党政府参谋总长陈诚公开发表谈话，宣布国民党军队将进攻张家口。十日，蒋介石手令北平行辕及第十一、第十二战区部署对张家口进攻。

张家口是解放区的政治军事中心之一。进攻张家口是一个严重步骤。它表明国民党决心实行最后破裂。周恩来仍竭力作挽救的努力。他在十一日找马歇尔商谈，建议重新召开休会已近三月

---

① 王化云：《黄河滚滚忆深情》，《怀念周恩来》，人民出版社 1986 年 1 月版，第 98—99 页。

② 《协定备忘录》，《黄河归故斗争资料选》，山东大学出版社 1987 年 6 月版，第 54—57 页。

的军事三人小组会议，讨论停战问题。十九日，马歇尔答复说：国民党方面拒绝召开军事三人小组会议，而提出要召开非正式五人小组会议讨论政府改组问题。这就是拒绝停止向张家口进攻。

事情十分清楚：全面破裂已难避免，继续商谈已不能取得积极成果。于是，周恩来愤然暂时退出谈判，在九月十六日离开南京，乘飞机来到上海，在上海住了三十六天。他采取这个行动，目的是让全国人民和全世界都知道：和谈已处于危急关头。不让国民党制造一种假象，仿佛谈判还在继续，谈判仍有希望。

周恩来这次到上海，同前三次短期来沪一样，仍住在思南路（旧名马斯南路）一〇七号。

这是一所独立的三楼一底的花园洋房，西面有较宽敞的花园，原是中共代表团上海办事处的驻地，但国民党限制代表团的活动，借口上海不是谈判地点，不同意用办事处的名义，因此对外称为“周公馆”。周恩来住的房间设备很简陋，只有一张床，一只写字台，一个竖式木衣架，还有两只凳子。他的随身行李，就是两只小皮箱。

在周公馆周围，国民党设立了四个特务监视哨，并规定每天要有《监视专报》上报。只要周公馆的汽车一出动，他们的汽车立刻尾随紧跟。对出入周公馆的人员，他们在《监视专报》上也有详细记载。不知道姓名的，就记下他们的面貌、特征、衣着和出入时间。还派人盯梢，调查来往人员的身份和行踪。在这样险恶的环境下，周恩来处之泰然，沉着坚定地进行斗争。

到上海后三天，九月十九日，周恩来在周公馆单独接见美国联合社记者，声明：“本人已暂退出南京政治谈判，不再与政府及美国代表进行‘无意义’之磋商。”他说：这种磋商，现在只能掩饰中国内战的情况，使中美两国人民不能了解真相。“除非蒋主席同意重开军事三人小组会议，本人将不返南京。”他还强调指出：美国政府实行错误的对华政策，已使中国内战波及全国，但即使中共失去张家口、哈尔滨、淮阴及其他铁路沿线的重要城市，中共亦决不向国民党屈服，不相信武力可以解决悬而未决的问题。①

周恩来这样一走，马歇尔、司徒雷登都着急了。二十六日，他们联名致函周恩来说：自阁下赴上海后，我们一直希望你回来，以便可以重新努力，停止蔓延的内战。我们愿在此事上尽最大能力帮忙。因此我们敢于根据我们过去的友谊及我们个人对你的尊敬，催促你立刻回南京。②

周恩来心里很明白：在这种情况下，即使重开谈判，也不会有任何结果。第二天，他复信说："我并非不欲回南京与阁下等共商停战之确切办法者，唯因政府当局不仅无停战表示，且更变本加厉，正在积极进攻张家口、哈尔滨、安东与苏北各地不已，若再冒昧商谈，徒骗人民，而为政府放手大打之烟幕，于真正和平决无补益。故宁留上海，以待三人会议之召开。"③ 三十日，周恩来再次向马歇尔送致备忘录。同日，他和董必武等又以中共代表团名义致函蒋介石，受命提出最严重的警告。函中声明："如果政府不立即停止对张家口及其周围的一切军事行动，中共不能不认为政府业已公然宣告全面破裂，并已最后放弃政治解决的方针。其因此所造成的一切严重后果，当然全部责任均应由政府方面负之。"④

事态既已发展到这样严重的地步，周恩来认为有必要迅速向国内外公布事实真相，使公众了解国民党当局正在蓄意制造全面

① 《上海民国日报》，1946 年 9 月 20 日。

② 马歇尔、司徒雷登致周恩来的备忘录，《美国与中国的关系》下册，中国现代史资料编辑委员会，1957 年 9 月版，第 614 页。

③ 周恩来致马歇尔、司徒雷登的备忘录，1946 年 9 月 27 日，手稿。

④ 《中共代表团致蒋介石函》，《群众》周刊第 12 卷 11 期，1946 年 10 月 6 日，第 4 页。

破裂，在精神上有所准备。十月一日下午，他在上海周公馆举行记者招待会。到会的有中外记者七十余人。周恩来一开头便说：从上次八月底和诸位见面后，过去了的九月份正如所预料的一样，是在“拖中大打”的局势中过去了。全国内战越打越大，现已打到察哈尔大门。如果政府军不停止对张家口及其周围的军事进攻，我们便认为蒋主席决心破裂，最后放弃和平谈判，一切严重的后果和责任都应由国民政府负之。

他把中国共产党和国民党在内战问题上所采取的两种截然不同的态度作了比较：“自从日本投降以来，中共的态度一向都是为和平、民主、独立、统一而奋斗。从马歇尔将军担任调人起，我们始终主张彻底停战和照政协决议办事。这两项主张，是全中国人民的要求，也是国际爱好和平人士的愿望。不管什么时候，在什么情况下，我们从没有改过口。但是，国民党当局则完全相反。在有些时候他们也口头赞成停战，但在大多数时候反对停战，而不论赞成或反对，他们总是提出许多使对方不能接受的条件，所以，实际上就是反对停战，破坏停战。”

周恩来历举一月停战令宣布以来几个主要时期的关键问题上双方的态度，说明内战的责任应由谁负。接着说：“现在政府正在进攻张家口。在战争这样严重的情形下，可以设想政府不仅不会马上停战，定会在打下张家口后提出更多的要求。”他严正地宣告：“在今天，主要的关键是立即停止进攻张家口，因为绝不能在向解放区军事政治中心之一的张家口进攻的炮火中，来一条一条地商谈停战协定、改组国府及召开国大等问题。这等于拿刀放在人家的脖子上逼其投降，这种希望是永远不可能在中共身上达到的。”

周恩来以过去不曾使用的强烈措词，谴责美国政府正在变本加厉地推行的援助蒋介石扩大内战的对华政策。他说：美方帮助国民党运军队运军火，以八亿二千五百万美元的美军剩余物资转让给国民党政府，美国海军陆战队在华北帮助守卫国民党军队的据点和铁路运输线，美国的军事顾问团在训练国民党军队使用美国武器。“我们可以这样说，如果没有美国的帮助，国民党要进行像今天这样大规模的内战，是不可能的。”

周恩来最后激动地说：“今天中国的情况是空前严重的。如果国民党政府不改悔，仍继续向张家口进攻，如果美国政府仍旧公开的或隐蔽的帮助国民党政府打仗，继续保留军队驻华，那末，中国的内战是无法停止的，中国必将是一个全面破裂的局面。内战的继续扩大，将使中国人民遭受更惨痛的牺牲，经历更长期的黑暗。但我们深信，中国人民有力量走完这段艰苦的过程，克服一切困难，战胜内战制造者与援助者。”①

周恩来的这篇讲话，外国通讯社和国内外许多报纸都用显著地位进行报道，在社会上引起强烈的反响。

十月四日，上海各界人士五千余人，在天蟾舞台举行追悼李公朴、闻一多的大会。周恩来亲笔写了悼词，由邓颖超在会上宣读。全文充满悲愤的激情和必胜的信心，这样写道：“今天在此追悼李公朴、闻一多两先生，时局极端险恶，人心异常悲愤，但此时此地，有何话可说？我谨以最虔诚的信念，向殉道者默誓：心不死，志不绝，和平可期，民主有望，杀人者终必覆灭！”②

九日上午，马歇尔从南京飞来上海，中午，假吉伦中将的寓所宴请周恩来，餐后进行了长时间的会谈。周恩来向马歇尔指出：攻张家口就是蒋宣布决心放弃谈判，走向全面破裂。③ 在致马歇尔的备忘录中，他表示：如政府不惜以内战独裁造成全国分

① 周恩来在记者招待会上的讲话，《群众》周刊第 12 卷 11 期，第 2—6 页。

② 《周恩来选集》上卷，人民出版社 1980 年 12 月版，第 239 页。

③ 周恩来与马歇尔会谈记录，1946 年 10 月 9 日。

裂之局面，中共方面将坚决反对到底。[①] 会谈仍没有取得什么结果。马歇尔返回南京。当晚，周恩来招待报界人士，指出只要国民党政府立即停止进攻张家口，中共愿意参加谈判。他仍以积极的态度，提出对军事和政治的十一点建议。

经过中国共产党一再警告，谁都已经看清：只要国民党攻占张家口，那便是和谈的正式破裂。蒋介石如果还有一点要保持中国和平的想法，他就决不能再这样做。可是，蒋介石已完全陶醉于他在军事上的表面优势，不顾共产党人的一再警告和各种建议，也不顾全国人民的强烈反对，一意孤行，悍然于十月十一日下午攻占张家口。他得意忘形，当天下午又宣布他们单方面决定召开的国民大会在十一月十二日如期举行。本来，中国民主同盟秘书长梁漱溟在十日还赶来上海，想劝周恩来回南京继续谈判，周恩来没有坚决拒绝。梁漱溟颇为兴奋，在十一日搭夜车回南京。但第二天早晨，他在南京车站下车时，看到报上赫然登载国民党军队攻下张家口的消息，对记者们脱口而出地说了一句当时传诵一时的名言："一觉醒来，和平已经死了！"[②]

事情发展到这种地步，已没有什么可谈的了。十月十二日，周恩来致电中共中央：国民党打下张家口后已下令召开"国大"，证明要破裂。南京、上海为争取时间疏散人员，拟在四五天内保持沉默，请中央严厉批评国民党。[③]

但是，国民党还要做出一些姿态，装作它还是要和平的、倒是共产党不愿谈判。十四日，蒋介石和孙科、吴铁城、邵力子等商讨对策。十五日一早，国民党派国民参政会副秘书长雷震到上

---

① 周恩来致马歇尔的备忘录，《群众》周刊第 12 卷 12 期，1946 年 10 月 13 日，第 5 页。

② 罗隆基：《从参加旧政协到参加南京和谈的一些回忆》，《文史资料选辑》第 20 辑，中华书局 1961 年 8 月版，第 259 页。

③ 周恩来致中共中央的电报，1946 年 10 月 12 日。

海，找民主同盟、青年党的代表商谈，说是要邀请留沪的政协代表，包括共产党的代表，都到南京去，重开和谈，希望第三方面代表尽力调解。第三方面一些人士仍抱着一线希望，想从绝境中挽救和平。当天下午，张君劢、黄炎培、沈钧儒、章伯钧、罗隆基一同到思南路周公馆去见周恩来，劝说周恩来重去南京。周恩来愤慨地把共产党对张家口问题早已提出的严重警告，以及半年多来谈判中共产党所作的种种让步和委曲求全的经过，重复地向他们说了一遍。民盟的代表也指责蒋介石缺乏信义，但仍劝驾去京。周恩来在谈话时虽很激愤，但对第三方面代表的态度仍是热情的，没有关死和谈之门。

当天，他致电中共中央说：目前局势是国民党正在发动和平攻势，而第三方面因怕破裂，也参加这一和平运动。现在的中心环节是争取第三方面。如能争取到民盟全部或大部不参加“国大”，就是胜利。①

这时，周围的政治气氛已很紧张。十六日，蒋介石发表声明，提出八项条件，要挟中共宣布参加“国大”，提出代表名单。当天，国民党监视周公馆的特务发现周恩来常坐的汽车从周公馆出来，直驶江边码头，有两个人携带行李登轮。他们以为周恩来离上海赴香港，立刻密报国民党政府上海市长吴国桢。吴国桢打电话到周公馆询问，才知是两个工作人员乘轮北上。这天傍晚，周恩来乘车外出。汽车刚开动，特务的汽车又尾随跟踪。周恩来机警地要司机绕道返回周公馆门口，突然刹车。车刚停稳，周恩来就拉开车门，跳了出来，大步地走过去，厉声责问：“我是周恩来，你们为什么跟踪我的车子？是谁叫你们跟踪的？”并要他们出示证件。那些小特务吓得答不上话来，只得说是卢湾警察分局派来“保护”的。周恩来对他们说：“你们回去吧！我要打电

---

① 周恩来致中共中央的电报，1946 年 10 月 15 日。

话给你们吴国桢。我们还在谈判，我又不走，为什么要跟踪?”并嘱随行人员抄下了特务的汽车号码。回到周公馆，他就亲自打电话责问卢湾分局。卢湾分局只得说是奉命而为。第二天上午，准备撤退到香港去的夏衍、乔冠华、龚澎到周公馆辞行。谈到中午，周恩来感慨地说：好容易打败了日本，老百姓都想过和平生活，而现在又得打仗了。你们南行，我回延安，可能要几年以后再见面了。说到这里，他忽然提出：我替你们饯行，吃一次上海的大闸蟹。于是他们四人和陈家康一起外出。特务人员又乘坐昨日所用汽车（但换了车照号码）紧紧跟梢。周恩来发现了，再次下车质问，并且要他们一起到吴国桢处。跟踪的特务矢口否认是党部人员，只说是普通百姓。周恩来回办事处后，又打电话向吴国桢提出抗议。①

十七日，吴铁城、邵力子、雷震到上海。当晚，他们同第三方面接触，希望劝说周恩来回南京。第三方面推出章伯钧、罗隆基、黄炎培、张君劢、李璜、左舜生、胡霖连夜向周恩来转告同国民党代表会谈的经过。周恩来表示：国民党所提八条不能作为重开谈判的基础。对于回南京一事，他既未表示同意，也不断然拒绝。十八日下午，国民政府代表同中共、青年党、民盟、社会贤达各方面全体在沪代表在周公馆就恢复商谈问题交换意见。经过两天的协商，决定恢复商谈方式依“谈停谈”程序进行。②

十九日，正值鲁迅逝世十周年。周恩来应邀出席上海十二个文化团体在辣斐大戏院举行的鲁迅逝世十周年纪念大会。他在巨幅的鲁迅画像前慷慨陈词：“人民希望民主、独立、团结、统一，而日本投降了一年多了，这一个愿望还没有达到。鲁迅先生逝世

① 夏衍：《懒寻旧梦录》，生活·读书·新知三联书店 1985 年 7 月版，第 566—567 页。

② 《大公报》，1946 年 10 月 19 日、20 日。

那年也在谈判，到今天足足谈了十年了，还不能为中国人民谈出一点和平，我个人也很难过。但人民团结起来，就一定能够解决中国的和平民主统一的问题。今天，我要在鲁迅先生之像面前立下誓言：只要和平有望，仍不放弃和平的谈判，即使被逼得进行全面自卫抵抗，也仍是为了争取独立、和平、民主、统一。”他引用了鲁迅的名句“横眉冷对千夫指，俯首甘为孺子牛”后，意味深长地说：“我们要有所恨，有所怒，有所爱，有所为。过去历史上有多少暴君、皇帝、独裁者，都一个一个地倒下去了。但是历史上的多少奴隶、被压迫者、农民还是牢牢地站住的，而且长大下去。人民的世纪到了，所以应该像条牛一样，努力奋斗，团结一致，为人民服务而死。”① 第二天，他又和邓颖超、李维汉等到万国公墓祭扫鲁迅墓，并在蒙蒙细雨中种下了两棵松柏。

他邀请留在上海的郭沫若、许广平、马叙伦、马寅初等人到思南路周公馆客厅聚面。对他们说：蒋介石已经完全撕破了和谈的假面具，放手大打起来了。战争正在进行，胜负现在还未定。但是，从各方面看来，再经过几年的苦战，蒋介石的进攻是能够被粉碎的。大革命失败后，一九三一年冬天，我要离开上海的时候，何时再回上海，觉得渺茫。现在可就不同了。看形势，三五年之后回来，可能性很大。无论南京或上海，我们是一定要回来的。郭沫若即席写了一首五言诗送给他：“疾风知劲草，岁寒见后凋，根节构盘错，梁木庶可遭。驾言期骏骥，岂畏路迢遥？临歧何所赠，陈言当宝刀！”②

周恩来已经做好撤离的准备。但由于考虑到第三方面不少人士对和平还抱一线希望，这次那么多人赶来劝他再去一次南京，

① 《周恩来选集》上卷，人民出版社 1980 年 12 月版，第 240—241 页。

② 许涤新：《抗日战争和解放战争初期周总理在国统区的斗争》，《人民的好总理》（上），人民出版社 1977 年版，第 435 页。

如果不去，会使他们失望，同时，也需要用事实对他们进行教育，因此，最后还是同他们一起到南京去了。二十一日，他乘美军专机去南京，李维汉和许多第三方面人士乘民航飞机前往。

此时此刻，周恩来和这么多第三方面人士到南京去，各报都大事刊载，许多人对它仍抱有一线希望。谁想到他们到了南京，蒋介石见面时握完手就说：我等你们很久了，你们赶快商谈吧，政府方面由孙科做代表。我原定前两天去台湾，为了等你们，今天才能走。说完他就走了，接见时间前后只有八分钟。大家都知道，在国民党方面没有任何人可以代替蒋介石做主，不得到他的同意，什么重要问题也谈不成。蒋介石在这个关键时刻离开，许多第三方面人士的心就凉了大半截。

正式的会谈还没有开始，国民党军队在十月二十五日又攻占东北解放区的安东。第二天晚上，黄炎培、梁漱溟、章伯钧、罗隆基到梅园新村同周恩来、董必武等商谈。当梁漱溟透露国民党军队攻占安东的消息时，周恩来正在喝茶。他盛怒地放下手中的茶杯，愤怒地说：我们要回延安，从此以后不再谈了。蒋介石和我们打了十几年交道，并不了解共产党。共产党从无到有，从最底层翻上来，哪怕国民党的压力？怕压力，当初就不会有共产党！黄炎培、梁漱溟力劝周恩来暂时不要回延安，以免不明真相的人误解。黄、梁并表示：第三方面以后有什么重要主张和行动，民盟必先同共产党协商，并征得同意。①

二十六日，周恩来同马歇尔谈话时指出：张家口被占，国民党政府宣布召开“国大”，说明全面破裂的局面已定。因第三方面的努力，故我这次回来谈判。但蒋去台湾，避而不谈。蒋的八条是哀的美敦书，谈已不必要。这是蒋方造成的。中共主张停

---

① 梁漱溟：《忆往谈旧录》，中国文史出版社 1987 年 12 月版，第 216 页。

战，已尽了最大努力。①

第三方面人士这时很着急。二十八日，由梁漱溟提出一个方案，其中包括双方即日下令全国军队就现地一律停战等等。这时，国民党军队刚从一连串攻势中抢占了张家口、长春、安东和苏北、山东等大片土地，就地停战等于承认这些既成事实，只能对国民党有利。第三方面许多人士求和心切，没有细加研究，就同意复写三份，分送马歇尔、孙科和周恩来。

当梁漱溟、李璜、莫德惠到梅园新村向周恩来解释这个方案时，刚讲到"就现地一律停战"这一条时，周恩来脸色骤然变了，他用手制止说："不用再往下讲了，我的心都碎了。怎么国民党压迫我们不算，你们第三方面亦一同压迫我们？"并且气愤地说：我是信任你们的，你们为什么不事先关照一下？

在采取重大行动时事先相互关照，这是他们早有的协议。梁漱溟自知理亏，又把黄炎培、章伯钧、罗隆基找来梅园新村商量，大家一致决定将已送出的方案全部收回，并立刻分头赶去。到马歇尔处，因他外出未回，文件还没有拆阅，比较容易地拿回来了。到孙科那里，国民党已对这个方案进行过讨论。他们只好借口方案中漏抄一条，需要补上，把文件拿到手就带回来了。这场风波才告平息。②

尽管第三方面人士求和心切，提出种种方案，蒋介石始终寸步不让。他从台湾回南京后，在二十九日分批会见第三方面代表，坚持以他的八条作为谈判基础，表示不能同意第三方面的方案，又要他们交出参加国大的名单。第三方面这时也看清楚了：国民党当局对和平谈判没有丝毫诚意，即使提出新的方案也不会被蒋介石接纳，因而在经过讨论后决定不再提出新的方案。二十

① 周恩来与马歇尔会谈记录，1946 年 10 月 26 日。

② 梁漱溟：《忆往谈旧录》，中国文史出版社 1987 年 12 月版，第 239—240 页。

九日晚上，三方代表在孙科家里举行非正式会谈，仍没有解决什么问题。第三方面的章伯钧等向孙科表示：中共不交国大代表名单，他们也不能交名单。三十一日，黄炎培、郭沫若、张君劢等离开南京，回到上海。这时，国民党军队加紧包围延安，政府驻延安联络官已准备撤退，决裂的架势已明显地摆开了。十一月六日，周恩来电告中共中央：目前的工作在揭穿美蒋的欺骗，打破第三方面的幻想，故稍留几天再回延安。①

十一日下午，蒋介石宣布国民大会延期三天召开，目的只是为了想再多拉几个第三方面的人进去。中共代表团发言人发表书面谈话，指出对此不予重视，“国民党如果还有丝毫尊重政协决议的诚意，那就不是延期，而是停开其一党包办之国大”。② 十四日，中国民主同盟主席张澜发表谈话：“民盟决不参加一党国大。”③

由国民党一手把持的国民大会终于在十一月十五日上午开场。国民党以外，只有青年党、民社党和少数无党派人士参加。和谈的大门最后由国民党关上。

国民大会召开的下一天，周恩来举行记者招待会发表声明，指出一党“国大”最后破坏了政协以来的一切决议及停战协定与整军方案，隔断了和平商谈的道路。进攻解放区的血战方殷。美国政府援助国民党政府内战的政策未变。中共愿同一切真正为民主努力的党派为真和平、真民主奋斗到底。④

十六日，周恩来走访马歇尔，对他说：蒋介石想用武力解决一切，我们不会屈服。中国人民的人心向背是决定一切的。并告诉他将回延安。原来作为调人的马歇尔看到国大既已召开，再没

① 周恩来致中共中央的电报，1946年11月6日。

② 《新华日报》，1946年11月13日。

③ 《新华日报》，1946年11月15日。

④ 《大公报》，1946年11月17日。

有理由挽留周恩来了，表示他将为中共人员撤回延安提供交通工具。①

对这个阶段的谈判，周恩来以后作了这样的分析：

“七月以来谈判的本身不会有什么结果，但马歇尔、蒋介石还在欺骗。假如那时我们不谈就会孤立，因为人民不了解，我们只有在‘国大’开了之后才能走，一定要在第三个阶段结束后才能走，这样才能完成教育人民的一课。”②

周恩来在重庆、南京进行的历时一年多的谈判结束了！十一月十六日下午，他在南京梅园新村举行告别性的记者招待会。

他还是穿着在政协开会时所穿的那套黑呢中山装，还是那样目光炯炯，彬彬有礼。会上散发了书面声明，严正谴责国民党一党召开的“国大”是违反政协决议和全国民意的，中共决不承认。接着，便开始回答记者们的询问。

问：“周先生认为现在已无可再谈了吗？”答：“是的。一党‘国大’召开后，已把政协决议最后破坏，政协以来和谈的道路也已被完全阻断。”

问：“几时回去？”答：“两三天内。”

问：“几时回来？”答：“现在还没有想到这个问题，不过我相信总有一天。”

一个记者问到延安的军事情况。周恩来详细地叙述了这方面的形势，接着就指着墙上“国民党进攻解放区形势图”中代表解放区边界的蓝线说：“我们一直是在自己区域实行自卫。但假如政府继续进攻，特别是进攻中共和解放区的中心延安，那就逼得我们从蓝线里打出来，那就是全国变动的局面。”

---

① 周恩来与马歇尔会谈记录，1946年11月16日。

② 《周恩来选集》上卷，人民出版社1980年12月版，第260页。

话题转到第三方面。有的记者问:“青年党参加‘国大’后,还能再称‘国大’为一党包办的吗?”周恩来气愤地回答:“一党包办的性质并无改变,因为这一‘国大’是以近千个十年前一党包办选出的旧代表作基础的。政协时因为改组政府、宪草修改原则等一切决议都成立了,而且政府还保证在国大中通过由政协审议完成的宪草。这样我们才作最大的让步,承认这些旧代表。但是现在政协各项决议一条也没有实行,而‘国大’却仍以旧代表为基础。其次,这一‘国大’的召开不是经各党派协议的,而是一党召开了之后,再请其它党派参加的。青年党的参加,也是单独和政府交涉的。”

有一个记者问:“假如‘国大’通过对中共下讨伐令,中共将何以自处?”周恩来笑笑说:“那有什么不同呢?早就在打了。我们在南京的人早就准备坐监狱的。”他很有信心地说:“抗战前十年内战,抗战中八年磨擦,胜利后一年纠纷,都经历过了。再二十年还是如此,我们还是要为人民服务。只要不背叛人民,依靠人民,我们在中国的土地上一定有出路的。”他平静下来,温和地对发问者说:“假如你是替我们担心的话,我可以告诉你,不要紧的。”大家听了,都笑起来。

问:“国共分裂后,中国革命的形势如何?”答:“百年来,中国的革命都是为了独立和民主。这个阶段是不能超越的。我也是生长在城市里的,但自从进入农村后,认识了农民力量的伟大。中国的工业化是不能建筑在沙滩上的,必须依靠农业的发展,农村的解放。”

问:“战争的前途如何?”答:“可以假定两种前途:一、国民党军多占城市就须多付代价。过去已经损失了三十五个旅,占的城是空的。我们的主力未受损失。渐渐地他的损失达到或超过总兵力的二分之一时,占的城市和交通线就保不住。那时逼得他考虑新问题。二、国民党一面占领许多地方,一面又消灭了我们主力，那就叫做胜利。但我可以肯定地说，这种胜利他是永远得不到的。”

问：“假如国际干涉，中共采取什么态度?”答：“如果是武装干涉，不论来自何方，我们一概反对。如果善意调解，我们都愿考虑。”

记者们提的问题什么都有。周恩来一直站着侃侃而谈。他有时语调激昂，有时是冷静地进行分析，有时是诚恳地作解释。散会后，记者们围着他，请他签名题字。他题道：“为真民主真和平而奋斗到底!”①

第二天中午，周恩来、董必武、邓颖超在梅园新村宴请民盟领导人，并摄影留念。当天晚上，他给正在上海的郭沫若夫妇写了一封告别的信件。信中说：

> “民盟经此一番风波，阵容较稳，但问题仍多，尚望兄从旁有以鼓舞之。民主斗争艰难曲折，居中间者，动摇到底，我们亦争取到底。‘国大’既开，把戏正多，宪法、国府、行政院既可诱人，又可骗人，揭穿之端赖各方。政协阵营已散，今后要看前线，少则半载，多则一年，必可分晓。到时如仍需和，党派会议、联合政府仍为不移之方针也。弟等十九日归去，东望沪滨，不胜依依，请代向诸友致意，并盼保重万千。”②

十一月十九日，周恩来率领中共代表团邓颖超、李维汉等十余人，结束历时一年多的艰难而曲折的谈判，乘美军专机回到延安。

---

① 钱小柏：《毕生难忘的一次记者招待会》，《怀念周恩来》，人民出版社 1986 年 1 月版，第 402 页。

② 周恩来致郭沫若、于立群的信，1946 年 11 月 17 日，手稿。

三十三、第二条战线

国共和谈破裂，这是时局的一个重要转折时刻。对一年多来的国共谈判应该怎样评价？今后的工作方针应该怎样确定？十一月二十一日，在延安的窑洞里，毛泽东、刘少奇同刚由南京归来的周恩来三个人举行会议，对这些问题进行了认真的讨论。

周恩来首先回顾了一年多谈判的经过。他说：谈判虽然破裂了，“但另一面则收获甚大，使党的和平民主方针与蒋的独裁内战方针被群众所认识”。蒋介石是以不变应万变，基本关键就在军队和政权，也就是地盘，他绝对不让。他在七月一日的讲话中说得最为露骨。他说：我已给你们东北两省半加延吉，关内也有不少地位，你们苏北还不让？对共产党，蒋的政策是从削弱到消灭。现在，他们对长期作战没有任何把握，连白崇禧等都感觉前途茫茫，一切计划都以半年为期，半年后毫无打算。海陆空军的中下级人员，悲观厌战更甚。①

刘少奇说：代表团的工作就是要揭露蒋介石。现在已证明和是不可能了。和虽不可能，但当时去谈是必需的。谈判整个说来是很成功的，成绩就是证明了妥协的不可能。②

---

① 周恩来在中共中央会议上的发言记录，1946 年 11 月 21 日。

② 刘少奇在中共中央会议上的发言记录，1946 年 11 月 21 日。

毛泽东说：南京谈判有成绩，达到了教育人民的目的。代表团不能早回来，一定要在开“国大”以后才能回来。这样，战争与分裂的责任才清楚，才不致失去人心。我们的条件比之抗战时期是更好些，统一战线比那时更广。很多人以前不理我们，现在要来理我们。我们在国际国内都有广大的统一战线，这是基本问题。在军事上，歼灭战已经经历了事实的证明。过去至今已经歼灭了三十八个旅，很难想象以后就不能歼灭。因此蒋介石的攻势是可以战胜的。把他在美国援助下七八年的积蓄在一年内打破，达到两党平衡，这就是很便宜的事。达到了平衡，就很容易超过。那时我们就可以打出去，然后可以再向长江以南，约在三年到五年的时候。我们也不能说那时就消灭蒋介石。宁可把事情估计得低一点。最坏就是打十五年，打得一个县城都没有，这我们也要准备。解决土地问题，这是一切工作的根本。一切都要按长期战争打算。一方面要藐视他们，非此不足以长自己志气，灭他人威风；而另一方面又要重视他们，每一仗都要谨慎。①

这次会议确定了“打”的方针，要孤立蒋介石，进而达到打倒蒋介石。但也确定，现在暂不公开提出“打倒蒋介石”的口号。②

“打”的方针确定了。那么，目前是进攻还是退却？从表面看来，这时国民党军队仍在气势汹汹地向解放区步步进逼。从全面内战爆发到同年十月这四个月内，国民党军队侵占了解放区一百零五座城市和大片土地。侵占张家口，成为他们全面进攻的高潮。十月间，陈诚在北平记者招待会上说：从军事上对付中共，“三个月到五个月便能解决”。有些人为此感到担心。但深入一层来看，国民党种种弱点已经明显地暴露出来，局势正朝有利于中

---

① 毛泽东在中共中央会议上的发言记录，1946 年 11 月 21 日。

② 中共中央会议记录，1946 年 11 月 21 日。

国人民的方向发展。十二月四日，周恩来出席中共中央书记处会议。这次会议认为：全国的形势是进攻不是退却，党内需要防止的主要倾向是对形势估计不足，不敢放手地进攻。[①]

为了适应这一新的形势，在坚持并发展解放区军民自卫战争的同时，如何加强对国民党统治区人民运动领导的问题，越来越显示出它的重要性。

国民党统治区的人民运动，过去很长时间内一直是由周恩来具体领导的。

抗日战争胜利后，尽管处在国民党统治的高压之下，人民运动仍顽强地向前发展。一九四五年十二月一日云南昆明西南联大等校学生的反内战运动，一九四六年六月二十三日上海各界人民欢送和平请愿代表的示威游行，都曾震动整个国民党统治区。全面内战爆发后，国民党当局加紧对人民运动的镇压。十一月周恩来撤返延安前，曾通过办事处向上海工委作了指示：国民党统治地区黑暗严重的时刻又到来了，必须坚持艰苦的斗争。

回延安参加中共中央工作后，周恩来仍以很多精力继续领导这一工作。十二月二日和十六日，他在中共中央书记处会议上报告国民党统治区的工作。他说：过去新四军驻过的地方，以分散坚持长期斗争为好。城市知识分子下乡现有很大困难，只能由点逐步扩大，以待主力到来。十六日的书记处会议上，决定改组中央城市工作部，由周恩来兼任部长，李维汉任副部长。中央城市工作部的任务是："在中央规定的方针下，研讨与经管蒋管区的一切工作（包括工、农、青、妇），并训练这一工作的干部。"[②]

① 周恩来在中共中央书记处会议上的发言记录，1946 年 12 月 4 日。

② 中共中央致各中央局、各中央分局并刘少奇、朱德、叶剑英、杨尚昆、李维汉的电报，1947 年 4 月 29 日。

国民党统治区人民运动的发展趋势将会怎样？从表面上看，随着国共谈判的破裂和内战的加剧，国民党在自己的后方采取恐怖手段加强控制，周围仿佛是一片“黑云压城城欲摧”的景象。但周恩来在十二月中旬的两次讲演和给宋庆龄的信中，一再乐观地预言：中国新的民主高潮不可避免地将要到来，国民党统治区爱国民主运动的发展将是促进这个新高潮到来的重要因素。十二月十八日，他在延安干部会议上作《一年来的谈判及其前途》的报告，结束时说：“假使再打半年到一年，战局一定要改观，这也就会影响到蒋管区的爱国民主运动与农村的武装斗争。这三种斗争的汇合，在不久的将来，将会造成民主的新高潮。”①

局势的发展，果然如周恩来所预计的那样，而且来得更快。

首先冲破国民党统治区那种黑暗沉闷空气的，是一九四六年十二月底从北平开始、随即席卷全国的抗议美军暴行的学生爱国运动。这个运动，以北平学生抗议驻华美军强奸北京大学先修班女学生为起点。它是在美国扩大对华侵略、驻华美军横行不法罪行累累、中国人民忍无可忍的情况下突然爆发的。所以，不仅来势猛烈，发展迅速，并且深深博得社会各阶层的同情，使国民党当局陷于束手无策、张皇失措的狼狈境地。十二月二十九日，北大、清华、燕京等校学生一万人在北平举行了声势浩大的“抗议美军暴行大游行”。学生们用英语高呼：“美国兵滚回去！”一九四七年一月一日，上海交通大学、复旦大学等几十所大中学校一万多师生也在南京路举行示威游行。许多在抗日战争后期参加过青年军的爱国学生，穿着美军服装，站在游行队伍的前列。这个运动，迅速向其他城市扩展，短期内参加运动的学生先后达五十多万人，获得社会舆论的广泛支持，标志着国民党统治区人民运动的新高涨。

---

① 《周恩来选集》上卷，人民出版社 1980 年 12 月版，第 261 页。

抗暴爱国运动刚开始，周恩来就清楚地看到在这场爱国运动中蕴藏着的巨大潜在力量和光明前途。他十分重视加强对这一运动的领导，在一九四六年十二月三十一日为中共中央主持起草致当时还留在国民党统治区的董必武、吴玉章、张友渔、叶剑英、刘晓等人的电文。电文指出：北平学生因美军强奸女学生事，已造成有力的爱国运动。上海、天津闻亦将响应。望在各大城市（平、津、京、沪、渝、昆、港、榕、杭等）及海外华侨中发动游行示威，并坚持下去。不能游行的地方，亦可进行请愿及组织后援会。一面提出目前具体要求，如要求此案及以前历次悬而未决的惨案彻底解决，要求美国兵犯罪由中国法庭公开审判（如华侨在美犯罪一样）等；一面依据情况联系到美军全部撤离中国，反对美国干涉内政，出卖军火，进行借款，助长内战及废除中美商约、抵制美货等口号。在运动中，要尽量推动一般中立分子出面，造成最广泛的阵容，并利用国民党所宣布的元旦起实行宪法人权等条文，采取理直气壮的攻势，使国民党不敢压迫，并达到暴露国民党之媚外卖国及其国大制宪全系欺骗之目的。电文要求国民党统治区党组织将运动向各地推动发展，向各方呼吁声援，“务使此运动向孤立美蒋及反对美国殖民地化中国之途展开”①。

为了声援全国抗暴爱国运动并纪念政治协商会议一周年，延安各界在一九四七年一月十日举行大会。周恩来在会上发表讲话，对马歇尔三天前离华时发表的声明加以评论，希望他回国后能站在已故罗斯福总统对华政策的立场上，为了中美两大民族的传统友谊和利益，检讨美国政府的政策，不再继续过去的错误，停止援助蒋介石政府进行内战，撤退驻华美军，不再干涉中国内

① 中共中央致董必武、吴玉章、张友渔、叶剑英、刘晓等的电报，1946 年 12 月 31 日。

政，重新调整中美关系。[①]

蒋介石在关闭和谈之门时，对形势的估计是很乐观的。两个月来时局的发展，却完全出乎他的意料。在军事战场上，他们虽然侵占解放区大片土地，被歼的兵力却猛增到五十三个旅。从抗暴运动开始，国民党统治区的人民运动又以如此巨大的规模发展起来。这两个事实，都使蒋介石感到震惊。

他需要寻找一个喘息的时间。一月中旬，国民党政府又提出要派张治中赴延安重开和谈，美国的司徒雷登大使转达了这个要求。中国共产党自然不会上当。十六日，周恩来致电留在南京的董必武，指出：根据目前形势，蒋介石提出恢复和谈只是有利于蒋方重整军队，再度进攻。因此，不能恢复这种欺骗性和谈，以便我们在这半年内外取得转变局势的胜利，有力地推动国民党统治区的人民斗争。“对司徒通知的回答，仍是坚持恢复一月十三日位置与取消蒋宪、另开制宪会议两条。”[②] 第二天，他代表中共中央发表谈话说：国民党当局对于中共两项最低限度要求置之不理，这就证明其所谓和谈完全是欺骗，我们对这种所谓和谈完全丧失信任。

为了更有力地领导国民党统治区爱国民主运动，以配合解放区人民自卫战争的胜利，中共中央决定对国民党统治区地下党的组织系统进行调整。一月十六日，周恩来电告董必武等：南京局仍由董必武主持，直接管理上海工委、重庆分局、香港分局及一部分统战关系中的党员。上海另设上海分局，统一管理刘晓、钱瑛领导的秘密组织，但下层仍不打通。重庆分局、香港分局直属南京局，但有关全局工作，中央可直接给予指示。[③] 二十日，周

① 《周恩来选集》上卷，人民出版社 1980 年 12 月版，第 267 页。

② 周恩来致董必武的电报，1947 年 1 月 16 日，手稿。

③ 周恩来致董必武、吴玉章等的电报，1947 年 1 月 16 日，手稿。

恩来致电有关各局、分局领导人：目前正是揭穿美蒋和谈欺骗、将群众对美蒋斗争提高一步的关头，望各地统一宣传与活动步骤，加紧进行为要。①

自卫战争的胜利，国民党统治区爱国民主运动的发展，这两个事实越来越清楚地预示中国革命的新高潮即将到来。二月一日，中共中央政治局举行会议。会上，讨论毛泽东为中共中央起草的《迎接中国革命的新高潮》的党内指示，彭德怀作了军事形势的报告，周恩来作了国民党统治区人民运动的报告。

周恩来在报告中最早地把国民党统治区的人民运动称作“第二战场”。“第二战场”是一个十分重要的提法，它把国民党统治区的人民运动（特别是学生运动）提到了同第一战场——人民解放战争相配合的战略地位。他说：反美斗争，去年还不会料到有这样大的发展，因为许多人原来对美国有幻想。现在，学生运动和小贩运动都直接地是反美运动。群众中，从贫民、工农到民族资产阶级都不满美国的压迫。斗争还要继续发展下去。这个运动是配合自卫战争最有力的运动。

他接着说：和平民主的口号，也一步步为人民所接受了。日本投降后，许多人说战争是双方的。现在，内战责任清楚了，连中间性的报纸也不说战争责任在我们。但人民中还有一种想法：既然谁也消灭不了谁，为什么要让生灵涂炭？我们要说明：妥协只能使生灵涂炭，去年的经验已经说明这一点；只有武装自己，才能避免生灵涂炭。还要进一步，要使人民知道从自卫战争中得到生存与独立。

周恩来在叙述了国民党统治区域内征兵征粮、加捐加税、民怨沸腾、民变蜂起的情况后提出一个重要意见：在国统区内要提

① 周恩来致董必武并各中央局、中央分局的电报，1947 年 1 月 20 日，手稿。

出为生存而斗争，联结到政治口号的发展。① 周恩来这个富有远见的主张，为国民党统治区学生运动下一步从反美爱国运动发展到反饥饿、反内战运动提供了明确的指导思想。他还指出：蒋管区乡村中自发的民变很多，稍加领导，力量就会更大发展。

学生反美爱国运动在经历了暴风骤雨式的高潮以后，怎样才能使它的成果能够巩固并坚持发展下去？二月十七日，周恩来为中共中央主持起草给北平、天津市委的指示，根据实际情况，及时地提出四条切实的指导原则：一、积极扩大深入坚持学生爱国运动，并与学生本身斗争联系起来。二、积极建立与发展青年积极分子的组织。三、党的组织仍应精干隐蔽，不应过分集中统一，但是党员应以群众面目出现，积极影响抗暴。四、对特务秘密捕人计划要公开揭露，取得舆论援助。②

国民党统治区学生运动会这样迅猛地发展起来，蒋介石事前毫无思想准备。他所采取的对策仍然是极端的高压，想用这种手段把方兴未艾的学生运动平息下去。二月间，他们大肆捕捉爱国学生。周恩来对他们的打算看得十分透彻，他说："其企图不外：一、如我及人民团体、社会舆论默不作声，彼正好得寸进尺，加强镇压；二、如我及进步群众受其挑衅，实行硬碰，彼正好以有准备的打击，挫我锐气，加强恐怖；三、如我只动员少数进步分子提出中间分子尚不能接受的口号，进行反抗，正好中其暴露我方力量之计，便于其分化挑拨，各个击破。"

在这样复杂的环境中应该怎么办？周恩来在二月二十八日为中共中央起草指示，巧妙地指出："针对目前蒋的镇压政策，我们应扩大宣传，避免硬碰，争取中间分子，利用合法形式，力求从为生存而斗争的基础上，建立反卖国、反内战、反独裁与反特

① 周恩来在中共中央政治局会议上的发言记录，1947 年 2 月 1 日。

② 中共中央致北平、天津市委的电报，1947 年 2 月 17 日，经周恩来修订稿。

务恐怖的广大阵线。”在宣传上，对蒋介石的任何一个反动设施、恐怖行为，要尽情揭露，宣告中外。在行动上，“应避免在不利的条件下去硬碰，这不是保守，而是领导群众变换方式，绕过暗礁”。指示提醒说：一般学生对捕人事件，有愤激的，也有畏缩的，应该顾及这种不同情绪，联合大多数学生首先向学校当局要求生命保障与释放同学。

指示中更重要的，是提出要适时地变换斗争策略和口号：“在斗争中要联系到、有时要转移到经济斗争上去，才能动员更广大群众参加，而且易于取得合法形式。有了经济斗争的广大基础，也易于联系到反特务反内战的斗争上去。”在工人与城市贫民（如小贩）中，更要着重经济斗争的领导和发展，求得局部胜利，以便巩固阵地，利于今后斗争。①

三月一日，周恩来又为中共中央起草指示，指出：“蒋为便于在其统治区内施行镇压恐怖，已对我下逐客令。蒋如再败，亦有下讨伐令可能。因此，蒋管区群众运动，特别是城市斗争，在一个时期内可能遭受极大压迫。”为适应这一新变化，指示要求国民党统治区城市中的爱国民主运动，“应从参加这一斗争的群众本身的生存问题上着想，有计划地转移到带地方性的经济斗争中去，以深入和巩固群众斗争基础”。指示乐观地预言：随着国民党军队在前线继续遭受失败，人民在活不下去、忍受不了的条件下，“新的斗争会在为生存而奋斗的基础上增长起来”，从而推动学生运动新高潮的出现。②

国民党统治区的人民运动，除城市中的爱国民主运动外，还有农民群众的武装斗争。抗日战争时期，由于民族矛盾居于主要地位，在国民党统治区内实行不发展农民武装斗争的方针。此时

---

① 《周恩来选集》上卷，人民出版社 1980 年 12 月版，第 268—269 页。

② 中共中央致董必武等的电报，1947 年 3 月 1 日，周恩来手稿。

情况发生了变化，这个问题也被提到日程上来了。但在国民党统治区发展农民武装斗争又不能简单从事，既要勇敢，又要谨慎，必须恰当地掌握火候，有计划有步骤地进行。

三月八日，周恩来为中共中央起草致刘晓、曾镜冰转华东局的电报，指出：目前蒋管区后方甚为空虚，许多省份只有保安团，没有正规军，特别是东南各省为然。蒋如在前线继续大败，有些地方保安团也会抽赴前线。而财政经济愈破产，人民生活愈不得了，不论城市、乡村的群众斗争情绪和要求亦将会继长增高。因此，在蒋管区发动与组织农民群众武装斗争的客观条件与时间是完全具有的。只要极当心地联系群众，依靠群众，胆大心细地发动群众，既勇敢又谨慎地领导斗争，就会在群众斗争中建立和组织起武装力量与农村游击根据地而逐渐取得胜利。但是，在奋斗道路上也有可能要经过一些曲折和困难，“因此，你们的斗争口号还不忙马上将下一步的目标揭出，而应多从人民为生存而斗争的口号着想，以利群众斗争的发动深入和继续。在斗争形式与组织形式上，你们也可先从合法斗争形式上建立群众基础，先从敌人力量较薄弱的地方发动武装斗争，求得存在和发展，尤其在组织上开始不要铺张门面，过分刺激敌人，反易招致敌过早过大的打击”。①

这时蒋介石已公然驱赶仍留在国民党统治区的中共代表团人员。三月七日，董必武率领在南京、上海的中共代表团工作人员返回延安（叶剑英已在二月二十一日率中共驻北平军事调处执行部最后一批工作人员回延安）。在国民党统治区内，各种政治高压和控制都加强了。可是，由于周恩来对国民党统治区的人民运动已预先做出周密细致、切合实际的部署，无论城市中的爱国民主运动，或是农村中的农民游击战争，都没有因此发生停顿或遭

① 中共中央致刘晓转曾镜冰并告华东局的电报，1947 年 3 月 8 日，周恩来手稿。

受重大挫折，相反却迅速地向前发展了。

蒋介石在一九四七年三月进攻延安后，内战进一步扩大，对国民党统治区的人民运动也加强镇压。但是，随着国民党的军事失败和二月经济紧急措施的破产，开始出现军事、政治、经济上的全面危机。国民党政府把国家财政预算的百分之八十用去打内战。到一九四七年上半年，通货发行额比战前猛增一万多倍，物价比战前暴涨了六万倍，而职工的工资收入只比战前增加六七千倍。物价的暴涨，更激起社会各阶层对国民党统治的强烈不满。广大学生也遭受着饥饿、贫病和失学、失业的严重威胁。国立大学学生每天的公费只能买两根半油条，伙食极差。学生中充满着一触即发的愤怒情绪。

于是，群众性的争生存的斗争日趋活跃。从学生要求保障学业与增加公费、公职人员要求公平配给、城市贫民的抢米风潮，到职工要求解冻生活指数的斗争，虽然还是分散的，却此起彼伏，从未间断。处境日益窘迫的民族资产阶级，对国民党的统治也公开表示不满。各种不满情绪和分散斗争正在逐渐汇合成为一股愤怒的洪流。国民党政府突然发现：它已没有一个可靠的后方，而是坐在即将喷发的火山顶上。

局势发展得真快！抗暴爱国运动结束后不过四个月，第二个新的高潮又将到来。它比抗暴运动有着更广泛的社会基础，也不像抗暴运动那样带突发性，而是由此起彼伏、连绵不绝、分散的生活斗争逐步准备起来的全面的政治斗争。事实证明，周恩来二三月间的预言——“新的斗争会在为生存而奋斗的基础上增长起来”从而推动学生运动新高潮的出现，是多么切合当时的实际情况！

这时，随着国民党军队的进攻延安，周恩来已在紧张、艰险、戎马倥偬的转战陕北的征途中。但他仍一直密切注视并继续领导着国民党统治区人民运动的发展。

五月五日，他为中共中央起草《关于蒋管区工作方针的指示》，要求国民党统治区的党组织，“要时时注视情势的发展，坚持我党放手动员群众进行反美反蒋的方针，灵活地既结合又分别合法与非法的斗争。将适合群众迫切要求、提高群众斗争情绪的口号，均经过群众面目提出，以发动群众；将党的宣传工作，侧重于以群众中有职业有地位人物，利用公开刊物、报纸、集会，批评时政，增强不满；而将党的广播言论、解放区胜利消息，经过极可靠关系，辗转秘密散布”。① 第二天，他又为中共中央起草电报，通知将上海中央分局改为上海中央局，管辖长江流域、西南各省及平津一部分党的组织与工作，并于必要时指导香港分局，以刘晓为书记、刘长胜为副书记。② 这些就为行将到来的群众性的反饥饿反内战运动在政治指导和组织领导上准备了必要的条件。

五月中旬，学生的反饥饿反内战运动在全国范围内迅速高涨起来。十五日，南京中央大学等校学生三千人向国民党政府行政院和教育部请愿，反对饥饿，要求增加伙食费，并支持中大教授会提出的增加教育经费等五项要求。学生们质问行政院副院长王云五：“国家的钱到哪儿去了？”“国家财政有困难，为什么还要打内战？”南京学生的斗争，迅速得到北平、天津、上海等地学生的巨大声援。学生们响亮地提出“向炮口要饭吃”等口号。十八日，国民党政府颁布《维持社会秩序临时办法》，禁止十人以上的请愿和一切罢工、罢课、游行示威。面对汹涌高涨的学生运动怒潮，蒋介石发表谈话，以高压的姿态恫吓说：“国家何贵乎有如此之学校，亦何惜乎如此恣肆暴戾之青年？”宣布要对学生

① 《周恩来选集》上卷，人民出版社 1980 年 12 月版，第 270 页。

② 中共中央致叶剑英、李维汉的电报，1947 年 5 月 6 日，周恩来手稿。

运动“采取紧急之处置，作有效之制裁”。全副武装的宪警密布南京街头。十九日晚，上海、杭州、苏州各校代表齐集南京。五月二十日，京、沪、苏、杭学生五千人在南京举行“挽救教育危机联合大游行”，向国民党政府和国民参政会请愿。学生沿途高呼：“反对饥饿”、“反对内战”、“取消《维持社会秩序临时办法》”等口号。游行队伍到珠江路时，大批宪警、特务手持铁棒、木棍、皮鞭等突然冲入队伍进行毒打。学生受重伤的二十多人，受轻伤的九十多人，被捕的二十多人。爱国学生的鲜血染红了南京街头。这就是著名的“五二〇”血案。同时，北平学生也举行了反饥饿、反内战的示威游行。

“五二〇”血案发生后，在全国引起强烈反响，各地学生纷纷举行声援性的罢课。国民党特务在各地黑夜间冲入校园，搜捕进步学生，制造新的血案，从而激起了人们更大的愤怒。一切社会同情都在学生方面。许多大学教授和社会知名人士发表声明，支持学生的正义斗争。反饥饿、反内战运动的浪潮，迅速席卷全国六十多个大中城市，持续了一个多月。卷入这次爱国民主运动的学生人数之众多是前所未有的。

五月二十三日，周恩来为中共中央起草给上海局的《关于蒋管区党的斗争方针的指示》。《指示》首先肯定这次学生运动的发展“完全循着我党的指导方针前进。望即坚持此项方针，并灵活地运用斗争策略，有时直进，有时迂回，有时集中，有时分散，公开与秘密，合法与非法，既区别又结合，使一切群众斗争都为着开辟蒋管区的第二战场，把人民的爱国和平民主运动大大地向前推进”。要求上海局“尽管放手动员群众进行反饥饿、反内战、反借款的斗争，向蒋政权要饭吃，要和平，要自由”。① 同一天，

---

① 中共中央致叶剑英、李维汉并上海局、香港分局及朱德、刘少奇的电报，1947 年 5 月 23 日，周恩来手稿。

他在另一份指示中写道：为避免与青年军学生及宪警士兵造成对立，并争取他们同情学运，以瓦解蒋介石镇压后方的力量起见，你们应通过各种组织、各方积极分子赶紧进行青年军及宪警中的士兵工作，提出适当口号，使之由同情学生要饭吃、要和平的斗争，进到其本身要求加饷退伍的斗争。①

二十七日，周恩来再次为中共中央起草指示："此次学潮，一般的是从学生本身要求发动起来的，但一经发动，便马上联系到政治口号。于是，要饭吃、要和平、反饥饿、反内战均成为不可分离的斗争口号。现在在五月二十日惨案的激动下，连取消蒋介石的紧急治安法令的口号都提出了，更难使各地学运只局限于经济口号上。应该说，要使此次学运的政治经济斗争口号成为有机的联系，不要生硬加上，不要脱离中间分子，要依其觉悟程度，提出各种部分的辅助的口号，以推动其向总的斗争口号前进。"②

在学生运动和各界声援的强大压力下，国民党政府不得不分批释放被捕学生。同时，又在许多城市里宣布戒严，实行宵禁。五月二十五日，在上海封闭《文汇报》、《新民晚报》、《联合晚报》三家民营报纸。六月初，国民党统治区党组织分析形势，认为这次斗争已取得重大胜利，大大教育了群众，发展了进步力量，争取了中间群众，暴露并孤立了反动势力，有力地配合了人民解放战争。同时，经过长时间的斗争，学生群众已感疲劳，需要休整。中间学生、教师和社会上层分子对一部分学生提出的无限期罢课的主张不十分赞成。如果坚持长期罢课，或者提出其他过高的要求，将会脱离群众。为了巩固已有胜利，避免反动当局

① 中共中央致叶剑英、李维汉并上海局、香港分局、五台局及北平、天津市委的电报，1947年5月23日，周恩来手稿。

② 中共中央致叶剑英、罗迈（李维汉）的电报，1947年5月27日，周恩来手稿。

的进一步镇压，决定改变斗争方式，一面复课，一面休整，开展一些分散的活动，以教育积极分子和学生群众，待机而动。

六月三日，周恩来为中共中央起草《关于学运方针给上海局的指示》，肯定上海局“领导斗争向前发展的方针是对的。今天京沪平津学生停止街上游行改在校内开会的办法也是对的。这样，可以巩固校内（包括教职员）的统一战线，便于集中要求于可能实现的条件（如释放所有被捕学生和教员、医治受伤学生、惩办暴行人员、取消紧急措施及军事戒严等），然后再改变斗争形式，继续进行要和平要饭吃要自由的运动”。① 十九日，他再次为中共中央复示上海局：完全同意你们关于学运的复课休整以巩固和扩大校内校外的同情运动和阵容并准备新的更大斗争的方针。② 二十三日又指示：暑期学生下乡，其中心任务应是宣传群众，锻炼自己。③

对这次规模宏大的学生运动，毛泽东作了很高的评价：

> “中国境内已有了两条战线。蒋介石进犯军和人民解放军的战争，这是第一条战线。现在又出现了第二条战线，这就是伟大的正义的学生运动和蒋介石反动政府之间的尖锐斗争。”“学生运动是整个人民运动的一部分。学生运动的高涨，不可避免地要促进整个人民运动的高涨。”“中国事变的发展，比人们预料的要快些。一方面是人民解放军的胜利，一方面是蒋管区人民斗争的前进，其速度都是很快的。为了建立一个和平的、民主

---

① 中共中央致叶剑英、罗迈（李维汉）转上海局的电报，1947 年 6 月 3 日，周恩来手稿。

② 中共中央致叶剑英、罗迈（李维汉）转上海局并告香港分局的电报，1947 年 6 月 19 日，周恩来手稿。

③ 中共中央致叶剑英、罗迈（李维汉）转上海局、香港分局及中青委、晋察冀城工部等的电报，1947 年 6 月 23 日，周恩来手稿。

的、独立的新中国，中国人民应当迅速地准备一切必要的条件。”①

周恩来代表中共中央具体指导这个运动的发展。他灵活地运用党的斗争策略，根据形势的发展，恰当地掌握斗争的火候，准确估计到学生中不同层次群众的不同要求和接受程度，及时提出斗争的任务和适用的方法，力求避免可能的挫折和损失，引导运动健康地、波浪式地一步一步向前发展。

这年九十月间，中国人民解放军的战略进攻已经开始。随着革命形势取得新的发展，周恩来同准备派到国民党统治区去工作的于江震、杨超进行多次谈话，在场的还有廖志高。周恩来对国民党统治区在新阶段的工作方针作了系统的阐明。十月十三日，他给李维汉的电报中说：“蒋管区工作为推动高潮，配合解放军取得全国胜利，应有一从长期全面着想的战略计划，现正和江、杨讨论此问题，待定后，他们即回三交。”② 可见周恩来不是把这次谈话看作一次一般的谈话，而是要提出一个“从长期全面着想的战略计划”。

在这次谈话中，周恩来先向他们指出：当前形势是中国人民解放军已进入全国反攻，二年到五年内可以打垮蒋介石。但是，还要估计到可能发生的种种变化。这就“决定了目前形势仍有一定时期的长期性，切勿片面急躁，缺乏分析，忽视各种可能，只有一种想法，主观制造高潮，轻易搞联合性斗争，或过早决战，招致暴露，避免不必要的损失”。

指出这一点极为重要。在胜利形势的鼓舞下，革命队伍里最容易抬头的是“左”的急性病：过高估计自己力量，过低估计敌

① 《毛泽东选集》第4卷，人民出版社1991年6月第2版，第1225、1227页。
② 周恩来致李维汉的电报，1947年10月13日。

人力量，盲目乐观，轻举妄动，急于采取重大行动，过早决战。在反动力量依然处于优势的国民党统治区内，这样做就会在客观条件不具备的情况下暴露自己，招致严重的打击，使好不容易积蓄起来的一点力量遭受不应有的损失。这种惨痛的教训，在中国革命的历史上是不少见的。

作为一个政治上高度成熟的领导者，周恩来的态度是坚定而明确的。他在这次谈话中毫不含糊地指出："蒋区工作的总方针是：长期打算，积蓄力量，发动斗争，推动高潮，配合反攻形势，发动第二战场，准备里应外合，争取全国胜利。"他要求国民党统治区的工作要有整个的长远计划和切实工作，根据不同地点、时间和条件，因时因地制宜，进行各种各样的斗争与准备。他把国民党统治区大体区分为四种乡村和三种城市，逐一分析各种地区的特点，提出在这些地区的不同工作任务。他特别指出：在国民党统治区的腹心城市或战略要地，"必须是长期打算，积蓄力量，适当斗争，攻势防御，决非一往直前的斗争。组织形式、斗争形式必须十分灵活，斗争要有目的，尽可能取得斗争的胜利，即有损失亦尽可能减少到最低限度的损失。非到大兵压境与敌总崩溃时，不可决战"。

对斗争形式，他这样指出：在一般情况下，"其内容多是经济性、局部性的，其形式是此起彼伏的、波浪式的。只有在充分有利条件与时机，具有全国性、民族性及有关人民生活之最直接联系的某些个别问题"，"才可以发动一定时期的、较大规模的、及某些不同地区之相互配合的运动"。"对于全面的大规模的运动，一年只要有一二次就是大成绩。"发动大规模的斗争与领导运动，不是经常工作。经常领导的是局部性、经济性的斗争。在任何斗争中，要坚持有理、有利、有节的原则，务使在一次一次的斗争中，不断地教育群众，组织群众，壮大人民力量，方使斗争的胜利多于失败。要从斗争中经常保持群众情绪，不到联合时不要勉强联合，否则过早联合，反而碍手碍脚，徒费时间，浪费力量，招致暴露。

对过去南方局根据一九四一至一九四三年国民党统治区形势提出而经中共中央批准的“勤业、勤学、勤交友”三项任务，他说：这实际上就是长期隐蔽、积蓄力量、等待时机方针的具体化。今后在蒋管区相同的形势下而主观力量又有很多暴露时，仍然会成为重要的组织形式和斗争形式。

对地下党的组织形式，他认为：在一般情况下，“是分散的，平行的，各线纵深配备的形式”。这样，才便于适应各种各样的斗争，便于在斗争中使用力量，撤离已暴露的干部，提拔新的干部，不断交替；即使遭到破坏，也只限于一定范围，不致因而扩大，不致被敌一网打尽。

他说：“领导斗争、推动高潮，与长期打算、积蓄力量，是目前蒋管区整个任务之两方面。而里应外合、迎接胜利，才是我们当前工作之最终目的。”

在论述国民党统治区工作的各个方面以后，周恩来概括地指出：“总之，中国革命的特点，是长期的武装革命反对武装的反革命。今天一切的工作是向着长期胜利作准备，蒋管区一切工作均为着这个总利益，一切力量必须组织，一切力量不可浪费，为着最后胜利，为着里应外合之成功。”①

第二年八月二十二日，他在为中共中央起草的指示中又指出：“针对当前紧急情况及可能发展的情势，除乡村在条件成熟的地区尽量发展武装斗争、在条件不成熟或我工作薄弱的地区坚持群众工作和隐蔽党的组织以待解放军的到来外，在城市方面，应坚决实行疏散隐蔽、积蓄力量、以待时机的方针。”不许城市

① 《胡公（周恩来）谈话记录——论蒋管区目前形势与任务》，1947年10月13日。

工人、学生采取武装斗争的直接行动，以免损失掉多年积聚的力量。对反动派的疯狂镇压，要有清醒的头脑、灵活的策略，“而不要犯冒险主义的错误”。[①] 这是总结过去二十年来国民党统治区斗争中无数血的教训所换得的、又是根据当前实际情况所制定的正确方针。

对中国共产党在国民党统治区的工作，周恩来有着异常丰富的经验。他能够随时准确地把握住群众情绪的细微变化和脉搏的跳动，敏锐地判断反动当局可能采取的镇压措施，从实际出发，提出恰当的斗争口号，灵活变换斗争的策略和形式，把斗争不断推向前进。在解放战争时期，党在国民党统治区的工作，同以往几个历史时期相比是最成熟的，遭受的牺牲是最微小的。应该说：周恩来那种炉火纯青的指导在这方面起了极为重要的作用。

---

① 《周恩来选集》上卷，人民出版社 1980 年 12 月版，第 311—312 页。

三十四、转战陕北

现在回头再谈国民党进攻延安和中共中央转战陕北的情况。

一九四七年三月起，战争的形势发生了一个变化：蒋介石因为他的大量有生力量被歼，兵力不足同战线太长的矛盾更加尖锐起来，被迫放弃全面进攻，改取重点进攻。重点进攻的地区放在整个战线的东、西两翼：陕甘宁边区和山东解放区。在其他战场上，被迫转取守势。

二月底，蒋介石从南京飞到西安，召集在西安的军政大员，安排进犯延安和陕甘宁边区的军事部署。三月六日，中共中央军委发出电报，向各地通报：胡宗南指挥十七个旅主力正向宜川、洛川中部之线急进，十日集中完毕，十五日可能开始攻击。

为什么蒋介石在迭战不利的情况下要进攻延安？周恩来在三月八日下午延安各界一万多人参加的保卫边区、保卫延安动员大会讲话中作了说明。他说：蒋介石、胡宗南要来进攻我们的边区，这已经是第三次了。许多人以为上两次没有来，这次也许不会来了。同志们，不要这样想，这一次他是决定要来的。为什么要来？因为他在全国许多地方都打了败仗，许多解放区的人民解放军消灭了他的大量部队。蒋介石在财政上也破产，滥出票子，人民已活不下去了，所以起来和他闹。“因为这样，他想不出别的办法，他只有最后一个手段，拿进攻延安来挽救已失的人心，这岂非梦想!”[1] 朱德、林伯渠、邓颖超在这次会上也都讲了话。

十一日上午，驻在延安的美军观察组刚刚坐飞机撤离，下午美国制造的国民党空军轰炸机就飞临延安上空，开始狂轰滥炸。朱德、任弼时、叶剑英奉命带领中央机关一部分人员迁到瓦窑堡办公，毛泽东、周恩来从枣园后沟搬到王家坪人民解放军总部，同彭德怀住在一起。

蒋介石对延安攻击的开始，比中央军委预计的日子还提早两天。十三日，他集中三十四个旅二十三万人，分别从南、西、北三面向陕甘宁边区进攻。胡宗南直接指挥的部队有十五个旅十四万人，是从晋南、豫西和陕西关中地区抽调而来的，气势汹汹地由洛川、宜川一线北犯。十六日，中央军委决定组成西北野战兵团，由彭德怀任司令员兼政治委员，习仲勋任副政治委员，下辖六个旅，约二万六千人。双方兵力相差悬殊，但中共中央充满着胜利的信心。十七日，周恩来写信给续范亭说：“目前国内外形势，日益向有利于人民的方面发展。”“倘以边区现有之力，能钳制与削弱胡之主力于此区，则对于争取全国胜利将帮助甚大。故现时边区正以全力进行此长期战争，并不望敌人退出也。”[2]

胡宗南集团是蒋介石的嫡系，是国民党军队中的战略预备队。他们经过长期训练，武器装备精良，有着较强的战斗力。把这样一支军事力量牵制在西北战场，使它不得脱身，显然对其他解放区战场是很大的帮助。由于进犯的兵力几乎是西北野战兵团的十倍，在重兵进攻面前，中共中央果断地决定暂时撤离延安。

撤离延安，不少干部和战士一时想不通，在感情上更难接受。针对这种情况，周恩来反复作了动员。在对警卫战士的动员会上，周恩来说：“我也不愿意离开延安，毛主席也不愿意离开。

---

① 《解放日报》，1947年3月9日。

② 周恩来致续范亭的信，1947年3月17日，手稿。

但是，我们撤离延安是为了保卫延安，现在走是为了将来不走。”他问战士们：“你们一顿饭能吃多少馒头?”战士回答：“一斤。”周恩来接着说：“一斤一个没法吃，还得做成三四个才好吃。这次蒋介石调动二十万大军围攻延安，也得把他们拉开，一个一个地吃。这样才能吃掉。”他满怀信心地说：“毛主席讲了，这次撤离延安，少则三个月，多则一年，我们是一定要回来的。”①

退出延安是有计划、有秩序地进行的。撤退前，周恩来作了周密的部署和细致的检查。因为国民党的飞机不停地轰炸，他们在王家坪的防空洞中住了六天。在这些日子里，周恩来接连到枣园、杨家岭、清凉山布置并检查群众的疏散转移和各机关的坚壁清野。这方面的工作做得很周密，周恩来检查后说，要不是有条延河，胡宗南连口水也休想喝上。② 他自己准备随身携带的，只有一套被褥、一条毯子、一个床单、两套衣服、两双鞋。警卫员为他背了一个皮包，放着文件、地图、放大镜、红蓝铅笔、削笔刀，外层放着日用品和牙刷等。

十八日清晨，炮声已听得很清楚，敌军已经接近延安了。下午三时，周恩来把中央警卫团几个负责人找到王家坪，对他们说：“今晚出发。我们傍晚走，你们先派一个步兵连和一个骑兵连跟着我们走，其余的坚持到晚上十二点走。”他又说：“出发之前，要派人检查中央机关驻地，不能给敌人留下片纸只字。我随后还要去查看!”国民党军队越来越近，连手榴弹的爆炸声都听得清清楚楚。毛泽东仍在办公室内办公。周恩来又到枣园、杨家岭和清凉山去检查机关转移和群众疏散。黄昏前，周恩来回来。他对毛泽东说：“该走了!”毛泽东说：“好吧。现在还有点时间，咱们吃了饭再走。”周恩来赞同地说：“那好，吃了饭再走。”傍

---

① 当时任手枪排排长的石玉玺同志的回忆。

② 《毛主席转战陕北》，陕西人民出版社 1979 年 8 月版，第 39 页。

晚七时左右，周恩来走出窑洞，发布命令：“准备汽车，马上出发！”①

一列车队离开王家坪向东，顺着延河从宝塔山对面的清凉山下一拐，沿咸（阳）榆（林）公路向东北驶去。这时，延安都已疏散，连老百姓也快走光了，路上静悄悄的。汽车走了七八十里，到延川县永坪镇西南面的刘家渠住下。这是离开延安后的第一站。

从这天开始，到一九四八年三月二十三日，毛泽东、周恩来、任弼时率领中共中央机关在陕北坚持工作和战斗，历时一年零五天，行程二千余里，先后停留过的有延安、延川、清涧、子长、绥德、子洲、靖边、安塞、横山、米脂、葭（佳）县、吴堡十二个县，在三十七个村庄住过，继续指挥着全国的人民解放战争。

胡宗南部队一侵占延安，蒋介石兴高采烈，大肆宣传他的“胜利”。胡宗南也叫嚷：“中共已成流寇。”其实，他们得到的只是一座空城，根本不知道解放军主力转移到哪里去了。胡宗南命令整编第一军军长董钊和整编第二十九军军长刘戡率领主力部队气势汹汹地向延安西北方向推进，力图寻找西北解放军主力决战。彭德怀指挥的西北野战兵团主力却一直隐蔽在敌人背后的另一侧。胡宗南侵占延安后不到一个星期，他们突然在延安东北的青化砭打了一个伏击战。这里两面是连绵起伏的高山，咸榆公路蜿蜒曲折地从中间穿过，是一个打伏击的好地方，也是敌军一定会经过的地方。这一仗，一举歼灭胡宗南部第三十一旅旅部和一个团二千九百余人，活捉旅长李纪云。这是人民解放军在西北战场的第一次大捷。前线部队准备拿出一部分缴获的卡宾枪等，将

① 《毛主席转战陕北》，陕西人民出版社1979年8月版，第40、42页。

中央警卫战士的武器更新一番。毛泽东、周恩来知道后，坚决不同意，坚持把新式武器送到前线，警卫战士仍用旧的。

蒋介石进攻延安和陕甘宁边区，原想在短期内先解决西北问题，割断中国共产党的右臂，并驱逐中共中央和人民解放军总部出西北，然后调动兵力进攻华北，以达到各个击破的目的。

三月二十八日，周恩来到达清涧县枣林沟。二十九日，中共中央在这里召开会议，讨论中央机关的行动。① 参加会议的除毛泽东、周恩来、任弼时外，还有朱德、刘少奇、彭德怀等。毛泽东在会上说："我不能走，党中央最好也不走。我走了，党中央走了，蒋介石就会把胡宗南投到其他战场，其他战场就要增加压力。我留在陕北，拖住胡宗南，别的地方能好好地打胜仗。"他也不同意给陕北再增加部队，说："不能再调部队了，陕甘宁边区巴掌大块地方，敌我双方现在就有几十万军队，群众已经负担不起。再调部队，群众就更负担不起了。"会议议定：毛泽东、周恩来、任弼时留在陕北，主持中共中央和中央军委的工作；刘少奇、朱德、董必武东渡黄河，前往华北，担负中央委托的任务；叶剑英、杨尚昆在晋西北地区，负责中央机关的后方工作。会后，刘少奇、朱德过河，汽车也随他们过了河。

毛泽东、周恩来、任弼时等留在陕北，这一着是许多人没有想到的。人们不能不对他们的安全感到担心。警卫战士也在议论这个问题。周恩来听到了，就问他们："你们见过大海吗?"他接着说："航船在大海上遇到风暴，舵手坚守岗位，沉着驾驶，会给全船的人带来无穷的力量，这是战胜风暴的决定因素!""今天，蒋介石又掀起了一股反共反人民的恶浪，全国、全世界的人都望着咱们陕北。在这严重的时刻，毛主席确定，我们的帅旗高

---

① 访问汪东兴记录，1989年1月24日。

举在陕北，指挥中心坚决不挪动，这是多么雄伟的革命气魄啊！”①

事实确实是这样：中共中央和中央军委坚持留在陕北，不仅牢牢地吸住了胡宗南这支敌人的战略预备队，减轻了其他战场的压力，有力地支援了全国的解放战争，而且对鼓舞各解放区军民的斗志，粉碎国民党反动派的进攻，进而夺取胜利，起了重大的作用。

枣林沟会议的第二天，周恩来带着两个警卫员骑马北上，经绥德，在军渡渡过黄河，到山西省临县三交镇去部署中央机关人员的转移和中央后方工作委员会成立的准备工作。这时，中央机关有三千二百余人和大批物资已安全运到河东，城市工作部和外事组留在这里，邓颖超也随后委转移到这里。周恩来向中央机关工作人员传达了中央的决定，还批评了晋西北土地改革中出现的“左”的倾向。在临县，他同贺龙、李井泉等见了面。贺龙向周恩来的警卫员询问一路上过来的情况，还问他们带了什么武器。当他听到说只带了两支短枪时，觉得短枪射程太近，火力太弱，回去路上遇到敌人怎么办？就叫他带上一支卡宾枪和几百发子弹。四月二日，周恩来在和东渡黄河的刘少奇、朱德、董必武等会面后，还是带着两个警卫员离开三交镇。路上，他发现警卫员的枪换了，严肃地批评他：“换好枪，要手表，要马，要这个那个，这是旧军队的作风。”警卫员立刻解释：“因为时间仓促，来不及请示。”周恩来还很不满地说：“你总是有理！”②

这时毛泽东率领中央机关已向西转移。周恩来在路上走了一个多星期，四月十日赶到青阳岔，同毛泽东等会合。青阳岔在延

① 龙飞虎：《西北高原帅旗飘》，解放军文艺出版社 1978 年 12 月版，第 45—46 页。

② 王还寿在中共中央文献研究室召开的解放战争时期中共中央转战陕北座谈会上的发言记录，1981 年 9 月 19 日。

安西北的靖边县境内，离黄河西岸已很远了。周恩来第二天在这里为中共中央起草电报，把中央机关分为三部分的决定告诉各解放区领导人。并通知：成立中央工作委员会，以刘少奇、朱德、董必武、彭真、康生为常委，刘少奇为书记。董必武并准备担任华北财经办事处主任。中央工作委员会带走的中央机关有：组织部、宣传部、党校、解放日报社、社会部、政治部、青委，还有中央办公厅及秘书处、机要处、卫生部、军委总供给部的一部分。中央和军委的大部分工作机构暂留晋西北，组成以叶剑英为书记的后方委员会，杨尚昆担任后方支队司令，委员还有李维汉、邓颖超。

留在陕北的中央机关，按照军事编制，实行轻装，编为四个大队。为了统一指挥，成立司令部，任弼时任司令员，陆定一任政委，名称是“三支队”。周恩来提议：为了保密，每个人应起个代号。毛泽东说：我们一定得胜，我叫李得胜。周恩来说：革命事业必定成功，我叫胡必成。任弼时说：我叫什么呢？毛泽东说：你是支队司令，就叫史林；定一同志是政委，就叫郑位吧！① 他们在行军途中，一到宿营地，立刻挂起地图，开始工作。报务人员也架起电台，接通中央对外的联系。

这个时期中共中央的领导是高度集中的。这完全适应当时异常紧张的革命战争形势。后来，周恩来还讲道：“我们领导革命战争时，在全国、在中央决定问题的只有三个人。当时中央书记处共有五个人，分散在两个地方：一个地方是刘少奇同志和朱德同志，他们领导全国土改，搞根据地；在中央只有三个人，毛主席、周恩来与任弼时同志。所谓中央，就是这三个人嘛！”②

---

① 《毛主席转战陕北》，陕西人民出版社 1979 年 8 月版，第 66、67 页。

② 周恩来同印度尼西亚共产党总书记艾地的谈话记录，1961 年 11 月 16 日。

周恩来同中央机关会合的第三天，也就是四月十二日，他们从青阳岔出发，向西南转移到不远的王家湾。这是部队撤离延安以后第一次白天行军。

王家湾是一个很小的村子，在半山坡上有几排窑洞，原来住着十七八户人家。坡底下是双羊河，绕过山庄，向北流去。对面是石寨山。毛泽东、周恩来、任弼时住在贫农薛如宪老汉腾出的两孔半套窑里。这座窑洞又破又黑。毛泽东住在左边那一间。里面除了土炕、一张无斗柳木条桌、两个小圆木坐墩外，还砌了个长方形的土粮仓，安着一溜酸菜缸，几乎挤满了。毛泽东只能在炕上放一张小炕桌办公。周恩来、陆定一住在一进门的过道窑里，连一张桌子也没有。有人回忆：他们办起公来，就坐个木墩子，膝盖上垫一个用高粱秆纳成的锅盖拍拍，把电报、文件放在拍拍上，边看边批。腿麻了，又伏在锅台上继续工作。胡乔木从陇东土改团回来，也同他们住在一起。任弼时住在右边那半间，是个有炕没脚地的半截窑，条件更差，连腰也直不起来。

因为住得很挤，进出又只有一个门，平时除开会外，都各自聚精会神地工作，窑里一点声响也没有。周恩来每天清早起来，常要连着咳嗽几声。他总快步走到院子外面咳，免得影响别人。到了夜里，尽管煤油灯光不亮，各人也设法把灯遮住半边。他们的生活同战士、老百姓一样艰苦。细粮很少，主食大多是粗粮，青菜也很困难。

当时，最重要的是军事工作。他们不仅指挥着陕北战场的作战，而且指挥着全国战场的作战。由于军委副主席兼总参谋长彭德怀已出任西北野战兵团司令员兼政委，无法再顾及总部的工作，作为中央军委副主席的周恩来事实上成了毛泽东指挥全国解放战争的主要助手。他们到王家湾后，就成立一个军事组，有五六个参谋主管作战方面的工作，直接受周恩来指挥。当时担任作战参谋的张清化后来回忆说："在这个阶段，我有一个深刻的体会：周副主席在军事上是党中央、毛主席完全不能缺少的得力助手，是一个非常杰出的军事组织者和指挥者。当时他运筹帷幄，出谋划策，深得党中央、毛主席的称赞和全军的拥戴。凡是党中央研究、毛主席下了决心以后，具体的组织布置和如何执行等都是周副主席具体来抓的。无论前方或后方，无论是后勤供应或部队调动，总离不开他的具体的组织指挥。”①

毛泽东、周恩来等在王家湾停留的时间比较长，总共有五十七天。这段时间内，在他们指挥下，无论是遭受国民党军队重点进攻的陕甘宁边区和山东解放区，还是其他战场，都接连取得了重大的胜利。

先说陕甘宁边区。

继青化砭大捷后，西北野战兵团四月十四日在羊马河地区全歼胡宗南部第一三五旅四千七百余人，活捉代旅长麦宗禹。第二天，中共中央在通报这次战斗时指出：这一胜利，证明仅用边区现有兵力，可逐步解决胡军。五月四日，西北野战兵团在诱敌主力北上后，又突然奔袭，一举攻克群山环抱、工事密布的胡宗南重要补给基地蟠龙镇，全歼整编第一六七旅近七千人，活捉曾担任胡宗南副参谋长的该旅旅长李昆岗等，并缴获了大量粮食和军用物资。这两次胜利在二十天内接连取得，震动之大是可想而知的。

青化砭、羊马河、蟠龙镇三战三捷，狠狠打击了胡宗南进攻陕北时那种趾高气扬的气焰，大大鼓舞了西北人民的胜利信心。九日，新华社发表经周恩来修改的评论《志大才疏阴险虚伪的胡宗南》，辛辣地指出：“蒋介石的最后一张牌胡宗南，现在在陕北卡着了，进又进不得，退又退不得。胡宗南现在是骑上了老虎

---

① 张清化：《雾都遇险巧周旋　解放战争建奇功》，《怀念周恩来》，人民出版社1986年1月版，第416、417页。

背。”“不到两个月，事实证明蒋介石所依靠的胡宗南实际上是一个‘志大才疏’的饭桶。”①

接连取得这样三次大捷以后，西北野战兵团下一步的作战行动该怎么办？五月十日，周恩来赶往安塞县马家沟西北野战兵团驻地，同彭德怀等接连开了几天会，分析了西北战场的局势，共同确定下一步出击陇东的作战计划。

十四日下午，在真武洞（马家沟东五里）山坡的杨树林里，召开了边区军民祝捷大会。从撤出延安到这时才一个多月，西北战场的形势已发生了多么明显的变化！举行祝捷大会时，满山遍野都是人，群情振奋。彭德怀宣布大会开始后，周恩来在雷鸣般的掌声中，用洪亮的声音说：我代表中共中央祝贺你们，我代表中国人民感谢你们。他宣布：中共中央和毛泽东同志自从撤出延安后，一直留在陕北，同边区的全体军民共同奋斗。他说：蒋介石、胡宗南梦想赶走中共中央，消灭西北解放军，征服边区人民，但是一件也没有做到。他分析了全国各个战场（包括陕北战场）不断胜利的大好形势，号召边区军民团结一致，下定决心，坚持斗争，彻底消灭胡宗南部队，彻底消灭蒋介石卖国集团，早日收复延安，解放大西北。② 这次大会，极大地鼓舞了边区军民必胜的信心。大家认识到：黑暗快要过去，曙光已在前头。

再说山东战场。华东野战军继莱芜战役的胜利后，在四月二十六日，攻克泰安，歼敌二万四千余人。五月十三日至十六日，又在蒙阴东南的孟良崮地区，将国民党的王牌部队整编第七十四师三万二千余人全部歼灭，击毙该师师长张灵甫，迫使进犯军全线溃退。这又是一个震动全国的巨大胜利。国民党军队在东西两翼发动的重点进攻都遭受严重的挫败，已成为强弩之末了。

---

① 《晋察冀日报》，1947 年 5 月 12 日。

② 《毛主席转战陕北》，陕西人民出版社 1979 年 8 月版，第 132、133 页。

由于国民党军队的大部分主力被吸引并牵制在陕北和山东两个战场，又为其他解放区的反攻创造了有利条件。晋冀鲁豫、晋察冀、东北等各个战场上，捷报频传。其中，晋冀鲁豫解放军在四、五月间发动攻势，全歼国民党军第二快速纵队和暂编第三纵队，共四万五千人，解放了豫北、冀南大片地区，控制住平汉铁路三百余里，从而破坏了敌军在东西两个战场之间的枢纽地带的防御体系，为刘邓大军大举南下创造了有利条件。五月九日，周恩来为中央军委起草致刘伯承、邓小平并告陈毅、粟裕电，发出采取新行动的信号：要求全党全军首先要面向蒋管区，把战争引向更远的敌后，同时加强解放区土改后的生产、节约、支前，消灭党内、政权内、军队内的无政府状态和无纪律现象。

由于有了这一系列胜利，中国人民解放军由战略防御转入战略进攻的条件逐渐成熟。为着准备转入战略进攻，周恩来在四月十七日又为中共中央起草了关于后勤工作的指示，告诉各部队、各地区：为了争取胜利，解放区的一切战争动员工作都应从长期打算，尤其是要节约人力物力，严禁浪费。我们现在的后方是在前线，主要的军火资财取之于敌。

在这段时间内，国民党统治区的人民运动也蓬勃高涨。周恩来为中共中央起草的指导反饥饿、反内战运动的一系列重要文件，几乎都是在王家湾这个偏僻山村的小窑洞里写的。为了揭露蒋介石改组政府的真相，他还在《晋察冀日报》上发表了《新筹安会——评蒋政府改组》的评论，说明："蒋介石统治集团是同时处在政治、军事、经济三大危机之中"，"不管再借多少外债，蒋集团的危机不会减少，只会加深，直至被危机压得粉碎"。①

全国的形势越来越好。但从陕北战场这个局部来说，一时仍

① 《晋察冀日报》，1947年4月25日。

是敌强我弱。真武洞祝捷大会后几天，西北野战兵团主力于五月二十一日按计划西进陇东。这样，留驻在陕北的兵力更少了。

六月九日，国民党整编第二十九军军长刘戡带了四个半旅，沿着延河北上，先头部队进到离王家湾只隔一个山头的寺湾。这时，开往陇东的西北野战兵团主力离王家湾有几百里地，而中央警卫部队只有四个连，三百来人。情势确实相当危急。

毛泽东、周恩来留下四个班在王家湾掩护，中央机关连夜冒雨向西北方向转移。临撤离时，周恩来又一个窑洞一个窑洞地作了检查，炕上炕下都看过，不让留下一点中央机关在这里住过的痕迹。转移时，风狂雨猛，天黑路滑，山道狭窄，泥泞难行。毛泽东、周恩来、任弼时都没有穿雨衣，同干部、战士一起，手拉手连成一线，费力地攀上山顶。风雨停了，部队经过短暂的休息，继续步行前进。到东方发白的时候，山坡下出现一座村庄。这个村庄地处毛乌素沙漠的南缘，群山环抱，两条河水在这里汇合，杨柳树丛中掩藏着一排排窑洞。那便是靖边县的小河村。

因为情况仍很紧急，他们这一次在小河村只作短暂的停留。十一日下午，接到报告说：一股敌人穿过王家湾正朝这里扑来，离村只有十来里。周恩来立刻命令警卫团长刘辉山派一个警卫排带一挺机枪，到村东制高点监视敌人，中央纵队迅速撤离小河村，向同属靖边县的天赐湾转移。

这是转战陕北中最艰险的一段旅程。

部队还没有出村，一阵霹雳电闪，大雨又下起来。小河水暴涨了，把老乡搭下的那座季节性小桥连拥带裹地推走。部队要过河，只好重新搭桥。在这不大一阵工夫里，侦察员先后几次回来报告，敌人距这里只有八里、七里……四里了。周恩来严肃地命令刘辉山：“告诉留在东山上的那个排，敌人不进村，不许开枪。敌人和他们接火以后，要坚守阵地，阻击敌人，掩护主席和全支队转移之后再撤!”①

经过一阵紧张的努力，浮桥搭起了。这时，天已经完全黑下来。过了河，就上山。刚从羊肠小道爬上山顶，后面传来激烈的枪声，留在小河东山那个警卫排已同敌人接火。不一会，左侧山沟和山头上都燃起一堆堆篝火。敌军军官的叫骂声和骡马的嘶鸣声听得清清楚楚。但是，敌人对中共中央首脑部门就留在这里仍懵然无知，更没有发现中央纵队的行踪。继续行进时，中央纵队的队伍里不许打手电，不许抽烟，不许有喧哗声，静悄悄地在风雨中摸黑前进。后半夜，到了两山之间的一个山村——月牙口。在这里稍微休息一下，又继续前进。当十二日清晨红日升起的时候，队伍到达了天赐湾。

天赐湾是一个坐落在山梁上的只有二十几户人家的小村子。这里的条件比王家湾和小河村更艰苦，连喝水都要到很远的山沟去挑。毛泽东、周恩来等就挤在一间小窑洞里住。五六个参谋只分到半个窑洞，只能把文件放在里头，人睡在外面。

队伍在天赐湾刚要生火做饭，又传来消息：敌人朝这个方向出动了，离这里只有二十多里。大家做好行军和战斗的准备，布置好警戒。但毛泽东判断：敌人可能只是经过这里向保安方向去。果然，对中央机关行踪懵然无知的敌人顺着山下的深沟开过去了。午后，又有一支敌军从王家湾开来，离天赐湾只有十五里，形势再度紧张起来。毛泽东、周恩来、任弼时商议后决定：非战斗人员集中山后，待命出发；警卫团派一个排到村东设阵地准备阻击，但敌人不到跟前决不准开枪；另外再派一个排到西南方向活动，去诱开敌人。毛泽东估计：敌人仍不会来。他问周恩来：你看是不是这样？周恩来回答：是这样。果然，派出的那个排，装作同敌人遭遇的样子，向西南方向节节撤退，敌人紧紧追

① 《毛主席转战陕北》，陕西人民出版社1979年8月版，第164页。

去，越走越远。

在天赐湾住了一个星期。他们的工作还是那样紧张繁忙。在这里，周恩来为中央军委致电林伯渠、王维舟等，并告彭德怀等：根据我们的经验，只要采取积极态度，坚持反“清剿”斗争，即使是十几个人的游击队经常保持与敌人接触，也可以使敌人踌躇不前，或者依山筑工事，不敢下沟捉人，既可以迟敌前进，使我掩护群众及机关转移，又可阻敌骚扰，减少群众及机关损失。①

天赐湾地形虽好，但村子太小，中央机关人多，在这里居住不便工作，不是长久之计。所以，当形势稍见缓和后，便决定重返小河村。六月十七日上午，毛泽东、周恩来等带领中央纵队，从天赐湾回到小河村。

他们回到小河村后没有几天，中国人民解放战争开始进入第二个年头。

从全面内战爆发到一九四七年六月，解放战争已进行了整整一年。在这一年里，共歼灭国民党政府正规军九十七个半旅，七十八万人，伪军、保安队等三十四万人，共一百十二万人。他们虽不断补充，总兵力已由全面内战爆发初的四百三十万人下降为三百七十三万人。人民解放军的总兵力却由一百二十万人上升到一百九十五万多人。双方兵力对比从一比三点五八缩小为一比一点九。国民党军队的全面进攻已被粉碎，重点进攻也遭到严重的失败。

在第二年，中国人民解放军作战的基本任务应当怎样来确定呢？

① 中共中央致林伯渠、王维舟等并告彭德怀的电报，1947 年 6 月 15 日，周恩来手稿。

蒋介石把主力集中在陕北和山东这两翼作重点进攻后，在中段只有少数兵力凭借黄河天险进行防御。这种兵力部署，有如一个两头大、中间小的哑铃。如果人民解放军从中间的薄弱部位拦腰突破，渡过黄河，挺进到南京、武汉之间的鄂豫皖三省交界处的大别山地区，就会像一把钢刀插进国民党统治区的心脏。

还在王家湾的时候，毛泽东就在五月八日为中央军委起草致刘伯承、邓小平、陈毅、粟裕的电报，提出：刘邓所部“争取于东（六月一日）前休整完毕，灰（六月十日）前渡河，向冀鲁豫区与豫皖苏区之敌进击，第二步向中原进击”；陈粟所部“准备于六月十日以后配合刘邓军大举出击”。① 六月三十日，刘邓大军四个纵队约十三万人强渡黄河，发动鲁西南战役，揭开了转入战略进攻的序幕。

陈赓、谢富治率领的太岳纵队，原定由晋西南渡河，加强陕北的军事力量。在天赐湾时，周恩来曾为中央军委起草致陈谢电，要求他们先转移到洪洞赵霍以东地区集结，准备在本月底、下月初在军渡、界首间西渡，陈赓可先渡河沿大理河来中央军委一谈。刘邓大军强渡黄河后，毛泽东、周恩来等对陈谢纵队的使用方向开始作两种考虑：一种方案是仍照原议调来陕北，从内线歼灭胡宗南部相当数量，然后出外线（陇南），与西北野战兵团协力，完成消灭胡宗南、夺取大西北的任务；另一种方案是，考虑到刘邓已渡河，又考虑到陕甘宁边区人口稀少，粮食及各种供应浩繁，难以负担大量军需，而豫西一带在胡宗南部大批调往陕北后，兵力空虚，如把陈谢所部使用在这个地区，不仅必将迫使胡宗南部分兵救援，有利于西北野战兵团各个歼敌，而且对刘邓大军的南下起重要的配合作用。七月四日，他们为此致电彭德

---

① 中共中央军委致刘伯承、邓小平、陈毅、粟裕的电报，1947年5月8日，毛泽东手稿。

怀、习仲勋征求意见。十九日，陈赓从河东来到小河村。毛泽东、周恩来同陈赓商议后，决定实行后一方案，将陈谢纵队的使用方向改为南渡黄河向豫西挺进，太行纵队、三十八军和五师一同南进，统受陈谢指挥。

稍后，在八月上旬又决定由陈毅、粟裕指挥六个纵队组成华东野战军西线兵团，并指挥晋冀豫野战军第十一纵队，在豫皖苏边地区实施战略展开。

这样，刘邓、陈粟、陈谢三路大军南下的基本格局大体上确定下来了。

适应人民解放军转入战略进攻的新形势的需要，中共中央在七月二十一日至二十三日举行会议。会议在小河村司令部的院子里召开。周恩来、任弼时、陆定一原来就住在这里。开会前，毛泽东也搬来了。这里院子比较大，栽着柳树，警卫战士用柳树枝搭了一个凉棚。棚下摆一些木制的桌椅，这就是小河会议的会场。赶来参加会议的，除陈赓外，还有彭德怀、习仲勋、贺龙、王震等。

小河会议一开始，毛泽东先讲话。他说：军事计划，原先计划过边区和陈赓两部集中打，现决定分开打，从战略上、粮食上看都有利。对蒋介石的斗争，计划用五年解决。看过去这一年的成绩，是有可能的。他提出：陕甘宁边区在军事上和财政上都依靠晋绥，今后更加如此，因此决定由陕甘宁晋绥联防司令贺龙统一领导这两个解放区的地方工作。①

周恩来为这次会议进行了大量准备工作。他电令各地区和各野战军按时作出报告，要求各项材料和统计数字必须准确无误。向总参谋部工作人员交代了总结的项目、内容和完成的时间，并反复审查修改各种图表和文字材料。在会议期间还召开机要工作

---

① 毛泽东在中共中央前委扩大会议上的发言记录，1947年7月21日。

会议，叮嘱："行军打仗，机要人员一定要在首长跟前。机要工作如果出了问题，要拿负责人是问。"①

在会上，周恩来总结人民解放军在战争第一年取得的成绩，分析了敌我双方力量对比的消长趋势。他说：过去一年内蒋军有了极大的变化。从建制人员、武器说，都损失了约三分之一，从质量说，不止降低三分之一。敌军在去年七至十月，占领解放区一百零四座城市，兵力分散；十一月至今年二月，敌军逐渐集中兵力，但在此期间我歼敌最多，城市则得失相当；三月至六月，敌军攻势已成弩末，仅在山东、陕北两处进攻，在其他各处我都转入反攻，得城市六十二个。人民解放军在去年停战时，主力、地方部队共一百四十多万；复员中减少一些；七月大打后又陆续增加，连后方机关共达一百九十多万人，已超过解放区的负担能力。所以，今后发展必须求之于新区，主力的发展则求之于地方部队的升级。②

会议最后一天，毛泽东为中央军委起草致刘、邓、陈、粟、谭和华东局的电报，建议刘邓所部"下决心不要后方，以半个月行程，直出大别山"；"陈粟谭率鲁中兵力并在刘邓到大别山后指挥陈（士榘）唐（亮）担负整个内线作战任务"；陈（赓）谢（富治）集团至豫西后，受刘邓指挥作战"。③

会议结束后，周恩来向中央机关工作人员作了报告。他说：去年的作战方针是内线作战，把敌人引到解放区来消灭，战略上防御，用空城来换取实力。现在我们已消灭敌人大量有生力量，迫使敌人由战略进攻转入战略防御。我们只有实行打出去的方针，才能取得整个解放战争的胜利，彻底摧毁蒋介石的反动

---

① 《毛主席转战陕北》，陕西人民出版社 1979 年 8 月版，第 202 页。

② 周恩来在中共中央前委扩大会议上的发言记录，1947 年 7 月 21 日。

③ 中共中央军委致刘伯承、邓小平、陈毅、粟裕、谭震林并华东局的电报，1947 年 7 月 23 日，毛泽东手稿。

统治。

中共中央作出的这个战略决策是正确而大胆的：决心不等敌人的进攻被完全粉碎，不等人民解放军在数量上装备上超过对方，立刻由战略防御转入战略进攻，以敌人兵力薄弱的中原地区为主要突击方向，实施中央突破，转入外线作战，直插敌人的战略后方，将战争引向国民党区域，从而改变整个战争的态势。

根据中共中央的战略部署，刘伯承、邓小平当机立断，从八月七日起，出人意料地突然兵分三路，大踏步长驱南下，提前实行“不要后方”的千里跃进。

全国性的战略大进攻，终于开始了！

小河会议结束后不久，胡宗南部因西北解放军主力正集结在北线的榆林附近，又向北推进，一部逼近小河村所在的靖边县一线。七月三十一日，周恩来为中共中央起草致彭德怀、贺龙、习仲勋及西北局电：决定西北野战兵团正式定番号为“西北人民解放军野战军”，以彭德怀任司令员兼政治委员兼前委书记。① 西北人民解放军野战军下辖三个纵队又两个野战旅，共约五万人。

八月一日，毛泽东、周恩来、任弼时带领中央纵队离开小河村，沿大理河向东作远距离转移，向西北野战军总部所在地靠近。中央纵队的代号由“三支队”改为“九支队”，由周恩来兼任司令员和政委。离开小河村时，周恩来向当地老乡告别，说：“老乡们！你们也知道，敌人很快要到这里来。我们一走，大家要做好坚壁清野，准备转移！不能让敌人得到一粒粮食，饿死他，困死他，彻底消灭敌人的日子不远了！”②

---

① 中共中央军委致彭德怀并贺龙、习仲勋并西北局的电报，1947年7月31日，周恩来手稿。

② 《毛主席转战陕北》，陕西人民出版社1979年8月版，第208页。

九支队离小河村后，抢在刘戡、董钊等部队之前，在十三日越过无定河，沿咸榆公路北上，绕过绥德城，再折而向北，沿葭芦河大踏步北上。途中，突然下起暴雨，下山时滑得人连脚也站不住。毛泽东、周恩来和战士们手拉着手，一步一步往下挪，费了一个多小时才下山，来到五女河畔。接着，他们又两渡五女河。经过将近二十天的行军，在十九日到达米脂县梁家岔住下。这里，离西北野战军总部所在地东原村不到二十里。

在这段紧张艰难的行军过程中，有人回忆："周副主席是部队最忙碌、最辛苦的人，事无大小，都要亲自安排、布置、检查，他往往睡得更晚，起得更早。毛主席休息的时候，除了有特急电报，周副主席总不肯惊扰毛主席。他自己经常是睡上两三个小时，就会被秘书叫醒几次。前线发来的战况报告，如有新出现的情况和地名，周副主席为了使毛主席能集中精力考虑战略决策，总是亲自加上注释，附上小图，再送给毛主席阅示。就是在日常生活中，周副主席也总是细心观察，想尽办法使毛主席减轻劳累。"①

对群众的安全，他也十分关怀。十六日到葭（佳）县曹庄的时候，他听说还有群众没有疏散，有一部分伤病员和家属没有转移，立刻打电话给县委，询问情况，并告诉他们：敌整编第三十六师两天后可能到乌龙铺，刘戡带四个旅正从南面扑来，你们的三处黄河渡口在三天内都要停渡，将船只开到东岸隐蔽。"县委一定要抢在敌人前头，把伤病员和家属全部送到河东；过不了河的老百姓，要组织他们沿着黄河向北撤，同时要搞好坚壁清野，绝不能让群众的生命财产遭到损失。"②

离开曹庄时，警卫员发现周恩来走路一拐一拐的，要他把脚抬起来。一看，鞋底已磨出一个洞，袜子也已磨破，脚跟红红的

①② 《毛主席转战陕北》，陕西人民出版社1979年8月版，第244、252页。

快要出血了。要他换鞋，周恩来说什么也不肯换。他说：部队已出发了，换鞋要耽误时间，影响部队的行动不好。要他骑马，也不肯。毛泽东听到他们在争论，要警卫战士拿一副担架来，周恩来更不肯坐了。结果，又走了二十多里，到目的地后才换了鞋。

胡宗南部这次大举北上，有一个雄心勃勃的计划：想集中十个半旅六万三千多人的兵力，先解榆林之围，再将西北野战军主力歼灭于葭（佳）县、米脂、榆林三角地区，或赶过黄河。西北野战军根据情况，果断地撤出榆林战斗，于八月十二日将主力隐蔽集中于榆林东南方向。

这时，胡宗南部正分两路向西北野战军主力扑来：一路是刘戡率整编第二十九军五个旅，由绥德北进；另一路是刚刚抢先进入榆林的整编第三十六师主力两个旅，由师长钟松率领，从榆林南下镇川堡，再转而向东，企图夹击西北野战军主力。钟松一路处于孤军深入的地位，这是一个良好的战机。

八月十四日，中央军委在行军途中致电彭德怀：集中八个旅打钟松于绥德、镇川线以东以北山地是好机会，不知部署来得及否？西北野战军随即以一部兵力阻击刘戡等部，集中六个旅兵力于沙家店地区，准备围歼整编第三十六师。这个师是胡宗南部的精锐，骄横异常，急于立功，远离主力，进入西北野战军的伏击区。二十日，也就是毛泽东、周恩来等到达梁家岔的第二天，西北野战军在沙家店地区经过一天激战，全歼整编第三十六师师部和一个旅，并在常高山以南歼灭该师的另一个旅。

沙家店战役，是西北战场上一次有决定意义的战斗。它的胜利，改变了整个西北战局，打破了国民党军队对陕北的重点进攻，使西北人民解放军由内线防御转入内线进攻。同时，这次战役把胡宗南集团的主力拖住在陕北战场，从而有力地配合了陈谢集团南渡黄河、挺进豫西的行动。

沙家店战役的第二天，毛泽东、周恩来、任弼时到西北野战军指挥部驻地葭（佳）县前东原村，同彭德怀等开会。毛泽东赞扬沙家店战役的胜利，说："它将使西北形势很快发生变化。用我们湖南话来说，打了这一仗，就过坳了。"陕北战争中最困难的时期已经过去。战争的主动权已经掌握到西北野战军手中。会上，决定二纵（王震部）、一纵（张宗逊部）、新四旅和教导旅分三路南下。沙家店战役的第三天，陈赓率领太岳兵团强渡黄河，进入豫西。胡宗南慌忙急电董钊、刘戡率残部迅速南下。

陕北战场的反攻开始了！

沙家店战役结束后，毛泽东、周恩来等在八月二十三日转移到葭（佳）县朱官寨，在这里住了将近一个月。这是他们转战陕北期间粮食供应最困难的一段时间。

陕北本来地瘠民贫，又经过半年来国民党军队的洗劫和破坏，葭（佳）县一带人民只能靠黑豆、糠秕、野菜和树皮充饥。部队的供应也十分困难。陕北农民本来吃一种用小米和黑豆轧成的铜钱大小的片片熬成的稀饭，叫"钱钱饭"。现在只能吃米糠、秕谷和瓜菜合在一起、加几把黑豆片片熬成的糠菜糊糊的"钱钱饭"。毛泽东、周恩来等在朱官寨的一个月，吃的也是这种"钱钱饭"。

当地人民生活的这种艰苦状况，在周恩来为中共中央起草给徐向前、滕代远、薄一波的电报中也说到过："陕甘宁边区半年来受敌摧残甚重。一切县城及大多数乡村均被敌占领过。加以今年先旱后涝，收成极坏（只有三成左右）。晋绥又为贫瘠之区，亦遭旱涝。故两区粮食无法长期供应部队作战及大批后方人员。居民饥饿者甚多。因此，陕甘宁、晋绥两区今年须从太岳筹拨五万石（三百斤一石的）细粮，方能渡过难关。”①

八月三十日，中共中央通知各战区和各野战军：决定由军委副主席周恩来代理总参谋长工作，副参谋长仍由叶剑英担任。

这时，在全国战场上，到处出现一派欣欣向荣的沸腾景象。

刘邓野战军在八月七日出其不意地分三路迅捷南下。他们不采取逐城逐地推进的方式，而是下决心不要后方，长驱直入，经过二十天行军作战，从几十万敌军前堵后追中杀开一条血路，于二十七日直插大别山地区，迅速完成战略展开的任务。九月末，周恩来为中央军委起草致刘邓电，指出：你们如能乘机攻占长江以北、大别山以南各县，必能威胁长江，分散敌人，开展局势。② 进入大别山后，刘邓野战军经过一个多月作战，共解放二十三座县城，建立了十七个县级民主政权，迅速在大别山地区站住了脚跟。

陈谢集团八万多人，在八月二十二日、二十三日先后在晋南、豫北交界处渡过黄河后，跨过陇海路，挺进豫西。九月二十三日，周恩来为中央军委起草致陈、谢、韩（钧）电，要求相机攻占郑州、洛阳以南，平汉铁路以西的十余县，然后向汉水流域发展。③

陈粟野战军八个纵队共十八万人，九月上旬在鲁西南沙土集歼敌整编第五十七师九千多人。九月二十六日，除留两个纵队在鲁西南外，主力越陇海路南下，经过一个多月作战，解放县城二十四座，完成在豫皖苏边区的展开。

刘邓、陈粟、陈谢三路大军，以雷霆万钧之势相继南下，在

① 中共中央致徐向前、滕代远、薄一波转太岳区党委等的电报，1947 年 9 月 23 日，周恩来手稿。

② 中共中央军委致刘伯承、邓小平的电报，1947 年 9 月，周恩来手稿。

③ 中共中央军委致陈赓、谢富治、韩钧的电报，1947 年 9 月 23 日，周恩来手稿。

长江以北、陇海路以南摆开了一个倒过来的“品”字阵势，把战线由黄河南北推进到长江北岸，使中原地区由国民党军队进攻解放区的重要后方变成了人民解放军夺取全国胜利的前进基地。这是一个对战争发展具有重大战略意义的胜利。蒋介石的战略防御体系完全被打乱了。

与此同时，西北野战军乘刘戡、董钊等部南撤时，乘胜追击，在九月中旬收复葭（佳）县、吴堡、靖边、子洲、横山、吴旗、安塞、志丹等县城。华东野战军内线兵团在九月间发动胶东保卫战，前后共歼敌六万三千余人。东北民主联军在九月十四日发动秋季攻势，经五十天作战，歼敌六万九千余人，攻占城市十七座，使敌军退缩到沈阳、长春、锦州、四平、吉林等三十四座城市及其附近地区，陷入更加孤立被动的局面。晋察冀野战军也发动了平汉北段的战役，取得了胜利。

在这个全国大反攻的胜利形势下，九月二十八日，周恩来到葭（佳）县神泉堡去向住在这里的中共中央直属单位干部、战士作了关于时局问题的报告。

他首先详细叙述了过去一年在自卫战争中取得的重大胜利。为什么能取得这样大的胜利？周恩来指出三个原因：第一，人民拥护我们作战，相信我们是为他们做事的。第二，我们的军队是为人民的，是人民的子弟兵。第三，党中央和毛泽东同志领导得好。“从这里可以看出，第二年提出大反攻、打倒蒋介石的口号，是适当的。”

接着，他分析了当前的战局：“刘邓、陈谢、陈粟三路大军南下，过黄河，过陇海路，直到长江以北。黄河是蒋介石的‘外壕’，陇海路是他的‘铁丝网’，长江是他的‘内壕’。蒋介石总想赶我们过‘外壕’，而我们已过了‘铁丝网’，打到他的‘内壕’了。”在北线，西北解放军也要打过去，东北解放军已经出击。“这是全国反攻的形势。”

当前的方针是什么？周恩来回答："我们的方针就是：打到蒋管区，发展解放区，消灭蒋介石的部队在蒋管区。"他强调地提出："这个方针在今后一年到两年间要实现。"他认为：这是有把握的。因为从国民党方面看，有三个弱点：兵力不足，后方空虚，人民反对；而从中国共产党方面看，首先是人民解放军越战越强，第二是土地改革，第三是扩大解放区。再加上有利的国际形势，这说明举行大反攻的条件已经成熟。①

周恩来提醒大家："今后两年我们将要登上山顶，还要鼓两年劲，蒋介石的力量已是下降的，但还没有下降到最低点。现在是运动战，将来还要打阵地战。""我们还有困难，如军事工业基础薄弱、干部不足、粮食不宽裕等等，这些困难都要我们来克服。"他满怀信心地鼓舞大家："中国地区这样大，四万万五千万人翻了身，革命胜利了，对世界革命有很大意义。所以打倒蒋介石，不要说还要两年，就是五年也划得来。同志们大都是二三十岁的青年，还怕等不到成功？我还有这个信心呢！"②

这年的中秋节，是在胜利声中愉快地度过的。在朱官寨的一个院子里，毛泽东、周恩来、任弼时等请战士们一起席地而坐，就着辣椒喝酒。大家赏月谈天。晚上，周恩来给已远去河北平山的邓颖超写信。信辗转寄到时，邓颖超正在看信，她的秘书陈楚平说："情书来了！"邓颖超看完后，笑笑说："这哪里是情书？是形势报告！"陈楚平指着信的最后一段话"对月思人，不知健康否？于中秋节。"说，"不是有'对月思人'吗？"③

这以后，前线捷报频频传来。晋察冀野战军主力十月二十日拂晓将从石家庄北上的敌第三军包围在清风店地区，经过三天激

---

① 《周恩来选集》上卷，人民出版社1980年12月版，第277、278页。

② 《周恩来选集》上卷，人民出版社1980年12月版，第282页。

③ 方铭在中共中央文献研究室召开的解放战争时期中共中央转战陕北座谈会上的发言记录，1987年9月19日。

战，全部歼灭，生俘军长罗历戎。十一月六日，他们乘胜发起石家庄战役。十二日，攻克石家庄。这是一次较大规模的城市攻坚战，首开了人民解放军夺取敌人坚固设防的大城市的先例，并使晋察冀和晋冀鲁豫两个解放区连成了一片。西北野战军乘胜追击胡宗南部，十月十一日攻克重兵设防的清涧县城，全歼整编第七十六师，活捉师长廖昂。刘戡率部向南撤退到宜川一线。西北战场的局势更加有利了。周恩来在十月二十七日为中共中央起草的一个指示中兴奋地写道："一年多内战经验，证明蒋介石反动集团败局已定。不管美帝帮助多少，甚至直接出兵，也不能挽救其覆灭命运。"①

冬天快到了。在哪里过冬？因为陕北还没有完全取得胜利，中共中央决定不过黄河，仍旧留在陕北。

十一月二十二日，他们迁移到米脂县的杨家沟。杨家沟是米脂县东四十里外的一个较大的山村，原来是一个地主庄园。全村有二百七十多户人家，就有七十二户地主。这里不通大道，偏僻安静，容易保密，窑房又多，便于长时间居住和召开较大的会议。直属队到这里后，代号改为"亚洲部"。随着战争胜利和环境比较安定，他们的居住条件有了明显改善。周恩来住的窑洞是一明一暗，共两间。里面是卧室，外面是一个大间，作为会议室。毛泽东住的是三间相通的窑洞。他们在同一院子里，一个在东头，一个在西头。中央机关的工作人员也增加了一些。

中共中央转战陕北整整八个月了。到这时，才得到一个安定的环境。

一到杨家沟，周恩来又紧张地投入中共中央即将召开的十二

---

① 中共中央关于反对刘航琛一类反动计划的指示，1947 年 10 月 27 日，周恩来手稿。

月会议的准备工作。他召开一系列小型会议，研究战局，研究土地改革政策和工作中出现的“左”的偏向。他当时的警卫战士回忆道：周副主席工作效率高，这是众所周知的。他干什么事都很认真，一抓到底，不抓出成果来不罢手。他写东西速度快，一气呵成。无论是白天，还是夜晚，他要写东西事先和我们打招呼，不让打扰他。

十二月会议的规模比较大。除了能到会的中央委员、中央候补委员外，还有陕甘宁边区和晋绥边区的负责人。彭德怀、贺龙、林伯渠、张宗逊、习仲勋、马明方、王维舟、李井泉、甘泗淇、谢觉哉、杨尚昆、李维汉、王明等都参加了。

十二月七日到二十四日，是预备会议。二十五日至二十八日，正式开会。毛泽东在正式开会的第一天作了《目前形势和我们的任务》的报告。他在报告中指出中国人民革命战争已经发展到一个历史的转折点，总结了人民解放战争和土地改革的经验，提出著名的十大军事原则和土地改革中需要遵循的一些重要政策。报告阐明了新民主主义革命的三大经济纲领，即没收封建阶级的土地归农民所有，没收官僚资本归国家所有，保护民族工商业者的财产及合法经营。新民主主义国民经济的指导方针，必须紧紧追随着发展生产、繁荣经济、公私兼顾、劳资两利这个总目标。报告还强调了新民主主义的革命统一战线的极端重要性。

周恩来作为中央军委副主席兼代总参谋长，在会议第二天作军事形势的报告。他说：战争的第二年，各条战线无例外地转入主动。开始于七月的刘邓渡河，使南线形势根本改变。现在，南线不但是大别山，就是江汉、桐枣地区也已站住了脚。比小河会议时不同，敌已完全被动。敌二百四十八个旅中，受过歼灭或歼灭性打击的达到一百四十五个旅。地区则发展得更快。停战令时原有二百三十万平方公里，现已恢复，约占全国的百分之三十二。解放区人口现有一亿五千万。在蒋管区群众斗争方面，学生运动在全面内战爆发后发生了三次高潮：抗暴，反饥饿、反内战，反暴行（于子三事件）。这在历史上是空前的。工人斗争也是如此。农村游击战争在粤、闽、浙、皖有很大发展。他在报告中对敌我双方的力量对比作了详细的分析，并且指出："我们的供应主要是取之于敌。"①

在讨论中，他先后就财政经济、土地改革、统一战线等问题作了多次发言。他说：晋绥土改的战略方向是对的，"但对军队中地富与农村中中农问题则不够慎重"；"土地与浮财，在农民中应该指出主从轻重，不应钻在牛角尖里"；对中农、贫农间的矛盾同农民、地主间的矛盾"不应并列"；在整党中"不必重复联共清党中的缺点"。② 这些，都是为了纠正土改和整党中已开始出现的"左"的偏向。

毛泽东作结论时说：这次会令人兴奋。和洛川会议相似，都是在时局开展中召开的。对蒋的力量对比问题，到现在才解决了。这次会议通过一篇文章（指《目前形势和我们的任务》），在打倒蒋介石的时期可起纲领性作用。反对美帝，打倒封建，打倒官僚资本，这三个目标应该保证。团结中农，团结中小资本，以共同反对这三个敌人，是正确的。中农问题是历来就解决了的，但这一次特别强调了。

转眼就过年了。一九四八年一月十一日，周恩来在西北高干扩大会议上作了关于全国战争形势的报告。他详细地叙述了一年来革命战争所取得的巨大胜利。下一步怎么办？他说："我们中央已经决定一直打下去，不要再走弯路，一直走到胜利。""我们可以这样看：三五年消灭蒋介石，全国胜利。我们要有这个信心。"怎么打？周恩来先分析了敌军的作战方法：第一年是战略

① 周恩来在中共中央会议上的发言记录，1947年12月26日。

② 周恩来在中共中央会议上的发言记录，1947年12月28日。

进攻，战术防御，战役上有时采取进攻；第二年，战略战术上都是防御的，战役上有时还采取进攻。这种战役进攻，是重点地把兵力堆在一块进攻。“我们的办法，是一点两面战术，大胆地派部队从中间切断敌人，另以主力包围其突出之部予以歼灭。再，敌人兵力一集结，其他地方就空了，我就可以收复地方，大搞土改。”

掌握政策的问题，在周恩来这个报告中占着重要的地位。他说：我们的军队打到外线后要注意政策。“掌握政策的基本方针是要争取多数，反对少数，集中力量打击消灭当前主要敌人，而不应多树立敌人。”他举例说：在乡村中把最坏的恶霸拿出来斗争，次要的中小地主屈服了就是胜利，不一定要斗他。至于“城市政策更重要，不要毁坏。在韩城搞的不好，犯了纪律，连学校的钢琴亦没收了，真是乱弹琴！”

他特别强调反“左”的问题，根据党的历史教训，尖锐地指出：“我党历史上右倾错误时间短，易纠正，‘左’倾错误的时间长，不易纠正。因为你以为很左就很光荣，但客观上是帮助敌人。你脱离了群众，一个人革命，敌人还不欢迎吗？在土改中有些连中农亦不要了，很容易孤立。他不和你反对敌人，你的力量就小。我们一方面防止敌人捣乱，一方面要掌握政策。这样才能保证我们打出去的胜利，开展大西北的局面。”①

周恩来这样强调反“左”的问题，是因为各解放区的土地改革运动在《中国土地法大纲》发布后虽然取得巨大成绩，但也比较普遍地出现了“左”的偏向，这对巩固和发展胜利是十分不利的。周恩来不仅在会议上谈了这个问题，并且从多方面调查了解土地改革中的实际情况。当时担任作战参谋的张清化回忆说：

① 周恩来在西北高干扩大会上关于全国战争形势的报告记录，1948 年 1 月 11 日。

“一九四七年十二月会议后，周副主席放我的假，让我回黄河以东后方一趟。我回到了临县三交镇。那时那里正在搞划阶级、定成分、斗地主、挖地财、挖元宝。最初我还没看出什么问题来，后来看到定成分要查三代。如果你是贫农，查到你三代中有是地主或富农的，就定你是地主或富农。我对此产生了疑问，心想他现在是贫农，什么都没有，给他定成地主或富农合适吗？后来又定工商业者的成分，大一点的铺子的店主，就定地主、富农，把铺子给分了，我觉得不对头，毛主席不是在十二月会议上讲过保护工商业嘛，这样搞不是把工商业给搞垮了吗？但又不敢多讲，怕讲多了，人家给我扣上右倾帽子。没有几天中央支队打来电报，叫我回去，我就回去了。

回去后，周副主席问我在那里看到什么情况，我说我不敢讲。他说：‘你讲一讲嘛！’我说我可能认识不准，讲错了会犯错误。周副主席讲，你有什么讲什么。我说不会给我戴个右倾吧？他说：你讲，绝不会给你戴帽子。于是我就讲了我对几件事的看法。

对于定成分和三查三整，我说地方搞，部队也搞。听说当时有的地方吃饭搞两桌席：地主、富农出身的坐王八蛋席，贫雇农出身的坐贫雇农席。把机关、部队的同志这样一分，那怎么行呢？我们的领袖不少是出身于剥削阶级家庭，那怎么讲，又坐什么席呢？周副主席听了以后，讲了一句：‘胡闹台！’就是胡闹的意思。我又说在农民中查阶级时要查三代，他现在是贫农，你查他三代划成了地主或富农，但他现在什么都没有，你怎么分他的财产？又有什么意义呢？我说我讲不出更多的理由，但我不理解，当时又不敢多讲，怕人家说我右倾。

周副主席又问我还看到了什么，说你讲对讲错都没有责任，但要把事情讲清楚，我们才能更多地了解情况。于是我又把对商店店主也划阶级的情况讲了一番。我说把商店店主评成地主、富农，财产也分掉了，那么保护工商业又怎么保护呢？在那里我多说了两句，人家问我阶级立场到哪里去了。周副主席讲：这都是不对的。我们解放区的工商业不是多了，而是少了，只有保护工商业，才能活跃解放区的经济。商店、小作坊都不能分。他还说：对于工商业，就是解放以后也应该保护。后来，大概周副主席将先后了解的这些情况向毛主席作了汇报，经他们研究以后，遂派人去纠正这种‘左’的倾向。”①

周恩来在这时花了很大力量来研究土地改革的问题。现在留下他在这段时间内手写的两份笔记。一份的题目是《占有与使用问题》。另一份包括了四个问题：一、地主与富农的定义及其区别；二、地主富农中几个问题（破产地主问题，经营地主问题，下降地主问题，下降富农问题）；三、贫雇农与中农问题；四、小资产阶级问题。

他在一月六日审阅《关于执行〈中国土地法大纲〉的指示》的草稿时，添写了几段重要文字，主要都是为了纠正“左”的偏向。《指示》草稿中讲到：中农在土改中，一部分分进土地，一部分不动，还有一部分要分出一部分土地，但他们在土改中和土改后可得到其他经济和政治利益作为补偿。周恩来添写道：“虽然如此，各地在平分土地时，仍须注意中农的意见。如果中农不同意，则应向中农让步。”《指示》草稿讲到抗日战争时期同共产

① 张清化：《雾都遇险巧周旋 解放战争建奇功》，《怀念周恩来》，人民出版社1986年1月版，第420—421页。

党合作过的开明绅士时，周恩来添写道："对这些过去同过患难的人士，应当加以照顾，并应当区别这些党外人士过去对农民的剥削关系与压迫关系。一般的，开明绅士过去均是以地主身份参加三三制政权的。只要他今天赞成实行土地法大纲，我们没有理由责备他过去不该剥削。而其对农民的压迫行为，也须区别是发生在参加三三制政权以前或以后。如果是发生在参加以前，则其参加三三制政权对全国人民的利益已足抵补对一个地方人民利益的损害，我们应负责向当地受损害的人民解释，免予斗争。"此外，他还写道："在土改深入的地区，必须吸收农民中尤其是贫雇农中最积极分子入党，增加党内新的血液。""如各级政府与各级人民监察委员会在其决定的案件上发生争执时，应提交各级人民代表会解决之。"①

二月二十二日，周恩来为中共中央起草《关于在老区半老区进行土地改革工作与整党工作的指示》。《指示》指出：在老区与半老区中，大致应分为三类地区（土地改革较为彻底的地区，土地改革不彻底的地区，土地改革很不彻底的地区），应该根据地区的不同，采取不同的方针。"每一个乡村土改与整党问题的解决，均必须酝酿成熟，取得绝大多数人的同意，方能作出决定，采取行动，不能由少数人强制解决，致犯命令主义的错误。同时，对于群众中发生的不正确意见，又必须耐心说服，实现党的领导作用，不要犯尾巴主义的错误。""土改与整党，均应采取有重点的、波浪式的逐步推广的方法。凡无得力的领导者或健全的工作团的地方，宁可暂缓发动，不要急于求成，致走弯路。"②

第二天，他又为中共中央起草《关于平分土地问题给阜平中

---

① 周恩来在中共中央《关于执行〈中国土地法大纲〉的指示》上的补充意见，1948年1月6日，手稿。

② 《周恩来选集》上卷，人民出版社1980年12月版，第293页。

央局的指示》，对土地改革中的许多问题作了细致的规定，指出："凡是靠一股劲，就想完成这样细致的土改工作，最多像东北煮成夹生饭，还要再煮，否则，就会搞错了，还要纠正。贫雇农欲罢不能，而中农无心生产，大吃大喝，地富则对生产怠工，故意破坏，正证明我们工作尚未深入。如就在这样基础上调剂土地，平分土地，其结果，可以想象得到不会很好。"①

再下一天，毛泽东、周恩来指示新华社：关于土改政策的宣传报道必须慎重处理。不健全的通讯或文章，宁可不发。土改是极其细致的工作，决不能草率从事。春耕前勉强完成土改是不可能的。

《中共中央关于在老区半老区进行土地改革工作与整党工作的指示》下达后，晋绥分局要求暂不公布，并向中央请示。三月七日，周恩来为中共中央起草批示："中央这一指示，仍应公开发表。这种新精神很有助于你们澄清干部中认识问题模糊、不懂得区别情况、不能掌握具体政策的混乱思想。任何政策的决定或改变，任何政策中之正确的部分或错误的部分，必须适时地不但向干部而且向群众公开指出，才能得到群众的了解和拥护而成为力量。领导者必须经常掌握这一主动，不要因为过分小心，许多有关政策问题，仅限于少数干部知道，弄得群众及下级干部反彷徨不定，结果必使自己陷于被动。"②

对城市政策问题，周恩来也为中央军委起草了多次指示。如致电徐向前、滕代远：祝贺攻克运城的胜利，对城内的商店、工厂、作坊严禁没收和破坏其营业。三月十一日，致电西北局、晋绥分局、西北前委：务使每个干部战士都懂得党在新区和城市中的正确政策，"如有违犯，前、后方军政机关均有权进行干涉或

① 《周恩来选集》上卷，人民出版社 1980 年 12 月版，第 299 页。

② 《周恩来选集》上卷，人民出版社 1980 年 12 月版，第 301 页。

停止其活动，并须追究责任”。三月十二日，又致电陈士榘、唐亮、陈赓、谢富治：必须严令各部部队在攻入城市后，“遵守城市纪律，坚守城市政策，不得丝毫违反”。三月二十日，为中央军委起草指示，责成各野战兵团领导和前委，于最近休整期间，收集和研究好坏典型，总结攻城时的经验和城市政策实施经验。在攻克一些城市后，遇到的涉及外交的事情多起来了。三月四日，周恩来为中共中央起草致各中央局、前委电：“凡有关外交行动及外交政策之决定，必须报告中央并得中央批准后，方得实行。一切违反中央外交政策及处理外侨方针的行动必须禁止。”①

周恩来这一系列努力，体现了实事求是的精神，对纠正当时土地改革和城市工作中一度泛滥的“左”的偏向，保证运动健康发展，起了良好的作用。

随着解放战争形势的迅速发展，革命胜利的曙光已经在望。一九四七年十月十日的《中国人民解放军宣言》中已经响亮地提出：“联合工农兵学商各被压迫阶级、各人民团体、各民主党派、各少数民族、各地华侨及其他爱国分子，组成民族统一战线，打倒蒋介石独裁政府，成立民主联合政府。”②

这时，由于蒋介石政府的残酷迫害，国民党统治区的民主人士正纷纷避往香港。一九四八年一月一日，李济深、何香凝、蔡廷锴、谭平山、柳亚子、朱学范等代表国民党内几个民主派别，在香港宣布组成国民党革命委员会。五日至十八日，沈钧儒、章伯钧等在香港主持召开中国民主同盟一届三中全会，决定恢复民盟领导机构，重新开展工作。会议发表声明，否认国民党政府宣布民主同盟为“非法团体”的无理措施，宣告反对国民党反动集

① 中共中央致各中央局、前委的电报，1948 年 3 月 4 日，周恩来手稿。

② 《晋察冀日报》，1947 年 10 月 11 日。

团，反对美国反动派的对华政策和危害中国主权的行动，表示愿意同一切民主党派合作，同中国共产党携手合作。十四日，中共中央致电叶剑英、李维汉和上海局：对民主同盟的恢复活动，对李济深等反蒋派，对冯玉祥，对一切可能争取的中间派，我们应当采取积极争取与合作的态度。第二天，周恩来通知中共中央城工部和社会部，要他们本着中央这个指示的方针，指导北平、天津等处的上层统战工作。

这个月内，周恩来为中共中央起草了关于民主党派问题的指示。指出：中国的民主运动，由于历史的发展，武装斗争成为主要形式。到了大革命后，就只有两个全国性的大党。经过二十多年的斗争和战争，一天天证明中间道路即第三条道路已经成为不可能。但是这并不等于说民主同盟不再恢复活动，国民党不可能分裂，各地的小党派或其他人民政治团体从此也不存在了。“这些党派虽带中间性，但其组织成分又常从统治阶级内部的反对派一直包含到进步分子，如民主同盟、国民党革命委员会、民主建国会等皆是，而其中政治倾向又从君主立宪一直到新民主主义革命都有。”我们党在发展进步、争取中间、孤立右翼的统战政策上，在鼓吹好的、批评错的、揭露坏的宣传工作上，都需要有合乎马克思主义的认识和分析。应该记住毛泽东同志的统战方针：争取多数，反对少数，利用矛盾，各个击破。“那个多数一直要包含到敌人营垒中的少数开明分子。”对于反动统治阶级内部的反对派和地方实力派，只能看作是间接同盟军，“但当其已经改变立场，拥护我党行动纲领，公开反对美蒋时，我们就须采取欢迎态度，促其在行动中改造自己，证明其为直接同盟军”。① 这个指示，对在新的历史条件下，正确地指导统一战线工作，有着重要的作用。

---

① 《周恩来选集》上卷，人民出版社 1980 年 12 月版，第 284—286 页。

种种迹象都向人们表明：历史的前进正在大大加快自己的步伐，一个新的历史时期很快就要到来，中国人民革命胜利的日子已经为期不远了！

二、三月间，西北战场的局面也发生了根本的变化。西北野战军经过新式整军后，遵照中央军委关于转入外线作战的指示，在二月二十三日发起宜川战役，到三月三日共歼胡宗南主力一个整编军部、两个师部、五个旅，共约三万人。一年前气势汹汹地率师北犯的整编第二十九军军长刘戡和整编第九十师师长严明也被击毙。这是西北战场上的空前大捷，关中为之震动。

三月十日，周恩来在杨家沟山顶的小操场上向中共中央直属机关的干部、战士作形势发展和中央机关转移的动员报告。他说：一年来，敌我力量对比已经起了根本变化，中央坚持在陕北的任务已经胜利完成。为了准备迎接即将到来的全国范围的胜利，中共中央决定东渡黄河，移驻华北。

二十一日，毛泽东、周恩来、任弼时等率领中央机关从杨家沟出发，到达绥德县吉镇。第二天，到葭（佳）县刘家坪。二十三日，到吴堡县川口村以南的园则塔渡口东渡黄河，进入晋绥解放区。在他们东渡黄河以后不到一个月，四月二十一日，西北野战军收复了延安。

从一九四七年三月十八日撤离延安，到一九四八年三月二十三日东渡黄河，中共中央转战陕北的时间共一年零五天。在这一年中，中国人民解放军从重点防御转入全面进攻。战争形势发展之快，几乎是出人意料的。毛泽东、周恩来等坚持留在陕北，指挥全国的人民解放战争，取得震惊中外的胜利，真可说是“运筹帷幄之中，决胜千里之外”。新中国成立后不久，毛泽东曾说过：“胡宗南进攻延安以后，在陕北，我和周恩来、任弼时同志在两个窑洞指挥了全国的战争。”周恩来接着说：“毛主席是在世界上

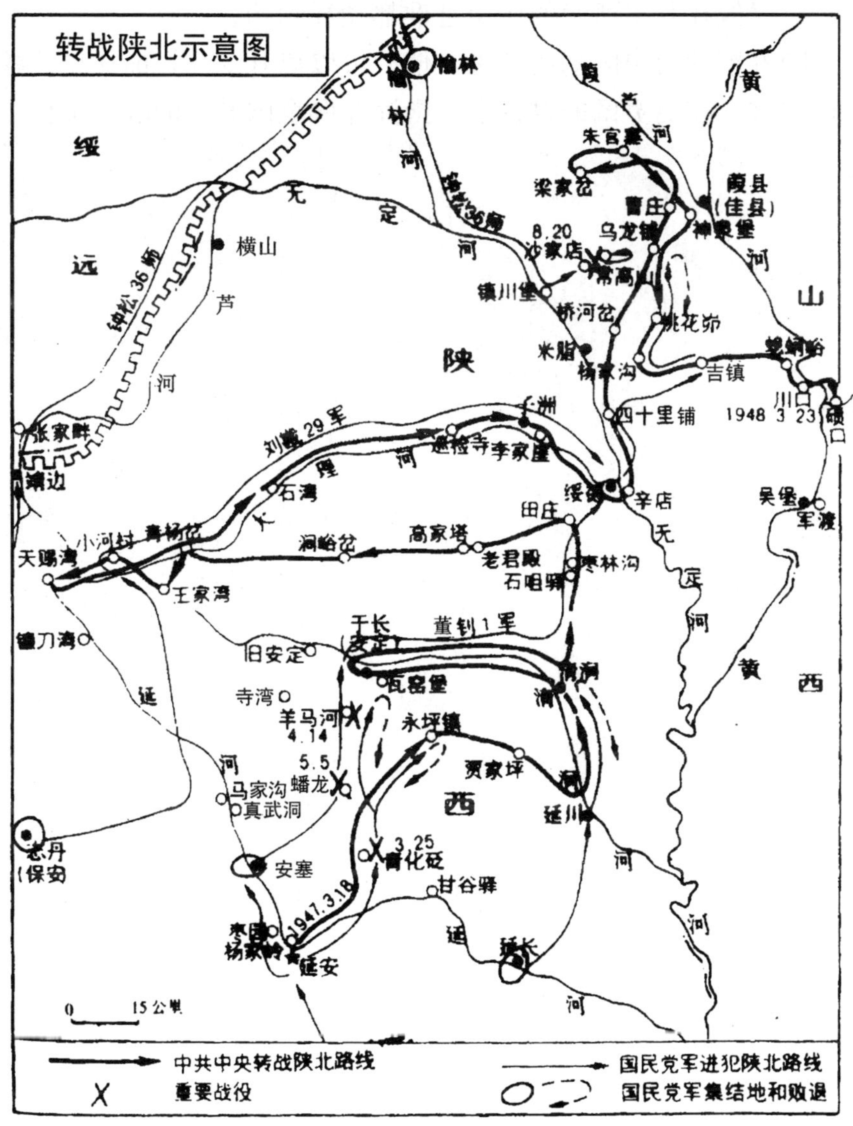
转战陕北示意图
榆林
横山
无定河
芦河
张家畔
靖边
天赐湾
小河村
青杨岔
王家湾
石湾
刘戡29军
钟松36师
涧峪岔
高家塔
老君殿
田庄
枣林沟
石咀驿
绥德
辛店
四十里铺
杨家沟
米脂
桥河岔
镇川堡
沙家店
8.20
乌龙铺
常高山
曹庄
朱官寨
梁家岔
神泉堡
葭县
(佳县)
吉镇
川口
1948 3 23
吴堡
军渡
旧安定
寺湾
瓦窑堡
董钊1军
羊马河
4.14
蟠龙
5.5
永坪镇
贾家坪
延川
马家沟
真武洞
安塞
青化砭
3.25
甘谷驿
延长
枣园
杨家岭
延安
1947.3.18
志丹
(保安)
陕
西
黄河
山
西
0 15公里
中共中央转战陕北路线
重要战役
国民党军进犯陕北路线
国民党军集结地和败退

最小的司令部里，指挥了最大的人民解放战争。”① 他没有提到自己，但他在其中所起的作用是谁都能看到的。

随着新的历史时期的到来，他们可以离开陕北，前往华北的西柏坡村，在更宽阔的舞台上，指挥夺取全国胜利的战斗了！

① 《毛主席转战陕北》，陕西人民出版社 1979 年 8 月版，第 2、3 页。

三十五、在西柏坡

过了黄河，已入山西境内。毛泽东、周恩来等骑马沿黄河东岸而下，经过碛口，在寨则山村休息一夜。第二天（三月二十四日）中午，又沿崎岖的山路，循湫水河上行，到达临县三交镇的双塔村。

三交镇是中央后方委员会的所在地。中共中央转战陕北时，中央机关和工作人员大多移驻在这里。中央在陕北只有一部电台，后委有几十部电台，中央同各地的联系一般通过后委来下达，所以它是一个承上启下的转换系统的枢纽。它又负责对陕北前方的供应工作。后委的领导机关，本来由叶剑英主持。毛泽东、周恩来等来到双塔村时，叶剑英已先期率队前往西柏坡，由杨尚昆留在这里迎接。

杨尚昆后来回忆说，这次给他印象很深的有两件事。一件事是，当时晋西北的土改搞得很“左”，毛泽东批评得很严厉。他说：你们后委就住在这里，这些事都知道，可是你们根本不反映，究竟你们读的马克思主义到哪里去了？另一件事是，毛泽东对形势的发展作了一个估计。他认为，同蒋介石的这场战争可能打六十个月。六十个月者，五年也。这六十个月又分为两个三十个月：前三十个月是我们“上坡”，“到顶”，也就是说战争打到我们占优势；后三十个月叫做“传檄而定”，我们是“下坡”，有的时候根本不用打仗了，喊一声敌人就投降了。①

毛泽东、周恩来还同三交镇和中央土改工作队的负责人进行座谈，调查前一段土改工作中的“左”的偏向和纠正的情况，要大家掌握好政策，团结一切可以团结的力量。周恩来向他们叮嘱：晋绥老区人民在抗日战争和解放战争中出过力，有过贡献。现在老区人民遭了灾，其他方面少用一些，机关节省些，一定要把灾民的生产和生活安排好。

由于形势发展很快，要早日赶到西柏坡，在这里只休息一天，毛泽东、周恩来、任弼时、陆定一、胡乔木、师哲等，还有电台和一部分警卫部队，就乘汽车先走。前委和后委的其他人员，由杨尚昆率领，从双塔村向西柏坡村步行前进。

出发之前，在三月二十五日下午开了半天中央机关工作人员的大会。周恩来传达了这次行动的路线和注意事项，并且向他们分析全国的形势。他说：毛主席这次由陕北到河北，是因为已经完成了留在陕北的光荣任务，是为了转移到更合适的地方去，以便更好地指挥全国的解放战争。这是向胜利进军。到了那里，中央机关就会合了。这次行军，大部分同志还要步行，要翻山越岭，还要经过太原附近的游击区。大家要有敌情观念，要遵守三大纪律、八项注意。我们要努力奋斗，为全国取得完全的胜利，做出自己的贡献。

第二天（三月二十六日）上午十时左右，他们离开双塔村。毛泽东、周恩来、任弼时各自乘坐一辆中吉普，陆定一、胡乔木、师哲坐小吉普，电台人员、警卫部队等分坐几辆卡车。汽车开得很快，当天到达中共中央晋绥分局和晋绥军区司令部的所在地——山西兴县城西十五里的蔡家崖村。

---

① 杨尚昆在中共中央文献研究室召开的纪念毛泽东逝世十周年座谈会上的发言记录，1986年9月5日。

贺龙、李井泉站在司令部门口等候他们。他们在蔡家崖村停留了十来天。这里，屋子里有电灯，有电话，办公室的家具、用具都很齐全。中共中央领导机关离开延安后一年多了，还是第一次在这样明亮的环境里工作和休息。

第二天起，他们连续三天听取贺龙等汇报晋绥地区军队战争情况、土地改革、整党、工农业生产、工商业政策、农民互助合作和支前工作等情况。周恩来还陪同毛泽东参加或单独召开了五次座谈会。会上有人反映：部分地区的土地改革工作受“左”的偏向的干扰，提出“群众要怎么办就怎么办”的错误口号，错斗了中农，伤害了干部，侵犯了工商业。有的地方还出现“地富怕得吃，中农抢得吃，贫雇农高兴得吃”的“大吃风”，严重影响春耕生产。周恩来严肃地说：三种人都这么吃，这还行吗？他耐心地告诉大家：一定要牢记党的总路线和总政策，纠正“左”的偏向，把土地改革和整党工作搞得更好。①

当他们在蔡家崖时，中央工委来电请示：有消息，英国政府愿同中国解放区建立通商关系，应如何处理？三月三十一日，周恩来为中央起草电报明确答复：“可表示欢迎，建立通商关系，对双方都有利。”② 四月一日和二日，他陪同毛泽东参加晋绥干部会议和接见《晋绥日报》编辑人员。四日，离开兴县东进。

这时，太原、忻县仍由阎锡山占据着，而雁北地区都已解放。因此，他们乘车取道岢岚、五寨、神池，出雁门关，然后从北路经代县上五台山。

在岢岚，周恩来到县委大院向几个负责人了解当地土改和整党情况，关切地对他们说：干部要到群众运动中去考验，经过批

---

① 《山西日报》记者：《在周总理随同毛主席走过的路上》，《人民的好总理》（上），人民出版社 1977 年版，第 475—476 页。

② 中共中央致中央工作委员会并转东北局的电报，1948 年 3 月 31 日，周恩来手稿。

评和自我批评，这好比在劳动中出一身汗一样，新陈代谢，身体才能健康。

在雁门关，他兴致勃勃读了当地许多碑文，对周围人说：古代这里是反对外来侵略的关口要塞。现代战争中，这里也是有名的战场。八路军首战平型关，名闻天下，平型关离雁门关不远，都在雁北地区。

代县是晋绥和晋察冀两大解放区连接的地区。晋察冀军区派了保卫部长许建国到这里来迎候他们。周恩来在代县，听取土改工作团和县委书记汇报后，向他们说：土改工作团应当和农村党支部共同领导当地的土改，纠正“左”的偏向。又向当地干部说：一年之计在于春。现在就需要了解一下农民的种子、农具和劳动力的情况，要做好准备工作，按时春耕春播，才能有个好的收成。沿途看到的农民穿得破破烂烂，他指示当地干部要努力搞好生产，解决人民的温饱问题。①

过了代县，向晋察冀边区进发了。

打前站的人员出发前，周恩来嘱咐他们：叫老乡让房子的时候，首先要保证老乡们有地方住，要把他们住的地方安排好，在这个前提下，能让几间就让几间。有困难，我们自己克服。用老乡的炊事用具，不能影响人家做饭。我们烧的柴，吃的东西，一定要算清楚，照价付款。总之，不能叫老百姓吃亏。这里是老根据地，一见老八路来了，老百姓什么好吃的都会给的。我们要住的房子，他们可以全家坐着不睡觉，让我们去住。老乡们觉悟高，对我们好，我们更应该自觉。我们宁可自己挤着睡觉，也不能让老乡们挤着睡觉。

当晚（四月七日晚），他们到了繁峙县的伯强村。这里离五台山不远，一共有二十几户人家。中央机关的队伍有一百多人。

① 阎长林：《在大决战的日子里》，中国青年出版社 1986 年 10 月版，第 49 页。

为了少给老百姓添麻烦，工作人员基本上都在草堆、草圈和草棚里休息和过夜。这时，来迎接的晋察冀分局秘书长周荣鑫也来了。半夜里，天突然下起雪来。天刚亮，周恩来虽然工作了一夜，连休息也没有休息，就坐车先上山去看看：山上是不是下雪，车队能不能通过。午后，周恩来回来说："今天不能走了。部队刚把山上公路上的积雪打扫完，昨天从下午到深夜又下了一场大雪。现在，许建国和周荣鑫同志指挥着部队正在集中力量清扫公路。如果明天的天气好，我们就可以通过五台山。"①

四月九日，队伍继续出发。周恩来还是在上午提前登程，检查沿途的道路情况。当天，队伍登临五台山上海拔二千八百多米处的公路最高点鸿门崖，借宿在塔院寺。第二天，他们兴致很高地参观密集在五台山上的古老的寺庙群。周恩来参观了罗喉寺、显通寺、元兆寺。当他了解到五台山上还有蒙、藏等少数民族居民时，对身旁的当地干部说：蒙、藏同胞有牧畜习惯。五台山水草很好，发展畜牧业很有条件。要养些奶牛，因为少数民族的兄弟爱吃奶食。要尊重少数民族风俗习惯，教育和团结宗教人员成为爱国者，成为自食其力的劳动者。

离开五台山，顺沟跑了一段，便进入河北境内。这里已到处发青，满目春色。在阜平县的下关村住了一夜，四月十一日便到晋察冀边区党政军领导机关所在地——阜平县城南庄。聂荣臻、萧克等便在这里。过去指挥机构设在山沟里，这些是新盖的，全是白色的灰顶平房，修在山坡上。

为了进行调查研究，第二天由任弼时主持在城南庄召开有部分县、区委书记参加的座谈会，主要是座谈土地改革和整党工作试点的经验。周恩来在会上讲话。他分析全国各个战场的大好形势，全国解放区土地改革和整党工作的情况，还讲了支前工作。

① 阎长林：《在大决战的日子里》，中国青年出版社 1986 年 10 月版，第 56 页。

他希望大家把会开好，认真总结经验教训，形成一个比较成熟的文件，发到全党参照实行。这样，可以少出偏差，少犯错误，少受损失。

正在阜平参加土地改革和整党试点工作的邓颖超出席了座谈会。她同周恩来已有一年多没有见面。见面时，毛泽东握着她的手说："你坚持在第一线工作，取得了成绩，又有了经验，很好啊。可你这个后勤部长没有当好。这么久，你连到前委来慰问也没有啊。可苦了恩来呀。"邓颖超笑着说："恩来的身体很好，又有警卫员照顾，又有主席的关心，我不去也很放心呀。"毛泽东开玩笑地说："那可不行。我们都代替不了你这个后勤部长啊。"周恩来也笑着说："通信联系，也等于见面了。"①

周恩来在城南庄住了半个来月。四月二十三日，他和任弼时等率领中央机关来到现属平山县的西柏坡村，同原在这里的以刘少奇为首的中央工作委员会会合。毛泽东本来准备到苏联去一次，在城南庄停留了一段时间。二十五日，他打电报给刘少奇、周恩来、朱德、任弼时，要他们在西柏坡讨论若干问题，然后赴城南庄商定。其中包括：邀请港、沪、平、津等地各中间党派及群众团体代表到解放区商量召开人民代表大会，成立临时中央政府；今冬召开二中全会；酌减人民负担和大力发展工农业生产；取消某些无政府状态和酌量缩小地方权力；区、乡、村人民代表会议组织大纲草案；陈粟兵团行动。这些正是党在新形势下迫切需要考虑和解决的最重要的课题。② 后来因为全国解放战争形势发展很快，毛泽东在这时候不便长期离开国内，决定暂时不去了。于是，也在五月二十六日来到西柏坡村。

---

① 阎长林：《在大决战的日子里》，中国青年出版社 1986 年 10 月版，第 92 页。

② 毛泽东致刘少奇、周恩来、朱德、任弼时的电报，1948 年 4 月 25 日。

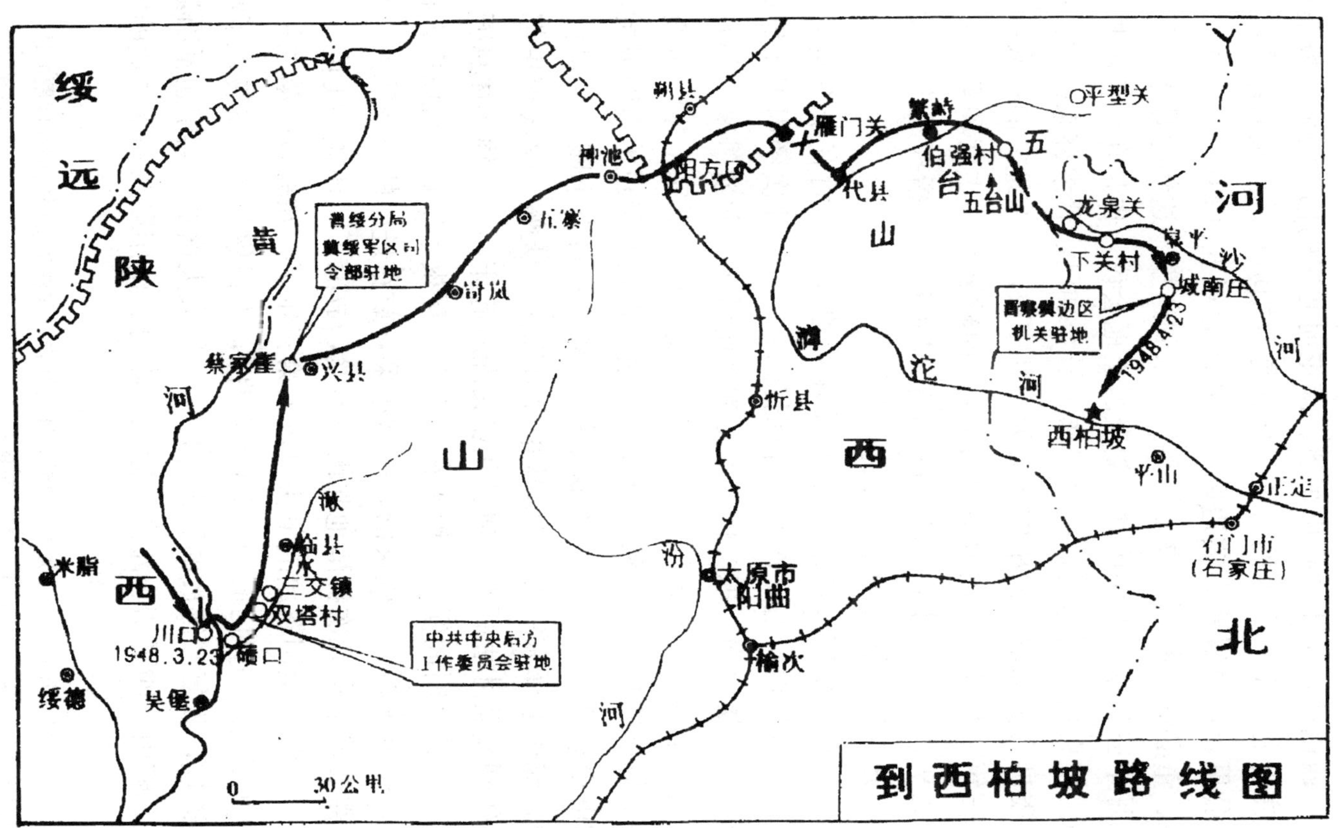
到西柏坡路线图
绥
远
陕
西
黄
河
山
西
河
北
五
台
山
晋绥分局
晋绥军区司
令部驻地
蔡家崖
兴县
岢岚
五寨
神池
朔县
阳方口
雁门关
繁峙
平型关
伯强村
五台山
代县
龙泉关
阜平
下关村
城南庄
沙
河
晋察冀边区
机关驻地
1948.4.23
滹
沱
河
西柏坡
平山
正定
石门市
(石家庄)
忻县
太原市
阳曲
榆次
汾
河
米脂
绥德
吴堡
川口
1948.3.23
碛口
双塔村
三交镇
临县
湫
水
中共中央后方
工作委员会驻地
0
30公里

西柏坡，位于太行山东麓、滹沱河北岸的柏坡岭前。坡前有个住着七八十户人家的村子，那就是西柏坡村。它离石家庄有九十公里，那时属晋察冀边区。一九四七年五月初，刘少奇、朱德、董必武等率领中央工作委员会来到这里。这年七月十七日至九月十三日举行的中国共产党全国土地会议，也是在西柏坡村开的。中央机关到达后，中央工作委员会和已由晋绥移来的中央后方委员会都取消，西柏坡便成为中共中央的所在地。周恩来一九七三年二月在一个批示中曾写道："西柏坡是毛主席和党中央进入北平、解放全中国的最后一个农村指挥所，指挥三大战役在此，开党的七届二中全会在此。"①

一到西柏坡，周恩来立刻又开始他那紧张而有条不紊的工作。当时在他身边工作的干部回忆道："一天几次到周副主席办公室来，送电报，取文件，汇报战绩统计……每次进来，都看到周副主席那么专心地埋头工作。"看完电报，听完汇报，审查完各个战场的战绩统计和实力统计，他就把这些经过他审阅或批示的电报和文件，分别送给新华社发表、某同志审阅、某单位办理，或送毛泽东审阅。"他从来没有歇过一天假。每天夜里都是工作到凌晨才去睡觉，到了九点又准时起床，一天顶多休息五个小时，其余时间便一直埋头在工作里。深夜十二点，给他送来夜餐，一碗米饭，一碗菜汤，一盘小菜，放在进门的小茶几上，经常需要警卫员几次提醒他吃饭。不然，放凉了，还顾不上吃。"

这时，全国解放战争快要进入第三年了。在战争的第二年里（一九四七年七月到一九四八年六月），人民解放军不仅转入了战略进攻，收复和解放的城市也比第一年大大增加。其中包括石家庄、鞍山、四平街、潍县、运城、临汾、洛阳以及一度解放的宝

① 周恩来在图博口《关于梨菜铁路通过红岩村和新华日报馆旧址问题的请示报告》上的批示，1973 年 2 月 26 日，手稿。

鸡、开封，都是国民党军队坚固设防的中等城市，经过强攻后才占领的。随着刘邓等三路大军的挺进中原，已建立起拥有三千万人口的中原解放区。晋察冀和晋冀鲁豫两大解放区连成了一片。其他解放区的面积也都扩大了。新中国诞生的前景，已经越来越清楚地放在人们面前。

一九四八年四月二十八日，周恩来在西柏坡同去哈尔滨参加工会会议的代表谈话，强调必须及早成立全国总工会。他兴奋地说：在城市和工厂，过去我们实行的是破坏政策，因为那是对付敌人；解放后，管理城市和工厂是人民自己的事了，必须按“发展生产，繁荣经济，公私兼顾，劳资两利”的方针去做。要克服过去的“左”的现象。我们中心是反对官僚资本。对于私人资本，虽然一方面他们压迫剥削工人，但他们自己也受官僚资本的压迫，工人应联合他们为推翻蒋政权而斗争。在公营企业中，要建立生产管理委员会监督生产。剥削阶级的知识分子只要愿意为人民服务，我们是欢迎的。①

四月三十日，中共中央发布《五一劳动节口号》，响亮地提出：“各民主党派、各人民团体及社会贤达，迅速召开政治协商会议，讨论并实现召集人民代表大会，成立民主联合政府。”②全国各民主党派热烈响应这一号召。

同天至五月七日，中共中央在城南庄召开书记处会议，毛泽东、朱德、刘少奇、周恩来、任弼时五个书记都出席了，陈毅、粟裕、李先念、聂荣臻、薄一波等也参加了。这次会议，主要是研究粟裕提出的调整南线战略进攻部署的建议。会议听取粟裕的汇报，同意他提出的意见，改变原来准备派遣华东野战军三个主力纵队由湖北宜昌、沙市一带渡江直插闽浙赣的打算，决心先集

---

① 周恩来同赴哈尔滨参加工会会议的代表谈话记录，1948 年 4 月 28 日。

② 《五星红旗从这里升起》，文史资料出版社 1984 年 9 月版，第 146 页。

中兵力尽多地歼敌主力在长江以北，然后再南渡长江。这是一个重大的战略决策，构成了以后淮海战役设想的最初蓝图。毛泽东在会上还提出“军队向前进，生产长一寸，加强纪律性”的号召。九日，中共中央和中央军委决定将已经连成一片的晋察冀和晋冀鲁豫两个解放区及其领导机构合并，组成华北解放区。同时，适应准备在长江以北尽多地歼敌主力的战略打算，决定加强中共中央中原局，以邓小平为第一书记，陈毅、邓子恢为第二、三书记；并成立中原军区和中原野战军（后者为晋冀鲁豫野战军改名），都由刘伯承、邓小平分别担任司令员和政治委员。

会后，周恩来继续以很大部分精力协助毛泽东指挥人民解放军在各个战场上胜利地发动进攻。

在军事指挥方面，当时大家特别关心的问题是：城南庄书记处会议调整南线作战部署后，在国民党精锐兵团密集的长江以北，有没有可能大量歼敌？粟裕指挥下的豫东战役首先对此作出了回答。这次战役，分成开封战役和睢杞战役两个阶段，从六月十七日到七月六日，前后近二十天。为了保证豫东战役能在各解放区战场的配合下取得胜利，周恩来在六月三十日为中央军委起草致许世友、谭震林等电：你们率七纵等部火速南移，首先围攻滕县，抓住敌二十五师，阻止其西援。① 七月一日，为中央军委起草给聂荣臻、薄一波电：现在粟裕部正在围歼区寿年兵团共五个旅，同时要分割东西来援之敌四个师和一个快速纵队，形势严峻，故应速令冀鲁豫独立一、三两旅到陇海路南配合作战。② 七月四日，在得到蒋介石又从南面调集大量兵力增援区寿年兵团的情报后，为中央军委起草给刘伯承、陈毅、邓小平电：粟裕部正

① 中共中央军委致许世友、谭震林并粟裕、陈毅及华东局、中原局的电报，1948 年 6 月 30 日，周恩来手稿。

② 中共中央军委致聂荣臻、薄一波的电报，1948 年 7 月 1 日，周恩来拟稿。

在续歼敌二十五师及第三快速纵队等部，你们应阻止敌胡（琏）吴（绍周）两兵团北援，保证粟军南面安全，严令陈、谢以全力向胡作攻势战斗。[①] 在豫东战役（包括平汉路的阻击战在内）中，共歼国民党军队九万余人，生俘兵团司令区寿年，并曾一度攻占开封，这是解放战争开始以来第一次攻克的省会。十一日，周恩来为中共中央起草的贺电中兴奋地写道："这一辉煌胜利，正给蒋介石'肃清中原'的呓语以迎头痛击，同时也正使我军更有利地进入了中国人民解放战争的第三年度。"[②]

在华北战场，当时正在进行的最重要的战役是徐向前指挥下的晋中战役。这次战役从六月十一日开始。周恩来在七月十一日为中央军委起草给聂荣臻、薄一波电：我发动平保战役须提前行动，先切断敌人来援之路以利打援，如敌人集中来援不便分割歼敌时，杨成武部应于前线寻求机动。七月二十一日，晋中战役胜利结束，共歼敌约十万人，生俘国民党政府太原绥靖公署副主任兼山西保安副司令、野战军总司令赵承绶，击毙山西省保安司令部中将前线指挥官兼太原绥署野战军副总司令元全馨（日本军官），解放了除太原以外的晋中地区，为解放山西全省创造了有利条件。二十六日，周恩来又为中央军委起草给聂荣臻、薄一波电，指出："进攻太原，目前尚是围困阶段。"[③]

为了搞好解放区的土改和整党，周恩来继续在这方面做了大量工作。他访问了西柏坡、东柏坡、南庄、北庄、夹峪等村庄，了解当地土改和整党的情况。七月二十日，他为中共中央起草对

---

① 中共中央军委致刘伯承、陈毅、邓小平的电报，1948年7月4日，周恩来拟稿。

② 中共中央军委致刘伯承、邓小平、陈毅、粟裕、李先念、邓子恢等并华东、中原人民解放军全体同志的电报，1948年7月11日，周恩来手稿。

③ 中共中央致聂荣臻、薄一波、滕代远的电报，1948年7月26日，周恩来手稿。

华东局的指示：进行土改和整党工作的试点时，应集中经过训练的、对土改整党工作较有把握的干部，在一个或几个地委所管辖的各县同时进行，取得经验，然后推广，不要分散和孤立地进行，防止破坏分子借机煽起所谓自发运动。①

随着解放战争的胜利发展，财政经济工作的重要性越来越突出了。过去，各根据地长期处于被敌人分割和封锁的状况下，各自管理自己的经济工作，中央只需要在基本的经济政策上作出统一的规定。现在，这样做已经不够了。如何在新的情况下逐步加强对财政经济工作的统一领导？这是放在中国共产党面前的新的课题。其中首先遇到的是货币问题。

这时华北各解放区已经连成一片，各根据地原来各自发行的货币需要互相流通，但常常互相压价，引起纠纷。同时，各区为着支援战争，不得不增发货币，又引起物价不断上涨。要保持相互间稳定的兑换比例，必须使各解放区的物价能够同幅度地上升。周恩来一到西柏坡，就抓了这个难题。他听取汇报后说：不能再搞“联合政府”（指各解放区联合组成的华北财经办事处）了，要搞统一政府，取消办事处，成立中央财政经济部，并建立中国人民银行，统一发行货币。但人民币的印制和发行需要有几个月的准备时间。在人民币未发行前，各解放区的货币仍按原定比例互相兑换。那时，周恩来规定每天晚上十时到次晨一时、二时处理财经工作，指定中央财政经济部秘书长薛暮桥和解放军总后勤部部长杨立三每晚到他的办公室去，在他指导下工作。在货币一时仍实行分区发行的情况下，怎样才能保持各解放区的物价同步上升呢？周恩来听取薛暮桥的汇报后，指示中央财政经济部及时掌握各地物价情况，用控制货币流通量的办法来保证各解放区的物价大体上按同样大的幅度上升，以保持货币比价的基本上

① 中共中央致华东局的电报，1948 年 7 月 20 日，周恩来手稿。

稳定。他要中央财政经济部每五天向他报告一次各解放区的物价变动情况，根据物价变动的情况来控制各解放区的货币发行数额。他又为中共中央起草致各中央局电：中央决定华北、华东两区货币固定比值通用。为便于今后发展及目前晋中作战，华北、晋绥、西北三区货币也应采取同样办法。这些地区货币通用的开始日期定为八月十五日。① 在国民党统治区物价飞涨的情况下，解放区物价要稳定得多。

各解放区（特别是东北解放区）这时已有相当数量的公营企业。这些企业中的工资标准如何确定，是一个直接关系到工业生产力发展的重大政策问题。八月九日，周恩来为中共中央起草致东北局电，指出：战时工资应低于平时，同时，要注意两条原则，一条是“职工应有的生活水准必须保证”，另一条是要根据“技术、管理能力的差别”来“适当规定等级，予以待遇上的区分”，否则就“无法持续生产与鼓励生产”。电报最后强调地写道：工资制度规定得是否恰当，“将极大影响工业的生产力，望经常注意研究，多与各种工人、技师、工程师商量，并向他们及私营企业的管理制度学习，采用一切合理的、对于发展生产力有益的东西，这是很重要的”。②

更值得注意的是他在六月二十一日所写的《新民主主义的经济建设》的提纲。尽管解放战争还在激烈地进行着，作为战略决战的辽沈、淮海、平津三大战役都没有开始，周恩来的思想已开始转向胜利后的明天。这份提纲，记录下他对全国解放后行将全面展开的经济建设中一系列原则问题所作的设想和思考。

他在这份提纲中的基本设想是：新民主主义的经济建设，是反对旧民主主义或旧资本主义的经济方针的，也是反对农业社会

① 中共中央致华东局、西北局等的电报，1948 年 7 月 21 日，周恩来手稿。

② 中共中央致东北局的电报，1948 年 8 月 9 日，周恩来手稿。

主义或极端平均主义的经济方针的。关于同资本主义经济方针的区别，他提到由谁领导、为多数人还是为少数人等问题，并且写道："如果个人或少数人利益与大多数人不冲突时，则大多数加少数；如果少数人或个人利益与大多数发生根本冲突时，则抛弃少数而顾大多数。"① 关于同农业社会主义或极端平均主义的区别，他提出了工业的科学管理还是简单靠行政性的强制？工资制度还是供给制度？生产观点还是救济观点？技术进步还是安于落后？政治条件是什么，老资格还是新资格？向谁学习，学习什么等问题。此外，他在这份提纲里，还谈到工业与商业的区别，金融斗争，税收政策，公营、私营与合作社三种经济，国家权力如何运用，新民主主义的合理组织与旧资本主义合理化，工厂委员会与厂长负责制，工会和党委的作用等。

周恩来在戎马倥偬的一九四八年上半年所作的这些思考，是富有远见的，是有着重大的理论意义的。

对新中国的文化建设周恩来也十分重视。他在八月二十三日致电香港分局和夏衍，要求将电影戏剧界中的进步人士，除酌留少数外，动员他们前往解放区。"因为现在他们留在外面已无必要，而我们已有必要与可能发展解放区戏剧、特别是电影事业及准备全国胜利时的需要。"②

在人民解放战争日益走向胜利面前，国民党统治集团内一部分人，在帝国主义势力策动和鼓励下，进行假和平运动，准备取得喘息时间，以便卷土重来。七月二十七日，周恩来为中共中央起草了《击破敌人假和平运动的阴谋》的指示：

"必须注视这一局势的发展。在人民中，在民主党

① 《周恩来选集》上卷，人民出版社1980年12月版，第305页。

② 周恩来、陆定一、李维汉致香港分局并夏衍的电报，1948年8月23日，周恩来手稿。

派及民主分子中，根据事情的演变，不断地揭露美帝与中国反动分子的阴谋。你们必须注意具有说服性地而不是笼统地武断地分析这一阴谋的企图及其所具有的危险性，以打破他们对于倒蒋和平的幻想。同时，又要区别反动统治内部的倒蒋和平阴谋与人民群众及民主分子中的和平要求两者之间的不同性质。”“对于一切中间派右翼分子，只要他们尚处在中间地位，尚未公开站在美帝及其走狗一边，直接妨碍人民革命的发展时，我们还必须联合他们一道前进，不要不适当地和过分地打击他们。”①

国民党政府由于遭受严重失败，在它的后方更加加紧控制和镇压，在经济方面发布财经紧急处分令，在政治方面发动所谓特种刑事检举，大肆逮捕进步学生和工人。八月二十二日，周恩来为中共中央起草指示，提醒各级党组织“不要犯冒险主义的错误”。指示指出：

“我党在国民党统治区的目前工作，必须有清醒的头脑和灵活的策略，必须依靠广大群众而不要犯冒险主义的错误。”“在城市方面，应坚决实行疏散隐蔽、积蓄力量、以待时机的方针。在国民党统治的城市，单独进行工人、市民的武装起义，肯定地说，一般地是不可能的。故城市的工人、学生及一切人民斗争的发展，在国民党反动武装力量尚能控制的地方，是有其一定限度的。超过这个限度，就是说要提出或接近于提出打倒蒋介石、推翻国民党反动政权的口号，采取或准备采取武装斗争的直接行动，都是不许可的，都有使少数先锋队脱离广大群众、遭受严重摧残与招致一时失败的危险。

① 《周恩来选集》上卷，人民出版社 1980 年 12 月版，第 308、309 页。

尤其是将城市中多年积聚的革命领导力量在解放军尚未逼近、敌人尚未最后崩溃之前过早地损失掉，这是最失策的事。”“在蒋管区城市中的党的领导机关，亦须严格遵守单线联络、分散领导的原则。”①

这个提醒十分重要。在人民解放战争取得节节胜利的形势下，如果国民党统治区的党组织不能保持清醒的头脑，在国民党严密控制的城市中急于提出过高的口号，甚至采取武装斗争的直接行动，那就必然会“将城市中多年积聚的革命领导力量在解放军尚未逼近、敌人尚未最后崩溃之前过早地损失掉”。由于正确地贯彻执行了这个指示，才使这些多年积聚的力量比较完整地保存了下来，不仅有力地配合了人民军队解放并接管这些城市，并且为新中国的建设准备了一批重要力量。

在担负这样紧张繁忙的领导工作的同时，周恩来仍然同周围的老乡保持着密切的联系。在他所住的院子里，有一棵梨树。秋天，满树的鸭梨压弯了树枝。周恩来每天从树下走过，从没有尝过一口。有时刮风掉下一两个梨，他都让警卫人员拾起来，送给房东。

七月三十日那天，倾盆大雨从中午一直下到夜间。晚上十一点钟，周恩来正在灯下批阅文件。警卫员前来报告：附近工人住的两孔窑洞塌了，有五个人被埋在里面。这时，大雨下得很猛。周恩来立刻提起马灯，手拿铁锨，冒着风雨赶到现场。他老远就问：“怎么样，人救出来了没有？”一听说土层太厚、大家还在挖，他就把身上雨衣脱下往后一扔，拿起铁锨挖起来。一边挖，一边高声说：“同志们快挖吧，一定要把我们的同志救出来。”他指挥一部分人突击挖土，一部分人迅速准备担架，并派人去叫医护人员，以便争取时间，把人救活。终于，四个工人被挖出来，

① 《周恩来选集》上卷，人民出版社1980年12月版，第310、311、312页。

后来都救活了；只有一个理发员没有救活。周恩来穿着湿透的衣服，把现场看了看，再去检查别的窑洞。他叮嘱：所有窑洞都不要住人了。并且问：别处还有没有窑洞？得知没有后，他说：这次我们打窑洞也犯了经验主义。在这里打窑洞，土质不好，即便里面用木架子撑着，也顶不住半个山坡的重量啊！第二天，为这个理发员举行了追悼会，毛泽东、周恩来都写了挽幛，周恩来还致了悼词。①

为了争取全国胜利早日到来，九月八日至十三日，中共中央在西柏坡机关小食堂召开政治局会议。会前，先开了十一天的预备会，正式会议开了六天。到会的有政治局委员七人，中央委员和候补委员十四人，重要工作人员十人。这是抗日战争结束以后到会人数最多的一次中央会议。

毛泽东在报告中提出：根本打倒国民党，大概要五年左右时间（从一九四六年七月算起）。为了做到这一点，他再次强调他在五月初书记处会议上提出的“军队向前进，生产长一寸，加强纪律性”三条要求。

周恩来在十三日的会议上作了长篇发言。他说：这个计划是根据两年来的经验，谨慎的估计，很有实现的可能。如果给蒋介石的打击很严重，加上财政经济崩溃，内部倾轧，蒋介石可能垮得早些，胜利来得快，我们也应有此准备。当然，也有可能遇到曲折，时间就长一些。我们要估计到这些，不要因胜利太快而没有准备，也不要因胜利推迟而不耐心。当然，今天主要还是争取五年胜利。

他详细地报告了第三年军事计划的要点。他说：要“把战争继续引向国民党统治区”，使战争负担加之于敌。“应准备若干次

---

① 阎长林：《在大决战的日子里》，中国青年出版社 1986 年 10 月版，第 155—161 页。

带决定性的大的会战。”“今后仍力争在运动中消灭敌人，但攻坚战则可能增加。”“攻坚与野战互相结合。攻坚敌必增援，造成野战的机会。”他说：在第三年的作战计划中，全国的重心在中原，北线的重心在北宁线，各战场上的战役协同增加了，战争的计划性更增加了。

关于中国人民解放军的建设，他也提出了新的重要课题：“军事组织逐渐走向正规化、集中化，这就可使第三年战略任务计划实现得更好。”他提出人民解放军要“统一建制”的任务，今后成立新部队要报告，不准擅自增编，番号要全国统一排列起来，还必须建立若干正规制度。要向建立特种部队的方向努力，特别是要建立炮兵。要建立地方武装，精简后方机关。他谈到军队后勤工作同地方财经工作的关系：必须说清楚，地方财经部门应尽可能供应前方，军队后勤机关应保证前线及时送到供应，但又要力求节省，这两方面都应照顾，而且要求前线缴获归公，如此求得后勤和财经结合起来。

周恩来还谈到资产阶级的问题。他说：有三个问题要具体分析，加以区别：一是官僚资本与自由资本的区别，前者是打倒，后者是合作的；二是资产阶级和独立小生产者的区别，不要混在一起反；三是工业与商业的区别，要分别垄断性、投机性的和人民生计所需要的。有了这些区别，并对性质有个分析性的认识，政策就出来了。这些虽是资本主义性质的，但是受限制的，在人民政权的节制之下，在无产阶级领导的新民主主义制度之下保留资本主义，这是受节制的资本主义。节制方式是多样的，包括群众的、工会的、法律的、税收的、金融的等等。这样，政策就不致发生摇摆。①

这次会议，使全党在国内局势发生大变动的前夕明确了前进

---

① 周恩来在中共中央政治局会议上的发言记录，1948 年 9 月 13 日。

的方向，统一了行动的步调。各地区、各部队分别召开会议，深入传达贯彻了会议的精神。

九月政治局会议后，中共中央的活动更紧张了。以前，虽然也常开书记处会议，但次数毕竟不太多，这时几乎天天都开会。每天晚上八时左右，朱德、刘少奇、周恩来、任弼时都准时到毛泽东的办公室来，集体办公。有时作战部和宣传部的有关人员也来参加。这些会开得很长，几乎每次都是通宵。周恩来因为兼任代总参谋长，夜里虽不睡觉，白天还得开会布置工作。外交、侨务、统战、新闻宣传等方面的事也需要他处理。所以他就格外忙碌，但精力仍那样充沛。

书记处连续开会，一个重要议题是打大仗，也就是周恩来在九月政治局会议上所说的那种“若干次带决定性的大的会战”。接着，辽沈、淮海、平津三大战役便相继发动了。

这三大战役是中国人民解放战争中规模空前的战略决战。它们是在毛泽东直接指挥下进行的。周恩来作为中央军委副主席兼代总参谋长，是毛泽东在这方面的主要助手。他们在西柏坡所住的院子靠得很近，天天见面。一有什么问题，随时交换意见，共同商议解决。当时在周恩来身边工作过的张清化回忆说：那时，军事上的问题，主要是由毛泽东和周恩来商量解决。毛泽东是挂帅的，周恩来参与决策，并具体组织实施。除了军委作战部外，周恩来还有个小作战室，由张清化任主任，相当于他的军事秘书，每天根据局势的变化负责标图。周恩来常到军委作战室了解情况。他对敌我双方的战争态势、兵力部署、部队特点、战斗力强弱，甚至国民党方面指挥官的简历、性格等，可以说是了如指掌。有了什么情况，周恩来总是先仔细地核实并弄清，然后向毛泽东报告。两人经过研究确定对策后，多数由毛泽东起草文电，少数由周恩来起草，而所有军事方面的文电都经周恩来签发。张清化还回忆说：发送军事方面的文电大致有三种情况：一是议后发。有了情况，书记处几个领导人共同商议，然后由毛泽东或周恩来起草文电发出。二是阅后发。由于军情紧迫，来不及一起商议，由毛泽东或周恩来起草好文电，再送其他领导人传阅后发出。这种情况是比较多的。三是发后阅。由于情况紧急，刻不容缓，为了争取时间，由毛泽东或周恩来起草好电文先发出，再送其他领导人传阅。从现存的军事文电的档案中，也可以清楚地看出前面所说的这些情况。

辽沈战役发动后，本来已经确定首先攻取锦州的部署，林彪却因一项不是很大的敌情变化而动摇了决心。十月二日，周恩来为中央军委起草致林彪、罗荣桓电："你们应靠自己的力量对付津榆段可能增加或山海关北援之敌，而关键则是迅速攻克锦州，望努力争取十天内外打下该城。"① 十五日，锦州解放。两天后长春的第六十军军长曾泽生率部起义。十八日，周恩来写信给继续困守长春的国民党"剿总"副总司令兼第一兵团司令郑洞国（他是黄埔第一期毕业，是周恩来的学生），促他起义。② 长春解放的第二天，周恩来又为中共中央起草致东北局并告林彪、罗荣桓等电："必须估计到沈阳敌人在受锦、长两处惨重失败的打击下，有选择依现态势西退或转向营口由海路撤退的两种可能。"③ 但这一重要提醒并没有被林彪重视，以致东北全境解放时少数国民党军队仍经营口从海路逃走。毛泽东以后曾批评林彪：这件事"是一个不小的失着"。

淮海战役的前导是济南战役，周恩来对它作了细致的指导。九月十九日，他为中央军委起草电报，告诉许世友、谭震林等并杨立三："应号召部队注重爆破技术、工兵战术和指挥艺术，并

① 中共中央军委致林彪、罗荣桓的电报，1948 年 10 月 2 日，周恩来拟稿。

② 周恩来致林彪、罗荣桓并东北局转送郑洞国的信的电报，1948 年 10 月 18 日，周恩来手稿。

③ 中共中央致东北局并林彪、罗荣桓的电报，1948 年 10 月 20 日，周恩来手稿。

1948年10月20日周恩来为中共中央起草的致东北局并告林彪、罗荣桓、刘亚楼、谭政的电报手迹

使之互相配合。”[①] 第二天，他又为中央军委起草致粟裕等电报：刘峙已令邱清泉兵团集结临城待命援济南，你们应迅速集结打援集团全力于邹、滕地区准备歼灭邱兵团。[②] 二十四日，济南解放。

淮海战役开始后，周恩来就更忙碌了。十一月二十二日，淮海战役第一阶段结束时，他为中央军委起草致中原局、华北局、华东局等电：“淮海战役正在胜利开展中。我应作最大估计，准备在徐蚌地区作战三个月到五个月，歼灭蒋匪江北机动兵力四十个至五十个师，以利尔后突破长江防线，向江南进军，彻底摧毁蒋匪的中心统治。”[③] 并要求他们立即动手筹集和保证中原和华东野战部队转入豫皖苏地区作战部队的粮食。

当时在他身边的工作人员回忆说：“在淮海战役决战的日子里，周副主席一连两个昼夜连续工作，却一直是精力充沛，细致认真。”有一次，军委作战室一个干部把战绩统计表送来。周恩来接过去，看了一下便问：“这数字核对过了吗?”“核对过了。”他再问：“没发现错误?”“没有。”他立刻指了出来：“那么碾庄地区被我军歼灭的黄百韬兵团中，为什么少了一个团?”有时，会议开到快要天亮。“会开完了，这回周副主席可该去睡了，但却没有，又走进了他的办公室，打开桌上小碟里放着的那盒万金油，用食指沾了一点，抹在两鬓和前额，搓了几下，又继续工作下去。”

辽沈战役将近尾声的时候，蒋介石曾亲自飞到北平，同傅作义密商，策划集中第九十四军、新编第二军，配备汽车四百辆，

---

① 中共中央军委致许世友、谭震林并杨立三等的电报，1948 年 9 月 19 日，周恩来手稿。

② 中共中央军委致粟裕等的电报，1948 年 9 月 20 日，周恩来拟稿。

③ 中共中央军委致中原局、华北局、华东局的电报，1948 年 11 月 22 日，周恩来手稿。

炸药一百吨，组成一支快速部队，准备以突然的行动，经保定偷袭石家庄，直抄中共中央所在地。情势十分紧急。十月二十五日，中央军委得到了来自华北局城工部的这一紧急情报。他们在作战室商议后，周恩来立即为军委起草致聂荣臻、薄一波、滕代远、杨得志等的电报，通报这一情况，并作出部署：要求华北野战军第七纵队主力立即开到保定以南阻击，第三纵队以五天行程，不惜疲劳，赶到望都地区协同作战，杨（得志）、罗（瑞卿）、耿（飚）率主力相机行动。[①] 周恩来并同聂荣臻用军用电话保持着密切联系。二十七日清晨四时半、六时、七时，这两个半小时内，周恩来接连三次向毛泽东书面报告了第三纵队的行动状况。这个纵队根据中央军委的要求，在两天两夜内赶了一百三十多公里路，在二十七日翻过紫荆关。聂荣臻立即用电话通知他们："周副主席要我转告你们：突袭之敌今天已集结保定，明天会合刘化南师南犯，我们已令七纵和九地委至少在保定到唐河段阻敌两天以上，只要你们三十日赶到望都地区，就有破敌把握。"[②] 第二天，国民党第九十四军两个师开始向方顺桥及其以南作试探性推进。二十九日凌晨，聂荣臻用电话向周恩来报告：傅作义令第三十五军、第十六军的两个师和第九十二军的一个师迅速南下增援。周恩来放下电话，稍加思索，立刻又起草了中央军委致聂荣臻、薄一波、杨得志、罗瑞卿等电：照此部署，傅作义部除去沿途守备兵力，真能到保定以南者，不过两个军多一点，是我歼敌良机。我应集中三、四、七纵及二纵一个旅各个歼敌。[③] 并对华北野战军各部的任务作了具体的部署。三十日拂

① 中共中央军委致聂荣臻、滕代远、杨得志等的电报，1948 年 10 月 25 日，周恩来手稿。

② 郑维山：《从华北到西北》，解放军出版社 1985 年 7 月版，第 205 页。

③ 中共中央军委致聂荣臻、薄一波、杨得志、罗瑞卿等的电报，1948 年 10 月 29 日，周恩来手稿。

晓，第三纵队提前一天到达望都。第二天凌晨，又进至第七纵队防守的沙河一线。第三纵队司令员郑维山用电话向聂荣臻报告部队位置。聂荣臻在电话中对他说："周副主席让我转告你们，傅作义得知你们到达望都，惧怕九十四军被歼，已令其回逃，敌韩迪师已逃回望都县城。你们很疲劳了，要抓紧时间休息，恢复体力，做好战斗准备。如果敌人撤得慢，四纵又能赶到，争取在满城地区打一仗，吃掉它一部。"① 可是，国民党军队发现人民解放军已有准备，慌忙全部回窜，第二天先头部队已撤过保定。他们这次行动徒然损失官兵三千七百余人，战马二百四十匹，汽车九十余辆，以及其他大宗作战物资。一次偷袭石家庄的冒险计划，就这样失败了。

辽沈战役结束后，傅作义对固守平津还是西撤或南撤一时举棋不定，但他估计东北野战军在经过这样的大仗以后需要适当休整，不会很快入关。十一月九日，周恩来为中央军委起草致华北领导人并告东北领导人电，指出傅作义"正徘徊于平张津保之间，对坚守平津或西退绥包似尚未下最后决心。但我如攻打归绥，有促使傅匪集其嫡系三个军及骑兵三四个旅提早西退可能"。因此，为了抑留傅军于平、津、张、保地区，"以待我东北主力入关，协同华北力量，彻底歼灭该敌"，特部署华北第二兵团一部分兵力向太原移动，第三兵团停止执行攻打归绥的计划，并令程子华、黄克诚部担任监视北平傅军的任务。② 十二日，周恩来又起草了中央军委致程子华、黄克诚并告林彪、罗荣桓等电：对付傅作义部，重在抑留它在平津张保地区，不使西退，也不使其

① 郑维山：《从华北到西北》，解放军出版社 1985 年 7 月版，第 206 页。

② 中共中央军委致杨得志、罗瑞卿、杨立三、李先念、聂荣臻、薄一波等的电报，1948 年 11 月 9 日，周恩来手稿。

得由海上南撤。[①] 十七日，为了提早进行平津战役，周恩来为中央军委起草致林彪、罗荣桓、刘亚楼并告东北局、华北局电，在通报淮海战役战况后指出：在我胜利威胁下，蒋介石必将考虑其长江防线问题，而蒋嫡系二十四个师从华北海运江南，是蒋介石今天唯一可以使用的机动兵力。电文接着指出："从全局看来，抑留蒋系二十四个师及傅系步骑十六个师于华北来消灭，一则便利东北野战军入关作战，二则将加速蒋匪统治的崩溃，使其江南防线无法组成，华东、中原两野战军既可继续在徐淮地区歼敌，也便东北野战军将来沿津浦路南下，直捣长江下游。""但欲抑留蒋、傅两部于华北，依华北我军现有兵力是无法完成的。"要求他们郑重考虑将东北野战军提前于十一月二十五日左右向关内开动的问题。电报中还说到："太原早克确有惊动蒋傅促其西撤南撤的危险，现正与徐周电商是否可以暂时停攻，就地休整，待你们攻平津时再打太原。"[②] 十八日，中央军委决定东北野战军在二十一日或二十二日全军或至少八个纵队"取捷径以最快速度行进，突然包围唐山、塘沽、天津三处敌人，不使逃跑，并争取使中央军不战投降"。[③] 十九日，就程子华、黄克诚请示占领滦河铁桥一事，周恩来又为中央军委起草了复电："此举将会有惊动榆关滦州之敌，使其过早退缩唐山津沽、从海上撤退的危险。东北野战军正提早入关，派队占桥问题应在林、罗整个作战计划之内。"[④] 这一系列指示，对抑留傅军主力于平津地区、从而取得平津战役的胜利有着极为重要的指导意义。

---

① 中共中央军委致程子华、黄克诚并林彪、罗荣桓的电报，1948 年 11 月 12 日，周恩来手稿。

② 中共中央军委致林彪、罗荣桓并东北局、华北局的电报，1948 年 11 月 17 日，周恩来手稿。

③ 中共中央军委致林彪、罗荣桓、刘亚楼的电报，1948 年 11 月 18 日。

④ 中共中央军委致程子华、黄克诚的电报，1948 年 11 月 19 日，周恩来手稿。

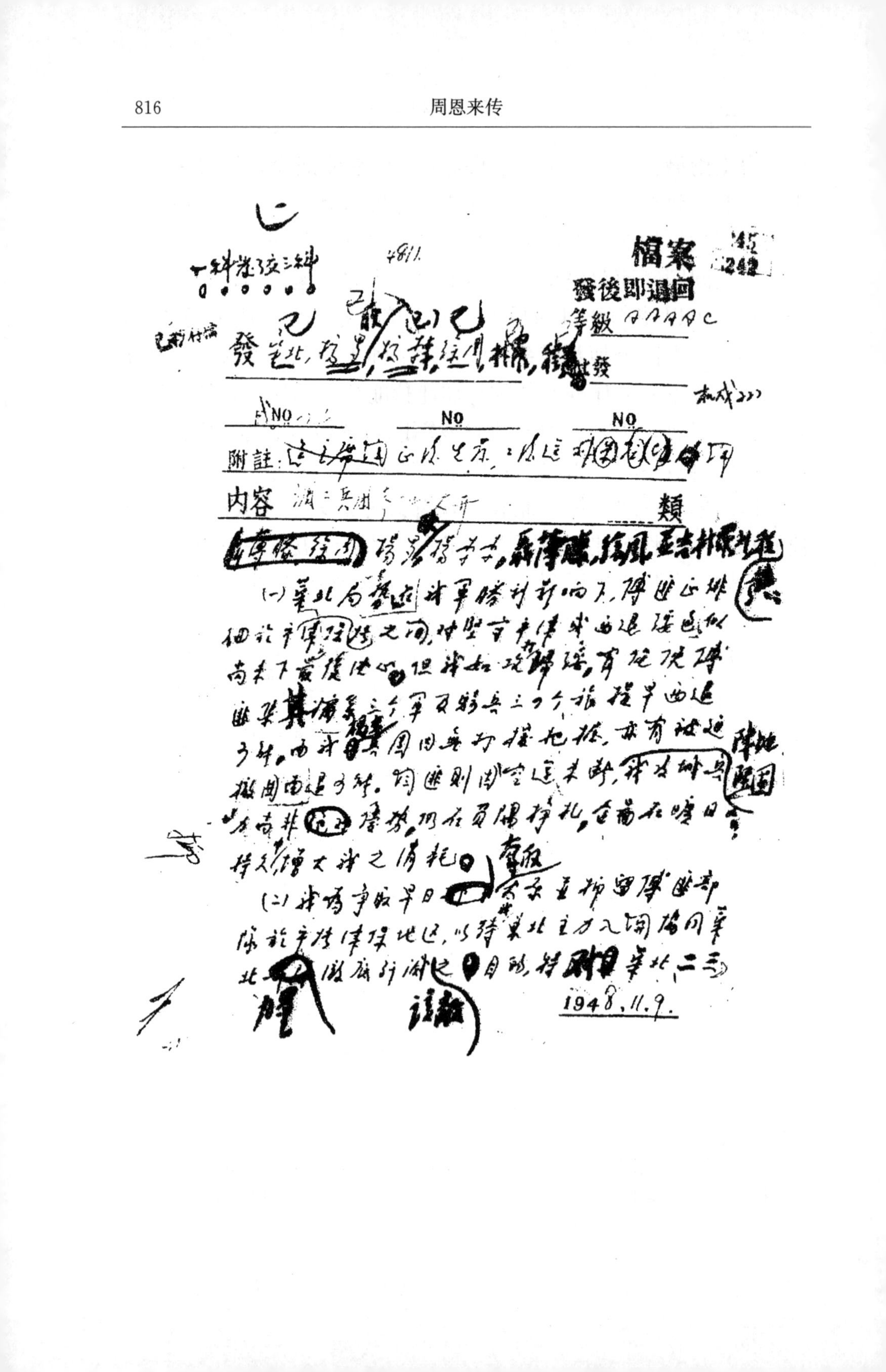

檔案

發後即退回

等級

發

NO　　NO　　NO

附註

内容　　類

1948.11.9.

1948 年 11 月 9 日，周恩来在天津战役前夕，为中共中央军委起草的致华北、东北领导人的一份电报手迹从十一月中旬起，傅作义开始秘密同中国共产党接洽起义。这以后，周恩来一直协助毛泽东处理同傅作义的谈判问题。十一月二十二日，东北野战军主力十个纵队和特种兵全部，按原计划提前两天，分别由锦州、沈阳、营口地区出发，向关内进军。一九四九年一月十五日，天津解放。二十二日，傅作义同人民解放军平津前线司令部代表签订北平和平协议。三十一日，北平和平解放，平津战役胜利结束。

二月二十二日，傅作义和邓宝珊乘飞机从北平抵达石家庄，再乘小吉普车来到西柏坡。周恩来先见他，对他说：傅先生以人民的利益为重，和平解决了北平问题，避免了一场灾难性的战争。否则，就会给人民带来巨大的损失。周恩来说：我们欢迎你与我们合作。我们的合作是有历史根源的。在抗日战争中，我们是在敌后合作打日本的。那个时候，我们合作得不是很好吗？周恩来还说：原来准备在解放区召开民主党派和无党派人士的会议，成立中华人民共和国临时中央政府。现在北平和平解放了，就可以在北平召开这样的会议。你可以参加这次会议啊，你既是有党派，也是有功将领，参加会议，也是有代表性的。当天下午，毛泽东、朱德会见傅作义等。傅作义等在西柏坡住了两天。临走时，他一再向周恩来表示：你对我的帮助很大，我非常感谢你。周恩来说：咱们从现在起，都是一家人了。一家人不说两家话，有什么事情，有什么意见和想法，不要有顾虑，都可以提出来商量。可以找我谈，也可以找毛主席谈。毛主席忙，你可以多找我谈，找其他中央领导同志谈也可以。①

辽沈、淮海、平津三大战役，历时共四个月十九天，共歼灭国民党正规军一百四十四个师（旅）、非正规军二十九个师，共

① 阎长林：《在大决战的日子里》，中国青年出版社 1986 年 10 月版，第 208、212 页。

一百五十五万人，国民党赖以发动内战的精锐部队基本消灭，长江中下游以北的广大地区得到解放。三大战役胜利结束后，国内局势根本改观，国民党反动统治的基础已从根本上瓦解，全国解放战争的胜利指日可待了。

在三大战役中，后勤保障是一个十分突出的问题。周恩来除协助毛泽东指挥作战以外，还承担了人民解放军的庞大的后勤供应的组织领导。他从兵员补充到武器弹药的生产和配备，从财政经费到物资供给，逐一作出细致的安排。那时，武器主要靠战争缴获，炮弹、枪弹主要靠中央供给；物资除由各解放区输送外，还用人民币在当地市场购买。周恩来在西柏坡经常同杨立三、薛暮桥等一起研究，并且适应形势发展的需要，逐步健全中国人民解放军的后勤供应系统。在淮海战役中，人民解放军在大量歼敌的同时，部队伤亡也很巨大。一九四八年十一月二十三日，周恩来起草中央军委致华东局并告粟裕电，同意关于淮海战役的兵员补充计划，提出：在动员地方基干团、县区武装及新兵工作中，望注意进行公开的政治动员，加强地方上的优待抗属、烈属和动员逃兵归队及部队中的巩固工作，加紧进行肃清和瓦解地方匪特的武装，以巩固华东后方。① 在东北野战军决定提前进关时，周恩来在十一月二十一日，就东北野战军入关后的各种供应问题，起草中央军委复李富春电：同意先发五十万白洋给东北野战军，并告以中国人民银行的钞票即将发行，拟俟东野主力入关后，于明年一月起在关内统一使用人民银行钞票。②

对新解放城市的管理，当时采取军事管制的方式，作为过渡性的措施。十一月十五日，周恩来为中共中央起草关于军管会问

① 中共中央军委致华东局并粟裕等的电报，1948 年 11 月 23 日，周恩来手稿。

② 中共中央军委致李富春并林彪、罗荣桓等的电报，1948 年 11 月 21 日，周恩来手稿。

题的指示：根据各地管理新解放城市的经验，实行军事管制的办法，甚为有效。望对于所管辖的新解放城市，加以具体研究，暂不忙取消各城市的军管。十一月二十六日，他为中共中央主持起草致中原局电，指出：我们在军管初期，因群众尚未发动，群众工作尚无基础，不能召开真正名符其实的人民代表会议，只能召开协议性质的、主要对群众起联系作用的各界代表会。① 十一月三十日，他又为中共中央起草关于新解放城市的各界代表会议的组织规定。其中指出：在城市解放后实行军事管制的初期，应以各界代表会为党和政权机关联系群众的最好组织形式。党所领导的人民代表会议是我们的组织武器，而各界人民代表会议则可看作是人民代表会议的雏形。②

沈阳等大城市解放后，当地有着外国的领事馆。十一月十日，周恩来为中共中央起草致东北局电：英、美、法等国未承认我们的政府，我们对他们现在的领事亦应采取不承认，而只承认为普通侨民的方针。凡外事上的问题如果没有中央已定方针可循的，一概不要忙于答复，以便向上级和中央请示，并留回旋余地。③ 二十三日，又为中共中央起草复东北局电，指出：不承认国民党与美、英、法这些国家的外交关系，使我外交立于主动，并不等于我们永远不与这些国家发生外交关系，也不等于对待这些国家毫无区别。④

十二月一日，人民币开始发行，各解放区都停止发行货币。

---

① 中共中央致中原局的电报，1948 年 11 月 26 日，经周恩来修订稿。

② 中共中央关于《新解放城市的各界代表会的组织规定》致各中央局、中央分局、各前委的电报，1948 年 11 月 30 日，周恩来手稿。

③ 中共中央致东北局、林彪、罗荣桓并转陈云的电报，1948 年 11 月 10 日，周恩来手稿。

④ 中共中央致东北局、林彪、罗荣桓并告李富春的电报，1948 年 11 月 23 日，周恩来手稿。

中共中央要求各解放区（他们分别负责供应各野战军的军费开支）作一九四九年的财政收支预算，以计划人民币的发行数量。由于缺乏经验，各解放区提出的支援要求高低悬殊，其中西北地区只要求支援七千万元。周恩来同中央财政经济部秘书长薛暮桥等一起审核这个预算，计算出一百个农民只能支援三个脱产人员（主要是解放军），超过这个数字就要中央补助。根据这个计算，确定对西北不是支援七千万元，而是批给了七亿元。周恩来叮嘱薛暮桥说，管理经济必须掌握规律，没有这些数据是无法进行管理的。

随着战局的发展，中国人民解放军的力量日益壮大，各战略区、各野战军之间的协同作战越来越频繁。在原有的分散作战的条件下形成的各部队的组织编制不统一、番号不统一等问题，越来越妨碍大兵团之间的协同作战。因此，尽快地使全军编制向正规化过渡，已成为十分迫切的问题。

周恩来具体组织实施这一工作。根据九月中央政治局会议的要求，十月间，他草拟了中共中央和中央军委《关于统一全军组织及部队番号的规定》。其中规定：全军今后一律冠以“中国人民解放军”的称号，分为野战部队、地方部队和游击队伍。野战部队在军以上设野战军和兵团两级，原有的纵队改称为军，师和旅统一称师。兵团和军、师、团都按统一顺序号排列。军以下各级一般按三三制编组。编入野战军的特种兵纵队，统率所属的炮兵、战车部队和工兵部队。地方部队，设西北、中原、华东、东北、华北五大军区，与中央局同级，并受其领导。军区又分为一级、二级、三级和军分区。这个规定经毛泽东审阅后，在十一月一日下发实行。①

---

① 中共中央、中央军委《关于统一全军组织及部队番号的规定》，1948年11月1日，周恩来手稿。

一九四九年春，解放军各部队先后按照军委这一决定进行整编，并在此基础上对部队重新进行装备和训练。经过整编，部队的组织更有领导、更富有战斗力了。一月十五日，中央军委又决定将西北、中原、华东、东北野战军依次改为第一、第二、第三、第四野战军，华北军区的三个兵团直属人民解放军总部。经过这样的整编、训练和装备，使中国人民解放军的正规化建设向前迈进了一大步，对最后夺取全国胜利起了重大的作用。

当历史进入一九四九年的时候，全国解放战争胜利的大局已经确定无疑，许多新的问题纷纷提到中国共产党的面前来。一月六日至八日，中共中央在西柏坡举行政治局会议，各大区的许多负责人参加。毛泽东在会上作了《目前形势和党在一九四九年的任务》的报告。经过讨论和修改，作为决议在会上通过。这个决议指出："中国阶级力量的对比已经起了根本的变化。"它断言："我们已经完全有把握地在全国范围内战胜国民党。一九四九年和一九五〇年将是中国革命在全国范围内胜利的两年。"① 决议并提出党在一九四九年的十七项任务。

周恩来一月八日在会上作了长篇发言。这时，随着全国胜利的即将到来，怎样将原来长期处于分散状态的各解放区工作统一起来，已成为一个突出的问题。要准备成立中央政府，首先就要妥善解决集权和分权的关系。周恩来在发言中着重谈了这个问题。他从实际情况出发，主张集权与分权要适当，在过渡时期不要做得太急。并区别不同情况，提出先做到几个统一：预决算大体统一规定，各区提来，中央审核；银行发行权要统一，以便统一管理军费、供应和统一控制物价；兵工厂统一计划、统一分

① 毛泽东：《目前形势和党在一九四九年的任务》，《中共中央文件选集》第18册，中共中央党校出版社1992年10月版，第16页。

配；军需生产统一计划、分担任务；铁路提前集权，由中央管。至于出口贸易，只统一计划，业务由各区分担，各区之间的相互贸易，中央不过问。

由于党外民主人士陆续来到解放区，他们十分关心快要建立的新中国将是怎样的，周恩来在谈到这个问题时说：要把我们的主张明朗化。例如，对政权的性质要反复地说；操纵国计民生的经济事业不让私人搞，也要讲清楚。

随着大城市的陆续解放，外事方面遇到的问题越来越多。周恩来强调：在这方面，整个观念要有个改变。中国人一百年来受帝国主义压迫，现在站起来了。在工作中要注意：民主阵线反对帝国主义阵线，帝国主义与人民的区别，帝国主义之间矛盾的利用。对当前外事方面涉及的许多复杂的具体政策问题，他也逐一作了说明，并这样说：总之，有利的就解决，不成熟的过一下再解决。①

一月十九日，毛泽东、周恩来为中共中央起草《关于外交工作的指示》。《指示》指出：目前我们与任何外国尚无正式的国家的外交关系，因此不承认这些国家在中国的代表为正式的外交人员实为理所当然，这“可使我们在外交上立于主动地位，不受过去任何屈辱的外交传统所束缚”。《指示》强调：在原则上，“帝国主义在华的特权必须取消，中华民族的独立解放必须实现”；在步骤上，“则应按问题的性质及情况，分别处理”。“总之，在外交工作方面，我们对于原则性与灵活性应掌握得很恰当，方能站稳立场，灵活机动。”《指示》对外交关系、外资关系、对外贸易、海关税收、外国人办的报纸刊物通讯社及外国记者等方面的重要问题都规定了暂行的政策。②

---

① 周恩来在中共中央政治局会议上的发言记录，1949 年 1 月 8 日。

② 《关于外交工作的指示》，1949 年 1 月 19 日，周恩来、毛泽东手稿。

一月三十一日，斯大林派联共中央政治局委员米高扬前来。他的飞机在石家庄降落，然后乘吉普车来到西柏坡。毛泽东、朱德、刘少奇、周恩来、任弼时同他会谈了三次。本来，毛泽东曾准备到苏联去。米高扬说：斯大林同志很关心中国革命形势的发展，经过研究，认为中国人民解放战争正处在关键的时刻，毛泽东同志不能离开指挥作战的岗位。同时，也考虑到安全问题和毛泽东同志的身体健康。因此，斯大林决定派我们来，听取毛泽东同志及中共中央的意见。他又说：我们是受斯大林同志委托，来听取中共中央及毛泽东同志意见的，回去向斯大林同志汇报。我们只是带着两个耳朵来听的，不参加讨论决定性的意见，希望大家谅解。毛泽东着重谈了民主联合政府的性质，谈了要把革命进行到底。①

会谈后，周恩来又同米高扬单独谈过一次。这次谈话的内容十分广泛：讨论了战后经济建设、交通运输等恢复工作；成立新政府的总体规划与设想；对外关系问题，特别是对外贸易的开展与管理；发展或建立各种社会组织、群众团体和对他们力量的运用和发挥；在中国有多党存在，它们的作用和意义等。② 这些，正是周恩来在新中国建立前夕苦心思考和探索的一些问题。这次谈话给米高扬留下了很深的印象。以后，他对人说："周恩来将是中国新政府一位很好的总理。"③

二月十九日，周恩来为中央军委起草复林彪、罗荣桓、刘亚楼并告华北局电，批准第四野战军为策应第二、三野战军渡江作战，而由第十二兵团率两个军提前南下。④

---

① 阎长林：《在大决战的日子里》，中国青年出版社 1986 年 10 月版，第 196—200 页。

②③ 师哲：《周恩来同志外事活动点滴》（资料稿）。

④ 中共中央军委致林彪、罗荣桓、刘亚楼并告华北局的电报，1949 年 2 月 19 日，周恩来手稿。

为了迎接全国胜利的到来，三月五日至十三日，中国共产党在西柏坡新盖的机关食堂召开了第七届中央委员会第二次会议。到会的有中央委员三十四人，候补中央委员十九人，重要工作人员十二人。这是中国民主革命在全国范围内取得胜利的前夕，中国共产党召开的一次极其重要的会议。

这时华北的战争还在进行，西柏坡百里之外便有国民党的部队。为了保证七届二中全会的安全进行，周恩来找负责警卫工作的方志纯详细地询问警卫力量的分布、警卫点的设置、出现情况的处理方案等等。他问："如果出现最坏情况，你们能阻击多久?"方志纯等回答："中央需要我们阻击多久，我们便坚持多久!"周恩来看着他们，略带批评的口气说："光有决心不够，要有切实的措施和精确的计算。"并且帮助他们进行了周密的部署。①

在七届二中全会上，毛泽东作报告，提出如何消灭国民党残余部队、迅速夺取民主革命在全国胜利的方针；说明在全国胜利的局面下，党的工作重心必须由乡村转移到城市；阐述全国胜利以后在政治、经济、外交等方面的基本政策，以及中国由农业国转变为工业国、由新民主主义社会转变为社会主义社会的总的任务和主要途径；并及时地发出警惕资产阶级思想侵蚀的号召。

周恩来在会议最后一天发言。他说：三年多来，党中央在毛主席的领导下，大家非常团结，取得很大成绩。我们党的发展，不是突然而来的，而是在斗争中发展的。我们党内过去有错误，但我们有自我批评的精神。

他说：在工作中，原则性和灵活性要结合。离开原则会出乱子；原则性太强，则会变得生硬、急躁。

---

① 方志纯：《难忘的教诲——怀念周恩来同志》，《怀念周恩来》，人民出版社1986年1月版，第25页。

他说：现在我们正处于从根本上打倒国民党走向完全打倒国民党的过渡时期，正在由分散到统一。这不是几个月而是要几年才能走完的。过渡时期是特点，我们要抓住这一特点，不然会犯错误。由于地区的不平衡，因而又产生了区域性的问题，分权的问题。中国不是联邦，但是带区域性的。这么大的中国，如果过分强调集中，会办不好事。所以在组织形式上不能一下子都集权，一定要授权地方，才能发挥积极性。但中央必须成为掌握政策的司令部。根据过渡时期的特点，统一的方针是：在分区经营的基础之上，有步骤有重点地走向统一。

他又说：现在是前方打仗前进，后方搞生产。后方生产，第一步是要恢复，支援前方，争取全国胜利。今天还不是转入建设。现在二百一十万野战军南下，加上民夫超过三百万，后方一定要指定地区支援前方：以华北的大部支援西北野战军，以东北加中原支援东北野战军，以华东与华北加上一点东北支援华东野战军和中原野战军。中央的做法是：抓住华北，依靠东北，支援前方。这样中央也坐稳了。①

他在发言中，对金融、交通、工业、城市接收、兵工生产等各方面工作都提出了系统的意见。

毛泽东在七届二中全会的总结中说到：新中国中央人民政府的主要人员配备，现在尚不能确定，还需要同民主人士商量，但“恩来是一定要参加的，其性质是内阁总理”。②

在过去长期的战争环境中，各根据地的财政经济和后方勤务工作有着较大的相对独立性，实行根据各自情况采取的不尽相同的做法。在新的历史条件下，如何进一步改变这种状况，是一个至关重要而又相当复杂的问题。七届二中全会后，周恩来在深入

---

① 周恩来在中共七届二中全会上的发言记录，1949 年 3 月 13 日。

② 毛泽东在中共七届二中全会上的发言记录，1949 年 3 月 13 日。

调查研究的基础上为中共中央主持起草《关于财政经济工作及后方勤务工作中若干问题的决定》。《决定》指出：在走向全国胜利的过渡期中，由于中国地方广大，经济落后，又由于革命发展的不平衡，“在中央领导之下的区域制在相当一个长时期内仍然成为必要。关于财政经济工作及后方勤务工作的统一问题，应该是在分区经营的基础之上，在可能与必须的条件下，有重点地有步骤地走向统一。对于新区的领导机关，应该给予较大的机动权”。

《决定》分别不同情况，对各地区供给负担的区分、货币发行权限、各解放区财政收支概算的审核、各种税收的管理、对外贸易、国内贸易、工业、交通、邮电、兵工及通信卫生材料之生产等问题，都作了具体的规定。

《决定》写道：“中央应即成立财政经济委员会，首先与华北财政经济委员会合并，并加入东北、华东、西北、华中各区财政经济工作负责人为委员，依靠华北政府各部及其直辖的各省市，进行业务。”①

二中全会结束后，周恩来召开两次座谈会，有各中央局和各前委负责人参加，对这个《决定》稿经过两度修改，并逐条讨论通过。三月二十日，经毛泽东、朱德、刘少奇、任弼时审阅同意后发出。

三月二十三日，七届二中全会的新闻公报由新华社向全国发表。就在同一天，毛泽东、朱德、刘少奇、周恩来、任弼时率领中共中央机关离开西柏坡。这时北平解放已经一个多月了。中央机关的工作人员已经有相当一部分人进入北平，住在西郊香山。周恩来还规定：所有机关工作人员，三个月内一律不准进北平城。

他们离开西柏坡的时间是二十三日上午。这个日子离开他们

① 《中央关于财政经济工作及后方勤务工作中若干问题的决定》，1949 年 3 月 20 日，周恩来修订稿。

从陕北杨家沟向华北出发，正好一年零一天。临行前，毛泽东和周恩来兴奋地谈笑着。周恩来对毛泽东说："多休息一会儿好，长途行军坐车也是很累的。"毛泽东说："今天是进京的日子，不睡觉也高兴啊。今天是进京'赶考'嘛。进京'赶考'去，精神不好怎么行呀?"周恩来笑着说："我们应当都能考试及格，不要退回来。"毛泽东说："退回来就失败了。我们决不当李自成，我们都希望考个好成绩。"①

汽车离开西柏坡，沿着山间公路，向东北方向驶去。这个车队共有十一辆小汽车和十辆卡车。卡车里坐的是警卫战士和少数机关工作人员，还有行李。当晚，在唐县附近的淑闾村住了一夜。再往前，就到河北省委所在地保定。午饭后，他们听取河北省委书记林铁的汇报。林铁讲了保定解放后几个月内省委所做的工作。他说：我们在农村工作习惯了，一进城怎么抓，先抓什么，后抓什么，这些都是必然遇到的新问题。现在的工作，除了继续做好支前工作外，首先要抓的就是在城市恢复工业生产，恢复商业，开门营业。农业也需要很好地去抓，争取今年来一个大丰收，先解决老百姓吃饭的问题。当前还有一个最急的任务，就是要动员大量民工，尽快地把平汉铁路恢复起来。林铁汇报完后，毛泽东等都说了一些意见。周恩来说：城市的工人、职员和广大市民们，他们是拥护共产党的领导的，在党的领导下，恢复工业、商业及农业生产，他们会积极努力去做的。资本家和保定地区上层的各界人士，对我们党的政策不一定认识得很清楚，这就需要靠我们做工作，多宣传中央公布的城市政策。对资本家要保护，要帮助他们恢复生产，发展生产。使民族资产阶级和我们长期合作，发展生产，繁荣经济。②

①② 阎长林：《在大决战的日子里》，中国青年出版社 1986 年 10 月版，第 222，234、240 页。

离开保定后，下午到涿县。天黑后，叶剑英从北平赶来，商定第二天的日程。周恩来向他交代：到北平住下以后，要在西苑机场举行入城式。先检阅部队，然后与各界代表见面，特别是与那些知名党外人士见面。这些人过去就和我们合作共事，今天胜利了，他们很高兴，急于想见到我们。凌晨两点，毛泽东等来到涿县火车站，坐上已在那里等候的一列专车，向北平进发。路上，叶剑英详细汇报了北平解放后的情况。周恩来说：我们没有管理过大城市，但是我们看蒋介石管理大城市那一套办法不行，我们如果管理大城市，我想一定比他们管理得好。天亮时，火车到达清华园站，聂荣臻、彭真、李克农等都在这里迎接。他们没有在火车站休息，便改乘汽车前往颐和园。周恩来去西苑机场，检查下午举行入城式的准备工作。① 三月二十五日下午五时，在西苑机场正式举行入城式。叶剑英和聂荣臻陪同毛泽东、朱德、刘少奇、周恩来、任弼时分别乘敞篷吉普车开始检阅部队。受检阅的大约有一个炮兵师、一个装甲坦克师、一个步兵师，共三万人。这时，北平的天气已经不怎么冷了，毛泽东等因为没有适合在这时穿的衣服，仍穿着棉裤和布棉鞋，外面是在延安时穿的皮大衣。检阅部队后，他们又接见北平市一万名左右的群众代表。然后，乘坐汽车，向一百多名民主党派领导人和无党派民主人士所站的地方开去。张澜、李济深、沈钧儒、陈叔通、郭沫若等都在这里。他们进行了半个多小时的交谈。周恩来看了看手表说："朋友们，先生们，谢谢大家到这里来欢迎毛主席、党中央和人民解放军总部进驻北平。天快黑了，请诸位先生早些回去休息吧，以后有机会再谈，以后见面的机会多得很。"告别后，毛泽

① 阎长林：《在大决战的日子里》，中国青年出版社 1986 年 10 月版，第 245、246 页。

东等和中共中央机关移住香山。[①]

接着，周恩来的工作重心，根据形势发展的需要，先后转入和平谈判和新政协的筹备工作。

① 阎长林：《在大决战的日子里》，中国青年出版社 1986 年 10 月版，第 250—251 页。

三十六、和平谈判

同国民党政府之间的和平谈判，在周恩来到北平后相隔没有几天便开始了。

他们到达北平的前一天，三月二十四日，南京的国民党政府已宣布由张治中、邵力子、黄绍竑、章士钊、李蒸五人组成和平谈判代表团（二十九日又增加刘斐，并以张治中为首席代表）。二十六日，中共中央正式通知国民党政府：谈判从四月一日开始，地点在北平，中国共产党方面的代表是周恩来、林伯渠、林彪、叶剑英、李维汉（四月一日又增加聂荣臻），以周恩来为首席代表。

为什么国民党政府会在这个时候提出和平谈判的要求呢？为什么中国共产党会同意和国民党政府进行谈判呢？

原因在于双方的力量对比已起了根本的变化。蒋介石当年敢于推翻政协决议发动内战，靠的是他手里的武装力量和美国的援助。那时他的武力确实居于优势，有正规军四百三十万人，是中国人民解放军人数的三倍半，武器装备更是精良得多，自以为几个月就可以消灭人民解放军。但在两年零九个月的战争中，情况完全改变了。经过三大战役后，国民党的兵力，连后方机关在内，只剩下二百二十万人，正规军只有一百多万人，其中不少还是受过歼灭后重新补充起来的，战斗力很弱。与此同时，人民解放军却迅速壮大了。两年零九个月前，人民解放军是一百二十万人，这时已发展到四百万人以上，并且很多已用缴获的武器装备起来，实现了美械化。蒋介石自己也清楚：这个仗已经打败了。国民党统治区内的财政经济已经崩溃。物价的飞涨有如脱缰的野马，到一九四八年八月间已比抗战前夕上涨三百万倍。国民党政府宣布以金圆券代替法币，结果使经济更加陷入绝境。人民已无法活下去，国民党政府也已无法统治下去。

一九四九年一月一日，蒋介石发表一篇求和声明，提出以保存伪宪法、伪法统和反动军队等项条件，作为和平谈判的基础。他一本正经地说："只望和平果能实现，则个人的进退出处，绝不萦怀。"倘若共产党仍不许和，"则政府亦惟有尽其卫国救民的职责，责任皆由共党负之"。① 这个建议是虚伪的，这些条件是中国人民无法接受的。

但是，人民需要真和平，中国共产党也愿意实现真和平。一月十四日，毛泽东发表《关于时局的声明》。他说：虽然中国人民解放军具有充足的力量和充足的理由，确有把握，在不要很久的时间之内，全部地消灭国民党反动政府的残余军事力量；但是，为了迅速结束战争，实现真正的和平，减少人民的痛苦，中国共产党愿意和南京国民党反动政府及其他任何国民党地方政府和军事集团，在下列条件的基础之上进行和平谈判。这些条件是：（一）惩办战争罪犯；（二）废除伪宪法；（三）废除伪法统；（四）依据民主原则改编一切反动军队；（五）没收官僚资本；（六）改革土地制度；（七）废除卖国条约；（八）召开没有反动分子参加的政治协商会议，成立民主联合政府，接收南京国民党

---

① 蒋介石：《三十八年元旦告全国军民同胞书》，《蒋总统集》，第 2 册，（台）中华大典编印会 1960 年 10 月版，第 2232 页。

反动政府及其所属各级政府的一切权力。这便是著名的八项条件。①

一月十六日，周恩来在民主人士座谈会上作了关于时局的报告，指出时局的趋向不外乎三种：第一种是国民党改组政府，并且承认我们提出的八条；第二种是美国出兵，对此我们已经有了准备；可能性最大的是第三种，继续打下去。②

这时解放战争的胜利发展得很快。一月十日，淮海战役结束。十五日，天津解放。国民党内部的矛盾、特别是蒋介石同桂系之间的矛盾也急速发展起来。蒋介石不得不在二十一日宣布“引退”，退居幕后指挥，由副总统李宗仁代理总统。李宗仁是桂系的领袖，他同蒋介石之间存在着矛盾。蒋介石表面上虽宣布“下野”，退居家乡溪口，但南京政府一切实际权力仍牢牢掌握在他的手里。二十二日，北平和平解放协议签订的同一天，李宗仁发表文告称：自今以后，“政府工作目标在集中于争取和平之实现”。“中共方面所提八项条件，政府愿即开始商谈。”③ 次日，他派黄启汉、刘仲华飞往北平，表示“愿以最大努力促和平之实现”，表示接受中国共产党提出的八项条件作为谈判基础，并要求中国人民解放军暂时停止进攻。④ 二十七日和二十八日，叶剑英在北平西郊连续接见黄启汉、刘仲华，并把同他们谈话的情况报告那时还在西柏坡的中共中央。二月一日，周恩来为中共中央起草致彭真、叶剑英电，要黄启汉、刘仲华告诉李宗仁：如果他

---

① 《毛泽东选集》第4卷，人民出版社1991年6月第2版，第1389页。

② 周恩来在民主人士座谈会上的报告记录，1949年1月16日。

③ 张丰胄：《1949年国共和谈的有关史料》，《文史资料选辑》第32辑，文史资料出版社1962年12月版，第70页；黄启汉：《一九四九年“和谈”的回忆》，《文史资料选辑》第67辑，中华书局1980年版，第10页。

④ 黄启汉：《一九四九年“和谈”的回忆》，《文史资料选辑》第67辑，中华书局1980年版，第10页。

真有反蒋反美、接受八项条件的诚意，就应该迅速同蒋介石分裂，“中间道路是万万走不通的”。①

黄启汉回到南京，向李宗仁作了汇报。李十分高兴，说：“总算很快就搭上了关系。”② 二月十三日，由颜惠庆、章士钊、邵力子、江庸四位七旬老人组成的“上海和平代表团”，在黄启汉陪同下，从上海飞往北平。临行前，李宗仁又嘱咐黄启汉：希望能及早派定代表，开始商讨和平方案。二十二日，颜惠庆等从北平前往西柏坡，傅作义、邓宝珊就是和他们同行的。毛泽东会见颜惠庆等。周恩来也同他们进行了两次会谈，向他们表示：中共方面对和谈代表人选和谈判地点允予考虑，三月十五日左右可望决定。双方在会谈中确认：“谈判以中共与南京政府各派出同数代表为之，地点在石家庄或北平。”“谈判以中共一月十四日声明及所提八条为基础，一经成立协议，立即开始执行。”③ 颜惠庆等回到上海时，在机场发表谈话：“全国人民都希望和平，政府和共产党双方也都希望和平。现在和平之门已开，虽然困难尚多，而希望甚大。和平代表团此行任务已了。今后和谈进行，当由政府与共产党双方开会商讨。”三月十九日，周恩来派齐燕铭到北平六国饭店会见黄启汉，向他透露：不日即将宣布定期举行正式和谈，并暗示他可以先对李宗仁打个招呼。第二天，黄启汉通过长途电话把这个消息报告李宗仁。李宗仁在电话中告诉他：国民党政府的和谈代表人选内定为张治中等五人，张是首席代表。当天，黄启汉把代表名单抄送齐燕铭转报中共中央，中共中

① 中共中央致彭真、叶剑英并告林彪、罗荣桓、聂荣臻的电报，1949 年 2 月 1 日，周恩来拟稿。

②④ 黄启汉：《一九四九年“和谈”的回忆》，《文史资料选辑》第 67 辑，中华书局 1980 年版，第 13、24 页。

③ 《与颜（惠庆）、邵（力子）、章（士钊）、江（庸）协定诸点》，1949 年 2 月 24 日，毛泽东审定稿。

央没有表示异议。这样，国民党政府就在行政院院务会议上正式加以通过，并在三月二十四日宣布。④

李宗仁这时虽对和谈一再表示“诚意”，但还是希望通过谈判达到“划江而治”。他曾对刘斐说：我想划江而治，共产党总满意了吧！只要东南半壁得以保全，我们就有办法了。“如能确保东南半壁，至少是可以在平分秋色的基础上来组织民主联合政府的。”① 蒋介石让李宗仁出面进行“和谈”，其实只是一种缓兵之计，想借此获得一个喘息的机会，以便将残余军队全部撤至长江南岸，组成若干兵团，防止人民解放军渡江，并在江南将新兵迅速编组成二线兵团，准备最后决战。

中国共产党对这一切自然看得十分清楚，为什么仍同意接待南京国民党政府代表团呢？周恩来在谈判期间对部分爱国民主人士作的报告中说：“我们为什么这样做呢？因为今天胜利已定，用战斗方式可以解决是毫无问题了，只是时间早迟而已。我们现在要考虑的是如何用和平方式来达到胜利，以便使国家少受破坏，多保存一些人力物力，使将来的和平建设多一份物质力量。”“但是，和平需要双方同意。李宗仁既然表示愿意接受，和平总算有了可能，我们就要抓紧，并将这一可能性加以发展。”②

四月一日下午二时，以张治中为首的南京国民党政府和谈代表团到达北平。同来的除代表外，还有代表团顾问屈武等和其他工作人员共二十多人。因为张治中来北平前先到溪口去见蒋介石，中国共产党方面只由北平市副市长徐冰、中共和谈代表团秘书长齐燕铭、东北野战军参谋长刘亚楼等到机场迎接，周恩来和中共代表团其他代表都没有去。张治中等到北平后，住在东交民

① 刘斐：《1949年北平和谈的片断》，《文史资料选辑》第32辑，第103页。

② 《周恩来选集》上卷，人民出版社1980年12月版，第317、318页。

巷的六国饭店。

当晚六时，周恩来、林伯渠、林彪、叶剑英、李维汉、聂荣臻设宴招待他们。饭后，周恩来、林伯渠两人又邀张治中和邵力子谈话。周恩来一开始就严肃地质问张治中："你为什么在离开南京前要到溪口去见蒋介石?"张治中解释说：蒋介石虽退到溪口，力量还是在他手上，如果得不到他同意，即使商谈得到协议也没用，这是一种现实的做法。周恩来表示：这样做只会加强蒋的地位，淆乱视听，证明蒋仍有力量控制代表团。"这种由蒋导演的假和平，我们是不能接受的。"谈到和平问题时，周恩来问：我们的广播（指三月二十六日的广播通知）你们收听到了，已经带来了为实施八项条件所必需的材料吗？对和谈有没有具体的意见？张治中回答：我们没有具体的方案，想听听你们的——当然，是以八项原则为基础。周恩来说：这是前提，是没有疑义的。我们设想，采取今天这样个别对话的形式，充分听取你方的意见。如果可能，经过三四天的商谈后，在五日左右提出成熟的东西，供双方讨论。接着，双方还就其他问题交换了意见。①

第二天，双方代表按照上一天商定的办法，进行个别交谈。周恩来同张治中谈，叶剑英同黄绍竑谈，林伯渠同章士钊谈，李维汉同邵力子谈，聂荣臻同李蒸谈，林彪同刘斐谈。

晚上，周恩来在六国饭店接见黄启汉。在谈到八项条件为谈判基础的问题时，周恩来气愤地说："现在就是他们并没有接受八项原则为基础。根据这两天来和他们六个代表个别交换意见的情况看，除邵力子外，其余几个人都异口同声地说：'惩治战犯'这一条不能接受。这是什么话呢？李宗仁不是公开宣布承认毛主席提出的八项原则为谈判基础的吗？怎么，代表团来了，又变了

① 余湛邦：《一九四九年国共北平和谈始末记》，《文史资料选辑》第67辑，中华书局1980年版，第56—57页。

卦呢?”他继续说：“还有，南京代表团到北平来之前，张治中还到溪口去向蒋介石请示，这就产生另一个问题：你们代表团究竟是代表南京，还是代表溪口呢？这两个问题不解决，和谈怎么进行呢?”① 周恩来同意黄启汉回南京把这两个问题向李宗仁问明白，在下一天就乘代表团坐来的专机回去。原定在四月五日开始正式和谈，也推迟了。

三日上午，黄启汉动身前，周恩来再次接见他，对他说：经过辽沈、平津、淮海三大战役的较量，蒋军主力部队已被歼灭殆尽，可以说，内战基本结束，剩下的不过是打扫战场而已。但为了尽快地收拾残局，早日开始和平建设，改善人民生活，在毛主席提出的八项原则基础上进行和谈，我们还是欢迎的。周恩来要黄启汉告诉李宗仁、白崇禧：中国人民解放军完全有足够的力量在全国范围内扫除和平的一切障碍，李、白不应该再对帝国主义有幻想，不应该再对蒋介石留恋或恐惧，应该团结一切可能团结的力量，坚决向人民靠拢。也只有这样，才是他们唯一的光明的出路。周恩来要黄转告他们：在和谈期间，人民解放军暂不渡过长江，但和谈后，谈成，解放军要渡江，谈不成，也要渡江。并希望李宗仁在任何情况下都不要离开南京，能够争取更多的国民党军政人员同留在南京更好。周恩来还建议：考虑到李的安全，他可以调桂系部队一个师进驻南京保护。万一受蒋军攻击，只要守住一天，解放军就可以赶来支援。②

黄启汉回南京后，李宗仁邀桂系重要将领白崇禧、夏威、李品仙等到南京密议。白崇禧始终坚持要以长江为界，组织联合政府，实行南北分治。他表示：只要中共坚持渡江，便不能接纳和

① 黄启汉：《一九四九年“和谈”的回忆》，《文史资料选辑》第 67 辑，中华书局 1980 年版，第 26 页。

② 黄启汉：《一九四九年“和谈”的回忆》，《文史资料选辑》第 67 辑，中华书局 1980 年版，第 26、27 页。

议。因此，黄启汉的活动没有结果。

在北平，从四月二日到十二日，完全由双方代表个别交换意见。从八日开始，由毛泽东在香山分别约见南京方面的各代表谈话。这些谈话是对各项问题交换意见，并没有作任何结论。为了争取使和谈取得成果，四月十一日，在长江汛期即将来临之际，中央军委仍指示渡江战役总前委将预定渡江时间推迟了一周。

经过十来天的交换意见，四月十三日早晨，周恩来向南京政府代表团正式提交《国内和平协定草案》一份，并通知在当晚九时开始正式会谈。这个《协定草案》是周恩来起草的。它的内容，是根据毛泽东一月十四日提出的八项条件，分列出具体条款。

晚上九时，正式会议在中南海勤政殿举行。大厅中间横放着一张长条桌，两侧由双方代表分坐。条桌两侧的后面各有三张小条桌，是双方列席和记录人员的座位。周恩来率中共代表团由勤政殿东向进入会场，张治中率南京代表团由勤政殿西向进入会场，空气十分严肃。

会议一开始，先由中共首席代表周恩来提出《国内和平协定草案》，并作一个概括的说明。他说：这个草案是根据毛泽东所提的八项条件为基础而草拟的。他回顾了战争发展的历史过程，指出：事实是很清楚的，战争的全部责任应该由南京国民政府担负。因为这是一个历史性的协定，是保证今后国内和平的一个文件，所以必须在条款的前言里明确这个责任。

接着，他对《协定草案》各个款项的具体内容逐项作了说明。关于惩办战争罪犯问题，他说：这次战争中主要的战犯必须惩办。对于能“认清是非，翻然悔悟，出于真心实意，确有事实表现，因而有利于中国人民解放事业之推进，有利于用和平方法解决国内问题者”，可以取消战犯罪名，给以宽大待遇。

关于依据民主原则改编一切反动军队问题，他说：反动军队就是压迫人民的工具，也就是祸根的所在。我们今天都希望获得永久的和平，就必须消灭这一祸根。如何消灭它？我们希望以和平的方式改编，而不用军事的方式来解决；同时必须给他们以出路，使他们感到不会像过去国民政府所谓的裁兵，其实是按照派系观点去裁并，或者以复员退役的口号使他们流离失所。周恩来对改编计划提出分两个阶段：第一阶段，按照各地区的情况，分区而且分期，依照原编制、原番号、原人数，定出集中地点，开到那里去整理。第二阶段，从事分区改编。这些军队改编成为人民解放军正规军时，其中士兵有老弱残废，确实需要退伍，或者愿意退伍的，都分别予以安置和回家的便利。对于军官也是一样。

关于接收问题，他说：国民政府和它所属政府的一切权力必须接收。我们和平解决的目的，就是把国家的一切担负起来，进行伟大的生产建设。在接收中，乃至于在将来全国范围内，我们应该对国民政府所属的广大的公教人员负责，有如要向国民政府所属的军队官兵负责一样。绝不能使他们有国事和平解决而我们反流离失所的感觉，甚至使他们觉得毫无出路。在和平协定签字之后，民主联合政府成立之前，南京政府还要暂时维持下去，尤其它的首脑部分——府、院、部、会等机构，应该保留到联合政府成立以后，实行交代，宣告自己的结束。

周恩来最后说：如果上述这些和平条款都能实现，我们相信国内的和平就有了永久的保证，南京政府代表团及南京政府中的爱国分子，努力于这个全国人民共同希求的和平事业，当然可以得到人民的谅解，也可以得到人民的赞许。在这种情形之下，中共代表团愿意在这里提出保证，当新的政治协商会议召开时，以及在筹备开幕时，接受南京爱国分子的参加，同时也参加联合政府。

周恩来讲完后，由南京方面首席代表张治中发言。他在发言中申明：对国民党的错误，有诚意承认；对国民党的失败，也有勇气接受。他把《协定草案》中不能接受的各点逐一提出。最后表示愿就中共所提草案再加研究，提出修正案。张治中发言后，双方同意再作会外协商，然后定期召开第二次会议。十一时五十五分散会。①

十四日，南京代表团经过一天的研究，提出一个修正案。张治中以后在回忆录中说："这个修正案和原草案最大的不同之点是：词句力求和缓，避免刺眼的词句，同时对军队改编、联合政府两项也有若干的修正。"② 当晚，张治中把这个修正案交给周恩来。两人进行了很长时间的交谈。第二天早晨，其他代表又同中共方面代表分别交换意见。

四月十五日晚上七时，周恩来同张治中会面，把最后定稿的《国内和平协定》送给他，并定当晚九时在勤政殿举行第二次会议。周恩来向张治中表示：这是最后的一个文件。张治中说："所谓最后的文件，是不是解释为最后的通牒？是不是只许我们说一个对或者不对？"周恩来表示：这是最后的态度。张治中说："也好，干脆！"③

九时，仍在原地举行第二次会议。

会议一开始，周恩来先把定稿的修改之点，也就是接受南京方面代表团所提修正之点，作了说明。他着重指出，在定稿所作修改中，最重要的是中国人民革命军事委员会的权力问题。他说：文白先生（即张治中）和其他代表都希望能有变动。经过我们的考虑，觉得为使和平事业能实现，我们愿意让步。在联合政

---

① 余湛邦：《一九四九年国共北平和谈始末记》，《文史资料选辑》第 67 辑，中华书局 1980 年版，第 66—73 页。

②③ 《张治中回忆录》（下），文史资料出版社 1985 年 2 月版，第 824、836 页。

府成立之前，双方成立的机构，还是用一种合作的办法，南京国民政府暂时行使职权，一直到自己宣告结束之时，也就是联合政府成立以后，同时与人民革命军事委员会合作协商，以解决过渡时期一切问题。在军事方面，成立整编委员会，依照定案上所规定情形办理，上面不再冠以人民革命军事委员会统率和指挥字样。军事整编委员会双方合作，政权方面则互相协商解决。这是我们一个重大让步。

接着，周恩来又说明曾经讨论而不能接受的两处，那就是关于军队改编程序和人民解放军开往江南接收一部分地方政权之事。他说：以上两点我们决不能让步，若让步就失掉了毛泽东主席所提八项条款的基本精神。至于划分时期我们不会急躁。急躁反而发生错误，招致乱子，所以我们对军队改编要分期而且分区，初期设想只能在江、浙、皖、湘、鄂、赣、陕、陇东这些地区先接收，其他地区则后一步。联合政府大概可在接收中或接收后成立，或还早一点，只要不出别的乱子。

在作了这些说明后，周恩来提出：这个《国内和平协定》，当然是中共代表团最后的定案，现在提交南京国民政府代表团。我们期待南京代表团同意这个协定，接受这个协定，签字在协定上，使全国人民所热望的所关切的伟大和平事业，能在我们双方代表团合作如同一家人的精神上搞好。昨天文白先生已说过，要把我们提出的最后稿子带回南京，说服南京当局。但愿能如此，不然我们解放军就会向前推进，因为他们正在等待着向江南推进的命令。

他说：人民解放军没有宣布过停战。南京国民政府曾经要求停战议和，我们没有同意。我们只同意这个协定签订之后永无内战。为了使谈判更顺利，所以我们愿在谈判进行期间，命令人民解放军暂时不渡江。但是我们不能无限制地受到约束，所以我们今天正式地告诉文白先生，请南京代表团回南京去的先生转告李德邻先生（即李宗仁）和何敬之先生（即当时担任行政院院长的何应钦），我们只能约束到本月二十日为止。到那时还不能获得协议签字，那我们就只有渡江，不能再拖延到二十日以后了。

周恩来讲完后，张治中只是简单地发表了自己的意见和感想，并声明明天即派人到南京请示，再行答复。

最后，周恩来又谈到文件为什么采取最后方案的做法。他说：如果我们没有最后的定稿，就使南京代表团无以说服南京当局；没有这个最后的定稿，就不能使它考虑同意与不同意的问题。我们认为，一个问题一定要有一个结束。我们提的最后方案，南京代表团乃至南京当局都有他的自由，就是同意或者不同意。

会议在十时二十分结束。张治中在回忆录中写道："回到住处后，经过代表团郑重的研究，认为这个定稿已经接受了我们所提修正意见四十余处的过半数，特别是关于战争罪犯一项删去'首要次要'字样，原来把南京政府和所属部队置于人民革命军事委员会指挥统辖之下一句也改换了，所以代表团一致的意见，认为尽管条件过高些，如果能了然于'败战求和'、'天下为公'的道理，不囿于一派一系的私利，以国家元气、人民生命财产为重，那么，就只有毅然接受。以诚心承认错误，以勇气接受失败，则对国家、对人民、对国民党保全者实多，总比顽固到底、失败到底的好。大家表示只有接受这个《国内和平协定》为是。并决定在十六日派黄绍竑代表和屈武顾问带了文件回南京去，劝告李、何接受。"①

南京代表团的会议开到午夜一点多钟。周恩来知道黄绍竑被推举回南京请示后，尽管已是深夜了，他仍在当晚二时左右在六

① 《张治中回忆录》（下），文史资料出版社 1985 年 2 月版，第 843 页。

国饭店同黄绍竑相见，勉励他努力完成这个任务。黄绍竑说："照我看，至多是五十对五十的希望，或者还要少一些，我总努力去进行就是了。"①

同南京代表团进行谈判的过程中，周恩来经常向在北平的民主人士介绍和谈的情况，征求他们对《国内和平协定草案》的意见。四月十七日，他向在北平的部分民主人士和大学教授作了《关于和平谈判问题的报告》。他说：

> "今天可以说，如果诸位赞成这次谈判所拟定的国内和平协定的话，不论和也好，打也好，我们有信心、有力量使它一定实现。我们要尽可能用和平方法来实现，但如果不能用和平方法，用战斗也一样要把它实现。"
>
> "国内和平协定八条二十四款，中心问题是接收和改编。南京代表团和我们固然是有距离，但他们有一个概念是好的，即国民党的失败是一定的，人民解放军的胜利是一定的，他们承认错误，承认失败，因而愿意交出政权，交出军队。不过，南京代表团虽有此认识，南京政府却还没有这个认识，至于广州、溪口就更不用说了。"
>
> "今天的革命，决不能再如辛亥革命和北伐战争那样，由于中途妥协而使反动派最后又得到胜利。历史经验证明，革命如不能进行到底，则一定失败。今天我们决不能再蹈此覆辙。"
>
> "这八条二十四款，南京代表团表示可以接受。我们限定南京国民党政府在二十日以前答复，如不接受，

① 黄绍竑：《李宗仁代理总统的前前后后》，《文史资料选辑》第 60 辑，中华书局 1979 年 4 月版，第 65 页。

则二十日我们一定打过江去。再不过江，连南京代表团都说，江南人民实在受不住了。所以不能再延了，再延就太对不起那里的人民了。当然，打过江后，如果他们又愿意签字也可以。总之，门是开着的。”①

果然，黄绍竑、屈武带着《国内和平协定》到南京后，李宗仁召集白崇禧、夏威等商议，白崇禧一看完《协定》，立刻怒气冲冲地对黄绍竑说：“亏难你，像这样的条件也带得回来！”说完就站起来往外走了。② 李宗仁则默不作声。随着，由张群带着《协定》去溪口向蒋介石请示。蒋介石看后拍桌大骂：“文白无能，丧权辱国！”二十日深夜，李宗仁、何应钦复电张治中并各代表，拒绝接受《国内和平协定》。③

四月二十一日，毛泽东、朱德发布《向全国进军的命令》。在邓小平担任书记的总前委统一指挥下，中国人民解放军第二野战军和第三野战军的百万雄师，从二十日子夜起，在西起九江东北的湖口，东至江阴，长达五百余公里的战线，强渡长江，一举摧毁国民党苦心经营了三个半月的长江防线。二十三日，占领南京，宣告国民党反动派在中国大陆统治的覆灭。二十五日，周恩来为中共中央起草给渡江战役总前委的指示：南京解放后，对驻在南京的各国大使馆、公使馆，我们和他们并无外交关系，不要发生任何正式的外交往来，但对其人员的安全则应负责保护，不加侮辱，也不必进行登记。④ 二十六日，再次指示：一切有关外

① 《周恩来选集》上卷，人民出版社1980年12月版，第314、318、324页。

② 黄启汉：《一九四九年“和谈”的回忆》，《文史资料选辑》第67辑，中华书局1980年版，第36页。

③ 余湛邦：《一九四九年国共北平和谈始末记》，《文史资料选辑》第67辑，中华书局1980年版，第80页。

④ 中共中央致渡江战役总前委、刘伯承、邓小平等的电报，1949年4月25日，周恩来手稿。

侨事件必须事先请示，不得擅自行动。① 五月二十二日，周恩来在给王炳南的信中说：国共之间的“全面和平”已非其时，现在只存在“局部和平”的可能，而“局部和平”又必须在前线解决。②

和平谈判进行了二十天，是不是值得？是值得的。周恩来在十多天后的一次讲话中解释道：我们要随时照顾大家的要求。他说：“抗战胜利，为了全国人民的要求，我们和国民党和谈；和谈破裂，大打起来，我们还保留着代表团不撤退；即使在大打时也没有立刻提出打倒国民党的口号。这次渡江前，江南人民觉得能不打、和平解决也好，我们又和国民党和谈，谈了近一个月，最后我们提出八条廿四款，各民主党派认为条件太宽大，而反动派还不接受，我们就战斗过江。我们所走的道路，使大家觉得有利。”③

和谈破裂后，张治中在四月二十二日向南京和中共方面表示，定在二十四日回南京“复命”。他天真地认为，代表团是为和谈来的，和谈既已破裂，自无继续留在北平的必要。同时，代表团是南京政府派遣的，任务终了，理应回去复命。别人不回去可以，他是首席代表，论情论理都不能不回去。

周恩来知道后，当天就到六国饭店去看望张治中。他向张治中表示恳切的挽留，说：这次商谈，活动紧张，大家都辛苦了，应该好好休息。双方代表团同意的《国内和平协定》竟然为南京政府所拒绝，彼此都感到十分遗憾。日前形势发展迅速，国民党内部四分五裂，已全部崩溃。我们估计，随着形势的转移，仍有

① 中共中央致渡江战役总前委、刘伯承、邓小平等的电报，1949 年 4 月 26 日，周恩来手稿。

② 周恩来致王炳南的信，1949 年 5 月 22 日，手稿。

③ 周恩来在各界民主人士座谈会上的发言记录，1949 年 5 月 5 日。

恢复和谈的可能；即使退一步说，全面的和平办不到，亦可能出现一些局部地区的和平，这个协定还是用得着的。张治中仍再次说明他要回去“复命”的理由。周恩来进一步劝导说：代表团不管回到上海或者广州，国民党的特务是会不利于你们的。他情词恳挚地对张治中说：“西安事变时，我们已经对不起一个姓张的朋友，今天再不能对不起你了。”在周恩来深情而坚决的劝阻下，张治中和南京代表团其他代表终于留了下来。[①] 四月二十五日，白崇禧派飞机到北平来接代表。不但代表一个也没有回去，飞机却把张治中的夫人和家属九人一起送来北平。这是周恩来事先通知上海地下党组织秘密地将她们送上飞机的。

同南京政府之间的谈判虽然最后破裂了，但这次谈判中提出的《国内和平协定》所产生的影响是巨大的。这以后，中国共产党仍愿本着这个协定的精神，继续同国民党的任何地方政府和军事集团进行和平谈判。这个工作，大多还是在周恩来指导下进行。

在华北，绥远问题的和平解决是一个例子。本来，在北平和平谈判时，傅作义方面提出过希望绥远问题同北平问题一起解决。中共中央方面考虑到：绥远条件还不成熟。因此，毛泽东、周恩来在西柏坡会见傅作义、邓宝珊时，主动提出，对绥远军队及政府，采取维持原状的方针。[②] 北平和平解放后，周恩来为了实现毛泽东关于“绥远方式”的指示，直接指导了同傅作义方面的谈判。当双方各派代表开始在北平谈判后，在有的问题上发生争执，使谈判进展不快。周恩来叮嘱中国共产党方面的谈判代表：实现绥远方式不要性急，要冷静地考虑他们提出的条件，要理解他们的爱国心愿和困难。他们希望和平解决的思想是主导的，但也有幻想、顾虑，也有他们自己的难处，有许多是我们不

① 《张治中回忆录》（下），文史资料出版社 1985 年 2 月版，第 847 页。

② 中共中央致林彪、罗荣桓等的指示电，1949 年 2 月 25 日。

理解、想象不到的困难和想法。我们应该积极、耐心地去进行工作，等待他们的觉悟，否则就不成其为“绥远方式”。[①] 经过反复磋商，双方终于达成《绥远和平协议》。《协议》签字后，绥远形势依然错综复杂，意见不一。八月下旬，傅作义受中共中央委托赴绥远做说明工作。九月十九日，国民党政府的绥远省政府主席董其武率部起义。绥远和平解放。

在中南，为了和平解决湖南问题，周恩来早在六月二日就致电正在香港的乔冠华说：“争取程潜、李默庵、陈明仁站在我们方面反美反蒋反桂极为必要。请你们认真进行此项工作。如有可能，应与程潜或李默庵建立电台联系。”[②] 七月二日，他为中共中央起草的一个电报中说：“程潜只要决心反桂系，并布置截断桂系退路，表面上主张湘桂合作，以麻痹桂系是可以谅解的。”他“应力求留在长沙，作为内应”。[③] 以后，又一直细心地指导这一工作，直到程潜、陈明仁等八月四日在湖南宣布起义。

在西北，对新疆问题，周恩来派邓力群去见国民党政府的新疆警备总司令陶峙岳和新疆省政府主席包尔汉，给他们带去张治中的信件，要他们派人到兰州同彭德怀洽商和平解决办法。邓力群在九月十五日到达迪化（今为乌鲁木齐），同陶峙岳、包尔汉相见，转达了中共中央的意见和张治中对他们的期望。二十五日，新疆终于实现和平解放。

对国民党其他地区的和平解放和部分空军、海军的起义，周恩来也都进行直接的指导。这对加速全国的解放、减少人民在战争中的痛苦，是有利的。

---

① 裴周玉：《“绥远方式”的伟大胜利》，《革命回忆录》增刊1，人民出版社1983年10月版，第136页。

② 周恩来致乔冠华的电报，1949年6月2日。

③ 中共中央致“象”的电报，1949年7月2日，周恩来手稿。

三十七、建国前夕

人民解放战争的胜利发展得那么快，大大超过了人们的预料。周恩来在一九四九年四月二十二日的一次讲话中说："目前形势的发展，在最近半年多起了质变。大家都很清楚，我们在去年九月间估计形势的时候，还认为革命战争有可能要在两年半以后胜利。若从一九四六年七月大打开始算起，就是五年左右基本上打垮蒋介石，得到全国的胜利。可是，在我们估计以后不久，济南就解放了。接着，辽沈战役彻底胜利，东北完全解放，淮海战役获得了历史上空前的消灭了五十万敌人的大胜利。以后，平津又解放了。在这五个月当中，整个形势起了质的变化。"①

人们热烈兴奋的情绪，是难以用言语来形容的。一个新生的人民共和国，已经有足够的条件，很快就要诞生了。

本来，中共中央一九四八年发布的《五一劳动节口号》中已经提出由各民主党派、人民团体、社会贤达召开政治协商会议、成立民主联合政府的号召，并得到全国各民主党派、民主人士和爱国华侨的热烈响应。八月一日，毛泽东致电各民主党派、民主

---

① 周恩来在中国新民主主义青年团第一次全国代表大会上的报告记录，1949 年 4 月 22 日。

人士，就召开新的政治协商会议的时机、地点、召集者、参加者的范围 、会议应讨论的问题等，征求他们的意见。同天，周恩来为中共中央起草了致香港分局并潘汉年电，要他们按照毛泽东上述电报征询各民主党派的意见，并把这个讨论推广到上海、南洋的民主人士中去，欢迎他们到解放区来商谈和进行准备工作。[①] 八月二日，他又致电钱之光，嘱以解放区救济总署特派员名义前往香港，会同方方、章汉夫、潘汉年、连贯、夏衍等，从事接送在港民主人士进入解放区参加筹备新政协的工作。[②]

这以后，周恩来一面协助毛泽东指挥三大战役，一面就帮助爱国民主人士陆续进入解放区，并同他们就召开新政协的问题进行具体磋商。

九月间，周恩来拟定了邀请到解放区商讨召开新政协的民主人士七十七人的名单。并为中共中央起草致上海局、香港分局电，征询他们的意见，希望各方人士在今冬明春进入解放区。九月二十日，他又为中共中央起草给华北局并城市工作委员会的电报，提出准备在北平、天津邀请参加新政协的代表性人物名单，其中包括张东荪、吴晗、李烛尘、许德珩、张奚若、费孝通、徐悲鸿等。[③]

应中共中央的邀请，原在国民党统治区的爱国民主人士从一九四八年秋开始，陆续从全国各地和海外进入解放区。为了保证这样多爱国民主人士平安地到达解放区，周恩来作了周密细致的安排，并且一直抓得很紧。他们大多从各地到香港。在香港负责这项工作的是潘汉年和钱之光，协助的有许涤新、饶彰风、乔冠

---

① 中共中央致香港分局、潘汉年并告刘晓及上海局的电报，1948 年 8 月 1 日，周恩来手稿。

② 周恩来致钱之光的电报，1948 年 8 月 2 日。

③ 中共中央致华北局并城市工作委员会的电报，1948 年 9 月 20 日，周恩来手稿。

华、夏衍等。他们对外以租用外国轮船运货的名义，秘密地将这些爱国民主人士分批送往东北和华北。前后这样走的至少有三百五十人以上。在大连等地，由刘昂等负责接待。周恩来一再向接待人员电示：一定要把进解放区的爱国民主人士接待好，安全地送到目的地。他的指示很具体，包括要给他们买皮大衣、皮帽子、皮靴，要给他们住好的旅馆，要开欢迎宴会等。这些爱国民主人士进入解放区后，大多集中在中共中央东北局所在地哈尔滨，也有一部分到了中共中央统战部所在地河北平山李家庄。

第一批由香港北上的有沈钧儒、谭平山、章伯钧、蔡廷锴四人。他们在九月二十九日到达哈尔滨。十月五日，毛泽东、朱德、周恩来去电表示欢迎，告诉他们“准备在明年适当时机举行政治协商会议”。① 三天后，周恩来又为中共中央起草致东北局高岗、李富春电，将《关于召开新的政治协商会议诸问题》发去，要他们同沈钧儒等，还有已在哈尔滨的朱学范、王绍鏊、高崇民会商，正式征求他们对这个草案的意见。十月下旬，冯玉祥夫人李德全到达东北解放区。周恩来为中共中央起草电报，要李富春、蔡畅代表中共中央为冯玉祥不幸去世向李慰问，并邀请李德全参加上述会谈。

这些爱国民主人士在会谈中提出：参加单位中要加入“上海人民团体联合会”，“平津教授”可改为“全国教授”，“南洋华侨”可改为“海外华侨民主人士”。周恩来都复电表示同意。有人不同意致公党参加新政协，周恩来答复说：致公党响应新政协最早，我们主张列入筹委会；还说：“社会贤达”以称“无党派民主人士”并作为一个单位为好。在通过决议的手续上，他提议一般的决议经多数通过，全体负责施行；基本方针的决议经多数

① 毛泽东、朱德、周恩来致东北局转沈钧儒、谭平山、章伯钧、蔡廷锴的电报，1948年10月5日。

通过，少数不同意的单位有不签字和退出的自由①。十月三十日，周恩来为中共中央起草致香港分局并告上海局电，将经过讨论修改的《关于召开新的政治协商会议诸问题》的文件转发给他们，要求抄送尚在香港的李济深、何香凝、周新民、马叙伦、李章达、彭泽民、章乃器、孙起孟、郭沫若等十一人，征求他们的意见。②

十一月三日，周恩来为中共中央起草致高岗、李富春电："依据目前形势的发展，临时中央人民政府有很大可能不需经全国临时人民代表会议，即径由新政协会议产生。"因此，"应多邀请一些尚能与我们合作的中间人士，甚至个别的中间偏右，乃至本来与统治阶级有联系而现在可能影响他拥护联合政府的分子，以扩大统战面。③ 五日，他又电告香港分局，要他们邀请尚在香港、上海的民主人士北上。他们中包括李济深、何香凝、郭沫若等，还有茅盾、马寅初、李达、叶圣陶、欧阳予倩、曾昭抡、陈嘉庚、司徒美堂等。周恩来亲自布置他们北上的路线。④ 十一月初，受在哈尔滨的各民主党派代表委托，周恩来开始主持起草新政协共同纲领。一九四九年一月七日，李济深、茅盾、柳亚子等三十多人抵达东北解放区。他们从香港赴大连的轮船，在途中遇到大风浪，耽误了一些时间。周恩来知道后非常着急，几次去电大连询问情况。直到他们安全抵达大连，他才放下心来。在这个时期，先后到达河北平山李家庄的有周建人、翦伯赞、刘清扬、楚图南、田汉、胡愈之、沈兹九、宦乡、吴晗等。

一月十九日，毛泽东、周恩来联名写信给留居上海的宋庆龄。信的全文是：

---

① 中共中央致高岗、李富春的电报，1948 年 11 月 3 日，周恩来手稿。

② 中共中央致香港分局并告上海局的电报，1948 年 10 月 30 日，周恩来手稿。

③ 中共中央致高岗、李富春的电报，1948 年 11 月 3 日，周恩来手稿。

④ 中共中央致香港分局的电报，1948 年 11 月 5 日，周恩来手稿。

“庆龄先生：中国革命胜利的形势已使反动派濒临死亡的末日，沪上环境如何，至所系念。新的政治协商会议将在华北召开，中国人民革命历尽艰辛，中山先生遗志迄今始告实现。至祈先生命驾北来，参加此一人民历史伟大的事业，并对于如何建设新中国予以指导。至于如何由沪北上，已告梦醒和汉年、仲华熟商，总期以安全为第一。谨电致意，伫盼回音。毛泽东　周恩来。”①

宋庆龄接到信后，因当时身体有病，不宜旅行，暂时未能动身。次日，中共中央又电示在港的方方、潘汉年、刘晓，望即邀在上海的张澜、黄炎培经香港北上，参加新政协。由于环境的原因，他们一时也未能成行。

二月十四日，周恩来为中共中央起草致东北局、华北局等电，告诉他们：“原到华北的民主人士，业已多数去平。现在东北的民主人士，应即接他们来平，以便能集中协商大计，并准备新政协筹备会的成立。为此，特请林伯渠同志代表中央于丑寒（即二月十四日）由此动身前往沈阳，迎接他们来平。”② 二十五日，李济深、沈钧儒、马叙伦、郭沫若等一行三十五人，在林伯渠等陪同下，乘专车由沈阳到达北平。这以后，黄炎培等也先后抵达北平。

二月二十七日，周恩来在西柏坡审阅修改《关于新的政治协商会议诸问题的协议》、《新政治协商会议筹备会组织条例（草案）》、《参加新政协筹备会各单位民主人士候选人名单》、《中华人民共和国政府组织大纲（草案）》、《中国人民民主革命纲领

---

① 毛泽东、周恩来致宋庆龄的信，1949 年 1 月 19 日，经周恩来修订稿。

② 中共中央致东北局、华北局及北平、天津市委的电报，1949 年 2 月 14 日，周恩来手稿。

（草案）》，并批示将它们以《新的政治协商会议有关文件》为名付印成册。

本来，周恩来同中国共产党以外的这一大批爱国民主人士有着多年的交往和深厚的友谊。他在他们中间熟悉的朋友，比中国共产党其他领导人要更多。但是，由于中共中央在三月五日至十三日举行七届二中全会，所以他在三月二十五日才到北平。一到北平，尽管他立刻投入紧张的和平谈判，但二十天的谈判过程中，他先后在四月五日、十三日、十四日、十六日、十七日分五次邀集在北平的民主人士和大学教授会面，向他们报告和谈进展的情况，听取他们的意见；二十一日，又向各民主党派人士报告和谈破裂的经过。同天，原在解放区和国民党统治区的电影、戏剧工作者举行联欢会。尽管这正当中国人民解放军强渡长江的紧张时刻，周恩来还是赶来参加这次联欢会，热情号召大家到工厂、农村和军队中去，创造为广大劳动人民所爱好的作品。

五月五日，纪念五四运动三十周年的座谈会在北京饭店召开，参加的有许多科学界、学术界人士和各大学教授。周恩来在会上作长篇讲话。他从"科学"和"民主"讲起，叙述了中国新民主主义革命走过的迂回曲折的历程和经验教训，分析了新民主主义同旧民主主义的区别。他从政治、经济、军事、文化各方面论证新民主主义革命必须由无产阶级来领导，指出这不是强加于人的，而是由三十年来的斗争事实所承认和肯定的。他最后说：这几十年来，我们很闭塞，以后见面的机会多。各位在某一方面说来都比我们知道得多得多。我们共产党人在建设上很差，甚至可说是无知。但我们为什么敢说领导建设呢？第一，政治上局面已经打开，这是建设的先决条件。第二，在建设上我们做一个小学生，向大家学习。第三，我们知道如何推动和组织大家一起前进。大家都长于一样而短于另一样，只要组织起来，就能共同建设。建设还是要依靠各位，希望大家和广大工农结合起来，努力建设新中国!① 七日，他出席中华全国青年第一次代表大会，作了《全国青年团结起来，在毛泽东的旗帜下前进》的报告。

对各民主党派和民族工商业者在新中国成立后的地位和作用，周恩来十分关心。五月二十六日，他同民主建国会领导人黄炎培、盛丕华、章乃器、孙起孟等座谈，说：现在的中国，应是在无产阶级领导下四个阶级的联盟，共同进行新民主主义建设，因此需要各党派的合作。民主建国会的成分有工商业者、退休工商业者、与工商业有联系的知识分子及文化界人士，因此，民主建国会应把工商业家与新民主主义经济密切结合，团结、教育、领导工商业者，为经济建设服务。② 六月二十五日，周恩来又为中共中央起草致华东局并上海市委电，提出聘请黄炎培、陈叔通、盛丕华、胡子婴、颜惠庆、江庸、施复亮、章士钊等十四人为上海市政府顾问，“俾其能因联系上海资产阶级而取得发言地位”。③

这时候，筹备召开新的政治协商会议的时机已渐次成熟了。

六月十一日，举行新政治协商会议筹备会预备会议，商定参加新政协筹备会的单位为二十三个，共一百三十四人，并确定筹备会常务委员会人选等。十五日，新政协筹备会在北平中南海勤政殿举行第一次全体会议。参加会议的有中国共产党和各民主党派、无党派民主人士及人民团体等二十三个单位，共一百三十四人。周恩来担任临时主席，并致了开幕词。毛泽东、朱德、李济深、沈钧儒、郭沫若、陈叔通、陈嘉庚等先后发表讲话。毛泽东

① 周恩来在各界民主人士座谈会上的讲话记录，1949年5月5日。

② 周恩来在民主建国会部分领导人座谈会上的讲话记录，1949年5月26日。

③ 中共中央致华东局并上海市委的电报，1949年6月25日，周恩来手稿。

在讲话中说：筹备会的任务是“完成各项必要的准备工作，迅速召开新的政治协商会议，成立民主联合政府，以便领导全国人民，以最快的速度肃清国民党反动派的残余力量，统一全中国，有系统地和有步骤地在全国范围内进行政治的、经济的、文化的和国防的建设工作”。① 第二天，周恩来在会上作了对《新政治协商会议筹备会组织条例（草案）》的说明。他说：到起草共同纲领“是六、七两月份一个繁重的工作”。过去我们起草过一两次，因为当时战争正在猛烈进行中，因此重点在“动员全国人民力量，支援战争”上面；而现在“我们的纲领不能不转向建设方面”，“重点要摆在我们共同努力，来建设一个新民主主义的新中国”。同时强调：这次会议期间，“凡是重大的议案不是光在会场提出”，而且在提出之前“总是事先有协商的”，“协商这两个字非常好”。② 会上，经过讨论和修改，通过了筹备会的组织条例，还通过了新政协筹备会常务委员会的名单。

当晚，筹备会常务委员会第一次会议在周恩来主持下举行，推选毛泽东为常务委员会主任，周恩来、李济深、沈钧儒、郭沫若、陈叔通为副主任，李维汉为秘书长。为了加快各项准备工作，决定在常务委员会领导下设立六个小组，分别完成下列任务：一、拟定参加新政协的单位及其代表名额；二、起草新政协组织条例；三、起草共同纲领；四、起草宣言；五、拟定政府组织大纲；六、拟定国旗、国徽及国歌方案。周恩来并被推兼任第三小组组长，负责起草《共同纲领》。六月十八日，他在这个小组的第一次会议上说：起草共同纲领的任务很繁重，很紧迫，“必须加紧工作”。共同纲领将“决定联合政府的产生，也是各党派各团体

① 《五星红旗从这里升起》，文史资料出版社 1984 年 9 月版，第 244 页。

② 周恩来在新政协筹备会第一次全体会议上的报告记录，1949 年 6 月 16 日。

合作的基础”。会议决定由中共负责起草共同纲领的初稿。①

新政协筹备会第一次全体会议，一共开了五天，在六月十九日闭幕。参加会议的成员有着广泛的代表性。整个会议的气氛是团结和谐的。但有些共产党员过去长期生活在农村中，同如此广泛的党外民主人士合作共事还是第一次，缺乏这方面的经验，因而在会议过程中也遇到过一些问题。会议最后一天，有一位民主人士提议向毛泽东和朱德发致敬电，另一位民主人士认为也可以不这样表示。这时有一位农民代表（共产党员）站起来说：我们农民只知道毛主席和朱总司令，从我们劳动人民看，只有共产党、解放军才使中国得到解放。周恩来对这个情况十分重视。他在参加新政协筹备会的党组会议上严肃地指出了这个问题。他说：新的政治协商会议的召开，就是人民民主统一战线的具体组成。中央政府成立后，政协便成为中共领导的各党派的协议机关。国家的一切大事都可以事前在此协商。人民民主统一战线是长期的。我们要善于和党外人士相处，态度应该是谦虚的，诚恳坦白的。对原则问题一定要争，对非原则问题要善于妥协。不能性急，更不能怕麻烦。只有这样，才能做到长期合作，保证人民民主统一战线不断前进。② 不久，中共中央决定成立新政协筹备会的党组干事会，由二十一人组成，周恩来、林伯渠、李维汉、徐冰、李立三为常委，周恩来担任书记。

筹备会第一次全体会议闭幕后，一切筹备工作继续由筹备会常务委员会和它所领导的六个小组分别担负起来。周恩来的工作重心，主要放在两件事上：一件是协商参加新政协的代表名单，一件是起草《共同纲领》。

协商代表名单，需要包括广泛的各民主党派、各人民团体、

---

① 周恩来在起草共同纲领小组（第三组）会上的发言记录，1949 年 6 月 18 日。

② 周恩来在新政协筹备会党组会议上的发言记录，1949 年 6 月 22 日。

各区域、人民解放军、国内兄弟民族、国外华侨及爱国民主人士的代表人物，需要显示出全国人民力量的大团结。人少了，便不能完满地代表全国各阶层的人士。但又必须有严肃的要求，照顾到相互间的协调平衡，并能为各方面所接受。取舍恰当，十分不易。这可以说是整个筹备工作中最繁重的工作之一。

各单位的代表名单，一般先由单位提名，听取各方面的意见，反复磋商，再确定下来。在这个过程中，常常为了某一个代表的适当与否而函电往还，斟酌再四，费时达数周之久。筹备期间，共收到三十件以党派、团体或个人名义申请参加新政协的书面要求。筹备会秘书处根据新政协筹备会组织条例规定的原则，对这些申请作了调查，提出处理意见，报常委会作出决定。对某些在解放战争中虽做过一些有益的工作，但其组织严重不纯，或是在民主运动中并无实际表现，甚至有过反动行为的，以及投机分子临时拼凑起来的派别和团体，不邀请参加。但对这些党派和团体中有民主运动历史并有一定代表性的民主分子，则邀请他以个人身份参加。因为这方面的问题既复杂又重要，许多事情是由周恩来亲自处理的。

在研究名单过程中，陈毅曾在七月二十二日致电周恩来、李维汉，建议新政协代表中应照顾到老解放区的开明士绅。他说：这一大批人与我党共度过两次战争，其中许多人在一九四七年的土改中亦承认我党的领导。另外，对于旧职员如护厂移交有功的，海、空军方面的，国营工厂企业方面的人士以及极有技术管理能力者，均应考虑有人参加新政协，以为今后建设所用。第二天，周恩来、李维汉复电："所提建议甚好，当引起注意。"并嘱他如有这方面适当人选，请即提出。①

受到全国人民尊敬的宋庆龄，那时还留居上海。五月二十七

① 周恩来、李维汉致陈毅的电报，1949 年 7 月 23 日，周恩来手稿。

日上海解放后，周恩来写信向她祝贺："从此永脱险境，诚人民之大喜。"① 接着，派邓颖超和曾长期在宋庆龄身边工作的廖梦醒去迎接她北上参加政协会议。廖梦醒先去。因为孙中山是在北京去世的，宋庆龄对廖梦醒说："北京是我最伤心之地，我怕到那里去。"廖梦醒说："北京将成为红色中国的首都。邓大姐代表恩来同志，特来迎你。你打算什么时候见大姐?"宋庆龄说她想好了再通知廖梦醒。过了两天，接到她宴请邓颖超的请柬。几次交谈后，邓颖超把宋庆龄说服了，同意北上。② 她以什么名义参加政协会议呢？当时有三个单位都提出要推她为代表。周恩来和李维汉在七月十八日致电中共中央华东局陈毅、潘汉年并转邓颖超，请他们就这个问题征询宋庆龄本人的意见。二十一日，邓颖超复电周恩来、李维汉说：孙夫人表示因身体不佳不能参加任何团体的业务，也不愿参加任何团体，只愿以个人旁听的资格列席新政协会议。邓颖超提议：以宋为特别邀请代表，请中央决定。③ 以后，在新政协代表名单中，除有四十五个单位的代表五百一十人、候补代表七十七人外，还有经筹备会常委会同各方面协商后确定的特别邀请代表七十五人。他们中有宋庆龄、陶孟和、张难先、张元济、张治中、邵力子、程潜、傅作义、周信芳、梅兰芳、赛福鼎等。

起草《中国人民政治协商会议共同纲领》，是筹备工作中十分重要的工作。这个《共同纲领》以明确而概括的语言，规定了新中国的国家性质、人民的基本权利和义务、政权机关、军事制度、经济政策、文化教育政策、民族政策和外交政策。"凡参加人民政治协商会议的各单位、各级人民政府和全国人民均应共同

---

① 周恩来致宋庆龄的信，1949 年 6 月 21 日，手稿。

② 廖梦醒：《恩情》，《怀念周恩来》，人民出版社 1986 年 1 月版，第 11 页。

③ 《五星红旗从这里升起》，文史资料出版社 1984 年 9 月版，第 71 页。

遵守。”

周恩来担任负责起草《共同纲领》的新政协筹备会第三小组组长。六月十八日，第三小组举行第一次会议，决定由中国共产党起草《共同纲领》的初稿，组员分为政治法律、财政经济、国防外交、文化教育、其他等五个小组讨论，分别写出具体条文，供起草者参考。

为着起草《共同纲领》，周恩来六月下旬在勤政殿“关”了一个星期左右，亲自执笔，写出全文。以后又经过七次反复讨论和修改，其中包括由先后到达北平的政协代表五百多人分组讨论两次，第三组本身讨论三次，筹备会常务委员会讨论两次，广泛吸收各方面的意见，然后再把草案提交筹备会第二次全体会议。

七月五日，周恩来主持召开新政协筹备会常务委员会第三次会议。通过《新政治协商会议筹备会各党派各团体为纪念“七七”抗日战争十二周年宣言》，宣告：“代表中国人民意志的新政治协商会议筹备会已经成立，不久就可以召集新政治协商会议，产生民主联合政府，着手新中国的建设工作。”① 七月六日，他还出席中华全国文学艺术工作者代表大会，作政治报告。十四日，出席中国社会科学工作者代表会筹备会议，并讲了话。二十三日，出席全国工会工作会议，号召工人阶级团结起来，把革命进行到底，为恢复和发展生产、建设新中国而奋斗。八月二十六日至二十七日，新政协筹备会常委会又在周恩来主持下，举行第四次会议。在讨论政协组织法草案时，周恩来说：如果形成固定的统一战线组织，名称也要固定一下，建议称为中国人民政治协商会议。在人民民主国家中需要统一战线，即使在社会主义时期，仍然有与党外人士的统一战线。要合作就要有各党派统一合

① 《五星红旗从这里升起》，文史资料出版社 1984 年 9 月版，第 288 页。

作的组织，这组织就叫中国人民政治协商会议，要长期存在。①

八月二十八日宋庆龄由邓颖超等陪同从上海到达北平，九月七日程潜从湖南到达北平，毛泽东、朱德、周恩来等都到车站迎接。

九月初，已确定的政协代表有四百四十多人来到北平，超过代表总人数的三分之二。七日，周恩来在北京饭店向已到北平的代表作《关于中国人民政协几个问题的报告》，共讲三个问题：一、关于参加人民政协的单位及其代表名额和人选问题；二、关于人民政协组织法草案；三、关于中华人民共和国中央人民政府组织法草案。当晚，又将《共同纲领》草案分送各代表，组织他们进行分组讨论。

为什么在正式开会前先要有这样的报告和讨论呢？周恩来说："因为想在中国人民政治协商会议全体会议开会前，使大家对上面说的几方面的情况有一个全貌的了解。""新民主主义议事的特点之一，就是会前经过多方协商和酝酿，使大家都对要讨论决定的东西事先有个认识和了解，然后再拿到会议上去讨论决定，达成共同的协议。"②

经过将近三个月的紧张工作，中国人民政治协商会议的各项准备终于在九月上旬大体完成。

九月十七日下午三时，新政协筹备会第二次会议在中南海勤政殿召开。这次会议仍由周恩来主持。他代表常委会作了关于会议筹备工作的报告，宣布会议筹备工作已经胜利完成，正式大会即将召开。会上，审议并基本通过了三个文件：中国人民政治协商会议组织法草案，中国人民政治协商会议共同纲领草案，中华人民共和国中央人民政府组织法草案。并且正式决定：将新的政

---

① 周恩来在新政协筹备会第四次常委会上的发言记录，1949 年 8 月 26—27 日。

② 《周恩来统一战线文选》，人民出版社 1984 年 12 月版，第 129 页。

治协商会议定名为中国人民政治协商会议。

九月二十一日，中国人民政治协商会议第一届全体会议，在中南海怀仁堂隆重开幕。

出席开幕式的有参加会议的代表六百三十四人，来宾三百人。推出毛泽东等八十九人组成主席团，周恩来是主席团成员。主席台布置得庄严大方，中央并挂孙中山和毛泽东的巨幅照片，上面悬着人民政协的会徽，两旁是中国人民解放军军旗。

大会宣布开幕后，军乐队齐奏中国人民解放军进行曲，同时在场外鸣放礼炮五十四响。全体代表起立，热烈鼓掌达五分钟。毛泽东致开幕词。他庄严地宣告：

> “诸位代表先生们，我们有一个共同的感觉，这就是我们的工作将写在人类的历史上，它将表明：占人类总数四分之一的中国人从此站立起来了。”
>
> “我们团结起来，以人民解放战争和人民大革命打倒了内外压迫者，宣布中华人民共和国的成立。我们的民族将从此列入爱好和平自由的世界各民族的大家庭，以勇敢而勤劳的姿态工作着，创造自己的文明和幸福，同时也促进世界的和平和自由。我们的民族将再也不是一个被人侮辱的民族了，我们已经站起来了。我们的革命已经获得全世界广大人民的同情和欢呼，我们的朋友遍于全世界。”①

是的，“我们的民族将再也不是一个被人侮辱的民族了，我们已经站起来了！”毛泽东这句话喊出了中国人民此时此刻的共同心声。为了实现这个目标，中国人民曾经付出多么巨大的代价，进行了一百多年可歌可泣的斗争，才换得这一天的到来。

---

① 《人民日报》，1949年9月22日。

第二天的会议上，周恩来先代表主席团向大会作了关于主席团常务委员名单和设立六个分组委员会的报告。他当选为主席团常务委员。在这次会上，他又代表第三小组作了《关于中国人民政治协商会议共同纲领草案的起草经过和特点》的报告。对《共同纲领》草案的特点，他这样说明：

“新民主主义的总纲问题。在讨论中，曾有一种意见，以为我们既然承认新民主主义是一个过渡性质的阶段，一定要向更高级的社会主义和共产主义阶段发展，因此总纲中就应该明确地把这个前途规定出来。筹备会讨论中，大家认为这个前途是肯定的，毫无疑问的，但应该经过解释、宣传特别是实践来证明给全国人民看。只有全国人民在自己的实践中认识到这是唯一的最好的前途，才会真正承认它，并愿意全心全意为它而奋斗。所以现在暂时不写出来，不是否定它，而是更加郑重地看待它。而且这个纲领中经济的部分里面，已经规定要在实际上保证向这个前途走去。

“总纲中关于人民对国家的权利与义务有很明显的规定。有一个定义须要说明，就是‘人民’与‘国民’是有分别的，‘人民’是指工人阶级、农民阶级、小资产阶级、民族资产阶级，以及从反动阶级觉悟过来的某些爱国民主分子。而对官僚资产阶级在其财产被没收和地主阶级在其土地被分配以后，消极的是要严厉镇压他们中间的反动活动，积极的是更多地要强迫他们劳动，使他们改造成为新人。在改变以前，他们不属人民范围，但仍然是中国的一个国民，暂时不给他们享受人民的权利，却需要使他们遵守国民的义务。这就是人民民主专政。这是对我们中华人民共和国的团结和生产有利的。”

“新民主主义的政权制度问题。新民主主义的政权制度是民主集中制的人民代表大会的制度，它完全不同于旧民主的议会制度，而是属于以社会主义苏联为代表的代表大会制度的范畴之内的。但是也不完全同于苏联制度，苏联已经消灭了阶级，而我们则是各革命阶级的联盟。”

“新民主主义的经济政策问题。基本精神是照顾四面八方，就是实行公私兼顾、劳资两利、城乡互助、内外交流的政策，以达到发展生产繁荣经济的目的。新民主主义五种经济的构成中，国营经济是领导的成分。在逐步地实现计划经济的要求下，使全社会都能各得其所，以收分工合作之效，这是一个艰巨而必须实现的任务。”①

九月二十七日、二十九日，人民政协全体会议在周恩来等主持下，先后通过《中华人民共和国中央人民政府组织法》，中华人民共和国国都、纪年、国歌、国旗的四个议案，《中国人民政治协商会议共同纲领》和《关于选举中国人民政协全国委员会和中央人民政府委员会的规定》。

中国人民政治协商会议第一届全体会议一共开了九天。九月三十日，举行最后一次会议。周恩来在会上当选为中央人民政府委员和中国人民政协全国委员会委员（十月九日当选为这个委员会的副主席）。会议通过宣言和给中国人民解放军的致敬电后，举行隆重的闭幕式。

大会闭幕后，为了追念一百多年来为新中国的诞生而英勇献身的人民英雄们，全体代表乘车前往天安门广场，举行人民英雄纪念碑奠基典礼。下午六时，奠基礼开始，周恩来在庄严的气氛

① 《周恩来选集》上卷，人民出版社 1980 年 12 月版，第 368—370 页。

丁、文化教育

1949 年 8 月周恩来起草的《共同纲领》
第二稿中的文化教育部分的手迹

中，代表大会主席团致词："我们中国人民政治协商会议第一届全体会议为号召人民纪念死者，鼓舞生者，特决定在中华人民共和国首都北京建立一个为国牺牲的人民英雄纪念碑。现在，一九四九年九月三十日，我们全体代表在天安门外举行这个纪念碑的奠基礼。"① 周恩来致词后，全体代表脱帽静默致哀。然后，毛泽东宣读他所撰写的纪念碑碑文（后来经周恩来手书，镌刻在人民英雄纪念碑上）。晚上，在中南海怀仁堂举行盛大宴会，庆祝第一届人民政协会议的胜利闭幕。

十月一日下午二时，中央人民政府委员会在中南海勤政殿举行第一次会议，一致决议：宣告中华人民共和国中央人民政府成立，接受《中国人民政治协商会议共同纲领》为本政府的施政方针。

在这次会上，五十一岁的周恩来被任命为新中国的第一任政府首脑——中央人民政府政务院总理兼外交部部长。

旧中国灭亡了，新中国诞生了！中华民族遭受外国列强蹂躏奴役、中国人民过着悲惨生活的黑暗岁月一去不复返了！中国人民从此站起来了！它的得来是如此不易。这是一百多年来轰轰烈烈、可歌可泣的人民革命事业结出的灿烂成果，是用无数先烈的头颅和鲜血换来的。周恩来从青年时代起就为它奋斗了三十年的新中国，终于在他正当盛年的时候，像一个巨人那样，开始矗立在世界的东方。

永远不知疲倦的周恩来，又要踏上新的征途，着手新的探索，为建设一个社会主义新国家而奋斗了！

---

① 《人民日报》1949年10月1日。